Maurice Pope

Das Rätsel der alten Schriften

Maurice Pope

Das Rätsel der alten Schriften

Hieroglyphen, Keilschrift, Linear B

Pawlak

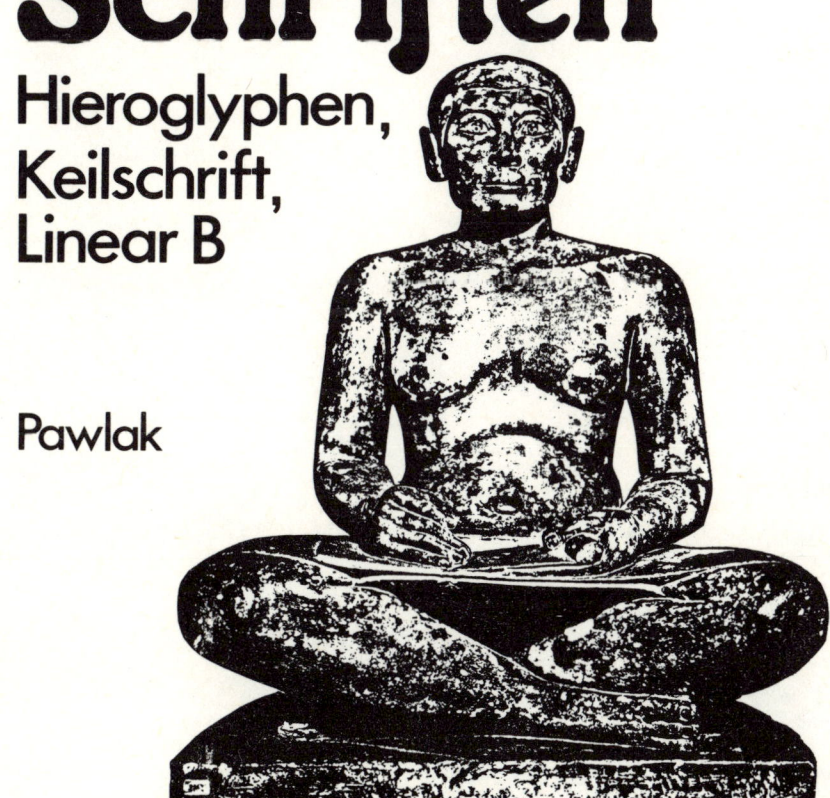

Für Joanna

Umschlagmotiv
Ägyptische Plastik
»Der Schreiber«
Paris, Musee du Louvre

Lizenzausgabe 1990 für
Manfred Pawlak
Verlagsgesellschaft mbH,
Herrsching

© 1978 Gustav Lübbe Verlag
GmbH, Bergisch Gladbach
für die deutsche Ausgabe
© 1975 Thames and Hudson
Ltd, London
Titel der Originalausgabe:
›The Story of Decipherment.
From Egyptian hieroglyphic
to Linear B‹
Ins Deutsche übertragen von
Anita Rieche
Schutzumschlag:
Bine Cordes, Weyarn
Umschlagmotiv: Archic für
Kunst und Geschichte
Printed in Jugoslavia
ISBN 3-88199-676-1

Inhaltsverzeichnis

Vorwort

Das Thema dieses Buches geht aus seinem Titel und dem Inhaltsverzeichnis hervor, so daß ich also hier nicht viel darüber zu sagen brauche. Es gibt einen Abriß der Ideengeschichte seit der Renaissance bis heute über ein Gebiet, auf dem sich Altphilologie und Archäologie überschneiden. Hätte es die erfolgreichen Entzifferungen der letzten beiden Jahrhunderte nicht gegeben, so wären Hebräisch und Griechisch die ältesten Sprachen, die aus der Vergangenheit zu uns sprechen könnten, und unsere Vorstellung von der Entwicklung der menschlichen Zivilisation wäre sicher ganz anders, als sie es heute ist. Aber es bestand eigentlich eine Wechselwirkung. Die Geschichtsauffassung der Renaissance im allgemeinen und ihre Vorstellung von der Geschichte des Schreibens im besonderen hätten erfolgreiche Entzifferungen einfach nicht zugelassen. Mein Anliegen war, die Geschichte der Entschlüsselungen auch unter diesen umfassenderen Aspekten zu erzählen und mich nicht auf die jeweils letzten Schritte einer Lösung zu konzentrieren. Diese begeistern uns, wie uns die Errungenschaften der Technik begeistern, sie beeindrucken uns aber nachhaltiger, wenn es uns gelingt zu entdecken, auf welche Weise es überhaupt zu diesen Ergebnissen kam und warum sie jeweils zu einer bestimmten Zeit und nicht früher gedanklich bewältigt werden konnten.

Zwei generelle Beschränkungen mußte ich mir auferlegen, die ich kurz erläutern möchte. Das Problem einer Entzifferung ist theoretisch immer lösbar, vorausgesetzt, daß genug Beweismaterial zur Verfügung steht. Es hat aber mit den Pseudoproblemen des Perpetuum mobile und der Quadratur des Kreises jene magische Kraft gemeinsam, seltsame, unsinnige Lösungen zu provozieren. Das früheste Beispiel, das ich in der modernen Welt kenne, ist der Versuch des Amsterdamer Mediziners Goropius Becanus, der 1580 beweisen wollte, daß die heilige Sprache der ägyptischen Priester Holländisch gewesen sei. Seither erscheinen solche Pseudo-Entzifferungen in steigender Zahl, derzeit etwa ein bis zwei pro Jahr. Es wäre unnütz und ermüdend, wollte man ihrer Betrachtung hier Raum schenken. Die zweite Beschränkung betrifft den Unterschied zwischen Entzifferung und Interpretation, der spätestens seit der Zeit des Autors des Buches Daniel (5,8) bewußt ist. Die Entzifferung öffnet das Tor, die Interpretation schreitet hindurch. Ich habe mich streng auf erstere beschränkt; andernfalls hätte das Buch sehr viel umfangreicher werden müssen, und außerdem wäre es auch nicht ganz korrekt gewesen. Die Sprachen und Literaturen, die durch die Entzifferungen zugänglich wurden, haben ihre eigenen Fachleute, die ihre einzigen berufenen Deuter sind.

Jeder Autor hat Grund, sich anderen dankbar verpflichtet zu fühlen. Ich beginne mit meinen Verlegern Thames and Hudson und Dr. Glyn Daniel, dem Chef-Herausgeber, der mich in erster Linie ermutigte, dieses Buch zu schreiben. Weiter möchte ich die vielen Freunde in Oxford sowie in anderen Städten nennen, die mir in Diskussionen über verschiedene Punkte, Probleme und Ideen geholfen haben; unter ihnen muß ich besonders Professor George Kilpatrick erwähnen. Professor Morpurgo-Davies las freundlicherweise und kommentierte höchst hilfreich meinen Entwurf des Kapitels über die hethitischen Hieroglyphen, und Mr. Ray Dawson unterzog sich derselben Mühe für meine Anmerkungen über die Geschichte der Sinologie in Europa. Mr. Peter Hulin verbesserte die Kapitel über Keilschrift. Professor Bennett von der Universität Wisconsin prägte für mich die Begriffe ›biscript‹ (Biskript) und ›triscript‹ (Triskript) und Professor Crossland von der Universität in Sheffield die Worte ›xenogram‹ (Xenogramm) und ›xenografic‹ (xenographisch). Ich hoffe, daß ich sie würdig verwendet habe. Die Bibliothekare und Mitarbeiter der Ashmolean Bibliothek und der Bodleiana sind stets unveränderlich hilfsbereit gewesen, wann auch immer ich in Schwierigkeiten war. Meine Frau hat mit gleichbleibender Fröhlichkeit die Belastung eines bücherschreibenden Ehemannes ertragen. Ihr das Buch zu widmen, ist nur ein unvollkommener Dank, aber der einzige, den ich öffentlich abstatten kann.

MAURICE W. M. POPE
Oxford, 1973

Einführung

Entzifferungen sind die weitaus faszinierendsten Leistungen der Forschung.
Um unbekannte Schriften weht ein Hauch von Rätselhaftem, vor allem
wenn sie Zeugen fernster Vergangenheit sind. Und entsprechend wird besonderer Ruhm demjenigen zuteil, der als erster ihr Geheimnis lüftet. Aber
eine Entzifferung ist nicht nur die Lösung eines Rätsels. Sie ist auch der
Schlüssel zu weiterem Wissen und öffnet die Schatzkammer der Geschichte,
die dem menschlichen Geist über viele Jahrhunderte hinweg verschlossen
war. Schließlich kann sie ein großartiger menschlicher Triumph sein. Viele
Entzifferungen sind Wissenschaftlern zu verdanken, zu deren Spezialgebiet
die Beschäftigung mit den alten Schriften gehört. Doch gilt dies nicht für
die drei berühmtesten Entzifferungen: die Entschlüsselung der ägyptischen
Hieroglyphen durch Champollion, der Keilschrift durch Rawlinson und der
mykenischen Linear B-Schrift durch Ventris. Das waren außergewöhnliche
Leistungen hervorragender Männer. Und wir sind versucht, bei jedem von
ihnen zu fragen:

> . . . Wo glänzt sein Stern auch Dir?
> Wann hätten Nächte ohne Rausch uns
> Solche Ahndung je beschert, wann hätten
> Wir uns Ziele je gesetzt gleich ihm . . .?
> (R. Browning, Übers. K. Döhmer)

Ein anderer Gesichtspunkt, der Entzifferungen so beachtenswert erscheinen läßt, hat nichts mit diesen romantischen Betrachtungen zu tun:
der nämlich, daß sie als soziologisches Phänomen typisch sind für die Neuzeit. So war 1953 das Jahr, in dem Ventris und Chadwick die Entzifferung
von Linear B veröffentlichten, aber es war noch von zwei anderen großen
Leistungen gekennzeichnet. Hillary und Tensing gelang die erste erfolgreiche Besteigung des höchsten Berges der Welt; Crick und Watson erstellten die Formel des DNS-Moleküls und taten damit den ersten Schritt, den
Mechanismus des Lebens zu erklären. Welche dieser Errungenschaften man
auch in ihrer Art als die größte persönliche Leistung betrachten mag oder

als die in ihren Konsequenzen bedeutendste, so steht außer Frage, welches die ungewöhnlichste Leistung war. Menschen anderer Zivilisationen haben Berge bestiegen; Menschen anderer Zivilisationen machten wissenschaftliche Entdeckungen von Dingen, die sich der unmittelbaren Wahrnehmung der Sinne entzogen. Aber die Entschlüsselung eines untergegangenen Schriftsystems ist nie zuvor versucht, geschweige denn erreicht worden, außer in den letzten zwei oder drei Jahrhunderten in unserem eigenen Kulturkreis.

Die Beschäftigung mit den Entzifferungen leistet daher einen wertvollen Beitrag zur Geistesgeschichte. Zwei weitere Überlegungen vergrößern noch ihren Wert. Einmal hat eine Entzifferung in dem Gebäude der philosophischen und sozialwissenschaftlichen Forschung die Funktion eines Schlußsteines, der auf früheren Ergebnissen aus zahlreichen Bereichen der Forschung ruht, sie aber, ist er einmal an seiner richtigen Position, miteinander verknüpft. In den Händen eines mittelalterlichen Gelehrten, sei er auch noch so bewandert in all dem Wissen seiner Zeit, wäre der Stein von Rosette so nutzlos gewesen wie das Foto eines Autos in den Händen eines noch so fähigen römischen Ingenieurs. Keiner von beiden hätte die notwendigen Theorien oder Techniken zur Verfügung gehabt, die Gabe zu nutzen oder auch nur zu erkennen, um was es sich handelte. Eine Geschichte der Entzifferung muß sich mit der folgerichtigen Entwicklung und Vervollkommnung solcher Theorien und Techniken mindestens ebenso intensiv befassen wie mit den letzten Schritten der Lösung. Dies ist nicht nur für das eigentliche Verständnis des Erfolges wesentlich, auch der frühe Ablauf der Erforschung hat seinen eigenen Reiz. Neuplatonische Philosophen, Bischöfe der anglikanischen Kirche, führende Mathematiker und Sinologen spielten bei der Gestaltung der Gedanken und Theorien über Ägypten und die ägyptische Schrift ebenfalls eine bedeutende Rolle. Champollions Lesung der Hieroglyphen ist der Höhepunkt ihrer Forschungen.

Die zweite Überlegung, die eine Beschäftigung mit der Entzifferung für die Geistesgeschichte wertvoll erscheinen läßt, liegt in der Verläßlichkeit ihrer Ergebnisse. In keinem anderen Bereich der Sprachforschung gibt es so sichere Maßstäbe für das Erreichte wie in dem rein technischen. Die Theorien der Philologie, die in den verschiedenen Jahrhunderten aktuell waren, können nicht nach dem Grad ihrer Annäherung an die Wahrheit bewertet werden. Anhand der Entzifferungen aber können wir nicht nur sagen, wann der Erfolg eintrat, sondern sogar bis zu einem gewissen Grade den Fortschritt messen, der in Richtung auf die korrekte Lösung zu einer bestimmten Zeit gemacht wurde. So kann derjenige, der die Geschichte der Entzifferung erforscht, die Präzision einer Geschichte der Naturwissenschaft mit dem Reichtum einer Geschichte der Geisteswissenschaft verbinden.

Die ägyptischen Hieroglyphen | Teil I

In den Augen der Renaissance | Kapitel 1

Schriftsysteme geraten in Vergessenheit, sobald sie nicht mehr ständig angewandt werden. So gab es während der Bronzezeit im Nahen Osten mehrere verschiedene Schrift-Familien. Überlebt hat nur eine einzige: unsere
eigene. Einige Schriften wurden im 2. oder sogar schon im 3. Jahrtausend
v. Chr. nicht mehr benutzt. Andere blieben bis in klassisch griechische Zeiten lebendig. Die ägyptische Schrift erwies sich als besonders dauerhaft und
hielt sich bis weit in unsere Zeitrechnung. Die letzte uns erhaltene ägyptische Inschrift stammt aus dem 4. Jh. n. Chr. Eigentlich hätte man annehmen
men sollen, daß wenigstens von dieser Schrift Kenntnis ohne Unterbre-
chung erhalten geblieben wäre, denn ihr Aussehen ist auffallend, und viele
Inschriften wurden in unvergänglichem Granit eingemeißelt. Aber auch
diese Schrift fiel der Vergessenheit anheim. Die großen Obelisken, welche
die römischen Kaiser in ihrer Hauptstadt und anderen Städten der westli-
chen Welt aufstellten, und die kleinen, mit denen die Priester der Isis ihre
einst so eleganten Tempel schmückten, stürzten um und wurden zerstört.
Der letzte aufrecht stehende Obelisk, der eine Inschrift trug, wurde durch
Feuer vernichtet, als Robert Guiscard im Jahre 1084 Rom plünderte. (Dieser
Obelisk war zugleich einer der ersten, die nach Rom gelangt waren. Augustus hatte ihn mitgebracht und im Jahre 10 v. Chr. auf dem Marsfeld aufstellen lassen.) Danach gab es nur noch den Vatikanischen Obelisk, mit dem
einst Caligula seinen Zirkus geschmückt hatte – aber der trug keine Inschrift. Sein ägyptischer Ursprung und sogar die Bezeichnung Obelisk waren vergessen.

   Vieles kehrte erst in der ersten Hälfte des 15. Jahrhunderts in die Erin-
nerung zurück. Zu der Zeit wurden die klassischen Autoren, die auch Ägypten erwähnten, wiederentdeckt: in zunehmendem Maße wurden Reisen in
das östliche Mittelmeergebiet unternommen. Doch auch das allgemein an-
wachsende Interesse an Altertümern in Europa und vor allem in Rom war
für diese Wiederbelebung verantwortlich. Dort regte die neu einsetzende
Bautätigkeit zur Beschäftigung mit den zerstörten Denkmälern an. Buondelmonte[1] entdeckte 1419 auf der ägäischen Insel Andros das Buch Horapollos über die Hieroglyphen (›Hieroglyphica‹), das bisher einzige uns er-

Das Alte Ägypten:
Untergang und
Wiedererweckung

1. Zwei Pläne des Vatikans
aus dem 15. Jahrhundert.
a) Pietro del Massaio, 1471.
b) Alessandro Strozzi, 1474.

haltene antike Werk, das ganz diesem Thema gewidmet ist. Im Jahre 1435
besuchte Cyriacus von Ancona Ägypten; er nahm eine Abschrift von Horapollos Buch mit und sandte die Zeichnung einer Hieroglypheninschrift an
Niccolò Nicoli in Florenz.[2] Zur selben Zeit schrieb Poggio seine Abhandlung
de varietate fortunae (Wandlungen des Glückes) über die Geschichte Roms.
Darin erwähnte er den Bericht des Plinius über die Obelisken, die frühere
römische Kaiser aus Ägypten importiert hatten; er identifizierte den Vatikanischen Obelisk zutreffend als den von Caligula aufgestellten und erklärte, er habe eine Menge von Obeliskfragmenten gesehen, welche mit
»den verschiedenen Formen von Tieren und Vögeln, die die Alten Ägypter
statt Buchstaben benutzten« beschriftet seien. Dennoch interessierten ihn
die Obelisken nicht besonders; obwohl er ihr Verschwinden bedauerte,
schien ihm das ein unbedeutender Verlust, verglichen mit der ungeheuren
Menge griechischer und römischer Marmor- und Bronzestatuen, die unwiederbringlich verloren waren. Poggios Freund Biondo aber widmete den
Obelisken etwas mehr Raum, zumindest zitierte er ausführlicher die entsprechenden Kommentare der antiken Autoren Plinius, Ammianus und Tacitus. Dem Bericht des Tacitus etwa entnahm er, die Ägypter seien die ersten
gewesen, die abstrakte Begriffe durch Tierzeichnungen ersetzten, und ihre
in Stein gemeißelten Inschriften seien die frühesten Aufzeichnungen
menschlicher Erfahrung. Aus dem Werk von Ammianus Marcellinus (das

erste Manuskript seines Werkes hatte Poggio 1417 im Kloster von Fulda entdeckt) zitierte er besonders ausführlich. Interessant und bedeutsam ist die Feststellung, daß die Alten Ägypter nicht mit Buchstaben schrieben, wie wir es tun, sondern mit Zeichen, die ganze Wörter oder Begriffe wiedergeben. Ammianus führt zwei Beispiele an: ein Geier stehe für die Schöpfung (›Mutter Natur‹), denn nach den Naturforschern gebe es keine Geier männlichen Geschlechts; eine Honigbiene stelle einen König dar, denn Könige müßten ihre Macht mit Süße ausüben, aber auch einen Stachel besitzen.

Bis zur Mitte des 15. Jahrhunderts wußte man wieder von der Existenz des Alten Ägypten. Natürlich änderten die kleinen Humanistenzirkel der damaligen Zeit nicht mit einem Schlag die allgemeine Geschichtsanschauung, doch leiteten sie eine neue Art von Geschichtsverständnis ein. Die Situation im ausgehenden Mittelalter, soweit sie die Beschäftigung mit dem Alten Ägypten betrifft, läßt sich exemplarisch an der Gegensätzlichkeit zweier Stadtpläne Roms zeigen, von denen einander entsprechende Ausschnitte hier wiedergegeben sind. Beide sind offensichtlich nach derselben Vorlage gezeichnet, die im frühen 15. Jahrhundert entstanden sein dürfte. Die Beschriftung aber ist ganz unterschiedlich. Massaios Karte in einem Codex der ›Kosmographia‹ des Ptolemaios gibt die mittelalterliche Sicht des antiken Rom wieder, der Stadt der christlichen Pilgerführer; Strozzis Karte illustriert eine Sammlung von Inschriften aus italienischen Städten und atmet den neuen Geist des Humanismus. Ein Beispiel aus dem abgebildeten Kartenausschnitt: zu einem Gebäude am Tiber nahe der Porta Flaminia schreibt Massaio: »Dies ist der Turm, wo einst Neros Geist weilte«. Strozzi gibt das Gebäude auch wieder, läßt aber die Unterschrift fort. Das ist bezeichnend und nicht etwa dem Wunsch eines kurzen Textes zuzuschreiben, denn insgesamt benennt Strozzi genau um die Hälfte mehr Monumente als Massaio. Der Grund ist in der Abneigung gegen Leichtgläubigkeit zu suchen, weshalb er auf Anekdotisches verzichtet und gelehrte Erläuterungen vorzieht. – In unserem Zusammenhang interessiert besonders die Beschreibung des Vatikanischen Obelisken auf beiden Karten. Massaio nennt ihn: ›die Nadel – Cäsars Grab (Agulia Cesaris tumulus)‹, das war die mittelalterliche Bezeichnung, die auf eine irrtümliche Identifikation des Obelisken mit jenem Denkmal für Cäsar zurückging, das Sueton am Ende seiner Lebensbeschreibung des Diktators erwähnt. Man glaubte, die goldene Kugel auf der Spitze enthalte Cäsars Asche, so hoch über der Welt wie Rom erhaben über allen anderen Städten. Strozzi dagegen gibt dem Monument seinen richtigen Namen ›Obelisk‹. Er muß also auch gewußt haben, daß der Obelisk aus Ägypten stammte.[3]

Ägypten in den Augen der Römer

Das Ägypten, das nun am Beginn seiner Wiederentdeckung stand, war nicht das Ägypten der Pharaonen. Im Jahre 525 v. Chr. hatte Ägypten seine Unabhängigkeit an den Perserkönig Kambyses verloren. Zweihundert Jahre später fiel das persische Reich an den Makedonenkönig Alexander. Damit kam Ägypten zunächst unter seine Herrschaft und wurde nach seinem Tode von der Ptolemäerdynastie regiert, die Alexanders General Ptolemaios gegründet hatte. Schließlich wurde Ägypten im Jahre 30 v. Chr. dem Römischen Reich eingegliedert, zu dessen östlicher Hälfte es bis zur Eroberung durch die Araber im 7. Jahrhundert gehörte.

Das Ägypten, über das die humanistischen Gelehrten der Renaissance lesen konnten, war das Ägypten der Griechen und Römer. Und welch ein seltsames Land lernten sie da kennen! Es war so ganz anders als jedes Land, das sie kannten. Dieses Land war schon von seiner Geographie her einzigartig; ein schmaler Streifen fruchtbaren Landes zwischen öden Sandflächen; »Geschenk des Nil« hatte Herodot es genannt. Einzigartig waren auch Flora und Fauna: Krokodil und Flußpferd, Papyros und Lotos. Beispiellos waren auch seine Monumente, die riesigen Tempel des alten Theben, die ungeheuren Pyramiden und die großartigen monolithen Obelisken. Auch die Vielzahl seiner Priester und die alten, geheimnisvollen Schriften, in welchen seine Frömmigkeit und Weisheit beschlossen lagen, ließen das Land eine Sonderstellung einnehmen. Die Kraft seiner Faszination braucht uns nicht zu überraschen.

Einiges von dieser Faszination kann man noch an einem Mosaik in Präneste spüren. Es lag in einer Tempelanlage der Fortuna, die unter dem römischen General Sulla im frühen 1. Jahrhundert v. Chr. erbaut worden war.[4] Die zeitgleiche Literatur bestätigt, daß dieses Mosaik kein vereinzeltes Phantasiegebilde war. Cicero zum Beispiel berichtet, daß reiche Leute in ihren Gärten künstliche Ströme anlegten und sie Nil nannten, was er aller-

dings lächerlich findet. Er selbst aber, heißt es, schrieb einst ein Gedicht über den Nil.[5] Diese Ägyptomanie war, nach den zahlreichen Zeugnissen römischer Dichter und Satiriker zu schließen, nicht auf eine bestimmte gesellschaftliche Klasse beschränkt. Sie fand, wie in der antiken Welt üblich, ihren stärksten Ausdruck auf religiösem Gebiet. Heiligtümer für die ägyptischen Gottheiten Isis und Serapis wurden immer zahlreicher. Mindestens drei Tempel gab es in Rom selbst, mehr als doppelt soviele im übrigen Italien. Der Staatstempel der ägyptischen Gottheiten auf dem Marsfeld wurde im

2. Ägypten in den Augen der Römer. Ausschnitt aus einem Mosaik in Palestrina (Präneste), 1. Jahrhundert v. Chr.

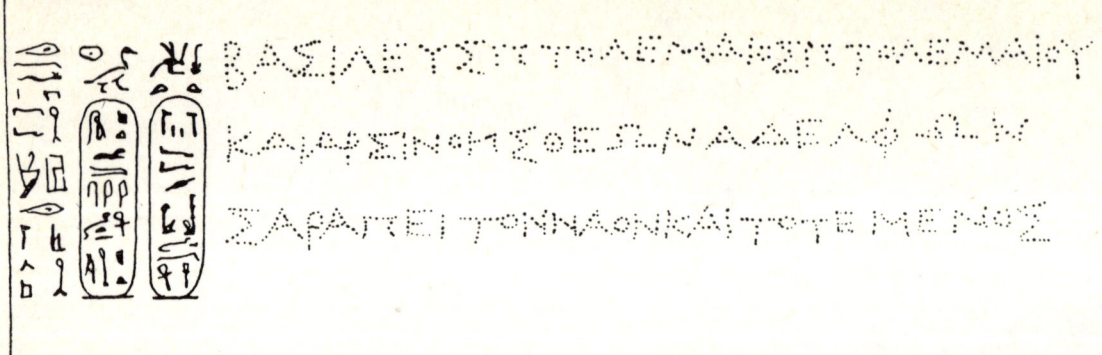

3. Das Serapeum von Alexandria.
a) Gründungstafel mit Weihinschrift des Ptolemaios III. (246–221 v. Chr.).
b) Zeus Serapis; Büste aus der Nähe des Serapeums.
c) Serapis und Hadrian bei der Einweihung eines Tempels für den Kaiser. Römische Münze aus dem Jahre 132/3 n. Chr.
d) Der Patriarch Theophilus auf den Ruinen des 391 n. Chr. zerstörten Serapeums. Aus einer Papyrus-Chronik des 5. Jahrhunderts n. Chr.

1. Jahrhundert v. Chr. errichtet, und ihr Kult wurde dort bis wenigstens 400 n. Chr. ausgeübt; ihre Blütezeit aber hatte diese Religionsströmung im Römischen Reich im 2. und 3. Jahrhundert n. Chr. Apuleius vermittelt im 11. Buch seines Romans, der ›Metamorphosen‹, einen lebendigen Eindruck von der Pracht der Kulthandlungen und von der tiefempfundenen Erlösung des Eingeweihten von Sünde und Leiden. Vom Satiriker Juvenal dagegen wissen wir, wie der Kult auf einen Außenstehenden wirken konnte. In seiner gesunden Geringschätzung alles Okkulten und aus der Sehnsucht nach den vergangenen Zeiten der altrömischen politischen Tugenden schreibt er über eine reiche Dame der Gesellschaft, eine typische Anhängerin der Isis (VI 526 ff):

(sie wird) wenn die schneeige Io geböte,
bis nach Ägyptens Grenz' und dem glühenden Meroë gehen
und das Wasser von dort hertragen, um zu besprengen
Isis' Tempel, der nah sich erhebt am alten Ovile[6]
(ÜBERS. A. BERG)

– d. h. im Isistempel auf dem Marsfeld. Juvenal übertreibt allerdings, wenn er von Meroë spricht. Das Zentrum des Kultes in der griechisch-römischen Welt lag nicht so weit entfernt: es war das Serapeum in Alexandria.

Serapis war ursprünglich von Ptolemaios I. zum Schutzgott der neugegründeten griechischen Kolonie Alexandria erhoben worden; sein Tempel wurde unter Ptolemaios III. im folgenden Jahrhundert erweitert und neu geweiht.[7] Wie der Typus der Kultstatue zeigt, stellte man sich Serapis als griechischen Gott vor. Wenn die griechischen Kolonisten aus Alexandria in ihre Heimat zurückkehrten oder sich in anderen Teilen der griechischen Welt niederließen, wollten sie ihn auch an ihrem neuen Wohnort verehren, und so breitete sich sein Kult immer weiter aus. Später, als dann der Zauber Ägyptens auf die Griechen in Alexandria und anderswo immer größere Faszination ausübte, begann Isis, die schon seit jeher mit Serapis zusammen verehrt worden war, im Kult eine zentrale Rolle zu spielen. Das bedeutendste Ereignis für das Bestehen des Serapeums in Alexandria war der Besuch Kaiser Hadrians und seiner Frau im Jahre 131/2 n. Chr. Es bestand noch ein

Vierteljahrtausend, bevor es schließlich von den Christen zerstört wurde. Seine Bedeutung als lebendige Institution wurde erst 391 n. Chr. nach einem Kampf überwunden.[8]

Die Zerstörung des Serapeums signalisierte das Ende des heidnischen Ägypten und bedeutete gleichzeitig das Ende der Hieroglyphenschrift. Bis dahin hatte sie überlebt, war jedoch zum Schluß immer weniger und weniger verstanden worden, selbst von den Priestern, die ihre einzigen Hüter waren. Die Griechen und Römer haben sie überhaupt nie wirklich begriffen. Denn obwohl es, wie wir sehen werden, Bücher gab, die sich speziell mit den Hieroglyphen beschäftigten, kam keines von ihnen einer Erklärung der grundlegenden Prinzipien dieses Schreibsystems auch nur nahe. Vor allem findet sich kaum jemals eine Erwähnung darüber, daß ein hieroglyphisches Zeichen phonetischen Wert besitzen konnte. Eine Erklärung dafür ist nicht so ohne weiteres zu finden. Fehlende Neugier auf seiten der Griechen oder konsequente Geheimhaltung auf seiten der ägyptischen Priester dafür verantwortlich machen zu wollen, wäre zu einseitig und oberflächlich. Es bestand sogar außerordentliches Interesse: wir kennen die Namen von über siebzig antiken Autoren, die über Ägypten geschrieben haben. Und wenn auch der Priesterstand eifersüchtig seine Geheimnisse hütete, so können doch nicht alle Priester es mit dieser Verpflichtung zum Schweigen so genau genommen haben. Dafür spricht auch, daß überprüfbare Nachrichten bei den antiken Autoren, über einzelne Hieroglyphen etwa, sich normalerweise als richtig oder zumindest so nahe an der Wahrheit erweisen, daß die Informationen aus dem Kreis der Eingeweihten stammen müssen. Zudem ist es ohnehin kaum denkbar, daß durch drei ganz verschiedene Epochen der Beziehungen zwischen Griechen und Ägyptern, – nämlich vor, während und nach der griechischen Oberherrschaft, – das Verhalten in diesem Punkt völlig unverändert geblieben sein sollte.

Einfacher und überzeugender ist eine andere Erklärung, warum in der griechisch-römischen Literatur die Hieroglyphenschrift, oder auch Keilschrift, Kyprisch oder Aramäisch, niemals ausführlich erläutert wurde: sie liegt in der Natur antiker Literatur und antiker Bücher. Theoretisch wäre es zwar durchaus möglich gewesen, eine Abhandlung darüber zu schreiben, aber das Ergebnis hätte man nicht publizieren und auch nicht verwenden können. Wo wären die Schreiber gewesen, die ein solches Werk hätten abschreiben können, und wo hätte der potentielle Leser Bücher in Keilschrift oder in Hieroglyphenschrift finden sollen, um sein Wissen auch anzuwenden? Außerdem ist Schreiben, also das eigentliche Formen der Buchstaben, eine Art Kunsthandwerk gewesen, das man von jemandem lernen mußte. Antike Bücher konnten durchaus technischer Fachgebiete behandeln, wie Architektur oder Landvermessung, beschäftigten sich aber nicht mit einem solchen Gebiet. Sie wären auch kaum von Nutzen gewesen zur Vermittlung einer Fähigkeit, die das Beispiel besser lehrt als die Erläuterung und bei der die Formulierung allgemeiner Grundsätze kaum zählt.

Was wußten nun die griechischen Schriftsteller über das Thema zu sagen? Unser frühester Gewährsmann ist Herodot, der im 5. Jahrhundert v. Chr. Ägypten bereiste, das damals unter persischer Oberhoheit stand. In

b

c

d

zwei Sätzen steht alles, was er an der ägyptischen Schrift für bemerkenswert hält (II 26): daß sie von rechts nach links verlaufe und daß es zwei Schrifttypen gebe, eine heilige (*hiera*) und eine volkstümliche (*demotica*). Dasselbe steht auch bei Diodor (I 81), und sinngemäß überliefern es auch andere Schriftsteller. Clemens von Alexandria (Ende des 2. Jahrhunderts n. Chr.) dagegen behauptet, es habe drei verschiedene Schriften gegeben, die hieroglyphische, die hieratische und die epistolographische. Welche dieser einander widersprechenden Aussagen zutraf oder ob sie miteinander in Einklang zu bringen waren, verursachte natürlich unter den frühen Forschern heftige Diskussionen.

Herodot berichtet über die Anwendung der Hieroglyphenschrift nur, daß historische Aufzeichnungen, insbesondere königliche Tatenberichte, in dieser Schrift in Stein gemeißelt worden seien (II 102, 106, 125, 136). Andere Autoren berichten dasselbe, während wieder andere die Verwendung auch im Grabkult, in Religion, Astrologie und Philosophie mit anführen.[9]

Diodorus Siculus, der um die Mitte des 1. Jahrhunderts v. Chr. Ägypten besuchte, ist der erste antike Schriftsteller, oder jedenfalls der früheste uns bekannte, der auf den ideographischen Charakter der Hieroglyphen aufmerksam macht. »Ich muß noch ein Wort über ägyptisches Schreiben hinzufügen«, sagt er (Bibl. Hist. III 4). »Die Zeichen gleichen verschiedenen Tieren oder stellen die Gliedmaßen des menschlichen Körpers dar oder Geräte – speziell Zimmermannswerkzeuge. Denn in ihrer Schrift sind nicht Silben zusammengestellt, die dann einen gewissen Sinn ergeben, sondern sie zeichnen Gegenstände, deren sinnbildliche Bedeutung dem Gedächtnis eingeprägt ist . . .«. Er gibt auch Beispiele dafür. Ein Falke stehe für »etwas, das plötzlich passiert«, ein Krokodil heiße »schlecht« und ein Auge bedeute »Wächter des Körpers« oder »Hüter des Rechts«. Danach untersucht er ausführlich die den Dingen innewohnenden Bedeutungen, und mit einiger Übung erkennt man den jeweiligen Sinn ganz automatisch.

Diodor erzählt uns auch, daß bei den Äthiopern (vielleicht meint er damit die Einwohner von Meroë) die Hieroglyphenschrift die einzig bekannte gewesen sei, die auch jeder lerne, wohingegen die Ägypter noch eine spezielle Schrift für den allgemeinen Gebrauch hätten.

Woher Diodor seine Informationen bezogen hat, ist nicht sicher. Als mögliche, ja wahrscheinliche Quelle kommt Manetho in Frage, ein ägyptischer Priester, der unter den ersten beiden Ptolemäern diente. Manetho verfaßte ein dreibändiges Werk über ägyptische Geschichte und Religion; jedoch bezieht sich keines der uns erhaltenen Fragmente auf die ägyptische Schrift. Obwohl also Diodors Quelle nicht mit Sicherheit zu benennen ist, kann man voraussetzen, daß er eine literarische Vorlage besaß und seine Informationen nicht nur aus Gesprächen in Ägypten bezogen hatte. Denn einen fast identischen Bericht über ägyptisches Schreiben finden wir ein Jahrhundert später bei Chairemon, einem Priester (*hierogrammateus*) aus Alexandria, in seinem Buch über die Hieroglyphen.

Da unwahrscheinlich ist, daß dieser Eingeweihte über das Thema Hieroglyphen von einem griechischen Geschichtsschreiber abgeschrieben hat, ist die Ähnlichkeit zwischen seinem und dem Bericht Diodors nur so zu erklären, daß Diodor bereits auf eine gute ägyptische Quelle zurückgriff. Chairemons Text ist bei dem spätbyzantinischen Schriftsteller Tzetzes zitiert und uns dadurch erhalten. (FGr Hist. 618 ≙ Tzetzes, Exeg. Hiad S. 123,5 Herm) Er lautet:

»Die Äthioper benutzen keine Buchstaben, sondern nur verschiedene Tiere, deren Gliedmaßen und Organe. Frühere Priester lehrten nur ihre eigenen Kinder diese allegorische oder symbolische Art des Schreibens durch Zeichen, in dem Bestreben, ihr Wissen über ihre eigene Glaubenslehre geheim zu halten; eine trommelschlagende Frau bedeutet ›Freude‹, ein Mann, der sich ans Kinn faßt und zur Erde hinabblickt, ›Leid‹, ein tränengefülltes Auge ›Unglück‹.«

Chairemon soll einer der Lehrer des späteren Kaisers Nero gewesen sein, und darin mag der Grund dafür liegen, daß seine Ansicht in der römischen Literatur der damaligen Zeit zweimal Erwähnung fand. Der Dichter Lukan, der zu Neros Freundeskreis gehörte und daher vermutlich Chairemon kannte, widmet ihr einige Zeilen im Zusammenhang mit dem wenig dichterischen Problem, wer wohl das Alphabet erfunden habe. Er behauptet, die Phönizier seien die ersten gewesen, die durch schlichte Zeichen (*rudibus figuris*) eine Sprache aufgeschrieben hätten. Die Ägypter hätten damals noch nicht Papyrus anzufertigen gewußt, so daß Stein das einzige Medium war, auf dem eingemeißelte Tiergestalten eine noch magische Sprache wiedergaben (*sculptaque servabant magicas animalia linguas*). Mit dieser Darstellung läßt sich der bereits erwähnte Bericht des Tacitus vergleichen (den dieser dem Kaiser Claudius zuschrieb), daß abstrakte Begriffe zuerst von den Ägyptern durch Tierzeichnungen wiedergegeben worden seien. In der Frage der alphabetischen Schrift vertritt er eine andere Meinung als Lukan; er behauptet, auch sie sei von den Ägyptern erfunden und erst später von den Phöniziern, (die dann allerdings dieses Verdienst für sich in Anspruch nahmen) übernommen worden.

Ein Zeitgenosse des Tacitus, der griechische Schriftsteller Plutarch, gibt in seiner Abhandlung *de Iside et Osiride* einige konkrete Beispiele für die Bedeutung einzelner Hieroglyphen. Richtig sind zwei: ein Auge und ein Szepter bedeutet ›Osiris‹, eine Binse ›König‹ oder ›Oberägypten‹. Zwei oder drei weitere sind nur teilweise richtig. Außerdem macht Plutarch einige zutreffende Bemerkungen über die ägyptische Sprache. Sein Wissen in diesen Punkten scheint, soweit das noch feststellbar ist, auf ptolemäische Quellen zurückzugehen. In einem anderen Werk Plutarchs findet sich der seltsame Hinweis auf die Zahl der ägyptischen Buchstaben $= 5^2 = 25$ und auf den Ibis als den ersten Buchstaben des ägyptischen Alphabets. Diese Bemerkungen sind als Beweis dafür gewertet worden, daß Plutarch die phonetische Anwendung der Hieroglyphen kannte. Aber sie können dann nicht auf wirklich intensiver Kenntnis beruhen. Zudem ist der Schluß auch nicht zwingend.

Das einzige erhaltene griechische Schriftwerk, das ausschließlich den Hieroglyphen gewidmet ist, ist unter dem Verfassernamen Horapollo (oder

Horus Apollo) bekannt. Es war »verfaßt in ägyptischer Sprache und wurde von Philippos ins Griechische übersetzt«, wie aus dem Titel des ersten Buches hervorgeht. Das zweite der beiden kurzen Bücher trägt einen eigenen Titel, der es als eine Art Anhang ausweist. Der größte Teil dieses zweiten Buches befaßt sich mit Tierkunde, weist keinen unmittelbaren Bezug zu Ägypten auf und unterscheidet sich daher beträchtlich vom übrigen, die ägyptischen Hieroglyphen betreffenden Text. Horapollos Informationen überschneiden sich zwar in einigen Punkten mit dem Bericht von Plutarch, sind aber zum größten Teil neu, wie etwa ein Dutzend seiner Meinung nach ägyptischer Worte, die in der Tat auch ägyptisch sind. Die einzelnen Paragraphen sind in losem Zusammenhang nach sachlichen Gesichtspunkten geordnet, bilden aber in sich abgeschlossene, meist kurze Einheiten. So zum Beispiel:

I 23 »Um einen Mann zu bezeichnen, der nie aus seinem Vaterland herausgekommen ist, zeichnen sie einen Mann mit einem Eselskopf; denn er kennt nichts von dem, was im Ausland vorgeht und interessiert sich auch nicht für Berichte darüber«.

II 119 »Sie malen eine Hand für einen Mann, der gerne baut; denn die Hand ist es, die das Werk ausführt.«

Einige Paragraphen sind auch ausführlicher, so zum Beispiel der über den Pavian, dessen Darstellung von Fall zu Fall vermutlich folgendes bedeuten kann: den Mond, den bewohnten Erdkreis, Schreiben, einen Priester, Ärger, Schwimmen. Danach wird der Symbolismus, der zu diesen verschiedenen Interpretationen führt, kurz erläutert.

Pavian, Geier, Ibis, Szepter, Könige, Priester, die Nilflut – die Reihe der behandelten Dinge trägt durchaus ägyptischen Charakter. Die Erklärungen aber sind oft in absurder Weise griechisch. Z. B. heißt es in I 17: »Die Sonne wird Horus genannt, denn sie regiert die Stunden.« Das griechische Wort für Stunden heißt ›horai‹. Und selbst dann, wenn richtig erkannte Hieroglyphen interpretiert werden, entsteht der Eindruck, hier spreche ein stark hellenisierter Ägypter, der kaum mehr von Hieroglyphen weiß, als ihn die reine Anschauung lehrt. In Paragraph I 38 schreibt er z. B.: »Um Hieroglyphen oder einen Schreiber zu bezeichnen, malen sie ein Rohr, Tinte und ein Sieb . . . denn das zuerst gebrauchte Gerät zum Brotbacken ist das Sieb . . . und das ägyptische Wort für Erziehung ist *sbô*, was auch Ernährung bedeutet.« *Sbô* bedeutet im Koptischen Belehrung. Die ägyptischen Worte *šbȝ* ›Belehren‹ und *šbw* ›Nahrungsmittel‹, könnte Horapollo verwechselt haben. Soweit, so gut, aber wie kommt er auf das Sieb? Er meinte wahrscheinlich die ägyptische Hieroglyphe 𓏞 , die ein Rohr und eine Palette mit Vertiefungen für rote und schwarze Tinte darstellt. Diese Erklärung vertritt Sbordone und vermutet weiter, daß die Brücke zwischen den Begriffen ›Nahrung‹ und ›Erziehung‹ für Horapollo das griechische Wort *trophē* gewesen sei, welches in der Tat beides bedeutet. (Einen Nachklang dieser Gleichsetzung gibt im Deutschen z. B. der Ausdruck ›geistige Nahrung‹.) Auf griechisches Denken deutet bei Horapollo auch der kausale Zusammenhang, den er zwischen den beiden Begriffen herstellt: »Wenn du genug Nahrung hast, wirst du gut lernen.« Nach allem, was wir von ägyptischen Schreibern wissen, dürfte es viel eher umgekehrt geheißen haben, daß nämlich eine gute Erziehung ein bequemes Leben ermögliche. So belehrt ein Vater seinen Sohn, der Schreiber werden soll: »Siehe, da ist kein Schreiber, dem es an Nahrung fehlte, an den Gütern des Hauses des Königs, Leben, Wohlergehen, Gesundheit . . .« (Zitiert nach W. Ekschmitt, Das Gedächtnis der Völker, 1968, 107. Anm. d. Übers.).

Zwar wurden in der Antike ägyptische Hieroglyphen ins Griechische übersetzt – Manetho zum Beispiel benutzte zweifellos ägyptisch geschriebene Quellen für seine Geschichte Ägyptens –, aber nur in zwei Fällen besitzen wir möglicherweise das Original und die Übersetzung: eine aus fünf Zeichen bestehende, für ägyptisch gehaltene Tempelinschrift (s. S. 28 f) und die Übersetzung zweier Inschriftseiten eines Obelisken in Rom von dem sonst unbekannten Hermapion, die Ammianus Marcellinus überliefert. Um welchen Obelisk es sich handelt, ist allerdings noch nicht endgültig geklärt. Möglicherweise ist es der Flaminische Obelisk, der heute auf der Piazza del Popolo steht, doch dann gibt die Übertragung eher eine freie Inhaltsangabe, obwohl der Ton im allgemeinen hervorragend getroffen ist und einzelne Passagen sogar recht genau sind. Champollion konnte später – wie wir sehen werden – die Übersetzung zur Bestätigung seiner Entzifferung heranziehen. Im Anfangsstadium aber hätte sie ihm keineswegs dienlich sein können.

In großen Zügen habe ich die Vorstellung der griechisch-römischen Welt von Ägypten zu skizzieren versucht und etwas ausführlicher dargestellt, was die griechisch-römischen Schriftsteller über ägyptisches Schreiben wußten oder zu wissen glaubten. Ihre generelle Vorstellung von zwei völlig verschiedenen Schriftsystemen, einem ausschließlich ideographischen und einem ausschließlich phonetischen, war völlig falsch. Aus den nur teilweise richtigen Einzelbeobachtungen die zutreffenden herauszufinden, war nicht leicht. Daher ist es kein Wunder, daß zwischen der Wiederentdeckung des Alten Ägypten in der Renaissance und dem wirklichen Verständnis des ägyptischen Schriftsystems durch Champollion eine so lange Zeit vergehen mußte.

Ich gebe eine Liste der wichtigsten erhaltenen griechischen und römischen Schriftsteller, die sich ausführlicher oder unter für unseren Zusammenhang wesentlichen Gesichtspunkten mit Ägypten befaßten, und zwar in der Reihenfolge, wie sie in der Renaissance im Druck erschienen. Die Liste erhebt natürlich keinen Anspruch auf Vollständigkeit. Ebensowenig kann der Schluß gezogen werden, die Werke antiker Autoren hätten vor ihrem ersten Druck den Forschern nicht zur Verfügung gestanden. Handschriftliche Kopien waren oft bereits früher in Umlauf. Einige Autoren wurden auch das ganze Mittelalter hindurch gelesen; so gibt es zum Beispiel mehr als 200 erhaltene Abschriften vom Werk des Josephus, und zwar in der lateinischen Übersetzung des Cassiodorus aus dem 6. Jahrhundert n. Chr.

Autor	Zeit	Charakterisierung	editio princeps	lateinische Übersetzung	Bezug auf Ägypten
LACTANTIUS (LAKTANZ)	3./4. Jh. n. Chr.	christlicher Philosoph	1467	–	Bericht über ägyptische Mythologie und Religion in *de falsa religione*.
PLINIUS d. Ä.	1. Jh. n. Chr.	Natur-, Technologie- und Kulturhistoriker	1469	–	Geschichte der Obelisken in *naturalis historia* XXXVI 64 ff.
STRABON (STRABO)	64/3 v. Chr. – nach 23/6 n. Chr.	Historiker und Geograph	1516	1469	Beschreibung Ägyptens in *Geographika* XVII.
APULEIUS	2. Jh. n. Chr.	Rhetor, mystischer Philosoph und Romancier	1469		Im Roman ›Metamorphosen‹ Einweihung des Helden in den Mysterienkult der Isis. Die Schrift *Asclepius* aus dem *corpus Hermeticum* wurde ursprünglich auch ihm zugeschrieben.
TACITUS	1./2. Jh. n. Chr.	Historiker	1470 (ohne *Annales* I–VI) 1515 (mit *Annales* I–VI)	–	Ramses-Inschriften: *Annales* II 60; über ägyptische Schrift: *Ann.* XI 14; über Serapis: *Historiae* IV 81 ff.
EUSEBIUS	3./4. Jh. n. Chr.	›Vater der Kirchengeschichtsschreibung‹	1544	1470	In der *praeparatio evangelica* Auszüge aus Philon von Byblos, Apion, Chairemon u. a. überliefert.
JOSEPHUS	1. Jh. n. Chr.	jüdischer Historiker	1544	ca. 1470 (Cassiodorus) 1480 (contra Apionem)	Auszüge aus dem Werk des Manetho in *contra Apionem*.
corpus Hermeticum	2./3. Jh. n. Chr.	Sammlung theologisch-philosophischer Schriften	1554	1471	Das *corpus* steht unter dem fiktiven Verfassernamen Hermes Trismegistos (griech. Name des äg. Gottes Thoth). Zur lateinischen Schrift *Asclepius* vgl. APULEIUS
DIODORUS SICULUS	1. Jh. v. Chr.	Historiker	1559	1472 (Übersetzung Poggios, die um die Mitte des 15. Jhs. angefertigt wurde)	Behandlung ägyptischer Mythen, Sagen, Geographie, Geschichte und allgemeiner Einflüsse in *Bibliotheke* I; Beschreibung der Hieroglyphenschrift *Bibl.* III.
HERODOTOS (HERODOT)	5. Jh. v. Chr.	›Vater der Geschichtsschreibung‹; 448 v. Chr. Reise nach Ägypten	1474	1502	Ausführlicher Reisebericht über Ägypten in *Historia* II.
AMMIANUS MARCELLINUS	4. Jh. n. Chr.	Historiker	1474 (ohne Hermapion) 1533 (mit Hermapion)	– –	Exkurs über die Obelisken in *Rerum gestarum libri* XVII mit Übersetzung einer Obelisk-Inschrift von Hermapion.
PLATON	4. Jh. v. Chr.	Philosoph	1513	1483	Zahlreiche beiläufige Hinweise auf Ägypten.
PLOTINUS	3. Jh. n. Chr.	Philosoph, Begründer des Neuplatonismus	1580	1492	Charakterisierung und Lob der Hieroglyphenschrift *Enneaden* V 8, 5 f.

Autor	Zeit	Charakterisierung	editio princeps	lateinische Übersetzung	Bezug auf Ägypten
IAMBLICHOS	3./4. Jh. n. Chr.	Neuplatonischer Philosoph und Mystiker	1678	1497	Das Werk *de mysteriis* behandelt die Geheimlehren und religiösen Bräuche der ägyptischen und assyrischen Priester.
HORAPOLLO (Horus Apollon)	5. Jh. n. Chr.		1505	1515	*Hieroglyphica* über ägyptische Hieroglyphen.
PLUTARCHOS (PLUTARCH)	1./2. Jh. n. Chr.	Historiker und Biograph	1509	1570	In der Schrift *de Iside et Osiride* ausführliche Behandlung des Isiskults.
HERMAPION	1. Jh. v. Chr./ 1. Jh. n. Chr. ?				siehe AMMIANUS MARCELLINUS
CLEMENS von Alexandria	2./3. Jh. n. Chr.	christlicher Philosoph	1550	1551	In *Stromateis* V 4 Beschreibung ägyptischer Schrift.
PHILON von Alexandria	1. Jh. v. Chr./ 1. Jh. n. Chr.	jüdischer Philosoph und Theologe	1552	1554 Lat. Übersetzung Tifernas (1479–84) war vorher in der Vatikanischen Bibliothek verfügbar.	Allegorische Auslegung des Alten Testaments.

Andererseits bedeutet auch das Erscheinen des Werkes eines Autors im Druck nicht unbedingt, daß sein Werk in dem Umfang, wie es heute bekannt ist, in der damaligen Ausgabe enthalten war. In der Tabelle sind drei wichtige Punkte verzeichnet: Die ersten Bücher der *Annales* des Tacitus mit dem Bericht über den Besuch des Germanicus in Ägypten fehlten noch, als die Ausgabe von 1470 gedruckt wurde. Im einzigen 1474 bekannten Manuskript von Ammianus Marcellinus war die Obelisk-Übersetzung des Hermapion nicht enthalten, weil sie von Ammianus auf Griechisch zitiert war (kursive griechische Schrifttype wurde zum ersten Mal am Ende des Jahrhunderts im Druck verwandt; Anm. d. Übers.). Die Übersetzung der ›Saïs-Inschrift‹ (s. S. 28f) bei Plutarch steht in keinem der erhaltenen Manuskripte; diese Passage konnte erst rekonstruiert werden, als das Werk des Clemens von Alexandria schließlich zur Verfügung stand.

Die Bewunderung, die die Spätantike für die ägyptischen Hieroglyphen empfand, kommt im Werk des Philosophen Plotin besonders klar zum Ausdruck. In seiner Abhandlung darüber, daß Götter sich nicht abstrakten Betrachtungen hingeben, sondern sich mit Realitäten befassen, und daß Ideen nicht abstrakte, geistige Bilder sind, sondern ein reales Dasein besitzen, sagt er (V 8, 6):

Der Mythos von der hieroglyphischen Weisheit

»Das ist es, was die Weisen Ägyptens erkannten, sei es durch Wissen oder durch Intuition. Wollten sie einen philosophischen Gedanken ausdrücken, wandten sie nicht das vieldeutige und mißverständliche Instrumentarium von Buchstaben, Wörtern und Sätzen an. Sie gebrauchten keine Kunst-

4. Ägypten empfängt von Hermes Trismegistos die Kunst des Schreibens und die Rechtswissenschaft. Bodenmosaik in der Kathedrale von Siena; Ende 15. Jahrhundert.

5.–8. Holzschnitte aus der *Hypnerotomachia Poliphili*, 1499.

5. Die Stadt der Vergangenheit.

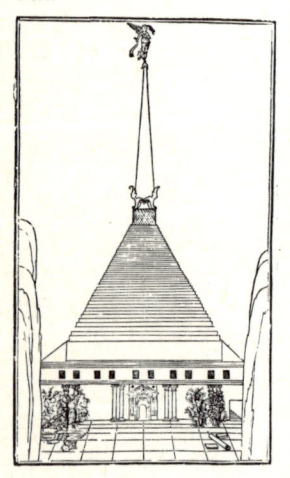

griffe, um Klang und Aussprache eines Begriffs wiederzugeben. Statt dessen benutzten sie die Zeichen ihrer heiligen Schriften, ein eigenes Zeichen für jede Idee, mit dem sie deren ganze Bedeutung auf einmal ausdrückten. Jedes einzelne Zeichen ist für sich schon ein Stück Weisheit, ein Stück unmittelbar gegenwärtiger Wirklichkeit. Es gibt keinen Denkprozeß, keine mühselige Erläuterung.«

Ficino, der Plotin 1492 ins Lateinische übersetzte, kommentiert:

»Unsere Denkweise über den Begriff ›Zeit‹ ist komplex und schillernd, zum Beispiel ›Zeit vergeht schnell‹, ›Zeit bildet einen Kreislauf und endet, wo sie begann‹, ›Zeit lehrt Klugheit‹, ›Zeit gibt und nimmt‹. Bei den Ägyptern war diese ganze Gedankenkette in einem einzigen bestimmten Zeichen enthalten: einer geflügelten Schlange, die ihr Schwanzende im Maul hält. Und es gibt noch viele andere solcher Zeichen, die Horus (=Horapollo) beschreibt.«

Es mag schwer zu glauben sein, sollte uns jedoch nicht überraschen, daß die Menschen in der Renaissance die Weisheit Ägyptens so ernst nahmen und bewunderten, obwohl sie doch so wenig darüber wußten. »Heutzutage«, sagt Sebastian Munster im Vorwort zu Levitas Hebräischer Grammatik (1525), »werten wir mit Recht die Antike höher als die moderne Zeit und bevorzugen die Quellen selbst vor den aus ihnen entstandenen Seen.« Als Beweis für die Überlegenheit des Alten Ägypten stand den Menschen der Renaissance, wie wir im letzten Abschnitt gesehen haben, das fast einmütige Zeugnis des klassischen Altertums zur Verfügung. Diesem Urteil beizupflichten, fiel ihnen um so leichter, als die Erfahrung ihres eigenen Lebens sie darin bestärken mußte. Denn auf fast allen Gebieten der Literatur, Wissenschaft und Technologie lernten sie vom Alten Rom; Rom aber hatte von Griechenland gelernt; warum sollte nicht Griechenland seinerseits von Ägypten gelernt haben? Und in der Tat bestätigten zahlreiche antike Autoren ihnen diese Auffassung. Diodor zum Beispiel zählt vierzehn bedeutende griechische Wissenschaftler und Künstler auf, die in Ägypten gelernt haben sollen, unter ihnen Orpheus, Dädalus, Homer, Lykurg, Solon, Platon, Pythagoras, Eudoxos, Demokrit. Ähnliche Aufzählungen geben auch andere Autoren.

Die Vorstellung von Ägypten als dem Quell der Weisheit hat auch auf die christliche Kirche eingewirkt. In der Kathedrale von Siena zeigt ein großes Fußbodenmosaik eine Szene, in der Hermes dem Trismegistos (griechisch-römischer Name des ägyptischen Gottes Thoth) ein Buch übergibt,

EX LABORE   DEO NATURAE SACRIFICA LIBERALITER PAULATIM REDUCES   ANIMUM
Stierschädel mit   Auge Geier Altar   Opferschale   Opferkanne   Wolldocke   Gefäß
Ackerbaugeräten

6. Fiktive Hieroglypheninschrift und ihre Deutung. Der lateinische Text besagt: »Opfere mit Anstrengung freizügig dem Gott der Natur. Allmählich wirst du deinen Geist dem Gott unterworfen machen. Mit seiner barmherzigen Führung wird er dein Leben sicher leiten und dich unversehrt bewahren.«

EO SUBIECTUM FIRMAM   CUSTODIAM VITAE TUAE MISERICORDITER GUBERNANDO TENEBIT
uge Sandale Anker   Gans   Lampe Hand Olivenzweig   Deichsel   Haken

INCOLUMEN   –QUE   SERVABIT
Delphin   die beiden Bänder   Kasten

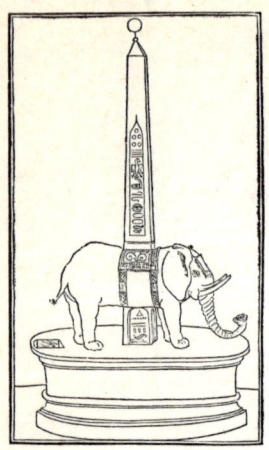

7. Von einem Obelisken durchbohrter Elefant.

auf dem geschrieben steht: »Empfangt, o Ägypter, das Geschenk des Schreibens und des Gesetzes.« Seine andere Hand ruht auf einer Inschrifttafel mit dem Text; »Gott, der Schöpfer aller Dinge, schuf einen zweiten (*secum* statt *secundum*) sichtbaren Gott, und das war der erste Gott, den er schuf und der einzige, an dem er Freude fand: und er liebte seinen eigenen Sohn, der da heißt das Heilige Wort.« (Das erste Zitat stammt von Cicero, das zweite aus der okkultistischen Schrift Asclepius, beide sind von dem christlichen Schriftsteller Lactantius in seinen *Divinae Institutiones* [Göttliche Fügungen] überliefert.[10])

Wahrhaft blindes Vertrauen setzte man in den Wert der ägyptischen Schrift: Bisher hatte kaum jemand eine Probe von ihr gesehen. Cyriacus von Ancona hatte ein oder zwei Zeichnungen aus Ägypten mitgebracht; es gab einige teilweise sichtbare Inschriften auf Obeliskfragmenten, die in abgelegenen Stadtteilen Roms verstreut lagen. Sonst stand nichts zur Verfügung. Die Phantasie nur konnte diesem Mangel abhelfen. Die ersten Hieroglyphen, die im Druck wiedergegeben wurden, waren erfunden: sie kommen in dem allegorischen Roman *Hypnerotomachia Poliphili* (1499) des Francesco Colonna vor, der im Stil des Apuleius schrieb und den man den James Joyce der Renaissance nennen könnte.

Poliphilus, der Held des Romans, sucht, angewidert von der »abscheulichen und lästerlichen Roheit« seines Zeitalters, die Natur wiederzuentdekken. Der einzige Weg dorthin führt aber durch einen Engpaß, den die riesigen Überreste der »Stadt der Vergangenheit« versperren. Diese Phantasiestadt enthält, am beigegebenen Holzschnitt ist das deutlich zu sehen, Elemente der Architektur Roms, Griechenlands und Ägyptens. Poliphilus stößt auf seinem Weg durch die Stadt auf seltsame Skulpturen, wie den von einem Obelisken durchbohrten Elefant. Er findet hieroglyphische, lateinische, griechische, hebräische, chaldäische und arabische Inschriften. Die Hieroglypheninschriften muß er selber durch Kombinieren deuten, ›pensiculante‹ sagt Colonna mit einem Wort, das er von Aulus Gellius direkt ins Italienische übernimmt.[11] Wie Poliphilus dabei vorgeht, zeigt die beigefügte Abbildung einer Hieroglypheninschrift. Leser, die sich in seine Lage versetzen und sich selber an den »prächtigsten ägyptischen Hieroglyphen« versuchen wollen, können das tun, bevor sie die Interpretation unseres Romanhelden nachschlagen.[12] Die Inschrift (Abb. 8) ist auf der Brücke eingemeißelt, die die Stadt der Vergangenheit mit dem Land der Natur verbindet.

8. Eine weitere Hieroglypheninschrift, die Poliphilus in der Stadt der Vergangenheit findet. Ihre Deutung und der mutmaßliche Weg der Lösung Anm. 12 (S. 215 f.).

Hätte man die Hieroglyphen als Gegenstand historischer Forschung betrachtet – was sie jedoch für die Renaissance nicht waren, denn sie galten als Quelle moralischer Weisheit –, man hätte sie wohl kaum in dieser unbefangenen Weise gedeutet. Schon die Zusammenstellung verschiedener Werke in der Erstausgabe des Buches von Horapollo (1505) zeigt, in welches Genre die Hieroglyphen eingeordnet wurden. Der Herausgeber Aldus ver-

 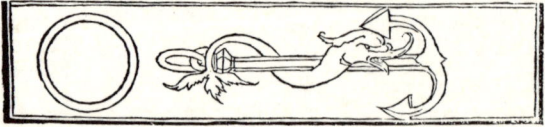

öffentlichte zusammen mit Horapollos ›Hieroglyphica‹ Fabeln des Aesop und des Babrius, die allegorischen Interpretationen des Cornutus und des ›Heracleides Ponticus‹ (d. h. die Homerischen Allegorien des Heraklit), die ›unglaublichen Geschichten‹ des Palaephatus und eine Sammlung griechischer Sprichwörter. So heterogen uns heute diese Schriften erscheinen mögen: vom damaligen Standpunkt aus gesehen verbanden sie ein gemeinsames Ziel und ein ähnlicher Sinn.

Der erste Gelehrte, der die historische Wahrheit über die Hieroglyphen zu ergründen versuchte und das erste Buch der Neuzeit über dieses Thema schrieb, war Pierius Valerianus. Er war Apostolischer Protonotar unter Clemens VII., und die Inschrift auf seinem Epitaph in Venedig bezeugt, daß sein Fleiß in Verwaltungsdingen so groß war, daß er kaum Zeit zum Lesen gehabt haben dürfte, geschweige denn zum Schreiben. Seine Werke aber zeugen von solcher Gründlichkeit und Gelehrsamkeit, daß das Leben ihres Autors nur ihnen gewidmet zu sein scheint. Erstmals wurde sein Werk 1556 in Basel mit dem Titel: ›Die Hieroglyphen oder Ein Kommentar zu den heiligen Schriftzeichen der Ägypter und anderer Völker‹ veröffentlicht. Von den 58 Büchern, Abschnitten, die wir heute Kapitel nennen würden, befassen sich 31 mit Tieren, die übrigen mit Pflanzen, Werkzeugen und Teilen des menschlichen Körpers.

Ziele und Methoden des Pierius werden im Buch XXXIII und dem Vorwort besonders scharf herausgearbeitet.[13] Den Wissensstand seiner Zeit über die ägyptischen Hieroglyphen faßt er durch eine Aufzählung der Quellen und Monumente zusammen, unter ihnen die Tabula Bembina (s. S. 36), die zahlreichen Zeichen auf den Obelisken, Reiseberichte aus Ägypten und anderen Ländern, in denen es Inschriften gibt, die antiken Schriftsteller im allgemeinen (obwohl diese ja nur wenige und nur andeutungsweise interpretierende Bemerkungen liefern) und insbesondere Horapollo (der allerdings besonders enttäuscht, weil er allzu knapp und oberflächlich ist, und zudem der überlieferte Text verderbt ist). Außerdem bringt er folgende Überlegungen vor:

1. Neben ihrer Verwendung als Bilder für konkrete Begriffe wurden die Hieroglyphen für die Belange der Philosophie, Dichtung, Geschichte, Theologie und für moralische Aphorismen angewandt.
2. Die Ideen, die bei den Ägyptern in den Grenzen dessen, was das Auge wahrzunehmen vermag, in Hieroglyphen wiedergegeben sind, führten Griechen, Römer und Hebräer rhetorisch aus.
3. Daher ist es berechtigt, zur Interpretation der ägyptischen Hieroglyphen das Zeugnis der griechischen, römischen und hebräischen Schriftsteller heranzuziehen.
4. Sogar die hippokratische Traumtherapie, antike Traumdeutung im allgemeinen und etruskische Wahrsagekunst haben ihren Ursprung wahrscheinlich in Ägypten, denn sie nehmen ihren Ausgangspunkt jeweils in sichtbaren Dingen.

9. ›Schärfe des Hörens‹.
Illustration von Pierius
Valerianus zu einer Hiero-
glyphe nach Horapollo.

Diese Leitgedanken erklären, warum Pierius, trotz des unzureichenden bekannten Materials, überhaupt ein Buch über Hieroglyphen schreiben konnte. Sie liefern die methodische Berechtigung, zum Beispiel eine so unmittelbar verständliche Metapher wie Ciceros ›Bücher verschlingen‹ (*vorare litteras*) in diesem Zusammenhang zu zitieren, wenn man sie in Beziehung zu der Passage bei Horapollo setzt, das ägyptische Wort *sbô* bedeute Erziehung und Nahrung in einem (s. S. 20).

Pierius geht prinzipiell so vor, daß er jeden einzelnen Gegenstand Tier, Pflanze oder Körperteil, betrachtet und die verschiedenen symbolischen Bedeutungen erläutert, die dieser jeweils beinhalten kann. Der Storch zum Beispiel, den er in Buch XVII behandelt, kann nach seiner Interpretation kindliche Ehrfurcht, Schutz vor Gefahr, Frühling, medizinische Fähigkeit oder Prophetie symbolisieren. Als Beleg zitiert er griechische und römische Autoren, verwertet Ereignisse der römischen Geschichte, zieht Darstellungen auf römischen Münzen heran und untermauert seine Interpretationen bisweilen sogar mit Erfahrungen aus seiner eigenen Zeit und Umwelt. Denn als Bonzio, erzählt er, eines Mordversuchs für schuldig befunden wurde und die Zerstörung seines Hauses in Padua ein Teil der verhängten Strafe sein sollte, habe der Storch auf dem Dach des Hauses sein Nest verlassen, noch bevor das Abbruchkommando kam, und ein neues auf dem Hause Cuticellis, Bonzios politischen Rivalen, gebaut.

Den Erläuterungen der Symbole sind zahlreiche Holzschnitte beigegeben, von denen einer – hier abgebildet – eine der möglichen Bedeutungen des Stieres, die ›Schärfe des Hörens‹ illustriert. Die Begründung stammt von Horapollo (I 47):

›Sie malen das Ohr eines Stiers, um Hören darzustellen. Wenn eine Kuh gedeckt werden will, muht sie laut. Nur drei Stunden dauert die Empfängnisbereitschaft der Kuh, und wenn der Trieb nicht befriedigt wird, schließt sie ihre Geschlechtsorgane bis zur nächsten Gelegenheit. Aber das braucht sie nur selten zu tun, denn der Stier hört das Muhen sehr schnell, sogar aus großer Entfernung, begreift, daß die Kuh brünstig ist und rennt zu ihr hin. Der Stier ist das einzige Tier, das auf diese Weise zur Begattung gerufen wird.‹

Diese Geschichte kommentiert Pierius (III 7) lediglich mit dem von Aristoteles und Plinius übernommenen Zusatz, daß die nächste Gelegenheit sich 19 Tage später biete.

Den größten Teil im Werk des Pierius nimmt die Erläuterung der einzelnen Symbole, ihrer Anwendung und ihres zeitgenössischen Gebrauchs ein. Manchmal bietet sich ihm die Gelegenheit, ganze Hieroglyphengruppen zu behandeln. Bei einem der Beispiele sind wir in der glücklichen Lage, seine Lösung zumindest bis zu einem gewissen Grade überprüfen und beurteilen zu können. Er befaßt sich nämlich (XXXI 6) mit einer Inschrift, die der Überlieferung von Plutarch zufolge (*de Iside et Osiride* 32) an der Fassade des Athenatempels in Saïs angebracht gewesen sein und ein Kind, einen alten Mann, einen Falken, einen Fisch und ein Flußpferd dargestellt haben

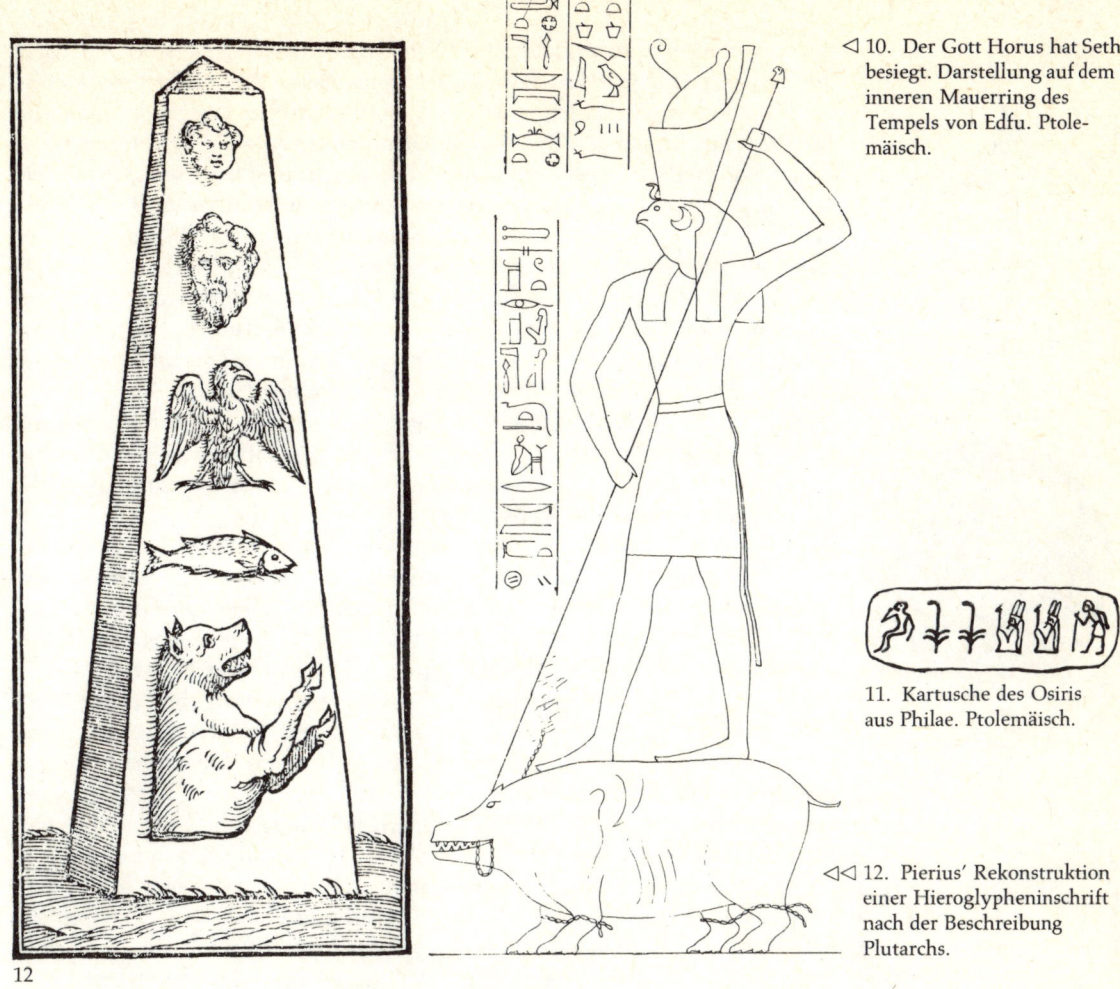

12

◁ 10. Der Gott Horus hat Seth besiegt. Darstellung auf dem inneren Mauerring des Tempels von Edfu. Ptolemäisch.

11. Kartusche des Osiris aus Philae. Ptolemäisch.

◁◁ 12. Pierius' Rekonstruktion einer Hieroglypheninschrift nach der Beschreibung Plutarchs.

soll. Plutarchs Übersetzung »Oh Jung, Oh Alt, Gott haßt Ungläubigkeit« fehlte in den erhaltenen Handschriften und konnte erst aus der Schrift des Clemens von Alexandria rekonstruiert werden, in der zufällig dasselbe Beispiel gegeben wird. Diese Konjektur scheint zum ersten Mal in Squires Plutarchausgabe von 1744 vorgenommen worden zu sein; die Frankfurter Ausgabe von 1620 enthält sie nicht. Pierius also kannte die Übersetzung der Inschrift von Plutarch nicht und mußte sie allein mit Hilfe der allgemeinen Symbolerläuterungen Plutarchs übertragen, die im erhaltenen Text stehen. Dem konnte er entnehmen, daß der Falke ›Gott‹ bedeute, der Fisch für ›Haß‹ stehe, weil Fische im Meer leben, das bisweilen den lebensspendenden Nil überschwemmt, und daß das Flußpferd Gewalt und Unmoral symbolisiere, denn es ermorde seinen Vater, um seine Mutter zu rauben.

Pierius zeigt in einer Abbildung, wie er sich die Inschrift im Original vorstellt. Das Vorbild läßt sich allerdings nicht rekonstruieren, denn eine solche Inschrift ist nie gefunden worden, und vermutlich hat es eine Inschrift dieser Art auch nie gegeben, selbst in ptolemäischer Zeit nicht. Am

a

b

c

d

13. Die Entwicklung einer
Renaissance-Hieroglyphe.
a) Übliche Form des Wort-
zeichens ›Szepter‹ in ägyptischer Schrift.
b) Belebte Wiedergabe des
Szepters; aus dem Innern
des Grabes von Sebek-o.
Mittleres Reich.
c) Verkörperung der *Pietas*
begleitet von einem Storch.
Münze des Hadrian aus
Anlaß der Adoption eines
Nachfolgers; 137 n. Chr.
d) *Impietati praelata Pietas*
(›Frömmigkeit über Selbst-
sucht‹), Hieroglyphe des
Pierius.

ehesten könnte es sich noch um eine Inschrift ähnlich der Osiris-Kartusche aus Philae handeln, oder, falls Plutarch gar keine echte Hieroglypheninschrift, sondern ein querformatiges Relief beschreibt, könnte man an eine Darstellung ähnlich den Reliefs von Edfu denken, die der griechisch-römischen Welt teilweise bekannt waren. Die Zeichnung bei Pierius ist jedenfalls, abgesehen nur von der Form des Obelisken, so unägyptisch wie nur denkbar. Seine Übersetzung weicht ebenfalls von allem ab, was man von einer ägyptischen Inschrift erwarten könnte, und hat keinerlei Ähnlichkeit mit der von Clemens und wohl auch von Plutarch angegebenen. Pierius benennt die fünf Hieroglyphen Geburt, Alter, Leben, Tod, Zerfall und kommentiert, die Aussage behandle die ›Unsicherheit des menschlichen Lebens, das von der Kindheit zu hohem Alter und zu einer zweiten Kindheit verläuft . . . . Wenn die harmonische Gegensätzlichkeit, die durch ausgewogene Mischung der Säfte in unserem Körper geschaffen ist, aufzubrechen beginnt und die Elemente heftig gegeneinander zu wirken beginnen, ist der Tod die unvermeidliche Konsequenz.‹

Anscheinend hat Pierius seine kunstvolle Interpretation daraus gewonnen, daß er die Symmetrie der Inschrift zum Prinzip auch des Gedankenganges machte: die beiden Teile werden durch den Falken getrennt, der, wie er sagt, »Gott symbolisiert, und daher die Liebe, das göttliche Element in uns, die eigentliche Lebenskraft«. Einfacher ausgedrückt lautet das Ganze dann »Jugend und Alter machen das Leben aus, und das Leben endet durch Haß und Gewalt«. Seine Erklärung zum zweiten Teil der Inschrift stützt sich eindeutig und etwas gezwungen auf griechische Medizintheorie und griechische Theologie, aber wie wir gesehen haben, sind die Prinzipien, nach denen er vorgeht, nicht zufällig dem griechischen Gedankengut entnommen; es ist für ihn geradezu unerläßlich, sich darauf zu stützen, setzt er doch voraus, sie seien überhaupt von ägyptischen Vorstellungen abzuleiten.

Wie die Mischung aus Wahrheit, Irrtum und Phantasie schließlich zur Schaffung einer Renaissance-Hieroglyphe führte, kann man an den beigegebenen Illustrationen verfolgen. Wahrscheinlich war das Szepter ursprünglich ein Spazierstock mit Seitentrieb, der als Griff stehengelassen war. Dann erhielt es plötzlich ein Eigenleben. Weil das ägyptische Wort für diese Art von Stab oder Szepter, was auch ›Wohlergehen‹ bedeuten konnte und das Wort *śḏb* für den einfachen Stab auch ›Unglück‹ hieß, konnten die Zeichen wortspielerisch, etwa in der Art eines Rebus, als ›Wohlergehen über Unglück‹ interpretiert werden. Als dann das Wortspiel vergessen wurde, sah man in dem Zeichen einen Wiedehopf über den Klauen eines Flußpferdes (Horapollo I 55, 56). Pierius entwickelte dann zu dieser Hieroglyphe seine eigene Version, indem er den Wiedehopf in einen Storch verwandelte, der ihm vertrauter und als Symbol der kindlichen Ehrfurcht geläufig war.[14]

Bevor wir Pierius verlassen, sollten wir unsere Aufmerksamkeit noch auf einen Abschnitt richten, der die aufziehenden Wolken des religiösen Konfliktes seiner Zeit ahnen läßt. Pierius versuchte immer, die Tiersymbolik in Zusammenhang mit den Tatsachen der Naturgeschichte zu sehen und wunderte sich daher, daß das Flußpferd gespaltene Hufe besitzen sollte, ohne doch ein Wiederkäuer zu sein. Das Flußpferd (Hippopotamus amphibius) gehört in die Familie der Paarzeher, zu denen auch die Schweine gehören. Seine Antwort (XIX 8) war, eine solche Ungenauigkeit entspreche der Natur des Ketzers, der stets Wortklaubereien und Spitzfindigkeiten parat habe, doch nie zur wahren Erkenntnis gelange. Und es war vielleicht der Schatten der Reformation, der ihn veranlaßte, am Anfang seines Buches über Isis (XXXIX) die Grenzen der Bewunderung für die Antike im allgemeinen und Ägypten im besonderen kategorisch festzulegen – »überragend in menschlicher Bildung, der wahren Religion jedoch unkundig (*veteribus verae pietatis nesciis sed rerum humanarum peritissimis*)«.

Im 16. Jahrhundert erschienen 15 Auflagen des Horapollo und eine weitaus größere Zahl von zeitgenössischen Abhandlungen über Hieroglyphen und Symbole, deren Autoren ihre Schriften meist nicht als Beitrag zur Ägyptologie verstanden wissen wollten, sondern zu dem, was wir heute vielleicht mit dem Begriff Kommunikationswissenschaft bezeichnen würden. Sie waren als Kompendien für »Redner, Prediger, Bildhauer, Entwerfer von Siegeln und Wappen, Maler, Zeichner, Architekten und Erfinder« gedacht, um ihnen zu zeigen, wie man »alles, was menschliches Denken ersinnen mag«, symbolisch darstellen kann, wie es im Titelblatt von Ripas *Iconologia* von 1593 (zahlreiche Neuauflagen folgten) formuliert ist. Diese Werke sind daher für unser Anliegen unerheblich, außer daß sie durch Anregung wesentlich zur Wiederaufrichtung der Obelisken in Rom beitrugen. Zwischen 1582 und 1589 wurden in Rom nicht weniger als sechs Obelisken entweder zum ersten Mal seit der Antike wieder aufgestellt oder erhielten einen neuen Platz.[15] Eine wichtige Folge war, daß die Zeichnungen und Stiche von Obelisken und Hieroglyphen-Inschriften exakter sein konnten und für die zukünftige Forschung eine bessere Basis boten.

Für die gut proportionierten Obelisken auf der Abbildung Seite 32 trifft das sicher schon zu. Allein die Tatsache, daß sie als Paar aufgestellt werden, ist ein deutliches Zeichen von guter Information und Originaltreue. Denn aus Reiseberichten, wie etwa dem von Belon 1553, war inzwischen bekannt, daß die Obelisken ursprünglich paarweise die Tempeleingänge flankierten, und dies bestätigte auch die Darstellung auf dem um das Jahr 1600 entdeckten Mosaik von Präneste. Das mit zwei Obelisken gerahmte Titelblatt eines Buches über die Weisheit Ägyptens war daher außerordentlich passend. Der Autor Nicolas Caussin hatte das Buch als Anhang zu seinem vorhergehenden Werk über Rhetorik angelegt, und da er Wert auf Authentizität legte, beschränkte er sich strenger als vor ihm Pierius auf die antiken Schriftquellen zu den Hieroglyphen. Dementsprechend bilden die lateinische Übersetzung der *Hieroglyphica* des Horapollo und einschlägige Abschnitte aus Clemens mit zugehörigem Kommentar den Hauptteil des Buches. Für uns besonders interessant ist die Einleitung, in der zum ersten Male klare Definitionen zur Unterscheidung der Begriffe Symbol, Änigma, Emblem, Parabel, Gleichnis oder Fabel und Hieroglyphe gegeben sind.[16] Außerdem rechtfertigt er in dem Vorwort ganz bewußt und systematisch das Studium der ägyptischen Hieroglyphen. Luther und die Lutheraner standen der Allegorie argwöhnisch gegenüber. Hieroglyphenschrift und Allegorie wurden

De symbolica
AEGYPTIORVM
Sapientia, in qua
SYMBOLA, PARABOLÆ,
HISTORIÆ SELECTÆ,
quæ ad omnem
EMBLEMATV̄, ÆNIGMATV̄
Hieroglyphicorum
Cognitionē viā præstāt
Autore Nicolao Caussino
Trecensi è Soc.
IESV

COLONIÆ AGRIPPINÆ
Apud IOANNEM KINCKIVM sub Monocerote
ANNO M. DC. XXXI.

14. Titelblatt des Buches *de symbolica Aegyptiorum sapientia* (»Über die symbolische Weisheit der Ägypter«) von N. Caussin (Köln 1631).

aber als verwandte Phänomene angesehen. So ist Caussins Rechtfertigung – er war Jesuitenpriester – aufs engste mit der Bewegung der Gegenreformation verbunden.

Caussin nimmt an, die Hebräer hätten schon früher als die Ägypter diese Art der Symbol-Weisheit besessen, denn alles Wissen der Antike sei »verborgen unter dem Schleier des Symbols oder Rätselhaften« gewesen, und Abraham, der unter den Priestern von Heliopolis gelebt und sie einem antiken Bericht zufolge Sternkunde gelehrt haben soll, könnte sie auch gut jenes Wissen gelehrt haben. Das wäre nicht erstaunlich. Die reiche Mannigfaltigkeit der Schöpfung sei für die frühe Menschheit eine Art Bildergalerie gewesen, eine Welt voller Symbole, die entschlüsselt werden wollten. Alle Dinge, die Adam und Enoch sahen, seien darin gleichsam von Gott erleuchtete Buchstaben, Mitteilungen gewesen. Diese Wissenschaft des Symbolismus hätten aber die Ägypter am intensivsten betrieben und sie könnten daher mit Recht als ihre eigentlichen Initiatoren gelten. Ägypten werde, wie z. B. bei Platon, als Geburtsstätte der Schrift angesehen; griechische Gelehrsamkeit hatte ihren Ursprung in Ägypten, Moses »ward gelehrt in aller Weisheit der Ägypter« (Apostelgeschichte 7, 22). Philo erzählt uns in seiner Lebensbeschreibung des Moses, daß dieses Wissen nicht nur in der Kenntnis der Arithmetik, Geometrie und Musik bestand, sondern auch in dem Wissen von den Symbolen und Tierzeichnungen, also den Hieroglyphen, der geschriebenen Philosophie.

Dieser letzte der von Caussin aufgeführten Punkte war von außerordentlicher Bedeutung. Die Reformatoren mochten die klassische und humanistische Anschauung der ägyptischen Weisheit angreifen: die Belege, die sich in der Bibel fanden, konnten sie nicht wegdiskutieren. Was genau Moses bewogen haben mochte, die Weisheit Ägyptens als so wichtig zu betrachten, blieb für den Rest des Jahrhunderts und noch darüber hinaus eine der zentralen Fragen der Ägyptologie.

Wie die Agave, die vor ihrem Tode üppig blüht, erlebte auch die Lehre von der hieroglyphischen Weisheit eine letzte hybride Steigerung in den Werken eines anderen Jesuitenpriesters, Athanasius Kircher. Sein positiver Hauptbeitrag zur Ägyptologie lag in seiner Arbeit über das Koptische. Seit kurzer Zeit erst standen koptische Manuskripte der europäischen Forschung zur Verfügung (s. S. 35 ff). Kircher wurde zur Beschäftigung mit ihnen dadurch bewogen, daß er sie für eine nützliche Waffe gegen die Ketzer dieses seines »unheilvollsten Jahrhunderts« hielt. Durch sie hoffte er, viele der Liturgien und Dogmen, die als Erfindung der römischen Kirche angegriffen wurden, durch ihren Nachweis in der koptischen Kirche auf frühchristliche Zeiten zurückführen zu können (Kircher 1636, Kap. 2). Dennoch sah er im Koptischen auch eine mögliche Quelle zum Verständnis des Alten Ägypten. Er machte dafür aus dem koptischen Vokabular (den Worten für Vater, Sohn und Heiliger Geist) geltend, daß die Sprache sich von allen bekannten Nachbarsprachen (Hebräisch, Chaldäisch, Syrisch, Arabisch, Äthiopisch, Armenisch, Samaritanisch) unterschied, und versuchte anhand der in der Genesis und der bei Horapollo zitierten ägyptischen Wörter zu beweisen, daß Koptisch die Sprache Altägyptens gewesen sein müsse. Dies war ein un-

bedingt vernünftiger Ansatz. Aber Kircher war unehrlich, was seinen Anspruch auf Urheberschaft anging (s. S. 35); seine Beweisführung über die Ableitung des Griechischen vom Koptischen war nicht stichhaltig; unbescheiden und unverblümt stellte er seinem Buch als Zeugen seiner Befähigung eine exotische Schar von Gewährsleuten voran, einen maronitischen Erzbischof, einen Professor für Arabisch, zwei Professoren für Hebräisch, einen Armenier und ein kleines Komitee abessinischer Priester.

Bescheidenheit indes war wirklich nicht seine stärkste Seite. Hochtrabend und weitschweifig schrieb er über eine Unmenge von Themen, das Chinesische, die Universalschrift und die Kunst des Denkens nicht ausgenommen, und fast nichts von dem, was er schrieb, ist zuverlässig. Dennoch sprechen aus seinem Werk bei aller Ungenauigkeit und aller unseriösen Phantasterei manchmal funkelnder Geist und brillante Gelehrsamkeit, so daß es ungerecht wäre, ihn einen Scharlatan zu nennen. Eher schon vertritt er den Typ des Salon-Gelehrten. Er wurde, zumindest in Rom, der anerkannte Experte für Ägyptisches. Als unter Innozenz X. im Jahre 1651 der Pamphilische Obelisk auf der Piazza Navona aufgestellt wurde, war er es, der mit dessen Publikation betraut wurde. Später übertrug man ihm auch die Veröffentlichung jenes Obelisken, den Alexander VII. 1666/67 auf der Piazza della Minerva aufstellen ließ.

Das Arrangement der Aufstellung nach einem Entwurf Berninis, der offensichtlich Colonnas Holzschnitt vor Augen hatte, ist dennoch frisch und voller Anspielungen und mag als krönende Leistung in der Tradition der hieroglyphischen Weisheitslehre betrachtet werden. Seinen Sinn erläutert eine Inschrift auf dem Sockel:

15. »Die Kraft trägt die Weisheit«. Ägyptischer Obelisk des 6. Jahrhunderts v. Chr. (im 1. oder 2. Jahrhundert nach Rom gebracht.) Nach einem Entwurf Berninis 1667 auf der Piazza della Minerva aufgestellt.

SAPIENTIS AEGYPTI
INSCULPTAS OBELISCO FIGURAS
AB ELEPHANTO
BELLUARUM FORTISSIMA
GESTARI QUISQUIS HIC VIDES
DOCUMENTUM INTELLIGE
ROBUSTAE MENTIS ESSE
SOLIDAM SAPIENTIAM SUSTINERE

Die Gelehrtheit Ägyptens,
in Figuren auf dem Obelisk eingegraben,
vom Elefanten getragen,
dem stärksten der Tiere,
mag dem, der ihn sieht,
ein Beispiel sein
wie Stärke des Geistes
das Gewicht der Weisheit stützen kann.

Die Worte *robustae mentis* [Stärke des Geistes] spielen auf die Willensstärke Alexander VII. selbst an, der damit die Behinderung durch seine schwache Gesundheit überwand, und identifizieren ihn, wie Iversen (1968,

S. 99) glänzend beobachtet, mit dem Elefanten aus Merciers lateinischer Übersetzung des Horapollo (II 84), wo es heißt, der starke Mann (*robustus homo*), der auch gleichzeitig klug und empfindsam ist, werde durch einen Elefanten mit seinem praktischen und sensiblen Rüssel dargestellt. Die Haltung des Elefanten zeige, um es mit Iversens Worten zu sagen, »daß er das Monument behutsam und ehrfürchtig heranträgt, um seinen Weg zur göttlichen Weisheit, die es darstellt, zu erforschen und so die Göttliche Wahrheit zu finden und zu begreifen«.

Kircher leitet sein Buch über den Minervischen Obelisk mit einer Reihe zeitgenössischer Epigramme ein. Emphatisch sagt eines aus, der Elefant sei nun ein Gelehrter; statt eines Sitzes trage er ägyptische Gelehrsamkeit auf seinem Rücken, nicht mehr nur das intelligenteste aller Tiere, als das Cicero ihn bezeichnete, sondern auch das klügste. Ein anderes Epigramm beginnt:

> *Monstra refert obelus: latitat sapientia monstris:*
> *Bellua, quae molem gestat, et ipsa sapit.*

> Eingegraben in Stein künden Tiere von seltsamer Weisheit,
> selber voll Weisheit, ein Tier, trägt es die Last in Geduld.

Das kürzeste und treffendste Epigramm stellt den Bezug zwischen dem Monument und seinem Standort, der Piazza della Minerva, her:

> *Es prudens, elephas, Minerva prudens,*
> *Foro quam bene praesidetis ambo!*

> Weise das Tier und weise die Göttin,
> ein würdiges Paar gemeinsam als Wächter des Platzes!

Kirchers Absicht war, in seinem Buch diese Obeliskenweisheit zu interpretieren, und er zweifelte nicht an seiner Befähigung dazu, schreibt er doch in seiner Einleitung: ». . . die Sphinx ist bezwungen, ihre Rätsel sind gelöst, und all die Geheimnisse der Hieroglyphenkunst, ihre Regeln, Methoden und Lehren, sind mit Gnade und Hilfe des göttlichen Geistes durch mich völlig erhellt.« Seine Interpretationen alle im einzelnen durchzugehen, wäre eine lange und qualvolle Prozedur. Er selber sogar wird auf halbem Wege ihrer überdrüssig und sagt, die Bedeutung der beiden anderen Seiten des Obelisken sei mehr oder weniger dieselbe wie die der beiden ersten. Wiederzugeben, was er über eine einzige Kartusche sagt, dürfte genügen. Kartuschen sind – wie man heute weiß – Gruppen von Hieroglyphen, die von einer ovalen Linie eingeschlossen sind; sie treten im allgemeinen paarweise auf und geben Namen und Titel des jeweiligen Pharao an. Das war jedoch zu Kirchers Zeit noch nicht bekannt, und somit waren jeder Spekulation Tor und Tür geöffnet. Kircher behauptete nun, sie seien *tabulae sacrae* [Heilige Tafeln] und von großer Bedeutung und höchster Rätselhaftigkeit und dienten zum Herbeirufen oder Beschwichtigen verschiedener Dämonen. Eine Kartusche auf dem Minervischen Obelisk, von der man heute

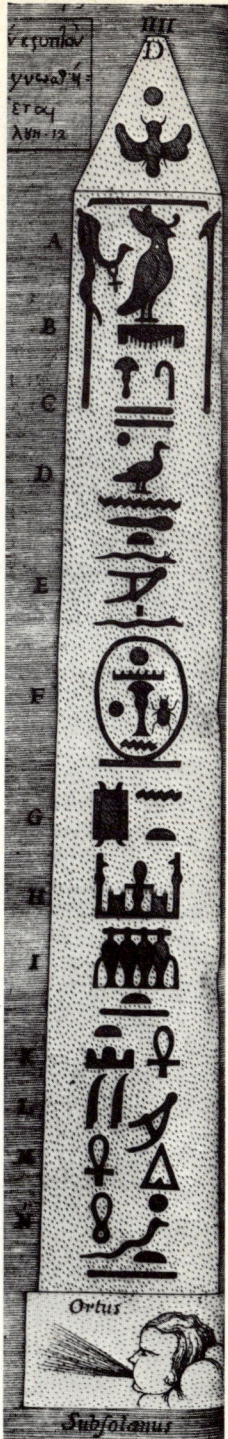

16. Kirchers Zeichnung der Ostseite des Minerva-Obelisken.

17. Skarabäus mit mensch-
lichem Kopf auf der *tabula
Bembina*.
a) Foto.

b) Zeichnung von Kircher.

weiß, daß sie den Namen des Pharao Psammetichos wiedergibt, interpretiert
er folgendermaßen:

> »Der Schutz des Osiris gegen die Gewalt des Typho muß nach den rech-
> ten Riten und Zeremonien durch Opfer und durch Anrufung der beschüt-
> zenden Genien der dreifachen Welt hervorgelockt werden, um den Genuß
> des üblicherweise vom Nil gespendeten Wohlstandes gegen die Gewalt des
> Feindes Typho zu garantieren.«

All dies haben, so Kircher, die Priester auf einen Blick verstanden. Mehr
als das sogar, denn Kircher behauptet, jede Inschrift habe »vierfachen Sinn,
wörtlichen, sinnbildlichen, allegorischen und analogischen, um ein und dieselbe Sache auszudrücken«.

Alle vier Bedeutungsebenen gibt er allerdings nie an, aber bei einer bei-
läufigen Interpretation des menschenköpfigen Skarabäus auf der Tabula
Bembina (Abb. 18) versucht er wenigstens zwei auszuführen.[17] Diese

Iuxta sensum proprium ita lege.	*Iuxta sensum mysticum ita lege.*
Anima Mundi vita rerum.	Hemphta supramundanum Numen, Sol Archetypus.
Totius orbis moderatrix.	Osiris.
Cœlorum orbitas.	Genij cœlestes.
Solem.	Horus.
Lunam.	Isis.
Elementa.	Læmones sublunares velati per potentem.
Amore connectit & in suo esse conseruat.	Amoris catenam trahuntur alliciunturque.

Versuche machen deutlicher als alles andere, wie wertlos trotz des hohen Ansehens, das er zu seiner Zeit genoß, Kirchers Interpretationen sind. Die Zeichnungen der Inschriften sind der einzig nützliche Beitrag seiner Arbeiten über Ägypten, sieht man von seinem Anteil an der Erforschung des Koptischen ab. Seine Abbildungen der Inschriften waren nicht alle sonderlich genau, blieben aber in einigen Fällen die einzig verfügbaren bis zu Champollions Zeit. Ein Beispiel ist auf dieser Seite abgebildet.

Da Kirchers Verstiegenheiten Gegenmeinungen hervorriefen, leistete seine Arbeit in durchaus unbeabsichtigter Weise, gleichsam auf negativem Wege, ihren Beitrag zur Geburt der Aufklärung.[18] Vorher aber gab es noch zwei bemerkenswerte Fortschritte in der ägyptologischen Forschung.

Als erster ist die Veröffentlichung der Tabula Bembina durch Lorenzo Pignorio im Jahre 1605 zu nennen. Pignorio war klassischer Philologe und besaß zu seiner Zeit so hohes Ansehen, daß ihm das Angebot für eine Stelle in Pisa von Galileo höchstpersönlich überbracht wurde; er lehnte es jedoch ab, weil er es vorzog, in seiner Geburtsstadt Padua zu bleiben. Die Tabula Bembina (oder Tabula Isiaca) war neben den Obelisken das berühmteste ägyptische Kunstwerk der damaligen Zeit. Sie war in Rom in den Rui-

18. Kirchers ›Entzifferung‹ des Skarabäus auf der *tabula Bembina*.

19. Detail aus der *tabula Bembina*; nach einem Kupferstich von E. Vico in Pignorios ›Explicatio‹.

nen des Iseums gefunden worden und gelangte 1527 in den Besitz des Kardinals Bembo (daher trägt sie ihren Namen). Die bronzene Tafel war in Rom nicht vor der Mitte des 1. Jahrhunderts n. Chr. angefertigt worden, denn in einer Kartusche trägt sie den Namen des römischen Kaisers Claudius. Sie diente ursprünglich als Tischplatte, vermutlich im Iseum. Pignorio benutzte in seiner Edition eine Abbildung, deren Vorlage Enea Vico 1559 gestochen hatte.

Pignorios Buch ist ein ikonographischer Kommentar zu den großformatigen Darstellungen auf der Tafel; er befaßt sich nicht mit den kleinen Hieroglyphen, die sie begleiten. Er sagt dazu: »Auch unter Anwendung von viel Phantasie hätten sich für sie [die Hieroglyphen] doch nur Erklärungen von geringem Nutzen finden können.« Daher fällt dieses Buch strenggenommen gar nicht unter unser Thema, außer vielleicht als Beweis dafür, daß der eigentlichen Hieroglyphenschrift zu jener Zeit wesentlich geringere Bedeutung beigemessen und weniger Beachtung geschenkt wurde als den reinen Kunstwerken der Ägypter. Dennoch ist Pignorio vor allem seines gesunden Skeptizismus wegen für unseren Zusammenhang wichtig, denn er brachte damit einen neuen Ton in die Diskussion über Ägypten. »Ich werde mein bestes tun«, schreibt er, »um die Bilder auf der Tafel durch Verwendung von Belegstellen antiker Autoren zu erklären und nicht durch allegorische Deutungen. Ich lehne so streng wie nur irgendeiner die verstiegenen und meist unnützen Interpretationen ab, welche von Platonikern zur Unterstützung ihrer eigenen unsicheren Märchen eingeführt werden, wobei sie ganz vergessen, was ihr Lehrer Platon selbst über diese Sache sagte.« Pignorios Buch ist angefüllt mit Zitaten christlicher und heidnischer antiker Autoren, insbesondere Juvenals, über die Absurdität ägyptischen Aberglaubens. Seinerseits unterstreicht er die Bemerkung des spanischen Erzbischofs Augustìn, daß Horapollo und Clemens für das Verständnis der Hieroglyphen ungefähr so nützlich seien, wie es die wenigen verstümmelten Zeilen von Punisch, die im *Poenulus* des Plautus erhalten sind, zum Erlernen dieser Sprache sind.[19]

Pignorio hatte lediglich seinen gegensätzlichen Standpunkt zu den Neuplatonikern erklärt. Einen weiteren, konstruktiven Schlag gegen sie führte Isaak Casaubon 1614. Er nahm Anstoß an der Doktrin, die Ankunft Christi sei von den Sibyllen und von Hermes Trismegistos vorhergesagt, und wies besonders eine kürzlich erfolgte Äußerung Kardinal Barons darüber zurück. Das war für ihn der Anlaß, das *corpus Hermeticum* zu untersuchen und seine Unglaubwürdigkeit nachzuweisen. Er gebrauchte alle Waffen philosophischer, stilistischer und historischer Analyse, um zu beweisen, daß diese Traktate durchaus nicht das älteste Erbe Ägyptens waren, sondern in christlicher Zeit in Griechisch verfaßt worden waren. Sie enthalten platonische Begriffe (wie Nous; das An-sich-seiende; Demiurg; das Unendliche) und christliche Begriffe (Sohn Gottes; Gottes Wort; Wesenseinheit), dazu Worte, die an anderen Stellen nur aus späterer Zeit belegt sind (*authentia* ›Selbstherrschaft‹; *hylotēs* ›Stofflichkeit‹; *ousiotēs* ›Wesentlichkeit‹), Wortspiele, die nur in der griechischen Sprache möglich sind (*thanatos/athanatos* ›Tod‹ und ›unsterblich‹; *kosmos/kosmei* ›Welt‹ und ›er ordnet‹) und Hinweise auf spezifisch griechische Einrichtungen (Prytanien, Athletenwettkämpfe), gar nicht zu reden von der Erwähnung einer Statue des Phidias. Überdies verzichten Galen und Plutarch auf die Verwendung der hermetischen Bücher, obwohl sie ihnen offensichtlich bekannt sind – doch wohl, weil sie ohne Wert sind. Es sei daher klar, schließt Casaubon, daß die Hermetischen Traktate christlichen oder eher ›halb-christlichen‹ Ursprungs seien; die Urheberschaft wurde dem Gott Thoth zugeschrieben, um ihnen höhere Geltung zu verschaffen. Casaubon fügt hinzu, diese Praxis der Zuschreibung an bedeutende Personen sei in der Antike, und sogar in der frühen Kirche vor dem Konzil von Rom, durchaus geläufig und üblich gewesen; das aber sei, so redlich die Motive auch sein möchten, eine verwerfliche Unsitte, denn es sei Verrat an der Wahrheit, anzunehmen, sie könne mit Hilfe einer Unehrlichkeit bekräftigt werden.

Gegen so schlagende Argumente konnte es keinen Einspruch geben. Als Folge verlor die Lehre von der ägyptischen Weisheit den einzigen Zeugen, auf den sie sich immer hatte beziehen können.

Den nächsten bedeutsamen Schritt nach vorn in der Erforschung des Alten Ägypten machte Edward Stillingfleete mit seinem Buch gegen den Atheismus 1662. Stillingfleete war damals Rektor von Sutton, später sollte er Bischof von Worcester werden, ein bedeutender Machtfaktor in der Anglikanischen Kirche, und der oberste Vorgesetzte und Förderer des größten englischen Altphilologen, Richard Bentley.

Stillingfleete zufolge war »eines der populärsten Argumente der Atheisten unserer Zeit die Unvereinbarkeit der Zeitrechnung in der Heiligen Schrift mit derjenigen der ältesten und gelehrtesten heidnischen Nationen«. Daher widmete er den ersten Band seines Werkes dem Ziel, alle weltliche Historie, einschließlich der ägyptischen, grundsätzlich in Frage zu stellen.

Er beginnt mit der Erörterung der Hauptfrage. Neugegründete Kolonien, führt er aus, müssen unter schwierigen Bedingungen ihre Existenz sichern, befinden sich in der Gefahr, Diktaturen zu werden, und führen oft Rivalitätskriege mit ihren Nachbarstaaten, bevor sie sich endgültig etablieren. Gelehrsamkeit dürfte bei ihnen kaum blühen, insbesondere aber werden sie wahrscheinlich das Wissen um ihren eigenen Ursprung vergessen – »alles gesicherte Wissen über ihr Mutterland, ihre Geschichte mußte versinken und zu unwirklichen Sagen schrumpfen«. Sollte der Leser an dieser Stelle den Eindruck gewonnen haben, Stillingfleete sei vom Thema abgekommen, ist ihm das nicht zu verdenken – aber weit gefehlt. Denn alle nichtjüdischen Nationen begannen als Kolonien, die von den Kindern Noahs gegründet wurden. Folglich könne man bei ihnen kein wirkliches historisches Wissen erwarten.

Diese frühen Kolonien hätten auch gar keine Kenntnis ihrer eigenen Geschichte bewahren können, selbst wenn sie es gewollt hätten. Denn sie hätten doch kein Mittel besessen, ihre Historie aufzuzeichnen. Stillingfleete behauptet nicht, er kenne den Zeitpunkt der Erfindung des Schreibens, aber er weist darauf hin, daß die Fähigkeit zum Schreiben in Griechenland verhältnismäßig spät erst einsetzte und also anderswo auch spät entwickelt worden sein mochte. Sprechen aber ist natürlich vergänglich, und mündliche Überlieferung hängt vom Gedächtnis ab, welches bekanntlich mehr als unzuverlässig ist. Es bleibe, so Stillingfleete weiter, nur der Gebrauch von Zeichen und Symbolen, und in alten Zeiten seien ja tatsächlich Zeichen und Symbole wie die ägyptischen Hieroglyphen, hauptsächliches Hilfsmittel bleibender, geschriebener Überlieferung. Sie aber seien zwangsläufig unklar und mehrdeutig, das durch sie übermittelte Wissen könne also keinesfalls zuverlässig und glaubwürdig sein.

Nun, da die »Wertlosigkeit und Fehlerhaftigkeit« der Hermetischen Bücher »durch gelehrte Männer überzeugend aufgedeckt«[20] seien, gebe es keinen Beweis mehr dafür, daß das Alte Ägypten Gelehrsamkeit und Weisheit überhaupt besessen hätte. Dennoch müsse irgendeine Art ägyptischen Wissens existiert haben, denn sie sei ja 1. Könige 5, 10 und Apostelgeschichte 7, 22 erwähnt. Worin also kann es bestanden haben? Medizin, Geographie, Astronomie und Geometrie werden von verschiedenen antiken Autoren erwähnt. Geometrie war natürlich speziell notwendig zur Neuvermessung des Landes nach den jährlichen Nilüberschwemmungen. Doch auch das Wissen auf dem Gebiet der Geometrie könne nicht sehr hoch gewesen sein, denn aus Euklid ist bekannt, daß Pythagoras seinen Lehrsatz nicht in Ägypten lernte, ungeachtet der 22 Jahre, die er dort verbrachte. Auch mit ihrer »hieroglyphischen und mystischen Gelehrsamkeit« könne es nicht weit her gewesen sein, nach der von Clemens erwähnten und von den Alten vielbesprochenen Inschrift aus Diospolis (Saïs) zu urteilen. »Gott haßt Ungläubigkeit« sei nicht mehr als eine gewöhnliche und belanglose Beobachtung. Wenn solche Aussagen die vielgepriesene Weisheit Ägyptens darstellen sollten, »werden all diese Hieroglyphen zusammen nur einen einzigen Sinn haben, und der wird sein: verlorene Arbeitsmüh«.

Mit dieser glänzenden, spöttischen Bemerkung zerstörte Stillingfleete fast zwei Jahrhunderte neuplatonischer Phantasterei! Dennoch schloß er mit einer eher positiven Bemerkung: Ägyptens Weisheit müsse im politischen und staatsbürgerlichen Bereich gelegen haben; seine Gesetze bezeugten in anerkennendem Ton Diodor und Strabo; Solon und Lykurg bedienten sich ihrer. Die Berater des Pharao werden in der Heiligen Schrift als ›weise‹ bezeichnet. Die Tatsachen scheinen diese Auffassung zu untermauern, denn Ägypten erfreute sich als Staat einer besonders langen und friedvollen Geschichte.

Stillingfleetes Ansichten – ein frischer Wind und gesunder Menschenverstand – wurde von Warburton aufgegriffen und weiterentwickelt. Warburton standen jedoch mehr Belege zur Verfügung, als seinerzeit Stillingfleete benutzen konnte, und bevor wir uns mit ihm beschäftigen, müssen wir zunächst betrachten, wie dieses neue Material entdeckt wurde.

»Ägypten, o Ägypten, von deiner Religion werden nur Worte bleiben, Worte in Stein geritzt, die von deiner Frömmigkeit zeugen und deine Geschichte erzählen, die selbst deine Nachkommen nicht glauben werden. Skythen, Inder und dergleichen Barbaren werden das Land Ägypten bewohnen. Die Gottheit kehrt in den Himmel zurück und überläßt die Menschheit dem Tode, und Ägypten wird öde sein, ohne Götter und Menschen. Und auch du, o heiligster Nil, ich sage dir, was geschehen wird: überschwemmt von Blut wirst du über die Ufer treten, Blut wird dein heiliges Wasser beschmutzen, schlimmer noch: entweihen. Gräber werden zahlreicher sein als lebende Menschen, und die wenigen Überlebenden werden nur noch ihrer Sprache nach Ägypter, in all ihrem Tun werden sie Fremde sein.«

Die Wiederentdeckung des Koptischen

– soweit der Autor eines Hermetischen Traktats (Asclepius 24). Wie Festugière zeigt (ed. Budé II 374), handelt es sich bei der Beschreibung nicht etwa um einen Tatsachenbericht, sondern einfach um geläufige Klischees apokalyptischer Vorstellung. Und doch ist die letzte Drohung sogar noch untertrieben, mißt man sie an der Wirklichkeit. Die altägyptische Sprache hatte zwar bis in christliche Zeiten überlebt und wurde offizielle Kirchensprache in Ägypten, nach der arabischen Eroberung jedoch wurde sie schrittweise von der arabischen Sprache verdrängt und verlor sich bis zur Zeit der europäischen Renaissance immer mehr. Vansleb behauptete 1677, den letzten Überlebenden, der diese Sprache noch benutzte, in einem oberägyptischen Dorf angetroffen zu haben. Das war zwar eine etwas voreilige Behauptung, doch tatsächlich sollte das Koptische als gesprochene Sprache bald völlig aussterben.

Gerade zu der Zeit aber begann sich in Europa das Koptische zumindest soweit wiederzubeleben, als einige Gelehrte in Rom von der Existenz des

41

Koptischen Kenntnis hatten. Der Malteser Leonard Abela, Bichof von Sidon, der 1605 in Rom starb, soll es sogar noch haben sprechen können (so Quatremère 1808, 45 ff). 1610 wurde in Rom die Herausgabe einer Bibel in 10 Sprachen – u. a. auch koptisch – geplant. Allerdings wurde sie nie gedruckt.

Die beiden ersten Sammler koptischer Handschriften waren der Italiener Pietro della Valle, der selber Reisen in den Mittleren Osten unternahm und neben koptischen Manuskripten auch die erste Abschrift einiger Keilschrift-Zeichen mitbrachte (s. S. 100), und der Franzose Peiresc, der als seinen Agenten Theophilus Minuti 1629 auf Reisen schickte, damit er auf die Jagd nach Handschriften und anderen Antiquitäten gehe und sie auf seine Kosten erwerbe. 1630 kehrte Minuti mit einem wahren Schatz zurück: einer samaritanischen, zwei syrischen, einigen arabischen und eben auch koptischen Manuskripten, außerdem zahlreichen Münzen und zwei Mumien. Zur Bearbeitung des koptischen Materials engagierte Peiresc zunächst Samuel Petit. Da dieser sich aber nicht gerade als sehr geeignet erwies (vgl. seine ›Entzifferung‹ der Palmyraschrift, s. S. 108), wandte sich Peiresc Salmasius, einem glänzenden Gelehrten von beachtlichem Ruf zu, und wollte ihn mit der Bearbeitung betrauen. Pietro della Valle besaß das Manuskript eines Koptisch-Arabischen Wörterbuches, und Peiresc versuchte, ihn dazu zu bewegen, es Salmasius für seine Forschungen zur Verfügung zu

stellen. Pietro aber weigerte sich, entweder wollte er das Risiko nicht einge-
hen, diese wertvolle Handschrift nach Frankreich zu schicken, oder es wi-
derstrebte ihm, sie einem protestantischen Gelehrten, wie Salmasius es war,
zur Veröffentlichung zu überlassen.

Peiresc aber brauchte einen fachkundigen Gelehrten zur Bearbeitung des
Lexikons, und da er Kircher seinerzeit in Rom getroffen hatte, wies er Pietro
auf diesen hin. Zur großen Enttäuschung von Salmasius (*Epist.* I 83) griff
Pietro della Valle diese Anregung auf und verschaffte damit Kircher jene
Gelegenheit, die Ursache seiner atemberaubenden Karriere in der Ägypto-
logie werden sollte.

Kircher publizierte 1636 seinen *Prodromus Coptus sive Aegyptiacus*
(Einführung ins Koptische oder Ägyptische) und 1643 ein weiteres Buch,
Lingua Aegyptiaca Restituta (Wiederherstellung der ägyptischen Sprache).
Diese Schriften wurden zu jener Zeit begeistert aufgenommen und Kircher
wurde daraufhin allgemein das Verdienst zugesprochen, den Hauptteil zur
Begründung der koptischen Forschung geleistet zu haben, obwohl schon
kurz danach zahlreiche Fehler entdeckt wurden. Heute erscheint es einigermaßen zweifelhaft, ob dieser Ruhm Kircher tatsächlich zukommt. Denn die
mögliche Bedeutsamkeit des Koptischen für die Ägyptologie hatten vor ihm
schon Pietro della Valle, Peiresc und Salmasius erkannt. Darüber hinaus
weiß man heute, daß Thomas Obicini, dem Pietro ursprünglich die Bearbeitung seines koptischen Materials übertragen hatte, sehr viel erfolgreicher
gewesen war, als man angenommen hatte. Die Bedeutung von Obicinis Tä-
tigkeit sind nämlich seit der Entdeckung seiner handschriftlichen Notizen
in der Vatikanischen Bibliothek (1948 durch Lantschoot) erst recht bekannt
geworden.

Der Ruhm, das Koptische für die Nachwelt wiedergewonnen zu haben,
muß daher zwar geteilt werden, wesentlich aber ist, daß es überhaupt dazu
gekommen ist. Das Koptische gelangte zunehmend in das Bewußtsein einer
größeren Öffentlichkeit, da es in Bücher allgemeineren Charakters Eingang
fand, so etwa in Chamberlaynes Ausgabe des Vaterunser in 152 verschiedenen Sprachen (1715). Das Studium des Koptischen machte während des
18. Jahrhunderts stetige Fortschritte; einer seiner Marksteine war der
Druck von Lacrozes Wörterbuch im Jahre 1775 in Oxford.

Inhaltlich waren fast alle aus Ägypten der Forschung zugänglich ge-
machten koptischen Manuskripte kirchlichen Charakters – es waren Liturgien, Übersetzungen von Bibelabschnitten, Märtyrerleben. Zur Erhellung
des Alten Ägypten waren sie daher von geringem unmittelbaren Wert. Gelegentlich jedoch gestatteten sie Einblicke, wie etwa der folgende Ausschnitt
aus einem Manuskript der Borgia-Sammlung, das Zoëga veröffentlichte
(1810, S. 455):

»Wehe dem, der seine Hand zum Mund erhebt und anbetet und spricht:
›Heil PRE, Sieg dir, POOH!‹ Was sind die Krokodile und all die Wasserge-
schöpfe, die du anbetest? Wo ist Kronos, auch PETBE genannt, der seine
Eltern mit Ketten fesselte und seinen Vater kastrierte? Wo ist Hephaistos,
der auch PTAH heißt?«

Das Wesentliche des letzten Satzes allerdings begriff Zoëga nicht, denn er übersetzte »Hephaistos der Mundschenk«, und erst Champollion wies darauf hin, daß es sich um den Namen des ägyptischen Gottes Ptah handelte. Champollion konnte dann später, wie wir sehen werden, den koptischen Manuskripten eine große Zahl von Hinweisen auf altägyptische Orts- und Personennamen entnehmen.

Die eigentliche Bedeutung des Koptischen zum Verständnis des Alten Ägypten lag jedenfalls im linguistischen Bereich. Nur mit Hilfe des Koptischen hat Champollions Entzifferung erfolgreich stattfinden können. Andernfalls hätte das Altägyptische wohl noch länger unbekannt bleiben müssen.

Universal-Schrift

Die Kenntnis des Koptischen sollte sich für die endgültige Entzifferung der Hieroglyphen als unerläßlich erweisen, was allerdings im 17. und 18. Jahrhundert noch von niemandem vorhergesehen werden konnte. Damals glaubte niemand, daß das Koptische mehr sein könnte als eine Hilfe zu ihrer Interpretation, denn die Hieroglyphen selbst wurden ja nicht als Aufzeichnung einer Sprache betrachtet, sondern man nahm an, daß sie ohne Umweg über Vermittlung von Sprache die Begriffswelt direkt in ihrem Kern wiedergaben.

Die Frage war nur, wie. Bis hierher haben wir die Versuche betrachtet, wie den griechischen und römischen Schriftstellern Anhaltspunkte über den Charakter der Hieroglyphen zu entnehmen seien. Aber es gab noch einen anderen Weg, vergleichbaren Befunden aus anderen Schriftsystemen nachzugehen, mit dessen Hilfe man vielleicht der Lösung des Problems die Richtung weisen konnte. Von zwei Schriftsystemen erhoffte man sich in dieser Beziehung Aufschluß, vom mexikanischen[21] und chinesischen. Unglücklicherweise waren die grundlegenden Prinzipien der mexikanischen Schrift nicht erhalten und die der chinesischen bis dahin noch nicht analysiert und beschrieben worden. Wenigstens über den allgemeinen Charakter der chinesischen Schrift aber gab es Berichte der Jesuiten-Missionare in China. Joseph d'Acosta (1590) hatte auf ihre Kompliziertheit hingewiesen und dabei die Schwierigkeit betont, im Chinesischen fremdsprachige Eigennamen wiederzugeben, da es nicht auf phonetischer Basis operiere. Ausführlichere Informationen konnte 1615 Trigault geben, der berichtete, daß die Sprache monosyllabisch, daher knapper und präziser als unsere eigene sei und dadurch eher die Voraussetzungen erfülle, eine wahrhaft philosophische Sprache zu sein. Das Schriftsystem sei dennoch unabhängig von der Sprache und könne daher auch von jenen verstanden werden, die eine andere Sprache sprachen. Die Zeichen – etwa 70- bis 80tausend – sähen zwar ganz anders aus als die Hieroglyphen, ähnelten ihnen aber in ihrer Funktion, denn auch sie gäben Dinge, Begriffe, Ideen wieder und nicht die Buchstaben von gesprochenen Wörtern.

Das 17. Jahrhundert faszinierte an dieser Schilderung besonders die Vorstellung universeller Verständlichkeit einer Schrift. Konnte nicht auch Europa ein Schreibsystem erhalten, das jedem, welche Sprache auch immer er spräche, verständlich wäre? Die Idee stammte von Bacon, und der Anregung folgten mehrere Ansätze, diesen Mangel einer allgemeinverständlichen Schrift zu beheben.[22] Den bedeutendsten Versuch dazu lieferte John Wilkins, Dekan von Ripon, der spätere Bischof von Chester, 1668 in seinem Buch ›An Essay towards a Real Character and a Philosophical Language‹ (Abhandlung über ein Real-Schriftzeichen und eine philosophische Sprache). Die Royal Society hatte das Werk in Auftrag gegeben, und Wilkins setzte große Hoffnungen auf seine Nützlichkeit. Aus der Widmung geht das hervor: es sollte der Sprachverwirrung abhelfen und dem Handel, der Wissenschaft, der Verbreitung der wahren Religion von Nutzen sein und religiöse Streitigkeiten vermeiden helfen »durch die Demaskierung wilder Fehler, die sich unter dem Mantel gekünstelter Phrasen verborgen halten«.

Nach zwei Kapiteln über die Geschichte der Sprachen und ihre Tendenz, sich zu vervielfältigen, wendet Wilkins sich der Geschichte der Schrift zu. Das Alphabet führt er auf hebräischen Ursprung zurück, indem er richtig mit der Reihenfolge der Buchstaben in abgeleiteten Alphabeten als Indiz ihrer Ausbreitung argumentiert. Aber das Alphabet, sagt er, sei nicht die einzig mögliche Art des Schreibens gewesen. »Neben dieser üblichen Art des Schreibens durch regelrechte Buchstaben pflegten die Alten manchmal Aufzeichnungen mit anderen Zeichen zu machen, die entweder der Geheimhaltung oder der Kürze dienten.« Zur zweiten Kategorie gehören antike Kurzschrift und moderne Stenographie. Zur ersten gehören ›nach landläufiger Auffassung‹ die Hieroglyphen. Wilkins äußert allerdings einigen Zweifel, ob die Hieroglyphenzeichen wirklich Geheimnisse vor dem gemeinen Volk verbergen sollten, und sehr skeptisch steht er ihrer angeblichen Tiefgründigkeit gegenüber. »Ich habe allen Grund, daran zu zweifeln, daß ihre Erforschung sehr wertvoll sein könnte, denn was man bisher über sie in Erfahrung hat bringen können, ist dürftig und unwichtig. Sie scheinen bedeutungslos zu sein, eine unvollkommene Erfindung, wie sie diesen frühen und primitiven Zeiten zukommt: sie vertreten fast dieselbe Art des Schreibens wie das Mexikanische, ein Schreiben durch Bilder . . .« Genau Stillingfleetes Ansicht!

Größere Hoffnung setzte Wilkins in die chinesische Schrift – wenigstens falls sie tatsächlich, wie allgemein angenommen, die eine und einzige Schrift war, die alle Einwohner des Landes, gleich welcher Sprache, lesen konnten. Doch das Chinesische galt als schwer lernbar, was übrigens auch als die Schwierigkeit beim Lateinischen angesehen wurde (S. 450, 453). Weder eine existierende Sprache, noch eine existierende Schrift erreichte das Ideal, weshalb man es erfinden mußte.

Erste grundlegende Voraussetzung war eine »systematische Erfassung und Beschreibung all der Dinge und Begriffe, denen Bezeichnungen zugewiesen werden müssen«, und zwar in einer Ordnung, die vom Allgemeinen zum Speziellen führt. (Benutzer von Rogets ›Thesaurus‹ oder Dornseiffs ›Wortschatz‹ werden sich eine annähernde Vorstellung des Schemas machen können, obwohl die genannten Werke anderen Kriterien und Zielen folgen.) Jeder Oberbegriff (z. B. Maß) wird in eine begrenzte Anzahl verschiedener Aspekte eingeteilt (also z. B. Zahl, Größe, Gewicht, Kraft, Dauer) und jeder dieser Unterbegriffe wird dann weiter spezifiziert (Dauer

21. Künstliche Schriften, die John Wilkins entwickelte. a) Das Vaterunser in ideographischen Schriftzeichen (›Real Characters‹).

z. B. in Jahr, Sommer, Winter, Monat, 24-Stunden-Tag, Tageszeit, Morgen, Stunde etc.). Drei Chiffren wären also alles, was man benötigte, um jeden dieser spezifizierten Begriffe zu bezeichnen. Nun galt es noch, ein praktisches Zeichenrepertoire zu finden. Dies sollte folgendermaßen aussehen:

OBERBEGRIFFE, insgesamt vierzig. Eine Linie mit einem jeweils unterschiedlichen Merkmal in der Mitte, z. B.

   Stein   Krankheit

UNTERBEGRIFFE, auf neun zu jedem Oberbegriff begrenzt. Gekennzeichnet durch ein signalarm-artiges Zeichen am linken Ende einer jeden Oberbegriff-Linie. Der dritte Unterbegriff zu Stein ist Edelstein, zu Krankheit Tumor, also:

   Edelstein   Tumor

SPEZIES, werden genauso, aber an der rechten Seite der Linie gekennzeichnet. Die fünfte Spezies von Edelstein ist Türkis, von Tumor Geschwulst, also

   Türkis   Geschwulst

Wer dieses System anwenden will, muß natürlich zur Darstellung aller Oberbegriffe und Methoden ihrer Differenzierung und Spezifizierung das Buch befragen, bis er sie im Gedächtnis hat. Aber auch das Nachschlagen geht leicht und rasch.

Eine weitere Modifikation verleiht den Zeichen adjektivische Funktion. Das System sollte alle Hauptbegriffe in jeder der drei grammatischen Erscheinungsformen wiedergeben können – Substantiv, Verb und Adjektiv.

Einem eigenen System folgt die Kennzeichnung grammatischer Partikel, das ich nicht eigens im Detail darlegen will. Denn im laufenden Text werden sie neben den Hauptbegriffen benutzt und zwischen sie eingefügt. Die Illustration oben auf der Seite zeigt, wie das Ergebnis aussah. Die Hauptbegriffe sind in der Übertragung kursiv hervorgehoben:

1. Unser *Vater*, der du bist im *Himmel*, geheiligt werde dein *Name*, dein *Reich komme*, dein *Wille geschehe* auf *Erden*

2. wie im *Himmel*, gib uns jeden *Tag* unser *angemessenes Brot*, und *vergib* uns unsere *Sünden*, wie auch wir *vergeben* denen
3. die an uns *schuldig* sind, und *führe* uns nicht in *Versuchung*, sondern *erlöse* uns von dem *Übel*, denn dein ist das *Reich* und die *Macht*
4. und die *Herrlichkeit* für *ewig*. Amen.

Man beachte, daß Wilkins das fremde Wort ›Amen‹ nur mit Hilfe phonetischer Bezeichnung wiedergeben kann. Er benötigte also doch noch ein weiteres System. Interessanterweise wählt er dazu kein Alphabet, sondern eine auf das Nötigste begrenzte Silbentabelle, die er in Anlehnung an die von Kircher publizierte amharische (äthiopische) Silbentabelle schuf. Er verwendet 31 Konsonantenzeichen und sechs Vokale. Die Konsonanten sind so weit wie möglich systematisiert, so entsprechen sich zum Beispiel stimmhafte und stimmlose Version desselben Lautes spiegelbildlich:

c	⊥	g	T
f	⊦	v	1
t	L	d	⅂	etc.

Die Vokalzeichen waren jeweils – so wie sie gesprochen werden sollten – an der Seite des Konsonants angebracht. Die Abbildung oben zeigt, wie dieses System funktioniert.

Wilkins war so optimistisch zu hoffen, daß seine *Real Characters* sich eines Tages von der Schrift zur Universalsprache entwickeln könnten, denn seiner Ansicht nach bestand kein zwingender Grund, daß die Schrift nach der Sprache entstehen müsse. Historisch möge der Vorgang zwar immer so verlaufen sein, aber der umgekehrte Weg wäre doch, meint er, in diesem Falle einfacher. »Von der Sprache zum Schriftzeichen zu gelangen, erfordert das Erlernen von beidem gleichzeitig«, während der Vorgang in umgekehrter Richtung sich stufenweise vollziehen könne, denn die *Real Characters* könnten erlernt und benutzt werden, während jeder noch seine eigene Sprache beibehielte.

Eigentlich ist es überflüssig zu sagen, daß Wilkins Schriftsysteme die Welt nicht erobert haben. Ob sie zu kompliziert sind – diese Auffassung vertritt Horne Tooke – oder zu stark systematisiert und daher eher für Computer als für Menschen geeignet sind, diese Frage soll uns hier nicht weiter beschäftigen. Uns interessiert vielmehr, ob und wie weit der Versuch, Schriftsysteme künstlich zu erfinden, zur Erforschung antiker Schriften beigetragen hat. Überraschenderweise stellt sich heraus, daß der Beitrag au-

ßerordentlich groß war. Dieser Versuch verhalf zur Klärung einiger Tatsachen, die auf anderem Wege kaum bewußt geworden wären; besonders verblüffend und wichtig ist die Erkenntnis, daß es in einer ideographischen Schrift nur schwer möglich, wenn nicht ganz ausgeschlossen ist, fremdsprachige Eigennamen zu schreiben. Dieses sollte ein zentraler Punkt bei den frühen Entzifferungen werden und verhalf auch Champollion zu Beginn seiner Entschlüsselung der Hieroglyphen in die zum Erfolg führende Richtung. Ein weiterer bedeutender Beitrag war Wilkins' Wahl einer Silbentabelle und ihre graphische Darstellung in einem Rostsystem. Zur Verdeutlichung der Natur von Silbenschriften ist das sicher ein wesentlicher Fortschritt gewesen. Durch einige scharfsinnige, jedoch unzutreffende Theorien, regte Wilkins überdies die Beschäftigung mit verschiedenen Problemen erst an. Die Theorie von der Sprachentwicklung, die Champollions Lehrer de Sacy aufstellte (s. S. 74), geht im wesentlichen von der Ansicht aus, daß die kleinen Bestandteile der gesprochenen Sprache, die Partikel, in einer ideographischen Schrift gar nicht wiedergegeben werden könnten; für sie hatte Wilkins ein eigenes System geglaubt erfinden zu müssen. Und sogar Champollion führte die Hypothese ein, die Hieroglyphen könnten durch Klassifizieren, also genau in derselben Art wie Wilkins' *Real Characters*, die Begriffswelt in einer systematischen Ordnung wiedergegeben haben. Aber Wilkins gelang es nicht, wie ein Blick auf Abbildung 21a lehrt, den Prinzipien seiner eigenen Sprache ganz zu entgehen, obwohl er gerade in diesem Punkt seine Vorgänger kritisiert hatte. Dadurch konnte eines der theoretischen Hauptprobleme einer ideographischen Schrift schlagartig erhellt werden. Die bewußte Erkenntnis dieses Problems führte Zoëga schließlich zu dem Schluß, die Ordnung der Hieroglyphen müsse sprachlichen Gesetzen folgen, und diese Argumentation wiederum sollte eine deutliche und richtungweisende Auswirkung auf Champollions Arbeit haben. So waren sogar Wilkins' Fehler noch von einem gewissen Nutzen.
Wilkins Schema war also – kurz gesagt –, außer in seinem Anteil am Entstehen moderner Logistik und Rogets ›Thesaurus‹, als praktisches Vorhaben einfach ein Fehlschlag. Als Denkmodell oder Planspiel – wie wir es heute bezeichnen würden –, lieferte es einen nützlichen, wenn nicht sogar unerläßlich notwendigen Beitrag zur weiteren Forschung.

Das 18. Jahrhundert | *Kapitel 2*

Neues Material, das in Ägypten entdeckt und von europäischen Sammlern angekauft wurde, kam im 18. Jahrhundert in zunehmendem Maße zur Veröffentlichung; vor allem wurden zum ersten Male Beispiele ägyptischer nicht-hieroglyphischer Schrift gefunden und erkannt. Gleichzeitig waren die obskuren und phantastischen Anschauungen über das Alte Ägypten, wie etwa Kircher sie hatte, nicht mehr zeitgemäß; neue Methoden und Lösungen wurden benötigt und mehr als irgend jemand sonst trug William Warburton zu ihrer Entwicklung bei.

Neue Fakten und neue Theorien

Diese Neufunde lieferten neue Tatbestände, der veränderte methodische Ansatz führte zu den neuen Theorien.

Kurz vor Beginn des Jahrhunderts gerieten die Dinge in Bewegung. 1692 wurde, in Gegenwart von de Maillet, dem französischen Konsul in Kairo, von einer Mumie die lange Stoffbahn, die sie umhüllte, abgewickelt.[23] In ägyptischem Stil gemalte Bilder begleiteten einen tintengeschriebenen Text in bis dahin unbekannten Schriftzeichen. Vermutlich beim Abwickeln schnitt man die Mumienbinde in 7 oder 8 Teile und schickte sie nach Frankreich. Eines der Stücke geriet in die Hände des Antikensammlers Jean-Pierre Rigord, der den Fund in den *Mémoires de Trévoux* vom Juni 1704 veröffentlichte.

Den Aufsatz illustrierte Rigord mit der Abbildung einer gewöhnlichen Hieroglyphenschrift, einer Probe aus dem Mumientext und einer weiteren Inschrift in Stein aus seiner eigenen Sammlung. In Anlehnung an die Ausführungen von Clemens über die ägyptische Schrift identifizierte er die erste Inschrift als »symbolisch hieroglyphisch«, die zweite als entweder »hieratisch« oder »kyriologisch hieroglyphisch« und die dritte als »epistolographisch«; die letzte Schrift, die von rechts nach links verlief, meinte er, sei möglicherweise phönizisch, denn die epistolographische Schrift soll allgemein angewandt worden sein, und dies träfe insofern für das Phönizische zu, als es als Handelssprache zur Zeit der Hirtenkönige aufgekommen sein könnte. Denn das Hebräische, die Ursprache der Menschheit, sei schon zur Zeit Josephs nicht mehr allgemein verständlich gewesen, neue Sprachen müßten sich schon vorher abgetrennt haben, denn zur Vermittlung zwi-

22. Grabstele mit nicht-
hieroglyphischer ägyptischer
Inschrift. Frühe Publikationen von

a) Rigord, 1704; er hielt die
Schrift für Punisch und
identisch mit der ›epistolo-
graphischen‹ ägyptischen
Schrift.

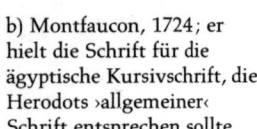

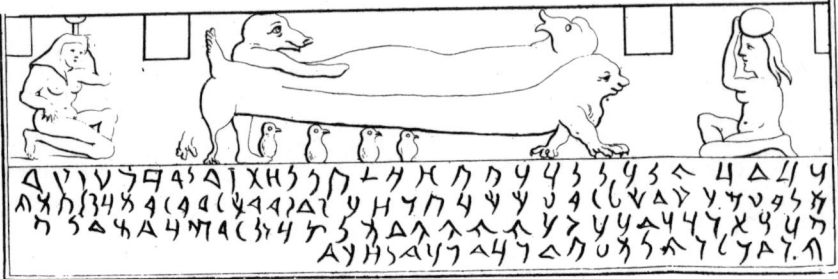

b) Montfaucon, 1724; er
hielt die Schrift für die
ägyptische Kursivschrift, die
Herodots ›allgemeiner‹
Schrift entsprechen sollte.

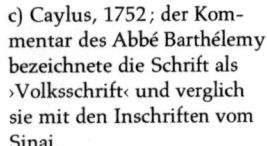

c) Caylus, 1752; der Kom-
mentar des Abbé Barthélemy
bezeichnete die Schrift als
›Volksschrift‹ und verglich
sie mit den Inschriften vom
Sinai.

schen Joseph und seinen Brüdern sei ein Dolmetscher nötig gewesen, und
Hieronymus habe gesagt, das Phönizische liege etwa in der Mitte zwischen
Ägyptisch und Hebräisch. Schließlich erwog Rigord, die Sprache könne
auch mit dem Punischen identisch sein. Die vierte, letzte Form des ägyptischen Schreibens jedenfalls klammerte er ganz aus: das Koptische sei unwe-
sentlich, es sei rein griechisch und wohl aus der Zeit nach Alexander, könne
aber frühestens aus der des Psammetichos (ca. 700 v. Chr.) stammen, der
vielleicht die koptische Sprache in Ägypten einführte.

Der Aufsatz[24] ist ziemlich anspruchslos und einigermaßen verworren.
Das beweist schon die offensichtliche Verwechslung zwischen koptischer
Schrift und koptischer Sprache. Dennoch enthielt er zwei neue Gedanken
von außerordentlicher Bedeutung.[25] Der erste war, daß die hieroglyphische
Schrift nicht eine Geheimschrift, sondern ganz im Gegenteil eine allgemeine gewesen sei, vor allem zum Gebrauch an öffentlichen Monumenten,
bei denen es darauf ankam, daß alle sie lesen konnten, auch die Ungebildeten, denen die (vom Hebräischen abgeleitete) alphabetische Schrift unbekannt war. Rigord war auch derjenige, der feststellte, daß die Tempelin-

b) Montfaucon, 1724; er
sah in der Schrift dieselbe
wie auf der Grabstele
Abb. 22.

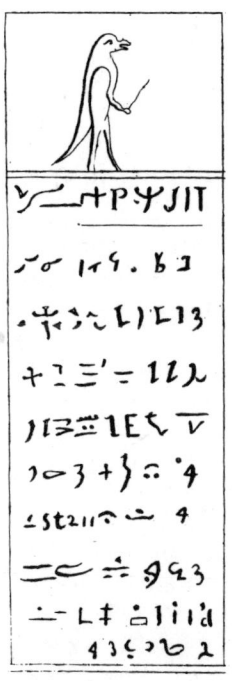

c) Caylus und Barthélemy
sahen in diesem Text (demselben wie b) eine Form
der ›heiligen‹ Schrift im
Gegensatz zur ›allgemeinen‹
oder ›Volksschrift‹.

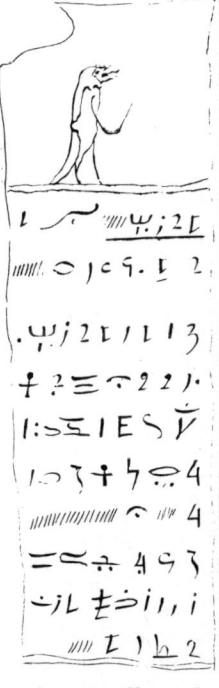

schrift bei Clemens dieselbe ist wie die bei Plutarch unvollständig
überlieferte, und er interpretierte ihre Aussage »Gott haßt mangelnde Ehrfurcht« absolut nüchtern als Hinweis für den Besucher des Tempels: »man
muß sich einem Tempel mit der Ehrfurcht nähern, die die Anwesenheit des
Gottes verlangt.« Rigords zweite neue Vermutung war, daß mit dem Begriff
›erste Elemente‹ (prōta stoicheia), den Clemens zur Bezeichnung der Bestandteile des ›kyriologisch Hieroglyphisch‹ gebrauchte, alphabetische
Buchstaben gemeint sein müßten. Diese Hypothese wurde aber erst von
Champollion wieder ins Gespräch gebracht.

Alle bis dahin bekannten nicht-hieroglyphischen Inschriften sammelte und publizierte Bernard de Montfaucon, ein humanistischer Gelehrter, der in seiner Jugend eingehend Italien bereist hatte, seit 1701 aber in St. Germain-des-Prés lebte und arbeitete. Die Inschriften nehmen in seinem Werk ›L'*Antiquité expliquée*‹ zwei große Tafeln ein – recht wenig, wenn man bedenkt, daß diese Enzyklopädie antiker Kunst und Kultur aus 10 Foliobänden mit über 1100 ganzseitigen Illustrationen bestand. Die Qualität der Abbildungen war zudem unbefriedigend; der Stich der ›Tabula Rigordiana‹ auf der zweiten der beiden Tafeln ist ein eindrucksvolles Beispiel dafür, wie schlecht ein Autor des 18. Jahrhunderts von seinem Illustrator bedient werden konnte. Montfaucon deutet in seinem Text die Szene als Aufbahrung eines Toten durch Anubis [schakalköpfiger altägyptischer Gott, Wächter der Friedhöfe]; nach der Abbildung könnte niemand auch nur im entferntesten diese Interpretation nachvollziehen.

Montfaucon behandelt die Texte nicht besonders ausführlich; daß die Inschrift ägyptisch ist, beweist seiner Ansicht nach schon der ägyptische Charakter der sie begleitenden bildlichen Darstellungen, und er sieht in der Schrift die von Herodot genannte ›demotische‹, allgemeine Schrift. Dann befaßt er sich mit dem Problem des Koptischen. Koptisch als Sprache sei so gut wie ausgestorben und werde nur noch in abgelegenen Winkeln Oberägyptens gesprochen, es sei aber die Sprache der Alten Ägypter gewesen. Die koptische Schrift gebe die ägyptische Sprache in griechischen Buchstaben wieder, die ergänzt werden durch etwa acht zusätzliche Schriftzeichen, die zur Wiedergabe der spezifischen Eigentümlichkeiten in der ägyptischen Sprache der ägyptischen Schrift entnommen seien. Die Ursache für das Entstehen der koptischen Schrift sah Montfaucon in der Zunahme griechischen Einflusses und der Ausbreitung griechischer Bildung nach der Eroberung Ägyptens durch Alexander. Schließlich gibt er der Hoffnung Ausdruck, die Publikation der neuen Texte werde es erlauben, diese zusätzlichen Schriftzeichen des Koptischen im kursiven Ägyptisch zu identifizieren, und daß dadurch oder vielleicht mit Hilfe einer ägyptisch-griechischen Bilingue, die eines Tages zu entdecken man weiter hoffen könne, die Schrift entziffert werde. Um so leichter werde eine Entzifferung zu bewältigen sein, als die Sprache ja durch das Koptische bereits teilweise bekannt sei, und als lohnend werde sie sich erweisen, denn da Ägypten Lehrmeister Griechenlands gewesen sei, so wie Griechenland für Rom, und da die ägyptischen Bauwerke und die offensichtliche Fähigkeit der Ägypter, große Massen zu transportieren, eine leistungsfähige Technologie bezeugten, wäre es doch von erheblichem Interesse und Nutzen, ihre Literatur zu lesen, wenn sie durch die Entzifferung erst einmal zur Verfügung stünde.

Montfaucons nüchterne und vernünftige Beurteilung der Möglichkeiten und Ziele ägyptologischer Forschung hätte sich nicht deutlicher absetzen können von den irrigen Vorstellungen Kirchers. Zur Lösung der Frage nach der Rolle Ägyptens in der Menschheitsgeschichte, vom philosophischen Standpunkt aus gesehen, gab es jedoch noch keine Untersuchungen oder Theorien, die die Anschauungen Kirchers und der Neuplatoniker hätten ablösen können. Natürlich mußten die Ideen, die diese so zuversichtlich den

Ägyptern zuschrieben, bei den tragenden Persönlichkeiten der Aufklärung Mißtrauen und Ablehnung hervorrufen; Beweis dafür ist zum Beispiel die halbherzige Art, in der Alexander Pope (englischer Dichter 1688–1744) die Auffassung, Homer und Hesiod hätten ihr Wissen gleichsam durch ›ägyptische Filter‹ bezogen, zwar grundsätzlich akzeptierte, in allen wesentlichen Punkten aber außer acht ließ. Aber noch gab es keine Alternative, noch war keine verstandesmäßig annehmbare Methode vorgelegt worden, mit der die Hauptlehren der ›Ägyptomanie‹ ad absurdum hätten geführt werden können.

Dies sollte der Beitrag William Warburtons werden, des späteren Bischofs von Gloucester, den Champollion für den ersten einsichtigen Mann hielt, der sich mit dem Thema befaßte.

24. William Warburton, 1698–1779.

Niemand, dem Warburtons Buch in die Hände fällt und der dessen Titel liest, käme zunächst auf die Idee, Champollions Urteil könnte richtig sein. Der Titel lautet: ›The Divine Legation of Moses Demonstrated on the principles of a Religious Deist, from the Omission of a Future State of Reward and Punishment in the Jewish Dispensation‹ (Die göttliche Sendung Moses, aufgezeigt an den Grundlehren eines gläubigen Deisten, aus dem Fehlen eines zukünftigen Lebens von Belohnung und Bestrafung in der jüdischen Ordnung). Dies mag als die seltsamste und schwierigste Methode erscheinen, die göttliche Natur des Auftrages von Moses zu beweisen. Für Warburton aber führt dieser Weg ganz direkt zum Ziel. Denn »es ist klar, daß für das Funktionieren einer Gesellschaft die Lehre von einem zukünftigen Leben der Strafe und des Lohnes unerläßlich ist.« Daraus folge, daß »diejenige Religion oder Gesellschaftsordnung, der keine solche Zukunftsvorstellung ihre Unterstützung leiht, von einer besonderen Vorsehung Hilfe erhalten muß«. Die jüdische Religion und Gesellschaft kenne eine solche Zukunftsvorstellung nicht, sei daher auf die besondere Vorsehung angewiesen und folglich müsse das Gesetz Moses' göttlichen Ursprungs sein. Quod erat demonstrandum.

Warburton behauptet, dies sei in der Tat ganz selbstverständlich, und sei es allein wegen der menschlichen Vorliebe für das Paradoxe. Dies erfordert eine ausführlichere Erläuterung.

Warburton liefert sie. *The Divine Legation* ist in neun Bücher eingeteilt und sogar in diesem Umfang noch unvollständig. Ägypten ist im vierten Buch behandelt, dessen vorgebliche Absicht ist, das Alte Ägypten gegen die Anschauungen Sir Isaac Newtons zu verteidigen. Newton hatte nämlich in einem 1728 erschienenen Buch über die Chronologie der Weltgeschichte unter Anführung anspruchsvoller mathematischer Argumente, vermischt mit naiven Übernahmen aus der Mythologie, bestimmte Daten errechnet, wie etwa für die Erfindung des Handwerks durch Dädalus das Jahr 989 v. Chr., für den Bau der Pyramiden von Gizeh jeweils 838, 824 und 808 v. Chr.[26] So absurd Newtons Chronologie auch war, sie hatte doch bis hin zu Champollions Zeit noch Anhänger, so daß Warburton zweifellos recht daran tat, sie ernstzunehmen. Sein Hauptanliegen bestand jedoch ganz offensichtlich nicht nur darin, diese Chronologie zu widerlegen. Er wollte eine umfassende Darstellung der Menschheitsgeschichte geben, und ohne ausführliche Betrachtung der Rolle, die Ägypten spielte, wäre das wohl schwerlich möglich gewesen.

Auch für ihn lag die Bedeutung Ägyptens natürlich in seinem Beitrag zur Gelehrsamkeit. Nach Warburton muß Ägyptens Wissenschaft weitgehend in einem traditionellen Schatz einzelner Lehrmeinungen, moralischer oder wissenschaftlicher Lehrsätze bestanden haben, die ohne Bezug zu einem Lehrgebäude (z. B. konnte Pythagoras seinen Satz vom Quadrat über der Hypothenuse erst nach seiner Rückkehr nach Samos entwickeln, trotz der 22 Jahre, die er in Ägypten verbracht hatte: ein Hinweis Stillingfleetes) und ohne Tendenz zum Streitgespräch existierten. Laut Clemens (VIII *ad init.*) seien ihre Gelehrten nicht diskutierfreudig gewesen, dennoch konnte die Wissenschaft hochentwickelt und fortschrittlich sein (z. B. die Lehre, daß die Erde sich um die Sonne drehe, stammte nach Newton von den Ägyptern). In der Hauptsache aber habe die Gelehrsamkeit ›in Gesetzgebung und Staatswesen‹ bestanden, insbesondere die ›Doppel-Doktrin‹ sei eine Erfindung Ägyptens.

Die Existenz dieser ›Doppel-Doktrin‹ ist ein Hauptthema in Warburtons Buch. Er bezeichnete mit diesem Begriff die Tatsache, daß alle antiken Philosophen und Philosophenschulen, die sich mit praktischer Philosophie, d. h. Moral, Politik, Gesetzgebung und ähnlichem beschäftigten (also nicht die Epikureer oder die ionische Richtung), zwar öffentlich den Glauben an Belohnung und Strafe zu einem zukünftigen Leben vertraten und verbreiteten, weil sie ihn für politisch nützlich oder sogar unerläßlich hielten, selber aber in Wirklichkeit nicht daran glaubten.

Um diese seltsame Behauptung zu erhärten, weist Warburton eine ansehnliche, eindrucksvolle Reihe antiker Äußerungen in Zitaten nach, nicht nur von den von ihm so benannten ›Großen Vier‹ Schulen theistischer Philosophie – der pythagoreischen, platonischen, peripatetischen und stoischen –, sondern auch von Einzelpersonen, wie etwa Cicero, in dessen Briefen und gelegentlichen Bemerkungen deutlich werde, daß er den Tod für das Ende aller Empfindung hielt, ungeachtet dessen, was er zu diesem Thema in seinen für die Öffentlichkeit bestimmten Werken sagt.

Zwei Lehrsätze antiker theistischer Philosophie beweisen Warburton, daß es für einen antiken Denker in der Tat unmöglich war, an ein zukünftiges Leben von Belohnung und Strafe wirklich zu glauben. Der erste war: Gott kann nicht zornig sein. Warburton weist nach, daß alle antiken Philosophen diese Überzeugung einhellig vertraten, und daß gerade dieser Punkt den Widerspruch der frühen Kirchenväter, besonders Laktanz (= Lactantius) hervorrief, der eine von Hieronymus hochgerühmte Abhandlung allein dieser einen Frage widmete. Er kommt in seinem *de ira Dei* zu dem Schluß, daß es ohne die Vorstellung vom Zorne, oder des Gegenteils, der Gnade *(gratia)* Gottes, gar keine Religion geben könne. Der andere Lehrsatz der antiken Philosophie war, daß Seele Materie sei, sie ist daher weder geschaffen, noch kann sie zerstört werden. Wie der Körper im Tode in seine materiellen Bestandteile zerfällt, vereinigt sich auch die Substanz der Seele mit der Universalmaterie. Daher kann es für sie keine individuelle Bestrafung oder Belohnung geben.

Die ›Doppel-Doktrin‹ sei eindeutig von Ägypten nach Griechenland gekommen; denn wer machte die ›verstreuten Stämme‹ Griechenlands zu einer ›Staatsgesellschaft‹? Orpheus und andere seiner Zeit. Und wo sind diese nach der Überlieferung ausgebildet worden? In Ägypten. Und welche besonderen Institutionen gründeten sie? Die Mysterien, und diese lehrten von einem Leben nach dem Tode. Doch die Tradition blieb nicht ganz ungebrochen. Es kam eine Zeit, das Zeitalter der Tyrannen, in der Nachdenken über politische und sittliche Themen gefährlich wurde. Daher übernahmen die Philosophen dieser Zeit, Thales und andere, von Ägypten nur das physikalische und mathematische Wissen. Sie brauchten keine ›Doppel-Doktrin‹. Mit Gelehrten wie Platon jedoch, als die Freiheit wiedergewonnen und Gesetzgebung und Sittenlehre wieder Gegenstand der Philosophie waren, kehrte auch die ›Doppel-Doktrin‹ zurück.

Kurz gesagt, in Gesetzgebung und Politik habe die besondere Stärke Ägyptens gelegen. Die praktischen Erfolge des ägyptischen Staates, seine Macht und Beständigkeit über soviele Jahrhunderte hinweg (wieder Stillingfleete, s. S. 41) bestätigten diese Fähigkeiten. Dies sei auch durch Horapollo belegt. Der Leser wird aufs höchste erstaunt sein, einen solchen Zeugen zum Nachweis einer derartigen Behauptung herangezogen zu sehen. Aber es fällt Warburton nicht schwer, auch diesen Beweis für seine Ziele zu führen. Sei es nicht auffallend und eindeutig, daß sämtliche Hieroglyphen-Interpretationen Horapollos »sich auf das bürgerliche Leben beziehen und sämtlich nicht für abstruse philosophische oder theologische Spekulationen taugen«?

Dies führt uns zu Warburtons Theorie über ägyptische Hieroglyphen und das Schreiben im allgemeinen.

Menschen kommunizierten zuerst durch Laute und dann, um »ihren Gedanken Dauer zu verleihen« oder »sie über Entfernungen hinweg mitzuteilen«, durch Zeichen, und die Bilder seien dabei die erste und naheliegendste Methode. Versuche dieser Art seien ganz allgemein verbreitet gewesen, die Mexikaner aber hätten eine solche Bilderschrift am weitesten entwickelt. Die »Unbequemlichkeit als Folge des allzu großen Umfanges, den eine solche Schriftart bald annehmen mußte, führte jedoch bald die intelligenteren und höher zivilisierten Menschen zur Erfindung von Methoden, ihre Schriftzeichen abzukürzen.« Was in der mexikanischen Entwicklungsstufe ein »einfaches Bild war«, wurde also in Ägypten »ein gemaltes Schriftzeichen«. Die Verkürzung konnte dabei in drei Erscheinungsformen vollzogen werden:

1. *Kyriologische* (darstellende) *Hieroglyphen* durch Wiedergabe eines wichtigen Teiles für das Ganze; eine Sturmleiter etwa bedeutet Belagerung.

2. *Sinnbildliche Hieroglyphen*, durch Wiedergabe des ausführenden Mittels einer Sache für die Sache selbst; ein Auge z. B. für göttliche Allwissenheit.

3. *Symbolische Hieroglyphen*, durch den Gebrauch »einer seltsamen Ähnlichkeit oder Analogie«, die man der Beobachtung der Natur oder traditio-
nellem Aberglauben entnahm, wie etwa die Darstellung beider Augen eines
Krokodils zur Wiedergabe des Sonnenaufgangs, oder einer schwarzen
Taube zur Bezeichnung einer Witwe, die nicht wieder heiratet.

Ägyptische Hieroglyphenschrift entstand daher im normalen Verlauf der
Entwicklung der Menschheit. Sie war »die zweite Art von Erfindung,
menschliche Taten und gedankliche Begriffe aufzuzeichnen; nicht, wie bisher angenommen wurde, ersonnen und erwählt zur Geheimhaltung, sondern Mittel für den allgemeinen Gebrauch, das der Notwendigkeit entsprang.« Das stimmt mit Rigords Ansicht (s. S. 50) überein.
  »Die Knappheit hieroglyphischer Schriftzeichen« führe jedoch zu Un-
verständlichkeiten, und die Anzahl direkt darstellender Bilder, die man noch
beibehalten hatte, machten die Schrift schwerfällig. So trat eine dritte Veränderung in der Geschichte des hieroglyphischen Schreibens ein, die als be-
kanntestes Beispiel die chinesische Schrift repräsentiere. Wir wissen aus
dem »gleichlautenden Zeugnis der besten Schriftsteller über die Kunst und
die Sitten dieses berühmten Volkes«, daß ihre gegenwärtige Art des Schreibens durch willkürliche Zeichen »sich durch eine frühere hieroglyphische
Stufe hindurch, von der frühesten einfachen Art des Malens der menschlichen Begriffe entwickelt hat«.
  Die drei Entwicklungsstufen in Warburtons Geschichte des hieroglyphischen Schreibens können folgendermaßen schematisch dargestellt werden:

Methode	Beispiel	Charakterisierung
durch Darstellung	Mexikanisch	Bilder
durch Analogie oder Symbol	Ägyptisch	Bilder und »gegenübergestellte und willkürlich zugeordnete Zeichen«.[27]
durch willkür- liche Zuordnung	Chinesisch	nur Zeichen, aber »zu ungeheurer Zahl angewachsen«.

  »Damit haben wir die allgemeine Auffassung von der Geschichte des
Schreibens widerlegt durch eine schrittweise und leichte Ableitung von der
Figur zum Buchstaben; denn chinesische Zeichen, die auf der einen Seite
etwas von ägyptischen Hieroglyphen haben, von alphabetischen Buchstaben auf der anderen . . ., sie liegen genau an der Grenze zum Buchstaben;
denn ein Alphabet, das erfunden ist, Laute statt Dinge auszudrücken, ist nur
die konsequente Kürzung der großen Menge willkürlicher Zeichen«,
schreibt Warburton in der Zusammenfassung dieses Abschnitts seiner Ausführungen.
  An diesem, dem Kardinalpunkt seiner Theorie, sollte Warburton eine
Bestätigung seiner Auffassung erhalten, wie sie befriedigender und ent-
scheidender nicht hätte sein können. Bei der Vorbereitung einer Publikation

der nicht-hieroglyphischen Texte in der Sammlung des Comte de Caylus machte der Abbé Barthélemy, der Warburtons Buch gelesen hatte, die Probe aufs Exempel und suchte nach Buchstaben, die aus dem Hieroglyphenrepertoire übernommen sein könnten. Und er fand sie – genau wie es nach Warburtons Hypothese hätte sein müssen. Warburton nahm in seiner nächsten Auflage (1765) Barthélemys Tabelle der Zeichen, die er auf diese Weise gefunden hatte, auf.

Aber Warburton ist noch nicht am Ende seiner Beweisführung. Viele Dinge bedürfen noch der Erklärung. Eines ist zum Beispiel, wie die Hieroglyphen, »das einfachste und schlichteste Mittel der Unterrichtung« zu einem der »gekünsteltsten und am schwersten verständlichen« wurden.

Daß die Hieroglyphen ursprünglich »öffentlich und allgemeinverständliche Gesetze, allgemeine sittliche Grundlehren und Geschichte aufzeichnen sollten, also alle Arten bürgerlicher Angelegenheiten«, ist der naheliegendste Schluß aus mehreren Ebenen der Beweisführung. Die zuverlässigsten antiken Autoren – Diodor, Strabo und Tacitus – teilen mit, daß in den Obeliskinschriften die Taten der Könige aufgezeichnet seien. Hermapions überlieferte Übersetzung einer Obeliskinschrift bringt eine Lobrede auf Ramses und die Geschichte seiner Eroberungen. Horapollos Interpretationen betreffen alle das bürgerliche Leben. Die Inschrift am Tempeleingang von Saïs »Gott haßt mangelnde Ehrfurcht« wurde mit Recht von Stillingfleete verspottet, wenn sie als Stück tiefgründiger Weisheit gesehen werden wollte. »Als eine einfache und wichtige Wahrheit aber, die von den Leuten gelesen und verstanden werden sollte«, als eine Art öffentlicher Bekanntmachung war sie an dieser Stelle durchaus angebracht.

Im Laufe der Zeit jedoch wurde die Schrift immer unverständlicher. Die »Methode, sinnbildliche Hieroglyphen durch Analogien, den Vergleich von Eigenarten zu erfinden, rief selbst immer weitere Verfeinerung und immer genauere Erkundigung bis in die geheimsten und verborgeneren Eigenschaften der Dinge hervor. Diese intensiven Nachforschungen, unterstützt vielleicht durch ein mehr theologisch bestimmtes Interesse, führten »eine neue Art des Schreibens durch Tierfiguren«, ein, »das die Alten symbolisch nannten und das der Geheimhaltung des Inhalts diente«. Sinnbildliche Symbole machten sich die weniger gut bekannten Eigenschaften der Dinge zunutze; so konnte zum Beispiel eine Katze den Mond symbolisieren, weil sich ihre Pupillen, wie Plutarch erzählt, mit dem Zu- und Abnehmen des Mondes erweiterten und zusammenzögen. Änigmatische Symbole arbeiteten mit Assoziationen, die nicht unmittelbar durchschaubar waren; die Sonne z. B. konnte durch einen Skarabäus mit einer Kugel in seinen Zangen dargestellt werden.

In der Folge entwickelt sich die Schrift »schließlich und ganz allmählich in unpraktischer Weise von ihren schlichten Anfängen« fort. Die Griechen erkannten diesen Unterschied insoweit, als sie die Begriffe hieroglyphisch und symbolisch unterschieden; gerade dieser Irrtum hat »die ganze Historik des hieroglyphischen Schreibens in eine nicht enden wollende Verwicklung gestürzt«.

Eben dieser Prozeß habe dann vermutlich auch zum alphabetischen Schreiben geführt. Die mythologische Überlieferung über den Gott Thoth lege die Interpretation nahe, daß historisch alphabetisches Schreiben von dem Sekretär eines ägyptischen Königs erfunden worden sei. Anlaß müsse der Wunsch nach Klarheit und Eindeutigkeit in der Verwaltung gewesen sein, denn hieroglyphische Anweisungen und Mitteilungen hätten sicher Unklarheiten und Mehrdeutigkeiten enthalten. Die Erfindung des Alphabets sei, so behauptet er, entgegen jeder antiken und auch jeder modernen Anschauung, durchaus nicht schwierig gewesen, denn es habe dazu nur der Einsicht bedurft, daß willkürliche Zeichen auf dem Papier genau so kombiniert werden könnten, wie die Grundelemente des menschlichen Sprechens im Klang verbunden seien. Ein Repertoire willkürlicher Zeichen existierte ja schon in der Hieroglyphenschrift, war also zur Hand.[28]

Wenn im ägyptischen Verwaltungsapparat das alphabetische Schreiben erfunden wurde, sei anzunehmen, daß es gewissermaßen als Geheimcode solange wie möglich auch seinem Gebrauch vorbehalten blieb. Das Geheimnis müsse dann vor Herodots Zeit durchgesickert sein, denn Herodot bezeichnet ja die nichthieroglyphische Schrift als öffentlich; aber wohl nicht viel früher, denn Herodot erwähnt ja nicht die Priesterschrift, ebensowenig wie Diodor. Daraus könne doch nur gefolgert werden, daß sie zu der Zeit noch nicht erfunden oder nicht bekannt war. Clemens schließlich erwähnt sie mit dem Hinweis, sie sei alphabetisch, denn dies und nichts anderes bedeute ja »durch die Grundelemente der Worte«.[29] Der einzige Schluß, der all diesen Gegebenheiten Rechnung trage, sei, daß die Priesterschrift die jüngste Form ägyptischen Schreibens sei und als Ersatz für die frühere alphabetische Schrift erfunden wurde, als diese kein Geheimnis mehr war, sondern allgemein bekannt und benutzt wurde.

Am Schluß seines Abrisses über die Geschichte der Schrift wendet sich Warburton der Geschichte der Sprache zu: denn Schreiben und Sprechen verliefen parallel und könnten sich wechselseitig erhellen. Hauptunterschied sei, daß wir den Ursprung der Sprache aus der Bibel kennen – die direkte Unterweisung Adams durch Gott. Andernfalls, sagt Warburton, wäre die Darstellung, die sich gewöhnlich bei griechischen und römischen Schriftstellern findet, nämlich von einem stufenweisen Heranwachsen der Sprache aus Tierlauten, durchaus plausibel. Aber selbst so konnte die Sprache, die Adam lernte, nur ein Anfang sein. »Wir können vernünftigerweise nicht annehmen, daß dies mehr war, als seinen augenblicklichen Bedürfnissen zu dienen hatte: danach war er dann fähig, sie nach der Erfordernis späterer Anlässe zu verbessern und zu erweitern: also muß die früheste Sprache sehr dürftig und beschränkt gewesen sein.«

Göttliches Eingreifen verunklärte also die Parallelentwicklung in den Anfangsphasen, danach aber verlief die Entwicklung der Sprache mit der der Schrift und sogar der des literarischen Stils parallel. Warburtons Beschreibung des Verlaufs kann in einer Tabelle aufgezeichnet werden, wobei wir aber im Auge behalten müssen, daß die Schlagworttabelle die Unterscheidungen schärfer und übergangslos festhält, was natürlich Warburtons Absicht bei seiner Darstellung eines allmählichen Wachstums nicht entspricht.

	Schreiben		Sprache	Stil
1	Bilder		Zeichen und Gesten	Pleonasmus
2	eigentliche Hieroglyphen	kyriologisch	Fabel	Metapher
		sinnbildlich		
3	symbolische Hieroglyphen	sinnbildlich	Parabel	Abstraktion
		änigmatisch	Rätsel	

Als die Sprache noch »roh, beschränkt und unbestimmt« war, mußte man sich durch zusätzliche Zeichen behelfen; zum Beispiel sagte man von den nordamerikanischen Indianern, daß sie mit Gesten ebensoviel wie mit Worten sprächen. Aber was aus Notwendigkeit entstanden sei, erhalte oft rein dekorativen Charakter, werde zum bloßen Schnörkel, wenn die Notwendigkeit nicht mehr bestehe. So »spricht nach dem Bericht des Herakleitos der Delphische Apollon nicht, noch schweigt er, sondern er offenbart sich durch Zeichen.« Im Alten Testament lesen wir von Jesaja, dem befohlen wurde, drei Jahre nackt zu gehen, oder von Jeremia, der den leinenen Gürtel verbergen muß (Jer. 13, 1–11), oder daß Gott dem Abraham bei der Opferung Isaaks Zeichen gab (1. Mose 22). Und das gleiche träfe in dem Bereich des Stiles zu. Denn »wenn der Satz des Sprechers nicht genau seinen Gedanken entspricht, bemüht er sich natürlich, durch Wiederholung in anderen Worten seine Gedanken zu erklären«. Pleonasmus sei daher in den frühen Sprachen sehr häufig und ganz speziell im Hebräischen, der »kärgsten aller gelehrten Sprachen des Ostens«.

Fabeln sind zum Beispiel die Rede Jothams (Richter 9, 7 ff.) oder die Erzählung vom Dornbusch, der sich anmaßt, die Tochter der Zeder heiraten zu wollen (2. Könige 14, 9); sie waren notwendig, als »die Sprache noch zu beschränkt und der Verstand der Menschen noch ungeschult in abstrakter Beweisführung war«. Wurden Fabeln populär, kristallisierten sie sich zu Sprichwörtern. Im Stil führte dann die »Einfachheit der Gedanken« und die Unfähigkeit, abstrakte Vorstellungen anders als durch konkrete Bilder auszudrücken, zur Häufung von Metaphern.

Parabeln sind ihrer Natur nach dunkel und mysteriös (Hesekiel 20, 49; Lukas 8, 10) und Rätsel sind dies in noch stärkerem Maße (Hesekiel 17, 2; Sprüche 1, 5 f.; Psalm 49,5). Mit zunehmender Abstraktion zeichnet sich der Stil durch den Gebrauch »streng metaphorischer Bilder in ungewöhnlichen, jedoch passenden Anspielungen« aus; »genau das geschah in der altägyptischen Weisheitslehre durch die phantasievollen, analogisch erklärten hieroglyphischen Symbole«. Ihre Grundlage war jedoch gewissenhafte Beobachtung. »Die Ägypter studierten jede einzelne Eigenschaft aller Dinge und ihre Beziehungen, um sie für die Darstellung anderer Dinge treffend anwenden zu können.«

In dieser Weise stellt Warburton die Entwicklung menschlicher Techniken der Kommunikation dar. Seine Abhandlung ist unter anderem in bewundernswerter Weise der Position eines Klerikers im 18. Jahrhundert angemessen. Er erinnert daran, daß die »ungebildeten Kritteleien moderner Freigeister« die prophetische Sprache der Bibel gerne als ›absurd‹, ›fanatisch‹, als das »eigenartige Ergebnis erhitzter Phantasie« angriffen; das aber könne man nun als unberechtigte Kritiksucht entlarven. Absurd bedeute doch überspannt, fanatisch, extravagant. Aber der prophetische Stil sei »gesprochenes Hieroglyphisch« und mithin die »sachliche und angemessene Sprache der damaligen Zeit«. – Andererseits seien die unter Dissenter nicht seltenen Versuche, den Stil der alttestamentlichen Sprache wiederaufleben zu lassen und die »bezeichnenden Ausdrucksweisen«, die ihn kennzeichnen, zu imitieren, in der gegenwärtigen Entwicklungsstufe menschlicher Kommunikation unnötig und könnten daher in der Tat absurd und fanatisch genannt werden.

Zentralität und Richtigkeit des Standpunktes eines gläubigen Deisten nachzuweisen, war jedoch nicht das Hauptanliegen von Warburtons Behandlung der ägyptischen Schrift. Vielmehr wollte er den inneren Beweis für das hohe Alter der ägyptischen Zivilisation liefern. Der Schlüssel dazu liege in der Datierung der Hieroglyphenschrift. In der Entwicklung des ägyptischen Schreibens nähme sie die mittlere Stellung ein. Dieser Punkt müsse bereits sehr lange zurückgelegen haben, nämlich vor der Erfindung des alphabetischen Schreibens und ebenfalls vor der Einführung des Tierkultes (dieses letzte Argument ist neu; Warburtons Gründe dafür waren, kurz gesagt, daß Tierverehrung nur auf Ägypten beschränkt war und sich nicht nur auf Nutztiere oder auch nur wirklich existierende Tierarten bezog, sich zudem sogar auf Pflanzen erstreckte: all diese Gesichtspunkte teilt die Tierverehrung mit der Hieroglyphensymbolik, und das deutet darauf hin, daß sie von ihr abgeleitet ist.) Aber sowohl alphabetisches Schreiben als auch Tierkult existierten bereits zur Zeit des Exodus, denn Moses führte das alphabetische Schreiben mit sich und hielt es überdies für notwendig, die Tierverehrung zu verbieten. Die symbolischen Hieroglyphen müssen also vor der Zeit Moses entstanden sein, und die Ursprünge der ägyptischen Zivilisation müssen sogar noch bedeutend früher liegen, da das System der symbolischen Hieroglyphen sich erst in langem und langsamem Wachstum entwickelte.

Wir haben Warburton viel Zeit gewidmet, und wer sich an geistreicher Beweisführung erfreuen kann, wird das nicht bedauern. Warburtons Untersuchung war jedoch nicht nur geistreich, sie war auch wirklich bedeutend. Zu fragen, ob ohne seine Arbeit die Entzifferung der Hieroglyphen gelungen wäre, ist so, als wollte man fragen, ob die Entdeckungen moderner Naturwissenschaft und Technologie ohne die theoretischen Grundlagen, die Francis Bacon ihnen verschaffte, gemacht worden wären. Damit soll gesagt werden, daß die Frage zwei Seiten hat und nicht eindeutig zu beantworten ist. Sicher ist jedoch, daß Warburton das geistige Gerüst für ägyptologische

Untersuchungen, speziell in Frankreich, in der zweiten Hälfte des 18. Jahrhunderts und danach schuf. Der Abschnitt aus *The Divine Legation* [Göttli-
ches Erbe], der von Ägypten handelt, wurde unter dem Titel *Essai sur les
hiéroglyphes des Egyptiens* [Essay über die Hieroglyphen der Ägypter]
1744 von Leonard de Malpeines ins Französische übersetzt und seine Ansätze von Condillac *(Essai sur les origines des conaissances humaines* [Essay
über die Entwicklung des menschlichen Denkens] 1746) und in der *Encyclo-
pédie* (Artikel *écriture égyptienne* und *hiéroglyphe*) begeistert aufgegriffen; sie fanden allgemein Anerkennung. Es war daher Warburton, der den
Boden bereitete und durch seine Betrachtungsweise das geistige Klima
schuf, in dem dann Champollion das erarbeiten konnte, was er ausgeführt
hat.[30]

25. Anne Claude Philippe
Comte de Caylus,
1692–1765.

Wir müssen uns nun dem Abbé Barthélemy zuwenden, der zum Kreise
von Warburtons Bewunderern gehörte. Er stimmte den Grundzügen und
Leitgedanken von Warburtons Theorie über die ägyptische Schrift zu, und
als Mitarbeiter der Publikation der ägyptischen Inschriften der Sammlung
des Comte de Caylus (Caylus 1752, 69 f.) machte er sich daran, Warburtons
Theorie über die Beziehungen zwischen dem hieroglyphischen und dem alphabetischen System zu überprüfen. Wie wir gesehen haben, konnte er
Warburtons These, einige Zeichen der Hieroglyphenschrift müßten in die
alphabetische übernommen worden sein, durch seine eigenen Untersuchungen eindeutig bestätigen.

Die große Anzahl verschiedener Zeichen in der hieratischen Schrift
hätte, so möchte man annehmen, Barthélemy vor einer allzu raschen und
bedenkenlosen Übernahme der Hypothese, es handle sich um eine alphabetische Schrift, zurückhalten müssen. In der Tat stieß Barthélemy zehn Jahre
später, als er einen anderen Text aus der Sammlung Caylus publizierte, auf
dieses Problem. Er umging es aber insofern, als er die Vermutung aussprach, die ägyptisch-hieratische Schrift könnte ähnlichen Prinzipien folgen
wie die äthiopische (d. h. die amharische). Diese setzt sich zwar aus nur 26
Buchstaben zusammen, in der aber durch Anfügen von Vokalzeichen und
Einschluß einiger Silbenzeichen sich die Gesamtzahl der verschieden aussehenden Zeichen schließlich auf 202 beläuft.

Bei dieser Gelegenheit (Caylus 1762, 79) stellte er die überaus wichtige
und fruchtbare Vermutung auf, daß die Kartuschen die Namen von Königen
oder Göttern enthalten könnten. Es ist seltsam genug, daß ihn zwei falsche
Beobachtungen zu dieser Annahme führten. Erstens glaubte er, im alphabetischen Text der Mumienbinde, die er publizierte, »eine Kombination von
Zeichen, die eine Art Quadrat bilden« zu entdecken, das er für das kursive
Gegenstück einer Hieroglyphen-Kartusche hielt. Zweitens dachte er, die in
den Kartuschen befindlichen Hieroglyphen seien verschieden von den im
übrigen Text verwendeten.

Dem Comte de Caylus, für den Barthélemy arbeitete, sollen an dieser
Stelle ein paar Worte gewidmet werden. Er war ein französischer Adliger,
der, wie es üblich war, ein Offizierspatent in der Armee gehabt hatte. Nach
dem Frieden von Rastadt erschien ihm das Soldatenleben nicht länger als
angemessenes Betätigungsfeld für seine Energien; er gab sein Patent zurück

26. Letzte Zeile der Inschrift
Abb. 22 in den Abschriften
von
a) Rigord,

b) Montfaucon,

c) Caylus. Ein Vergleich ver-
deutlicht die Unsicherheiten
und Schwierigkeiten, denen
ein Bearbeiter der Inschriften
allein schon durch die unterschiedliche Abschrift ausgesetzt war.

und reiste in die Türkei. Er besuchte Kolophon, Ephesos und andere *claras
Asiae urbes* [berühmte Städte Asiens] unter dem Schutz von Karakaikuli,
einem Briganten, der damals die eigentliche Kontrolle über die Provinz
Smyrna innehatte. Der klassische Adel der griechischen Städte und der
deutliche Gegensatz zu den Bauten der neueren Zeit bestimmten Caylus,
sein Leben der Förderung klassischer Qualitäten in Kunst und Architektur
zu widmen. Er wurde Sammler und Gönner klassizistischer Zeichner; er
befaßte sich mit der Verbesserung von Kupferstichtechniken; er rief sogar
die Technik der enkaustischen Malerei [Antike Maltechnik der Griechen
und Römer. Auf Marmor- oder Holztafeln wurden Wachsfarben unter
Wärmeeinwirkung aufgetragen oder eingebrannt] anhand einer Beschreibung des älteren Plinius wieder ins Leben – in seinen eigenen Augen seine
größte Leistung.

Zur Erforschung der ägyptischen Schrift bestand sein direktester Beitrag
in seiner Sammlung hieroglyphischer und nichthieroglyphischer ägyptischer Texte. Sie boten den französischen Gelehrten – einschließlich später
Champollion selbst – eine umfassende Materialbasis. Fast genauso wichtig
wie seine Sammlung war sein Bestreben, die Anfertigung genauer Reproduktionen zu fördern. Als Vorbild mag er da weniger fähig gewesen sein,
als es zweifellos sein Einfluß war. Die eminente Wichtigkeit exakter Reproduktionen für jede Entzifferung, die hier aus einer knappen Gegenüberstellung verschiedener Kopien eindeutig hervorgeht, wies Caylus selbst nach,
und sie wurde in zunehmendem Maße anerkannt. Die nächste Generation
von Reisenden machte sich mit der geeigneten Ausrüstung und dem festen
Vorsatz auf den Weg, sie zu beschaffen.

Der erfolgreichste unter ihnen war Carsten Niebuhr, dänischer Gelehrter und Vater des berühmten Althistorikers. Seine Kopien der Inschriften
von Persepolis waren es, wie wir später sehen werden, die die Entzifferung
der Keilschrift ermöglichten; doch er reiste auch in Ägypten. Die beigege-
bene Illustration, die nicht mehr als einen kleinen Teil dessen wiedergibt,
was Niebuhr *in situ* in einer Straße in Kairo kopieren konnte, soll eine Vorstellung von der Qualität seiner Arbeit vermitteln. In diesem Zusammenhang machte er die vernünftige, wenn auch unerwartete Bemerkung, daß
eine der Hauptbedingungen für genaues Kopieren die Fähigkeit sei – ein gutes Verhältnis zu den Arabern zu pflegen. Er berichtet auch, und das verrät
schon der sichere Stil seiner Kopien, daß er sich durch die Menge der Inschriften, die er abschrieb, mit der ägyptischen Hieroglyphenschrift so ver-

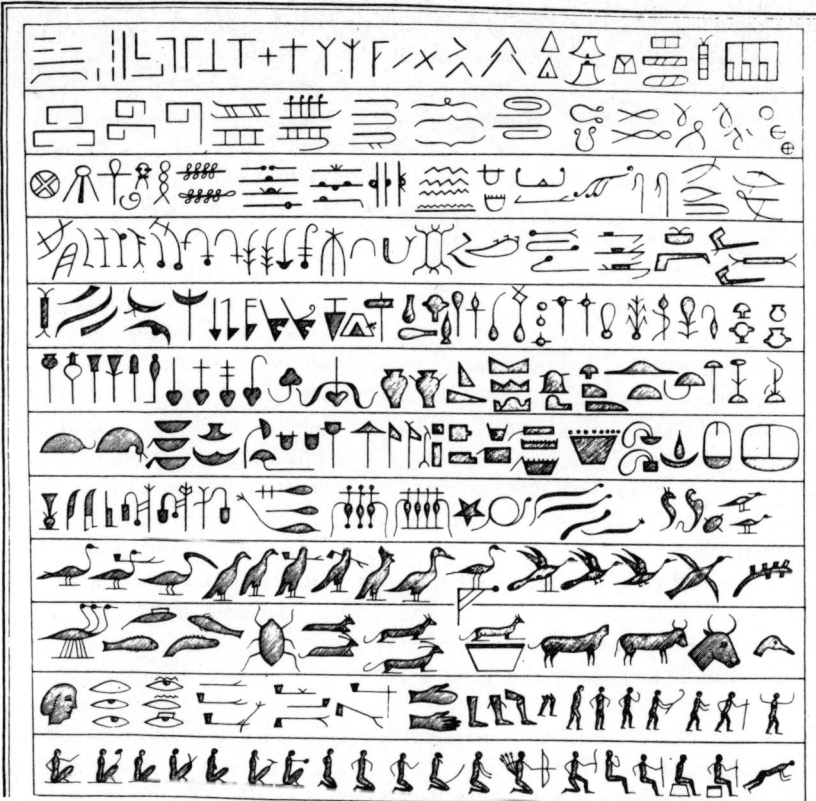

traut gemacht habe, daß er sie mit derselben Leichtigkeit wie Griechisch
oder Arabisch schreiben könne. Infolgedessen konnte er zum ersten Mal in
aller Sicherheit nachweisen, daß der Begriff ›Hieroglyphen‹ nicht für die
großformatigen Figuren auf ägyptischen Reliefs und Gemälden gebraucht
werden dürfe, sondern ausschließlich den kleinen Zeichen, die in gleichför-
miger, schriftartiger Anordnung geschrieben sind, vorbehalten bleiben
sollte. An diesem Punkt hatte sogar Warburton nicht eindeutig trennen
können.

Niebuhr war auch in der Lage, zum ersten Mal eine richtige Tabelle von
Hieroglyphen vorzulegen: keine vollständige, das wußte er, aber eine nach
objektiven Kriterien geordnete Aufstellung, die eine gewisse Basis zur Beurteilung der Gesamtzahl der Zeichen und Variationsmöglichkeiten für jedes darstellte.

Mit Niebuhr haben wir die verschlungenen Waldpfade verlassen und
sind auf freies Gelände hinausgetreten. Aber bevor wir den Forschern auf
ihren Wegen folgen, müssen wir zunächst feststellen, welche möglichen
Wege sich ihnen zu der damaligen Zeit boten. Unser Führer ist wiederum
ein dänischer Gelehrter, Georg Zoëga, der auf Anregung des Papstes Pius VI.
schrieb und den umfassendsten und sachlichsten Überblick, der bisher erschienen war, über die ägyptologische Forschung veröffentlichte. Der nächste Abschnitt muß ihm gewidmet sein.

Zoëgas großes Buch über Ägyptologie *De origine et usu obeliscorum* (Vom Ursprung und Sinn der Obelisken) sollte 1797 in Rom, wo Zoëga die zweite Hälfte seines Lebens verbrachte, veröffentlicht werden. Sein Anliegen war, alle Belege antiker Autoren und moderner Forscher zusammenzustellen und zu untersuchen, soweit sie die Obelisken des Alten Ägypten betrafen. Da Zoëga das Thema in größerem Zusammenhang betrachtet, behandelt sein Buch eigentlich die Ägyptologie insgesamt. Dennoch erklärt er sein besonderes Interesse für die ägyptische Schrift und widmet ihr einen beträchtlichen Teil des Buches. Das ist der Teil, der uns interessiert.

Zuverlässigkeit ist für Zoëgas Arbeiten charakteristisch; aus ihr ergeben sich seine übrigen bezeichnenden Eigenarten. Er ist enorm fleißig: zu jedem Gegenstand gibt er eine klare Zusammenfassung all dessen, was seine Vorgänger jeweils zu dem Thema sagten, und entzieht sich nicht der Forderung, sein eigenes Urteil abzugeben, welches unwandelbar nüchtern und ausgewogen ist. Er ist vorsichtig: die beiden Stützpfeiler seiner Untersuchung – oder, wie er es formuliert, die beiden Obelisken, die den Zugang flankieren – sind antikes Zeugnis und erhaltene Monumente; Mutmaßungen über Ägypten, abgeleitet von Gewohnheiten und Bräuchen anderer Völker, gelten für ihn nicht als sicher ohne Bestätigung durch sie. Dieses Prinzip schloß auch die Verwendung der chinesischen Schrift als Analogie für das Ägyptische aus, und Zoëga, anders als später Champollion, hält sich auch konsequent daran. Er ist äußerst objektiv: so referiert er ausführlich und geduldig die verschiedenen astrologischen und theologischen Bedeutungen, die man der Gestalt, den Proportionen und dem Material der Obelisken zugeschrieben hatte, lehnt sie jedoch, so absurd sie auch sein mögen, nicht a priori geringschätzig ab; hingegen weist er durch detaillierte Messungen nach, daß die meisten vorgeschlagenen Bedeutungen von den Monumenten selbst keineswegs bestätigt werden. Seine eigene rationale, fast allzu nüchterne Auffassung ist, daß die Wahl des Materials (Granit) und die leicht pyramidale Form nur Erwägungen der Eignung, der Schönheit und der Haltbarkeit entspringen, es also kein Geheimnis um sie gab. Es gebe keinen glaubhaften Beweis *(desunt testes idonei)*, sagt er trocken, daß die Ägypter anders gewesen sein sollten als andere Leute.

Diese objektive Haltung ist es, in der Zoëgas Modernität liegt. Stillingfleete und sogar noch Warburton waren Männer der Hebräischen Renaissance. Für sie war die Rolle des jüdischen Volkes in der Menschheitsgeschichte das wichtigste. Wenn es aber eine besondere historische Stellung für die Juden gegeben hat, folgt daraus, daß es generell auch für alle Völker, insbesondere antike Völker, möglicherweise eine besondere Stellung gab. Diese zu ergründen, war die Aufgabe des Historikers gewesen, und bei ihrer Erfüllung erhellte er den göttlichen Plan. Von solcher Voreingenommenheit und Zielsetzung war Zoëga frei. Ihn leitete die Überzeugung von der schrittweisen und anonymen Weiterentwicklung der menschlichen Gesellschaft und der menschlichen Erfindungen. Die Worte, die wir heute für diese Vorgänge benutzen würden: ›Evolution‹ und ›evolutional‹ standen damals noch nicht zur Verfügung. Zoëga verwendete Worte wie etwa ›langsam‹, ›schrittweise‹, ›Übergang‹, ›Fortschritt‹, und seine begrifflichen Vergleiche stammten entweder aus dem pflanzlichen Bereich (Geburt, Wachstum, Reife, Ausbreitung, Verfall) oder hatten beschreibenden Charakter etwa bei der Ausbreitung von Erfindungen oder Fertigkeiten (kleine Anfänge, eine lange Periode privaten Gebrauchs, langsame Ausbreitung, unbewußter Übergang zum allgemeinen Gebrauch).[31] Dieses Vokabular und diese Bilder kommen bezeichnenderweise häufig in Zoëgas Werk vor. Sie offenbaren einen bedeutenden Unterschied zwischen der Auffassung Zoëgas vom menschlichen Fortschritt und Warburtons Vorstellung. Warburton begriff ›Fortschritt‹ als einen Vorgang, der in vergleichsweise großen Schritten, ermöglicht durch die speziellen Eigenarten eines bestimmten Volkes oder durch die Erfindungsgabe eines einzigen Individuums, stattgefunden habe. Zoëga dagegen sah Fortschritt in kontinuierlichen, doch meist unmerklichen partiellen Verbesserungen, die unabhängig von Rasse oder Persönlichkeit ihren Lauf nahmen.

29. Georg Zoëga,
1755 bis 1809.

Zoëga betrachtete Warburtons Theorie von der Entwicklung der darstellenden Hieroglyphen zu symbolischen Bildern als dessen bedeutendste Leistung; bezeichnenderweise hatte Warburton gerade dies ausgeklammert, weil dieser Vorgang »unbewußt und nach und nach« stattgefunden habe (1788 ed. II 423). Den unterschiedlichen methodischen Ansatz der beiden Forscher zeigen ihre Untersuchungen über den Ursprung der alphabetischen Schrift. Beide glaubten ihre Quelle in Ägypten ausmachen zu können; Warburton nahm als Erfinder den Sekretär eines ägyptischen Königs an, der später in der Mythologie mit Thoth identifiziert wurde; Zoëga dagegen betonte die Schwierigkeit einer solchen Erfindung – sie erforderte nicht nur die Analyse der Unmenge von Lauten im menschlichen Sprechen, sondern auch die Zerlegung der Sprache in ihre Bestandteile, der Sätze in Wörter, der Wörter in Silben, der Silben in einzelne Laute. Diese Leistung kann nicht ein einzelner Mensch vollbracht haben. Die Schaffung des Alphabets muß in langsamer Entwicklung und allmählicher Übernahme vor sich gegangen sein; aus demselben Grund aber, denn diese Entwicklung muß kontinuierlich sein, könne die Erfindung ihren Ursprung nur in einer einzelnen Nation gehabt haben. Bestätigung für diese Theorie ist die Beobachtung, daß alle alphabetischen Schriften, die wir kennen, auf eine kleine Gruppe einander benachbarter Staaten im Nahen Osten zurückgehen. In der Frage der Datierung stimmte Zoëga mit Warburton überein, denn auch er hielt die demotische oder ›allgemeine‹ Schrift für vormosaisch und die hieratische (d. h. heilige) für eine später erarbeitete Schrift, die von den Priestern »als Verfeinerung oder zum Zwecke der Geheimhaltung« entwickelt worden sei.

Über Anwendungsbereich und Inhalt der Hieroglypheninschriften dachte Zoëga wie Warburton, nämlich daß sie Berichte historischer Taten verewigten, wie die zuverlässigsten antiken Autoren ja auch berichteten. Andererseits sei es allerdings auch möglich, daß bereits diese ihrerseits durch falsche Berichte irregeführt worden seien, denn die wahre Bedeutung der Obelisk-Inschriften in Theben hätte schon bei den Ägyptern selbst in Vergessenheit geraten sein können. Die Interpretationen bei Diodor, Strabo und Tacitus, sie gäben Berichte über die Regierung des Ramses, könnten daher auch einfach dem Wunschdenken entsprungen sein und dem Bestreben, der frühen Geschichte Ägyptens Glanz und Ruhm zu verleihen, der mit der Persiens konkurrieren könnte. Treffe diese Befürchtung zu, liege kein schlüssiger Beweis für das vor, was die Obelisk-Inschriften wirklich enthielten.

Dies war ein niederschmetternd negativer Schluß. An anderer Stelle aber sah sich Zoëga in der Lage, sichere Ausgangspunkte für weitere Forschungen zu schaffen, sei es durch kritische Betrachtung der Arbeiten seiner Vorgänger, sei es durch eigene neue Argumentation.

Er betonte die wichtige Unterscheidung zwischen der Hieroglyphenschrift und den sie oft begleitenden großformatigen Zeichnungen (438 Nr. 1).

Er wies das späte Aufkommen der koptischen Schrift nach (436f.), schrieb ihre Einführung dem Christentum zu und datierte ihr Entstehen in das dritte Jahrhundert n. Chr., was allerdings nicht ganz korrekt war. Seither sind nämlich magische Papyri in koptischer Schrift (d. h. in Griechisch mit zusätzlichen demotischen Buchstaben) gefunden worden, die bereits aus dem 1. Jahrhundert stammen. Zoëga konnte diese Entdeckungen natürlich nicht voraussehen, und so war seine Schlußfolgerung nach seinem Informationsstand zweifellos die bestmögliche.[32]

Er bewies, daß die jeweilige Schreibrichtung in einer Hieroglyphen-Inschrift an den Figuren abzulesen ist, die ihr Gesicht immer dem Beginn der Zeile zuwenden (464). Die Untersuchung von Zeichengruppen, die man als solche erkennen konnte, führten ihn zu diesem Ergebnis, denn ist eine solche Gruppe, die man aus anderem Zusammenhang kennt, einmal auf zwei Zeilen aufgeteilt, werden Anfang und Ende der Zeile sofort klar.

Zur Frage der Kartuschen vertrat er die Ansicht (465 f.), sie enthielten wahrscheinlich religiöse Formeln oder Eigennamen.

Er versuchte (466–97), die Gesamtzahl verschiedener Zeichen zu bestimmen, wobei er auf 270 für die Obelisken kam, die er aus stilistischen Gründen – nicht ganz korrekt – in die Zeit der ägyptischen Unabhängigkeit datierte, und auf 958 Zeichen, wenn er all die Inschriften in den europäischen Museen und Sammlungen einbezog. Es wurde ihm klar, daß diese Gesamtzahl bei weitem nicht so hoch war, wie man es in einer ideographischen Schrift erwarten mußte; jede Sprache besitzt zwangsläufig weit mehr Wörter, also konnte eine Gleichsetzung ein Wort = ein Zeichen nicht bestanden haben. Zoëga sah zwei mögliche Erklärungen für diese wirklich ernsthafte und tiefgreifende Schwierigkeit: entweder könnten die Zeichen, wie bei Horapollo behauptet, tatsächlich für mehr als einen Begriff stehen, oder zwei Zeichen zusammen könnten jeweils eine neue Bedeutung wiedergeben. Letzteres sei, so fügt er hinzu, angeblich im Chinesischen der Fall, dessen unzählige verschiedene Zeichen aus nur 214 Grundsymbolen erwachsen seien. Nur ein Index, der anzeigen müßte, welche Zeichen nebeneinander angetroffen werden, könnte die Überprüfung dieser Möglichkeit gestatten. Daß bisher dergleichen unerläßliche Vorarbeiten wie Zählen, Klassifizieren, Indizieren, nicht geleistet wurden, sei überhaupt verantwortlich für die vielen verschiedenen Lösungsversuche und die allgemeine Unsicherheit (463 f.).

Zoëgas bedeutendste Anregung (454, 552 f.) und diejenige, die er auch selber für die wichtigste hielt, war die Hypothese, einige Hieroglyphen könnten phonetische Zeichen sein, wenigstens bis zu einem gewissen Grade. Bei diesem Vorschlag leistete Zoëga auch seinen Hauptbeitrag zur linguistischen Terminologie, denn hier trat zum ersten Mal in der europäischen Sprachforschung der Begriff ›phonetisch‹, ›phonetische Zeichen‹ *(notae phoneticae)* auf. Eine Stelle bei Horapollo gab Anlaß zu Zoëgas Vermutung. Dort heißt es, ein Falke könne ›Seele im Herzen‹ bedeuten, und die ägyptischen Wörter dafür sollten *baiêth* (Falke), *bai* (Seele) und *êth* (Herz) lauten. Da die betreffenden koptischen Wörter ähnlich klingen, konnte Zoëga Horapollos Information durchaus vertrauen und dieses Beispiel zur Verdeutlichung dessen heranziehen, wie er sich die Brücke zwischen Wort- und Silbenzeichen vorstellte. Denkbar sei, daß man das gesprochene Wort *baiêth* in seine Silben zerlegte und dieses Prinzip auch auf die zeichnerische Wiedergabe anwandte. Das Vorderteil des Falken (sein Kopf) konnte man dann für die erste Silbe *(bai)* verwendet haben, sein Hinterteil (die Füße) für die zweite Silbe *(êth)* setzen. Dabei entstünden dann Zeichen, die ihrem Aussehen nach Teile von Tieren oder anderen Körpern sind, ihrer Funktion nach aber phonetische Zeichen. Solche Zeichen müßten dann zur großen Kategorie der änigmatischen Hieroglyphen gezählt werden.

Eine Folge dieser Entwicklung könnte dann die Existenz der beiden unterschiedlichen ägyptischen Schriftsysteme gewesen sein, glaubte Zoëga. Stelle man sich nämlich ein Anwachsen der Gruppe der phonetischen Hieroglyphen vor, wäre die Schrift allmählich dermaßen kompliziert geworden, daß nur eine Schriftreform Abhilfe schaffen konnte. In dieser Reform hätte man dann phonetische und ideographische Zeichen getrennt und damit einerseits die alte Wortschrift wiederhergestellt, andererseits eine neue Silbenschrift geschaffen, die dann im Laufe der Zeit ihrerseits bis hin zu einer Alphabetschrift verfeinert worden sein mochte, die aus den von Plutarch erwähnten 25 Zeichen, vielleicht nur Konsonanten, bestanden haben könnte. Darauf verwiesen der Brauch in anderen antiken Alphabeten und die schwankende Verwendung der Vokale im Koptischen. Das könne aber nicht überprüft werden, sagt Zoëga, weil Demotisches nicht erhalten sei. Noch im demselben Jahr sollte die Entdeckung des Steines von Rosette (S. 70) diese Lücke füllen, aber die demotische Schrift, die er ans Licht brachte, enthielt mehr als die erwarteten 25 Buchstaben.

Zusätzlich zu der Annahme, es gebe bei den hieroglyphischen Zeichen solche, die Lautwerte wiedergeben, konstatierte Zoëga, daß die Hieroglyphen überhaupt eine sprachliche Formulierung des Denkens wiedergeben müßten. Dafür gab es zwei Beweise. Erstens schienen die ägyptischen Hieroglyphen anders als die mexikanischen Bilder unabhängige, unveränderliche Einheiten zu sein, die nicht als Bilder aufeinander Bezug nahmen; zweitens schienen bei den wenigen von der antiken Literatur gelieferten Übersetzungen von Hieroglyphen-Inschriften Gedankengang und Reihenfolge der Zeichen parallel zu laufen. Folglich mußte die Hieroglyphenschrift, anders als das Mexikanische, eine echte Schrift sein – bildhaft nur

in der äußeren Erscheinung, in der Anordnung aber regelrechtes Schreiben. *(quoad figuram, pictura; quoad ordinem, litterae; S. 438).*

Der Leser wird wissen wollen, wie sich Zoëgas Rekonstruktion der ägyptischen Schrift in sein Gesamtbild von der Geschichte menschlichen Schreibens einfügt. Dazu sagt er (422):

»Zuerst fertigten die Menschen rohe Skizzen mit Farbe oder durch Einritzen mit einem Gerät an. Langsam und unmerklich entwickelten sie sich auf die Stufe, daß sie wirkliche Darstellung anfertigten. Die Kunst des Malens, des Gravierens, des Bildhauens wurde entdeckt. Dies war auch der Ursprung für die edelste menschliche. Erfindung, das Schreiben. Der Übergang verlief vom Zeichnen der Formen der Dinge zu ihrer Abkürzung, von einfachen Bildern zu sinnbildlichen, bis schließlich in den verschiedenen Kombinationen von Metapher, Symbol und Änigma hieroglyphisches Schreiben daraus hervorwuchs. Im weiteren Sinne des Wortes war es vielen Völkern gemeinsam; im engeren Sinne war es spezifisch für Ägypten. Aus dem hieroglyphischen Schreiben entwickelten sich dann zwei Arten von Schrift, die man als willkürlich und konventionalisiert bezeichnen könnte. Die eine gibt Dinge durch Zeichen wieder, die ihnen unabhängig von ihrem Aussehen zugeordnet sind. Chinesisches Schreiben und Chiffren ganz allgemein sind Beispiele hierfür. Die andere Art gibt den Klang des gesprochenen Wortes wieder; zu diesem Typus gehören alle Alphabete, die heutzutage vom größten Teil der zivilisierten Welt benutzt werden. Höchstwahrscheinlich nahmen die chinesischen Schriftzeichen ihren Ausgang in einer Art von Hieroglyphen, die die Chinesen vorher benutzten. Und alphabetisches Schreiben hat sich sicher zuerst in Ägypten entwickelt.«

Hier müssen wir Zoëga verlassen. Obwohl sein einziger Versuch, eine hieroglyphische Inschrift zu übersetzen, nicht besonders eindrucksvoll ist, sein Buch ist es dafür um so mehr. Umfassend, wohldurchdacht und abgewogen, ist es ein würdiger Vertreter der Gelehrsamkeit im 18. Jahrhundert und in dem Bestreben, die Hieroglyphen um ihrer selbst willen zu behandeln, ein Vorbote moderner Forschung. Kurz vor der Entdeckung des Steines von Rosette, während der Vorbereitungen für die französische Expedition, wurde das Werk vollendet, in der frühen Jugend Champollions, der schließlich jene Hoffnungen erfüllen sollte, die Zoëga in seinem Vorwort aussprach:

»Die beschränkten Ziele zu erreichen, die heutzutage ein Deuter des ägyptischen Altertums mit einigem Erfolg zu erfüllen hoffen kann, war mein Anliegen. Darüber hinausgehende Zielsetzungen muß ich der Nachwelt überlassen. Wenn Ägypten den Gelehrten besser bekannt sein wird und die bedeutende Hinterlassenschaft der Antike genau erforscht und publiziert ist, wird es vielleicht eines Tages möglich sein, die Hieroglyphen zu lesen und die Bedeutung der ägyptischen Monumente besser zu verstehen.«

Vom Stein von Rosette zu Champollions Entzifferung

Im Mai 1798 wurden sechzig oder mehr französische Gelehrte und Wissenschaftler, die unabhängig voneinander von der Revolutionsregierung die Aufforderung erhalten hatten, im Kriegshafen Toulon anzutreten, geheim an Bord von Kriegsschiffen der republikanischen Flotte geführt. Alles deutete darauf hin, daß sie an einer Expedition von größter Bedeutung teilnehmen sollten: der Ton ihrer anfänglichen Instruktionen, die militärischen Vorbereitungen um sie herum, die Anwesenheit Bonapartes als Oberbefehlshaber; aber sie kannten das Ziel nicht, bis sie schon längst auf See waren, sogar bereits Malta eingenommen hatten und nun die Segel gen Osten setzten. Sie waren nach Ägypten unterwegs; Ägypten hielt die Schlüssel zur Herrschaft über die moderne und zur Weisheit der Alten Welt. Die Armee sollte jene erobern, sie diese. In einem gemeinschaftlichen Unternehmen sollten sie der Armee helfen, auf der Basis wissenschaftlicher Erkenntnisse über die Bodenschätze des Landes einen modernen Staat unter französischer Herrschaft zu errichten; die Armee sollte sie bei der Erforschung all dessen, was von wirtschaftlichem und antiquarischem Interesse war, schützen und ihnen helfen. Mitglieder der Expedition waren unter anderem Archäologen, Architekten, Bildhauer, Maler, Zeichner und Drucker, die mit allen technischen Hilfsmitteln für das Kopieren, Zeichnen und Publizieren der so außerordentlich berühmten und doch so ungenau bekannten Monumente ausgerüstet waren.

Das Unternehmen wurde im Laufe nur zweier Monate geplant und vorbereitet und während seines Ablaufs ständig von besonderen Risiken begleitet: bereits auf dem Hinweg verhüteten nur ein gebrochener Mast bei den Engländern und heftiger Nebel, daß Nelson die überladene französische Flotte aufgebracht und wohl mit Sicherheit zerstört hätte; während der zwei Jahre in Ägypten gab es ständig Störungen durch Alarme, kriegerische Unternehmungen und Rebellionen; und als das Abenteuer zu Ende war, wäre die *Oiseau*, auf der die Gruppe zurück nach Frankreich floh, beinahe von der englischen Flotte versenkt worden. Zieht man all diese Erschwernisse und ungünstigen Bedingungen in Betracht, muß das Ergebnis doch als Erfolg gewertet werden, und Champollions Behauptung *(Précis* 374), das Stu-

Hoffnung und Enttäuschung

69

31. Silvestre de Sacy, 1758–1838.

dium der ägyptischen Schrift habe erst durch die zahlreichen genauen Reproduktionen hieroglyphischer Texte in der *Description d'Égypte* [Beschreibung von Ägypten] wirklich wissenschaftlich werden können, war daher gerechtfertigt.[33] Der berühmteste archäologische Fund der Expedition wurde jedoch nicht ihrer wissenschaftlichen, sondern ihrer militärischen Abteilung verdankt. Bei Befestigungsarbeiten wurde bei der Stadt Rosette ein Inschriftstein, eingebaut in vergleichsweise moderne Wallbauten, entdeckt. Der befehlshabende Pionieroffizier namens Bouchard sah die Inschrift, erkannte ihre wahrscheinliche Bedeutung und informierte seine Vorgesetzten; der Stein wurde nach Alexandria gebracht. Aber er sollte nie nach Frankreich gelangen: nach der Kapitulation der Franzosen im Jahre 1801 ging er in den Besitz der englischen Armee über und befindet sich heute im British Museum in London.

Der Stein von Rosette ist ein Triskript, d. h. eine Inschrift in drei verschiedenen Schriften, Hieroglyphisch (der offiziellen Monumentalschrift), Demotisch (als einheimische Schrift) und in Griechisch (als Schrift und Sprache der Besatzer). Der Inhalt, ein Dekret zu Ehren Ptolemaios V. von 196 v. Chr., ist in allen drei Schriften derselbe, wie wir aus dem griechischen Text wissen. Die Inschrift war von beträchtlicher Länge und kurz gesagt genau das, worauf jedermann gehofft hatte. Im Falle der Palmyra-Inschriften (s. S. 107 und Abb. 62), die doch soviel kürzer und fragmentarischer waren, folgten der ersten exakten Publikation (durch Dawkins und Wood 1753) innerhalb von Wochen, fast nur Tagen, bereits zwei voneinander unabhängige richtige Entzifferungen. Denselben raschen Erfolg erwartete man auch nach dem Fund des Steines von Rosette; doch es sollten noch 20 Jahre bis zu seiner Entzifferung vergehen.

Einen der ersten und besten Aufsätze über den Neufund schrieb der Professor für Arabisch an der Akademie für moderne orientalische Sprachen in Paris, Silvestre de Sacy, unter dem Titel *Lettre à Citoyen Chaptal* [Brief an den Bürger Chaptal] im Jahre 1802. Hier bietet sich der erste Anlaß, diesen bedeutenden Gelehrten zu erwähnen, der in den folgenden Abschnitten eine zentrale Rolle spielen wird. Daher ist eine kurze Beschreibung seines Lebens und seiner Karriere notwendig. Äußerlich war sein Leben durchaus nicht aufregend. Er wurde 1758 in Paris geboren und verließ 1805 die französische Hauptstadt nur ein einziges Mal in seinem Leben zu einem kurzen Besuch der Bibliothek in Genf. 1838 starb er friedlich, herausgerissen aus einem arbeitsreichen Leben, zwei Tage nach einem Vortrag im Parlament. Wenige Menschen können in den damaligen turbulenten Zeiten eine so ruhige Laufbahn durchlebt haben. Sein hohes Ansehen begründete er 1787 durch die Entzifferung der sassanidisch-persischen Inschriften von Naqš-i-Rustam, die er der Académie des Inscriptions vortrug (s. Kap. 4) und begann in der Welt des *ancien régime* 1791 nach einer bedeutenden Ernennung durch den König und 1792 durch seine Wahl in die Akademie zu Ruhm zu gelangen. Während der Republik war er noch erfolgreicher; 1795 wurde er auf den Lehrstuhl für Arabisch berufen, den er 43 Jahre später noch innehaben sollte. Unter Napoleon wurde er dann 1806 zum Professor für Persisch am Collège de France ernannt und 1813 in den Adelsstand er-

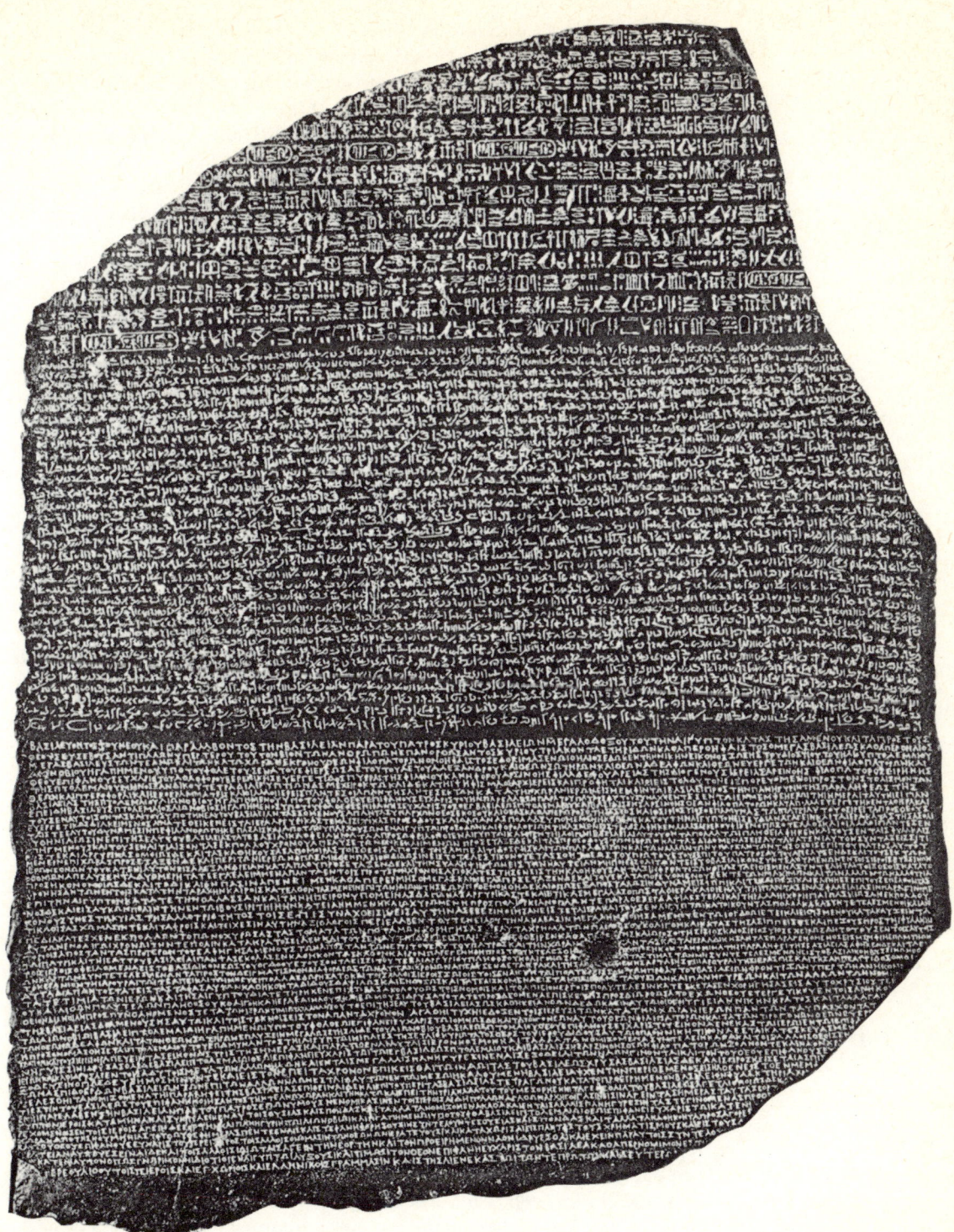

32. Der Stein von Rosette.

hoben. Nach der Restauration berief ihn die bourbonische Regierung unverzüglich zum Rektor der Universität Paris. Doch war er kein Opportunist, und obwohl er durch all die politischen Veränderungen hindurch seinen Rang nicht verlor, wahrte er stets seine Ehre.

1792, als die Revolution eine gewaltsame Wendung nahm, legte er alle öffentlichen Ämter und Mitgliedschaften in öffentlichen Körperschaften unter Protest nieder und zog sich mit seiner Familie in ein kleines Haus auf dem Lande in der Nähe von Paris zurück. Im Oktober 1795, als von den Inhabern öffentlicher Stellungen verlangt wurde, der Monarchie abzuschwören, lehnte er es ab, diesen Eid zu leisten, und legte seine neue erworbene Professur für Arabisch nieder; er bot dabei an, weiter zu lehren, bis man Ersatz für ihn gefunden habe; da sich keiner fand, blieb de Sacy ohne Ableistung des Eides in seiner Stellung. Zu der damaligen Zeit akademische Ämter in Ehrenhaftigkeit auszufüllen, war lobenswert genug: de Sacy aber war darüber hinaus besonders fähig und effektiv. Sein ganzes Leben hindurch publizierte er stetig aus seinen Forschungen. Als Verwaltungsbeamter spielte er eine hervorragende Rolle bei der Erstellung bildungspolitischer Richtlinien und förderte speziell die Gründung der *Société asiatique* und die Einrichtung von Lehrstühlen für Chinesisch, Sanskrit und Hindustani. Als Lehrer hatte er viele hervorragende Schüler, darunter insbesondere Bopp, den Begründer der Vergleichenden Sprachwissenschaft, und Champollion, den Entzifferer der Hieroglyphen.

Zu der Zeit seines *Lettre à Citoyen Chaptal* stand de Sacy schon in hohem Ansehen und war berühmt durch seine Entzifferung des Sassanidischen. Daneben galt er als guter Kenner des Arabischen. Für das Ägyptische interessierte er sich besonders und beherrschte auch das Koptische. Wenn es irgend jemanden gab, der aufgrund seiner Qualifikation für die Bearbeitung des Steines von Rosette prädestiniert war, so war er es.

De Sacy beschloß, bei der Bearbeitung zunächst den hieroglyphischen Teil der Inschrift auszuklammern. Er war von den 3 Texten der am stärksten zerstörte, nur 14 Zeilen waren erhalten und auch die nicht einmal vollständig. Außerdem »gehört das hieroglyphische Schriftzeichen, das Gedanken und nicht Laute wiedergibt, nicht zu irgendeiner speziellen Sprache« (S. 5). Man müsse sich daher auf den »ägyptischen Text« konzentrieren, welcher aus 42 Zeilen bestand und bis auf einige Zeilenanfänge fast komplett erhalten war. Der erste Schritt sollte sein, die Eigennamen ausfindig zu machen. Ihre ungefähre Stelle im Text würde wahrscheinlich der griechische Text verraten, vor allem bei den Namen, die zwei- oder mehrmals auftraten. Wenn in der griechischen Schreibweise eines Namens ein und derselbe Buchstabe mehrmals auftrat, dürfte das wohl auch in der ägyptischen Fassung der Fall sein und zu seiner Identifizierung führen. Dann könnte man möglicherweise vom Bekannten auf bisher Unbekanntes schließen, indem man die häufiger vorkommenden Worte des griechischen Textes (Gott, König, Sohn) identifizierte, die im Ägyptischen vermutlich Ähnlichkeit mit den entsprechenden koptischen Wörtern aufwiesen.

Dieses Programm war vernünftig. De Sacy benutzte zu seiner Durchführung drei Kopien der Inschrift – einen Abdruck, der wie eine Lithographie vom originalen Stein abgenommen war (unter Leitung Marcels, des Direktors der Imprimerie Nationale in Kairo), eine korrigierte Kopie dieses Abdrucks, die ihm Marcel geliehen hatte, und einen Stich. Dennoch kam er nicht sehr weit; er machte zwar einige Namen ausfindig, las sie aber falsch. Zum Beispiel übertrug er die Gruppe von Zeichen, die für ›Ptolemaios‹ stand auf ›Aftuulma‹ (statt ›Ptolmês‹), wodurch ein Irrtum ganz zu Anfang ihn zu der falschen Lösung führte: er hielt die drei ersten Buchstaben zusammen für dasselbe Zeichen, welches er als das erste im Namen Alexander ausgemacht hatte; in der Folge verstrickte er sich selber immer weiter in fehlerhafte Deutungen, indem er eine Ähnlichkeit der von ihm ›f‹, ›t‹ und ›m‹ genannten Buchstaben mit den Formen der jeweils entsprechenden koptischen, hebräischen und samaritanischen Buchstaben zu sehen glaubte. Danach machte er sich mit derselben fruchtlosen Methode des Buchstabenvergleichs mit anderen Schriften an die Übertragung weiterer Namen, z. B. Arsinoë. Dennoch mochte de Sacy plötzlich seinen Anfangsergebnissen nicht mehr unbedingte Zuverlässigkeit zugemessen wissen, vernünftigerweise, denn so beinhaltete darüber hinaus sein Aufsatz zahlreiche Bemerkungen unabhängigen Wertes. Zum Beispiel wies er darauf hin, daß der ägyptische Text viel mehr Zeichen als die von Plutarch erwähnten 25 Buchstaben enthalte. Das war ein wichtiger Hinweis, der vielleicht schließlich zur Abkehr von der bisher allgemein aufrechterhaltenen Hypothese führte, die nichthieroglyphische ägyptische Schrift sei alphabetisch. Diesen Schluß zog de Sacy damals allerdings nicht, er schlug statt dessen als Lösung vor, die Buchstaben könnten jeweils nach ihrer Stellung im Wort ihre Form geändert haben (wie im Hebräischen, Syrischen oder Arabischen) oder – noch unwahrscheinlicher – die Buchstaben hätten verschiedene Formen der Groß- und Kleinschreibung besessen.

Den Versuch, die Eigennamen des demotischen Textes auf dem Stein von Rosette zu übertragen, unternahm noch in demselben Jahr mit größerem Erfolg Johan David Åkerblad. Åkerblad war schwedischer Diplomat und Orientalist; de Sacy hatte ihm eine Kopie der Inschrift im Vorabdruck geliehen. Åkerblad akzeptierte die Methode, mit der Identifikation und Lesung der Eigennamen zu beginnen, die bereits Barthélemy 1754 und de Sacy selbst 1787 (s. Kap. 4) angewandt hatten; so begann er mit denselben drei Zeichengruppen wie de Sacy (behauptete allerdings, sie unabhängig selber identifiziert zu haben), und es gelang ihm, sie so zu übertragen, daß die aus ihnen gewonnenen Elemente ihm gestatteten, ein weiteres Dutzend Namen zu lesen. Der Versuch, sein Alphabet auf den übrigen Text anzuwenden, scheiterte aber, und so sollte die Entzifferung des Demotischen für lange Zeit in diesem unbefriedigenden halbgeleisteten Zustand verbleiben. Åkerblad publizierte seinen Lösungsvorschlag in Form eines Briefes an de Sacy, zusammen mit einer höflichen, doch nicht völlig überzeugten Antwort de Sacys.

De Sacy selbst scheint danach die Entzifferung nicht erneut versucht zu haben. Sein Interesse am Ägyptischen war aber keineswegs erloschen, und weil er Champollions Lehrer werden sollte, ist es für uns wichtig, seine Gedanken zu diesem Thema weiterzuverfolgen. In jedem Falle sind sie schon für sich genommen so interessant, daß es sich lohnt, ihnen nachzugehen.

1808 besprach er im *Magasin Encyclopédique* eine Reihe von Aufsätzen über ägyptische Sprache und Literatur seines früheren Schülers Étienne Quatremère, der sich zwar in der Hauptsache mit koptischen Dialekten befaßte, doch auch eine neue Untersuchung des Verhältnisses zwischen dem Koptischen und dem Altägyptischen vorlegte, die die Ableitung durch weitere Argumente bewies. In der Rezension dieses Buches stimmte de Sacy der Schlußfolgerung Quatremères zu und steuerte ein eigenes sehr interessantes, für uns hier neues Argument bei. Was die Unabhängigkeit einer Sprache beweise, führt er aus, sei nicht so sehr ihr Wortschatz als vielmehr ihre grammatikalische Struktur. Diese Theorie bedeutete die konsequente Abwendung von den wortschatzorientierten Begriffen der Sprachtheorien im 17. und 18. Jahrhundert und war der Samen, aus dem die Vergleichende Sprachwissenschaft hervorgehen sollte. De Sacy zog aber einen anderen unmittelbaren Schluß daraus. Die koptische Grammatik, sagt er, bewahrt gewisse Rudimente ihres hieroglyphischen Ursprungs; so unterscheidet sich der Plural eines Wortes vom Singular nur durch ein einsilbiges Präfixum, die Unterscheidung des Genus wird durch ein eigenes Wort angezeigt (entweder einen vorangestellten Artikel oder ein nachgestelltes Wort für ›weiblich‹ oder ›männlich‹); auch werden Fälle nicht durch Flexion, sondern durch vorgestellte Partikel angezeigt; Konjugationsformen, die Zeit und Person angeben, haben auch das Aussehen unabhängiger Wörter und können vor oder nach dem jeweiligen Wort stehen, können sogar durch eingefügte Wörter von diesen getrennt werden. Dasselbe gilt für die Neubildung von Wörtern durch Aneinanderreihen, z. B. *met-ref-er-pet-ôou* = Eigenschaft-einer-Person-die-tut-was ist-schlecht = Bosheit, Tücke; hiermit könne man, so de Sacy, das chinesische *ti-ten-tie-gin* = Rasieren-Kopf-von Mann = Barbier vergleichen.[34]

Aus diesen Beobachtungen schloß de Sacy, daß das Koptische ursprünglich gar keine Flexionen besessen, sondern aus unabhängigen unveränderlichen Worteinheiten bestanden habe. Das aber war genau das Prinzip, das einer in hieroglyphischen Zeichen geschriebenen Sprache zugrunde gelegen haben müsse, denn in einer hieroglyphischen Schrift stehe jedes Zeichen für ein ganzes Wort und sei unveränderlich.

Diese Vorstellung von einer ›hieroglyphischen Sprache‹ erscheint uns heute kurios, wenn nicht geradezu bizarr. Aber sie ist die logische Konsequenz der damals vertretenen Auffassung, Schreiben sei die direkte Fixierung von Sprache,[35] eine Theorie, die de Sacy in den nächsten Jahren noch weiter ausarbeitete. Sprachen könnten in drei Klassen eingeteilt werden, schriftlose, hieroglyphische und phonetisch geschriebene. Schriftlose oder auch barbarische Sprachen befänden sich in einem Zustand ständiger Veränderung, weshalb es auch so viele von ihnen gebe. Hieroglyphische Sprachen (Ägyptisch und Chinesisch) besäßen ein Repertoire unveränderlicher Wörter, denn ihre hieroglyphische Schrift könne Wörter fixieren, aber da eine differenzierte Grammatik fehle, gebe es auch in der Sprache kein Mittel, Nuancierungen wiederzugeben. Phonetisch geschriebene Sprachen, wie Griechisch und Lateinisch, kombinierten die Beständigkeit einer geschrie-

benen mit der Flexibilität einer gesprochenen Sprache, und hierin liege der
Grund dafür, daß sie in so hohem Grade verfeinert werden konnten. Koptisch jedoch sei in diesem Sinne keine grammatisch vollentwickelte Sprache,
denn es sei die erste aus der noch hieroglyphischen Stufe des Schreibens
entwickelte, wenn auch phonetische Schrift. Es habe daher noch einiges von
der Starrheit und Monumentalität dieser Stufe bewahrt.

In einem Brief an Thomas Young vom 20. Januar 1816 formulierte de
Sacy diese verallgemeinerte Fassung seiner Theorie, die er im vorhergegangenen Zeitraum, als er Champollions Lehrer war, entwickelt haben
muß. In der Tat verdankt Champollion bei seinen Anfangsüberlegungen zur
koptischen Sprache (s. S. 80) diesem Gelehrten eine ganze Menge, und sogar bei der schließlichen Entzifferung (s. S. 94 ff) ist in seiner Hypothese
von einer engen Beziehung zwischen phonetischer Schreibweise und dem
Schreiben grammatikalischer Formen noch der Einfluß von de Sacys Theorien zu spüren. Ein letztes Echo klingt noch 60 Jahre später in Sayces Spekulationen über die Hethiter (s. S. 154) nach.

Wir wollen uns nun von hier einer anderen und eher praktisch verwert-
baren Vermutung de Sacys zuwenden.

Seit d'Acosta (1590) und Trigault (1613) waren in Europa einige allgemeine Feststellungen über die chinesische Sprache und Schrift verbreitet
und anerkannt; so zum Beispiel, daß die Sprache ›monosyllabisch‹ und die
Schrift ausschließlich ideographisch unter Verwendung von nahezu 80 000
Schriftzeichen sei. Bis zum 18. Jahrhundert aber stand keine Grammatik
zur Verfügung. Die bekanntesten waren dann die von Bayer (1730) und
Fourmont (1737 und 1743), doch von ihnen trug keine viel dazu bei, den
philosophischen Schleier zu lüften, der China in jener Zeit vor dem Blick
nüchternen Interesses verbarg und dessen Auswirkungen wir bereits im
Abschnitt über die Universalschrift gesehen haben. Zu der Frage der phonetischen Zeichen in der chinesischen Schrift aber trugen sie einige neue Informationen bei. »Um zu zeigen, wie die Zeichen gelesen werden«, sagt Bayer recht knapp über die Arbeitsweise chinesischer Lexika, »werden
gewöhnlich zwei Zeichen geschrieben, deren erstes den Vokal, deren zweites den Konsonant angibt.« Fourmont beschreibt diese Praxis ausführlicher
(1737, S. 31 und 126). Keiner von beiden erwähnt die Handhabung bei der
schriftlichen Wiedergabe ausländischer Eigennamen. Den Gedanken, das
Chinesische hätte die Möglichkeit, diese in phonetischer Weise zu schreiben, führte ein anderer Schüler de Sacys, Abel-Rémusat, 1811 ein, und zwar
in seiner Beschreibung (S. 36) des »*Tsiĕ* oder die von chinesischen Lexiko-
graphen angewandte Methode, den Klang von Zeichen auszudrücken und
manchmal auch die Aussprache gewisser Fremdworte wiederzugeben«. Als
Beispiel gibt er die Zeichen für *ko* und *han*, gefolgt von dem Zeichen für
tsiĕ (= trennen) zur Wiedergabe des mongolischen Wortes *khan* = Kaiser.

Mir erscheint ganz klar, daß de Sacy an diesen Bericht dachte, als er bei
der Besprechung eines zweiten Buches von Quatremère über Ägypten in
der zweiten Hälfte des Jahres 1811 schrieb:[36]

»Wir wissen, daß das Chinesische auf diese Schwierigkeiten stieß [nämlich in der Schreibung fremdsprachiger Eigennamen] und daß sie manchmal gezwungen waren, ein spezielles Zeichen anzuwenden, um zu zeigen, daß die Zeichen beim Gebrauch in einem Eigennamen auf ihren einfachen [phonetischen] Wert beschränkt sind. *Ich vermute, daß im hieroglyphischen Text auf dem Stein von Rosette die Linie, die jeweils eine Reihe von Hieroglyphen umfaßt, dieselbe Funktion hat.*« (Hervorhebungen vom Autor)

Obwohl Barthélemy beiläufig die Vermutung geäußert hatte, Kartuschen könnten vielleicht Königs- oder Götternamen enthalten, und Zoëga sie für religiöse Formeln oder aber Königsnamen hielt, ist doch in dieser Fußnote de Sacys zum ersten Mal der Vorschlag gemacht worden, sie könnten phonetisch geschriebene Namen bezeichnen. Genau genommen war auch das nicht ganz richtig, denn die Kartusche deutet die königliche Stellung des Genannten an, und nicht die phonetische Schreibweise des Namens. Dennoch sollte diese Vermutung, die bei all denen, die in den nächsten zehn Jahren über Hieroglyphen arbeiteten, allgemein anerkannt wurde, zu Champollions erster Lösung führen und dadurch schließlich zur eigentlichen Entzifferung.

Wir müssen nun dem Engländer Thomas Young, den wir schon kurz als Empfänger eines Briefes von de Sacy kennenlernten, unsere Aufmerksamkeit zuwenden. Young ist oft mit Champollion auf eine Stufe gestellt worden als Entzifferer der Hieroglyphen. Diese Beurteilung stammt von Young selbst, und ist besonders seltsam, weil Young für sich selbst den Ruhm für Champollions Entzifferung beanspruchte, deren Gültigkeit aber nie anerkannte. Bis zu seinem Tode lehnte er sie ab.[37] Er akzeptierte nur Champollions erste Lösung, und sein wirklicher Anteil beschränkte sich bei allem Wohlwollen nur darauf, daß er einige ihrer Elemente als erster vorgeschlagen hatte. Aber auch dieser Anspruch ist kaum gerechtfertigt und wäre auch längst vergessen, wenn nicht sinnloser Patriotismus ihn immer wieder zum Leben erwecken zu müssen glaubte. Der Leser, den diese Frage interessiert, kann in Renoufs Aufsatz von 1897 Youngs Anspruch erbarmungslos und endgültig widerlegt finden.[38]

Young war ein unzufriedener, unruhiger Geist. Nach einer glänzenden Jugend und der Erziehung im Emmanuel College in Cambridge, wo er den Spitznamen ›*Phenomen Young*‹ (Wunderknabe) erhielt, leistete er auf so unterschiedlichen Gebieten wie Naturgeschichte, Medizin, Physik und vor allem in der Geschichte der Technologie ansehnliche Beiträge, erreichte aber niemals den ersten Rang auf einem dieser Gebiete, außer vielleicht in der Optik mit seiner Undulationstheorie des Lichts. Statt dessen stieg er im öffentlichen Leben zu einer Machtposition auf, und bekleidete möglicherweise den Rang eines heute derart bezeichneten Wissenschafts- oder Kultusministers. Doch der Lohn dieser Welt befriedigte ihn nicht, er ersehnte etwas, das die Verheißung der Unsterblichkeit in sich trug. Schon an der Art, wie er seine zahlreichen Artikel in der *Encyclopaedia Britannica Supplement* (1816–25) signierte, kann man das ablesen. Er zeichnete nämlich mit jeweils zwei aufeinanderfolgenden Buchstaben des Ausdrucks *fortunam ex aliis* [Erfolg des anderen], eine Anspielung auf Vergils Aeneis XII 435 f.:

»disce, puer, virtutem ex me verumque laborem,
fortunam ex aliis . . .«

Von mir, mein Junge, lerne Strebsamkeit und Kraft,
Erfolg von andren . . .

Sein Interesse für das Problem um den Stein von Rosette datierte erst vom
Anfang des Jahres 1814 und währte auch nur ein Jahr. Nur während dieses
Jahres, hauptsächlich in seinen Sommerferien in Worthing, wohin er eine
Abschrift mitnahm, beschäftigte er sich ernsthaft und intensiv mit dem Gegenstand. Er ging von der allgemein für richtig gehaltenen Voraussetzung
aus, der demotische (oder ›einheimische‹ Text, wie er ihn stets nannte) sei
alphabetisch und die große Anzahl verschiedener Schriftzeichen erkläre sich
dadurch, daß es jeweils verschiedene Formen für ein und denselben Buchstaben gegeben habe. Er hoffte, daß die von Åkerblad für die Eigennamen
ermittelten Lautwerte sich auch für den übrigen Text als richtig erweisen
würden und daß sich zumindest einige Wörter aus dem Koptischen wieder-
erkennen lassen müßten. Um die Möglichkeiten weitestgehend einzugren-
zen, wollte er die im griechischen und demotischen Text korrespondieren-
den Stellen finden; Zeichengruppen, die sich im demotischen Text
wiederholten und daher den im griechischen Text mehrfach auftretenden
Wörtern möglicherweise entsprachen, benutzte er dabei zur Einteilung.
Dies nannte er seine ›Übersetzung‹ des demotischen Textes.

Er trat in Briefwechsel mit de Sacy. Bereits in seinem ersten Schreiben
(August 1814) kommt zum Ausdruck, daß er von der Nützlichkeit und dem
Erfolg seiner Methode nicht mehr unbedingt überzeugt war und eher vermutete, die demotischen Schriftzeichen könnten den chinesischen gleichen,
von denen er annahm, daß sie nur bei der Wiedergabe fremdsprachiger
Laute phonetischen Charakter besäßen. Später fand er seine Befürchtungen
bestätigt. In einem Brief, den er Ende 1814 an de Sacy schrieb (jedoch erst
im August 1815 hatte absenden können), beklagte er seine »unerwarteten«
und »entmutigenden« Ergebnisse. Die griechischen Schriftsteller hätten
uns mit ihren Berichten über die demotische Schrift in die Irre geführt, denn
sie sei nicht alphabetisch (außer bei der Wiedergabe von Fremdwörtern) und
daher gebe es kein Mittel zur Entzifferung der Sprache. Grund für diese
Auffassung war die Entdeckung, daß viele der demotischen Schriftzeichen
»eine auffallende Ähnlichkeit zu den entsprechenden Hieroglyphen aufweisen«. Also müsse man die Richtung der Untersuchung ändern, »statt mit
Hilfe der koptischen Sprache und alphabetischer Schriftzeichen zum Verständnis der hieroglyphischen Zeichen« gelangen zu wollen, müsse man in
Zukunft mit den Hieroglyphen beginnen und erst dann zu dem von ihnen
abgeleiteten Demotischen fortschreiten, welches, so fürchtete Young, sogar
eine andere Sprache wiedergeben könnte.

Über die Hieroglyphenschrift trug er noch die Beobachtung bei, daß sie
nicht genau wie das Chinesische sei, denn in ihr gebe es im ganzen nur um
die tausend Schriftzeichen und daher könnte die einfache Entsprechung ein
Wort = ein Zeichen nicht existiert haben. Es bestehe der Anschein, als seien

»öfter Verbindungen von zwei oder drei Zeichen zur Bildung eines einzigen Wortes verwandt worden«. Diesen Gedanken haben wir schon bei Zoëga gefunden (s. S. 66).

Dieser Brief wurde mit einigen früheren im *Museum Criticum* VI, 1815 veröffentlicht. Zum ersten Mal wurden hier Zweifel an der einfachen Gleichung hieroglyphisch = ideographisch, demotisch = alphabetisch angemeldet. Und obwohl Young nicht die richtigen Konsequenzen zog, war der Ausdruck seiner Zweifel allein schon ein wichtiger Schritt nach vorn, viel wichtiger als seine wenigen wirklich zutreffenden Detaillösungen, die er später vorlegte, denn unter der weitaus größeren Anzahl falscher Vermutungen ließen sich diese gar nicht herausfinden.

Seit diesem Brief scheint Young seine Ansicht nicht mehr geändert und keinerlei echte Forschungsarbeit mehr auf diesem Gebiet geleistet zu haben. Vom Aktiven zog er sich in die Position des Schiedsrichters zurück. Es ist wahr, daß er die Existenz von Paralleltexten aus den Reproduktionen der *Description d'Égypte*, die ihm Sir William Hamilton 1816 lieh, erkannte und sie zur Vertiefung seiner Arbeit über die Beziehungen zwischen hieroglyphischen und nichthieroglyphischen Schriftzeichen heranzog (den Unterschied zwischen hieratisch und demotisch begriff er nie). Auch publizierte er weiterhin, aber sein Werk war nicht mehr als ein Wiederholen seiner früheren Interpretationen, indem er (meist falsch) weitere Zeichen nach den von ihm niedergelegten Prinzipien identifizierte und sie an Neufunden, die seine Freunde ihm zur Verfügung stellten, anwendete. Er glaubte der weiteren Forschung die Richtung gewiesen zu haben, und sah seine Aufgabe nun darin, seine Grundlehren zu hegen, und das speziell durch unterstützende Förderung von Neupublikationen.

Dieses Engagement war nützlich genug; schade, daß Young selbst diese Leistung zunichte machte, indem er Anspruch auf Ruhm erhob, der ihm nicht gebührte.

Champollions erste Ergründung

Jean-François Champollion – »dieser neue Achill«, wie Young ihn nannte, allerdings nicht ohne charakteristischerweise hinzuzufügen *fortemque in fortia misi* (›und ich war es, der den Krieger in die Schlacht schickte‹) – wurde in der letzten Woche des Jahres 1790 in Figeac im südfranzösischen Lot-Tal geboren. Es war die Zeit der Französischen Revolution, und die Wirren der Zeit, die Disorganisation der öffentlichen Einrichtungen hatten zur Folge, daß er keine Grundschule besuchen konnte. Statt dessen erhielt er durch einen entlassenen Abbé Privatunterricht in Latein und Griechisch. Dies scheint für ihn von außerordentlichem Nutzen gewesen zu sein, denn er soll schon Homer und Vergil haben lesen können, als er im Alter von neun Jahren zu seinem älteren Bruder, der sich Champollion-Figeac nannte, nach Grenoble gebracht wurde, damit er dort das Lyzeum besuche. In Grenoble kam er mit dem Mathematiker Fourier in Berührung, der Sekretär der Gesandtschaft in Ägypten gewesen und nun Präfekt der Isère geworden war. So war es passenderweise Fourier, der Mann Napoleons, und keineswegs Young, durch den Champollion an die Erforschung der Ägyptologie herangeführt wurde. Der junge Jean-François wandte sich dem Studium der östlichen Sprachen zu und kündigte in einem Referat über die koptische Etymologie ägyptischer Ortsnamen, die von lateinischen und griechischen Autoren überliefert sind, vor der Gesellschaft für Kunst und Wissenschaft in Grenoble am 1. September 1807 den Plan für sein beabsichtigtes Lebenswerk an, was ziemlich frühreif gewirkt haben muß, denn er war noch nicht siebzehn. In diesem Alter verließ er das Lyzeum und ging nach Paris.

In Paris studierte er orientalische Sprachen, in der Hauptsache Persisch bei Langlès und Arabisch bei de Sacy. Zusätzlich zu dem Besuch ihrer Lehrveranstaltungen arbeitete er weiter an koptischen Manuskripten in der Bibliothèque Nationale, in der sich zu der damaligen Zeit als Beute der Revolutionskriege auch die Manuskripte der Vatikanischen Sammlung befanden. Champollion interessierte sich nicht in erster Linie für den vorwiegend kirchlichen Inhalt der Manuskripte, sondern für die grammatikalische Struktur der koptischen Sprache und für die gelegentlichen Erwähnungen Altägyptens, insbesondere für die in den Texten enthaltenen Orts- und Personennamen.

33. Jean-François Champollion, 1790–1832.

Nach drei Jahren Studiums in Paris kehrte Champollion, noch nicht älter als 19 Jahre, nach Grenoble zurück, um eine Assistenzprofessur für Geschichte bei dem 80jährigen Inhaber des Lehrstuhls zu übernehmen. Fourier veranlaßte seine Befreiung vom Militärdienst, und so konnte Champollion an seinem Projekt weiterarbeiten.

Hauptthema dieses Projekts sollte das Ägypten der Pharaonen sein, »so verschieden vom Ägypten der Perser, dem Ägypten der Griechen und vor allem vom modernen Ägypten, welches so reichlich ein glücklicheres Los verdiente«. Aus drei Teilen sollte die Abhandlung bestehen; der erste sollte der Geographie, der zweite den gesellschaftlichen Einrichtungen, der dritte der Sprache und der hieroglyphischen und nichthieroglyphischen Literatur gewidmet sein.

Im Jahre 1814 wurde der erste Teil in zwei Bänden unter dem Titel *L'Égypte sous les Pharaons* [Ägypten unter den Pharaonen] publiziert. Im Vorwort erklärt Champollion, sein Ziel sei gewesen, »die ägyptischen Namen des Landes Ägypten, seines Stromes, seiner Provinzen und Städte nachzuweisen«. Die beiden Bände sind denn auch in der Hauptsache der disziplinierten Verfolgung dieses etwas ungewöhnlichen Zieles gewidmet. Am Schluß hat er die koptischen Namen von 200 Städten und 36 Gauen in Ober- und Unterägypten, außerdem Namen von Oasen und Regionen außerhalb des Niltales zusammengestellt und dabei mehr als vierzig antike Autoren, mehr als sechzig arabische und moderne Schriftsteller zum Beleg herangezogen, gar nicht zu reden von den zahlreichen koptischen Manuskripten, auf die er die ganze Untersuchung gründete. Die Erforschung, Überprüfung und Kartierung von soviel Neuland war für einen knapp über Zwanzigjährigen eine enorme Leistung. Darüber hinaus gibt sie ein eindrucksvolles Zeugnis von dem Rang und der Qualität der europäischen Forschung in den beiden vorhergegangenen Jahrhunderten, die eine Untersuchung so speziellen Charakters überhaupt erst ermöglicht hatte, ganz zu schweigen von der verhältnismäßig kurzen Zeit, die die Vollendung nach den methodischen Vorarbeiten erforderte.

Der heutige Leser wird sich vermutlich nicht so sehr für die Einzelheiten der ägyptischen Geographie interessieren, als vielmehr dafür, was Champollion in seinem ersten Buch über ägyptische Literatur, Sprache und Schrift uns zu sagen gewußt hatte. Gibt es da jene Brillanz oder Originalität, die Champollion schon als den zukünftigen Entzifferer der Hieroglyphen kennzeichnet? Die Antwort muß Nein sein; Champollions Ansichten waren alle durchaus orthodox, kein Feuerwerk von Ideen zeichnet sein Buch aus, sondern allein die Tatsache, daß der Autor umfangreiches Wissen und Kenntnis des aktuellen Standes der Forschung besaß. Seine Position aber lag durchaus in der Hauptströmung zeitgenössischen Denkens.

In seiner Einleitung berichtet er denn auch, es seien das Alter, die Pracht, die Weisheit und das Wissen Ägyptens gewesen, Eigenschaften, die von den Griechen den Ägyptern zugesprochen und durch die Entdeckungen der jüngsten Zeit bestätigt würden, die ihn zur Ausführung des Werkes bewogen und seine Entschlossenheit, es zu Ende zu führen, immer wieder bestärkt hätten. Teilweise entsprang diese Huldigung natürlich dem, was der Stil einer Einleitung eben erforderte, denn Champollion glaubte selbst daran, wie schon der Enthusiasmus zeigt, zu dem ihn Dendera, der Ort des besterhaltenen griechischen Tempels hinreißt (I 232): »Hier müssen wir die alten Ausprägungen der Ordnungen und grundlegenden Proportionen der griechischen Architektur suchen. Ägyptische Architektur erweist sich als Quelle all dessen, was später als bewunderungswürdig galt.«

Wollten wir strenge Maßstäbe anlegen, müßten wir diese Bemerkung als krasses Fehlurteil betrachten. Der Tempel von Dendera ist ptolemäisch und also später entstanden als die klassischen griechischen Tempel, deren Großartigkeit er inspiriert haben soll. Das war zu der damaligen Zeit noch nicht bekannt; es ist geradezu ein Treppenwitz: das späte Entstehungsdatum des Tempels sollte sich als eines der wichtigsten Ergebnisse aus Champollions Entzifferung ergeben.

Für die koptische Sprache zeigt Champollion die gleiche theoretische Begeisterung. Sie sei monosyllabisch, ihre Strukturregeln seien konstant, sie besitze jene Unveränderlichkeit, die alle Einrichtungen Altägyptens charakterisiere. In ihrer Methode, grammatikalische Beziehungen auszudrücken, weise sie wesentliche Parallelen zu den Prinzipien des chinesischen Schreibens auf, obwohl man doch nicht, wie zuweilen geschehen, einen gemeinsamen Ursprung für beide Sprachen annehmen könne. All diese Ansichten Champollions fügen sich leicht in das Gesamtbild des damaligen allgemein anerkannten Standes der Linguistik ein.[39]

Ebenfalls orthodox ist seine Einteilung der ägyptischen Schrift in drei Stufen: hieroglyphisch, alphabetisch und koptisch. Bei den Hieroglyphen hoffte er nicht mehr, als einige sachdienliche Beobachtungen zu diesem riesigen Gebiet vorlegen zu können. Optimistischer beurteilte er die Aussichten für die zweite Klasse. Er meinte, einiges aus dem ägyptischen Text des Steines von Rosette bereits entziffert zu haben, und verließ sich auf seine Kenntnisse im Koptischen und seine fast komplette Sammlung von Abschriften nicht-hieroglyphischer Texte, die ihn wohl zur Bewältigung der alphabetischen Schrift befähigen würden. Absolut sicher bezeichnete er das

Koptische als die altägyptische Sprache, geschrieben in griechischen Buchstaben mit zusätzlichen Buchstaben des altägyptischen Alphabets zur Wiedergabe solcher Laute, für die das Griechische kein Äquivalent bot.

Das also waren die Ziele und Erwägungen Champollions am Anfang seiner akademischen Laufbahn, sie enthielten eindeutig keine neuen Theorien. Doch seine umfangreiche Kenntnis des Koptischen, der Monumente und der einschlägigen antiken und modernen Literatur waren vielleicht schon einzigartig.

Das nächste Jahr, 1815, sah Napoleons Rückkehr von Elba, seinen Empfang in Grenoble und die Hundert Tage (während derer Champollion politisch aktiv war), die zweite Restauration der Bourbonen und die Schließung – angeblich aus ökonomischen Gründen – der philologischen Fakultät in Grenoble. Champollion hatte nun keine Stelle mehr und teilte Zeit und Arbeitskraft zwischen der Förderung der Grundschulerziehung und der Erstellung eines koptischen Wörterbuchs, welches er als Grundvoraussetzung für seine weitere Beschäftigung mit den antiken Sprachen dringend benötigte. Das verfügbare Material für die Bearbeitung der ägyptischen Schriften wuchs rasch an. Außer der Veröffentlichung der Bände der *Description d'Égypte*, die weiterhin erschienen, gab es einen ständigen Nachschub neuer Texte aus Ägypten; Reisende brachten sie mit, veröffentlichten sie im Druck oder brachten sie in privaten Abschriften in Umlauf. Aus der Fülle des Materials wurde es allmählich möglich, aufgrund der begleitenden Illustrationen, verschiedene Kopien desselben Textes in hieroglyphischer und nicht-hieroglyphischer Schrift zu identifizieren. Das war von kolossaler Bedeutung, und Champollion widmete denn auch der vergleichenden Analyse dieser Texte besondere Energie. Zum ersten Mal konnte er mit Sicherheit die drei, oder eher vier, verschiedenen Schriftsysteme unterscheiden – hieroglyphisch, linear oder kursiv hieroglyphisch, hieratisch und demotisch – und Tabellen der einander entsprechenden Zeichen erstellen. Diese Arbeit sollte das Fundament seiner späteren Entzifferung werden. Die Anzahl der untersuchten Texte und die Exaktheit seiner Untersuchungen führten ihn schon weit über das hinaus, was Young jemals geleistet hatte, der niemals den Unterschied zwischen hieratischer und demotischer Schrift erfaßte und die Existenz einer linearen Hieroglyphenschrift nie auch nur vermutet hatte; er gelangte jedoch zu derselben Schlußfolgerung, daß nämlich, da das Schema aller Schrifttypen dasselbe sei wie das der hieroglyphischen, sie alle ideographisch sein müßten. 1821 und 1822 hielt er vor der Académie des Inscriptions Vorträge über die hieratische und die demotische Schrift und faßte seine Ergebnisse folgendermaßen zusammen:

»Ich hoffe, es ist nicht voreilig, wenn ich behaupte, mit Erfolg bewiesen zu haben, daß diese beiden Schrifttypen nicht alphabetisch sind, wie allgemein angenommen wurde, sondern ideographisch wie die Hieroglyphen selbst, d. h. sie geben Begriffe wieder und nicht die Laute der Sprache.«

Diese Worte stammen aus dem ersten Paragraphen von Champollions berühmten *Lettre à M. Dacier* [Brief an M. Dacier], den er am 27. September

34. Obelisk aus Philae (Giovanni Belzoni brachte ihn für William Bankes nach England). Heute in Kingston Lacy/Dorset.

1822 vor der Académie (Dacier war deren Sekretär) vortrug und im selben Jahr veröffentlichte. Es war Champollions erste bedeutendere, nur etwas über 50 Seiten lange Publikation seit dem Erscheinen seiner beiden Bände über das Ägypten der Pharaonen.

Gegenstand waren die ›phonetischen Hieroglyphen‹ im Gegensatz zu den ›reinen Hieroglyphen‹, die er als eigenes Thema für spätere Bearbeitung vormerkte (*Lettre* S. 41). Seine Vermutung, es gebe eine Klasse phonetischer Hieroglyphen, war nicht neu, denn die theoretische Notwendigkeit einer solchen Einrichtung zum Schreiben fremdsprachiger Eigennamen hatte man bereits allgemein akzeptiert. Die analoge Praxis im Chinesischen und das Vorhandensein der Kartuschen im Ägyptischen (s. S. 76) schienen das zu bestätigen. Champollions frühere Schlußfolgerung über die grundsätzliche Identität des hieroglyphischen, hieratischen und demotischen Systems schien die Auffassung noch zu untermauern, denn Åkerblads Entzifferung bewies die phonetische Schreibweise für die demotisch geschriebenen Eigennamen und Fremdwörter auf dem Stein von Rosette.

Man hätte erwarten können, daß die Übersetzung der als phonetisch vermuteten Hieroglyphen auf dem Stein von Rosette nun mit Leichtigkeit erfolgen könnte, da man die Existenz zumindest einer Gruppe von phonetischen Hieroglyphen akzeptierte. Aber das erwies sich als nicht so einfach. Es gab im erhaltenen hieroglyphischen Text nur eine einzige Kartusche, die des Ptolemaios. Das war, wie Champollion nachwies, nicht genug. Man müßte wenigstens zwei Namen finden, in denen mehrere Buchstaben übereinstimmten, um eine Gegenprobe der Entzifferung zu erlauben, also z. B. Ptolemaios und Kleopatra oder Alexander und Berenike (*Lettre* 6).

Soweit brachte Champollion nichts Neues, denn bis hierhin waren schon andere vorgedrungen. Aber Champollion hatte einen neuen Angelpunkt gefunden. Etwa im Januar desselben Jahres muß er Gelegenheit gehabt haben, die Inschrift eines Obelisken aus Philae in einer Abschrift zu sehen. Giovanni Belzoni hatte den Obelisk für William Bankes nach England gebracht. Eine griechische Inschrift, die man auf einem Sockel in der Nähe des Obelisken gefunden hatte, legte die Vermutung nahe, der Obelisk sei im Namen von Ptolemaios und Kleopatra geweiht gewesen. Eine der Kartuschen auf dem Obelisken enthielt dieselben Zeichen wie die Kartusche auf dem Stein von Rosette, die andere endete mit zwei Zeichen, in denen man bereits früher ein Determinativ zur Bezeichnung weiblicher Eigennamen vermutet hatte. Mit einiger Wahrscheinlichkeit gaben die Zeichen in den Kartuschen also die Namen des Ptolemaios und der Kleopatra wieder. Schon Bankes hatte das vermutet. In der Annahme, daß die Zeichen phonetischen Wert besäßen, der Schriftverlauf der Blickrichtung der Figuren entgegengesetzt und die Wiedergabe der Vokale unregelmäßig oder gar nicht vorhanden wären, unter diesen drei, zu der damaligen Zeit allgemein anerkannten[40] Vermutungen also, konnte der Schritt zu einer vorläufigen Entzifferung nicht mehr allzu groß sein.

Es gab jedoch ein Hindernis. Das zweite Zeichen von ›Ptolemaios‹ und das 7. Zeichen von ›Kleopatra‹ hätten identisch sein müssen, waren es aber nicht: eines war ein Halbkreis, das andere eine Hand.

a PTOLMÊS (Ptolemaios)
unsterblich, geliebt von Ptah

b PTOLMÊS
(Ptolemaios)

PTOLMÊS
(Ptolemaios)
unsterblich, geliebt von Ptah

ALKSANTRS
(Alexander)

f ALKSNRES
(Alexander)

d KLEOPATRA
mit zwei
Femininum-
Determi-
nativen

Dennoch war der phonetische Wert dieser zwölf Zeichen »schon sehr wahrscheinlich«, wie Champollion sagt, »und wird unanfechtbar werden, wenn es gelingt, sie bei ihrer Anwendung an anderen Kartuschen in regelmäßiger Weise zu lesen, ohne den Beweis zu strapazieren, und die Eigennamen von Königen herauszubekommen, die der ägyptischen Sprache fremd sind.« Champollion machte sich daran, genau das zu versuchen. Er begann mit zwei Kartuschen aus Karnak, die im dritten Band der *Description d'Égypte* veröffentlicht waren. Als er in die erste von ihnen die bereits vermuteten Lautwerte einsetzte, erhielt er AL-SE-TR –. Da der Name Alexander im demotischen Text des Steines von Rosette nach der Entzifferung Åkerblads ALKSENTRS lautete, war es ein leichtes, in der Karnak-Kartusche die fehlenden Laute, K, N und S zu ergänzen. Daraus ergaben sich aber zwei weitere Hindernisse. Das K von ›Kleopatra‹ hatte die Form eines Viertelkreises, während es im Namen ›Alexander‹ eine Schale mit Henkel war; und im Namen Alexander war das Schluß-S anders geschrieben als das in der Mitte.

Die Art, in der Champollion diese Hindernisse aus dem Weg räumte, bewies, daß er mehr war als ein erfolgreicher Tüftler. Er ging davon aus, daß die ägyptischen Hieroglyphen auch in den Fällen, wo sie als phonetische Zeichen verwendet werden, ihre ideographische Natur nicht ganz verleugnen könnten. Wenn verschiedene Wortzeichen denselben Laut beinhalteten, sei zu erwarten, daß man die verschiedenen Wortzeichen auch zur Wiedergabe dieses Klanges benutzte. Der Halbkreis z. B., ursprünglich weibliches Determinativ, konnte dann auch für den weiblichen Artikel ›te‹ stehen und daher auch für den Laut *t*: benutzt worden sein, was aber nicht ausschließt, daß der Laut auch durch das Zeichen für die Hand (koptisch *tot*) wiedergegeben werden konnte. Diese Überlegungen führen zum ›akrophonischen‹ Prinzip, das Champollion später noch ausführlicher entwickeln sollte. Er ließ aber die Sache nicht mit dieser Überlegung einer Wahrscheinlichkeit auf sich beruhen, sondern konnte Beweise vorlegen. Der erste Buchstabe der demotischen Schreibung des Namens Kleopatra entsprach

35. Kartuschen mit den Namen griechischer Könige und ihre Lesung nach Champollion. a. b. vom Stein von Rosette, c. d. vom Obelisken aus Philae, e. f. aus Karnak.

36. Griechische Eigennamen in demotischer Schrift (1–12 vom Stein von Rosette, 13–20 aus einem Papyrus) und ihre Lesung nach Champollion.

1. ALKSANTRS
(Alexander)

2. PTOLMÊS
(Ptolemy)

3. ARSÊNE
(Arsinoe)

4. BRNÊKE
(Berenice)

5. AÊETOS
(Aetes)

6. PRE
(Pyrrha)

7. PÊLÊNS
(Philinus)

8. ARÊE
(Areia)

9. TÊEKNS
(Diogenes)

10. IRENE
(Irene)

11. SNTKSS
(σύνταξις)

12. OUÊNN
(*Ionian*=Greek)

13. ALKSNTROS
(Alexander)

14. PTOLMÊS
(Ptolemy)

15. ARSÊN
(Arsinoe)

17. KLOPTR
(Cleopatra)

18. APLONÊS
(Apollonius)

19. ANTÊCHOS
(Antiochus)

20. ANTÊKNS
(Antigonos)

regelmäßig einem bestimmten hieratischen Zeichen, welchem seinerseits regelmäßig in der Hieroglyphenschrift die Schale mit dem Henkel entsprach. Der einzig mögliche Schluß, der daraus gezogen werden konnte: die Ägypter selbst müssen den Viertelkreis und die Schale mit Henkel als homophon angesehen und benutzt haben.

Champollions systematische und gründliche Arbeit der vorangegangenen Jahre hatte ihn in die Lage versetzt, zu den Hieroglyphen Belege aus der demotischen und hieratischen Schrift heranzuziehen, und nur darum brauchte er sich nicht mit Vermutungen zu begnügen, sondern konnte stets gleich die Überprüfung folgen lassen. Einige wichtige Beweise gelangen ihm aber auch ohne Parallele aus den anderen Schriftsystemen. In einer anderen Kartusche aus Karnak mit dem Namen Alexander war das Zeichen des Doppelszepters sowie für das Schluß-S als auch das S in der Mitte verwandt, was also ganz direkt nachwies, daß dieses Zeichen und die gekrümmte Linie in der erstgenannten Kartusche alternativ benutzt werden konnten.

Die weiteren Identifikationen, die Champollion mit derselben Methode gelangen, brauchen wir nicht einzeln nachzuvollziehen. Es genügt zu sagen, daß er auf diese Weise sein Alphabet schrittweise vergrößerte und schließlich die Namen Berenike, Tiberius, Domitian, Vespasian, Nerva, Hadrian, Sabina (Gattin Hadrians) und Antoninus lesen konnte, dazu einige Beinamen dieser römischen Kaiser: Germanicus, Dacicus und Augustus (in der griechischen Form Sebastos). Die Übertragungen einiger Namen sahen zwar sehr seltsam aus, z. B. TOMTÊNS für Domitian, waren aber dennoch alle völlig unmißverständlich. Am Schluß hatte Champollion 40 hieroglyphische Zeichen identifiziert, die die Laute von etwa 17 griechischen Buchstaben wiedergeben konnten.

Die ägyptischen Kartuschen enthielten nicht nur Namen, sondern auch Titel. Champollion bekam zwei der von den römischen Kaisern getragenen Titel heraus – Caesar (KESR, KSRS etc.) und die griechische Form des Titels Imperator, Autokrator (AOTOKRTR, AOTKRTR etc.). Andere Titel, deren Bedeutung aus dem griechischen Text des Steines von Rosette bekannt waren, etwa ›der Unsterbliche‹ oder ›geliebt von Ptah‹, schloß Champollion noch von vornherein aus, weil er der Ansicht war, sie seien rein ideographisch wiedergegeben.

Am Schluß seiner Abhandlung verrät Champollion, ohne noch auf Details einzugehen, er sei schon in der Lage, den Anwendungsbereich seines Alphabets in ganz unerwarteter Weise noch weiter auszudehnen, nämlich zur Lesung der Namen von altägyptischen Pharaonen und nicht nur der ihrer Nachfolger aus griechisch-römischer Zeit. Also »verdankt Europa, das von Altägypten die Grundlagen von Kunst und Wissenschaft erhielt, ihm auch den unschätzbaren Nutzen des alphabetischen Schreibens« (S. 43). Aus allen Äußerungen Champollions und auch seinen Änderungen in der Neuauflage des *Lettre à M. Dacier* im Jahre 1828 (die bei Sottas 1922 in hervorragender Übersichtlichkeit zusammengestellt sind) geht hervor, daß er zu dem Zeitpunkt dieser Abhandlung nie vermutete, sein Alphabet könnte über Eigennamen und Fremdwörter hinaus anwendbar oder gar der langgesuchte Schlüssel zu den Hieroglyphen sein.

Am Ende seines *Lettre à M. Dacier* hatte Champollion verkündet, daß er in der Lage sei, die phonetisch geschriebenen Namen einiger vorgriechischer Pharaonen zu identifizieren und zu lesen. Kurz darauf und noch mit der Untersuchung in dieser Richtung beschäftigt, wandte er sich an den Orientalisten Antoine Jean St. Martin, der sich mit dem Problem der persischen Keilschrift befaßte, mit dem Vorschlag, sie sollten gemeinsam eine Alabasterurne aus der Sammlung des Comte de Caylus untersuchen, die eine Inschrift sowohl in Keilschrift als auch in Hieroglyphen trug. Diese Inschriften, die sie, um sie deutlicher hervortreten zu lassen, mit Mennige einrieben, ließen sich viel leichter lesen, als sie gedacht hatten (St. Martin 1823, 85). Der Keilschrifttext war in der ersten Variante der Persepolisschriften verfaßt. Sein erstes Wort bestand aus sieben Zeichen, von denen das 2. und 6., sowie das 4. und 7. jeweils identisch waren. Das Wort war aus Persepolis bereits bekannt, und Grotefend hatte ›Xerxes‹ gelesen (s. S. 114). St. Martin, der unabhängig zu demselben Schluß gekommen sein wollte, übertrug den Namen *kh-sch-é-a-r-sch-a*. Die Hieroglyphenkartusche enthielt ebenfalls sieben Zeichen, und wie im Persischen entsprachen sich die Zeichen 2 und 6 sowie 4 und 7. Mit den von Champollion im *Lettre à M. Dacier* identifizierten Lautwerken las sich das Wort *?-?-e-a-l/r-?-a*. Setzte man für die beiden bisher unidentifizierten Zeichen *kh* und *sch* ein (Lautwerte, die Champollion für diese Zeichen bereits vermutet zu haben scheint),[41] ergab sich eine vollkommene Übereinstimmung mit der Keilschriftversion des Namens.

Soweit man aus diesem einen Beispiel schließen konnte, war das eine bemerkenswerte Bestätigung für beide Entzifferungen. St. Martin berichtete aus seiner Sicht der Académie in ihrer Sitzung am 20. Dezember 1822 darüber. Champollion nahm den Namen Xerxes mit unter die 30 Pharaonennamen auf (XVI.–XXIX. Dynastie), die er gesammelt hatte, und schickte die Liste an das *Journal Asiatique*, wo sie in der Rubrik Neuigkeiten im Januar 1823 veröffentlicht wurden.

Champollions nächstes Vorhaben war, sich mit den ›reinen‹ Hieroglyphen zu beschäftigen, also denen, die außerhalb der Kartuschen standen und die er nach wie vor wie jeder andere für ausschließlich ideographisch hielt. Unklar ist, wie er sich die ›Arbeitsweise‹ einer solchen Schrift vorstellte und auch, was ihn zu allererst zum Meinungswechsel veranlaßte. Der Umschwung muß sehr rasch vor sich gegangen sein, denn den ersten Vortrag, in dem er die völlige Entzifferung der Schrift ankündigte, sie allerdings noch nicht beschrieb, hielt er bereits im April 1823 vor der Académie des Inscriptions. Ihm lag natürlich mehr daran, eine stimmige und überzeugende Darstellung seiner Entzifferung zu geben, als die Gedankengänge aufzurollen, die ihn dahin geführt hatten. Wir können daher, ohne den Prozeß sicher nachvollziehen zu können, nur seinen Gedanken nachgehen, indem wir versuchen, aus entsprechenden Anmerkungen, die er zu anderen Zeiten machte, mögliche Marksteine und Wendepunkte dieser drei Monate zu rekonstruieren.

Einer der wesentlichen Punkte in Champollions Denken war sicher eine Bemerkung, die er bei der Behandlung des Zodiakus (astrologische Tierkreiszeichen) von Dendera in der *Revue Encyclopédique* vom August 1822 machte, einen Monat, bevor er seinen *Lettre à M. Dacier* vortrug. Er sagt (S. 7), das Studium der drei ägyptischen Schreibsysteme habe ihm gezeigt, daß »die Mehrzahl der Eigennamen von Mitgliedern einer bestimmten Gruppe immer ein vor- oder nachgestelltes Zeichen bei sich habe, das diese Art kennzeichnete«. So stehe hinter den Namen von Göttern ein Zeichen für ›Gott‹ und vor den Monatsnamen eines für ›Monat‹. Diese Beobachtung war fundiert und sollte sich durch spätere Forschung als richtig erweisen, doch steckte in ihr noch viel von der Vorstellung des 17. und 18. Jahrhunderts über die Natur eines ideographischen oder sogar philosophischen Schriftsystems.

Ich habe in seinen sonstigen Publikationen keinen weiteren Hinweis auf Champollions Vorstellung vom Funktionieren einer ideographischen Schrift gefunden. Einiges allerdings weist darauf hin, daß er in der Zwischenzeit den Mut verlor. Man könnte zwar, sagt er, die Hieroglyphen als Bilder gut in über 20 Kategorien einordnen – Himmelskörper, Tiere, Pflanzen, menschliche Erzeugnisse, geometrische Formen und Phantasiegebilde wie menschliche Körper mit Tierköpfen oder Gefäße mit Menschenfüßen –, doch in jeder Hieroglyphen-Inschrift seien alle diese Gruppen unbefangen und ohne erkennbares System in völliger Willkür vermischt. »Das Aussehen einer hieroglyphischen Inschrift ist ein wahres Chaos; nichts steht an seinem Platz; es gibt keine Beziehung zum Sinn, die gegensätzlichsten Dinge sind nebeneinandergestellt und erzeugen absurde Kombinationen« (*Précis* 255). Doch die Regelmäßigkeit und die Zusammenstellung der Zeichen zeuge dafür, daß es sich um eine wirkliche Schrift handelte und ein Sinn beabsichtigt sein müsse; rein ornamental könne die Funktion der Zeichen nicht sein.

Direkt darstellenden Charakter könnten sie aber auch nicht haben, denn welche Bedeutung sollten die Ungeheuer und andere Phantasiegebilde haben? (S. 171). Vielleicht war die Mehrzahl der Zeichen symbolisch? Doch auch das sei wenig wahrscheinlich. Eine vorwiegend symbolische Schrift hätte »unvermeidlich sehr unklar« sein müssen, »denn sie wäre gezwungen, Gedanken durch eine Kette von Metaphern, Vergleichen und schwer lösbaren Rätseln auszudrücken« (S. 295). Das aber wiederum konnte nicht zutreffen, sah man doch die Hieroglypheninschriften überall; die Schrift sah eher nach einer allgemeinverständlichen Monumentalschrift und nicht wie ein dunkles, mysteriöses Geheimnis aus (S. 272).

Wichtig für die weitere Erforschung war auch der inzwischen feststellbare Unterschied zum Chinesischen, wie es kürzlich (1822) Abel-Rémusat beschrieben hatte. Dieser »gelehrte und brillante Akademiker«, wie Champollion ihn nannte (S. 304), »hatte als erster das Studium des Chinesischen von der Dunkelheit, fast möchte man sagen, vom mystischen Dunkel befreit, mit dem seine Vorgänger es umhüllt hatten«, und berichtet, die chinesische Schrift enthalte etwa 500 einfache darstellende oder symbolische Schriftzeichen und viele Tausend zusammengesetzte Zeichen (Ligaturen), die aus jenen zusammengestellt waren und symbolisch eine Unzahl verschiedener Gedanken wiedergeben konnten. Das Repertoire der ägyptischen

Hieroglyphen unterschied sich von den chinesischen Zeichen sowohl in der Gesamtzahl wie auch in der Proportion. Champollion zählte insgesamt ca. 860 verschiedene Zeichen, von denen aber höchstens zwanzig Ligaturen zu sein schienen (S. 298). Das Chinesische benötigte nach Rémusat trotz seines riesigen Zeichenschatzes noch eine Klasse phonetischer Schriftzeichen, genannt *hîng-chîng* (›den Klang wiedergebend‹). Und was noch wichtiger war: diese Zeichen »machten gut die Hälfte im normalen geschriebenen Chinesisch aus« (S. 305).[42]

Diese neuen Informationen, die alles umkehrten, was man bisher über chinesisches Schreiben zu wissen geglaubt hatte, dürften ihn dazu ermutigt haben, sein phonetisches Alphabet nun in einem größeren Bereich auszuprobieren. Zwei direktere Überlegungen mögen ihn außerdem dazu bewogen haben. Nach Champollions Rechnung enthielt der griechische Text knapp 500 Wörter, der Hieroglyphentext 1419 Zeichen. Sollte die Schrift wirklich ideographisch sein und dabei ein Zeichen einem Wort entsprechen, wäre die Anzahl der Zeichen erstaunlich hoch. Genauso beunruhigend war, daß nur 66 verschiedene Zeichen diese 1419 ausmachten.

Der zweite Punkt, der Champollion auffiel, war, daß die wenigen Dutzend Zeichen, deren phonetischen Wert er in den Eigennamen entziffert hatte, im fortlaufenden Text außerordentlich häufig vorkamen. Sie machten nur einen Bruchteil aus im Vergleich zu der Gesamtzahl von 600 Zeichen, doch Champollion errechnete (S. 50), daß ihr Anteil im normalen Text über zwei Drittel betrug.

Nun haben wir uns genug damit beschäftigt, wie Champollion das Problem der ›reinen Hieroglyphen‹ betrachtet haben muß nach der Veröffentlichung seines *Lettre à M. Dacier* und bevor ihm noch klar wurde, daß er den Schlüssel zur Lösung bereits in Händen hielt.

Es wurde zunehmend unwahrscheinlich und kaum vorstellbar, wie die Schrift völlig ideographisch hätte sein können. Gleichzeitig erschien die Vermutung immer weniger abwegig, ein Großteil der Schrift könne phonetisch sein. Aber inwieweit diese theoretischen Erwägungen Champollions ersten Versuchen, aus den Hieroglyphen koptische Wörter herauszulesen, vorhergingen, parallelliefen oder nachfolgten, wird eine ungelöste Frage bleiben müssen. Der einzige, der uns eine Antwort geben könnte, ist Champollion selbst; aber er tut es nicht.[43] So wenden wir uns denn dem zu, was er uns zu geben hat, und zwar vollständig – die umfassende Anwendung seiner Entzifferung und ihre Überprüfung.

Précis du système hiéroglyphique [Genauigkeiten des hieroglyphischen Systems] heißt Champollions Buch, das 1824 bei der Imprimerie Royale erschien. Es umfaßte 400 Seiten und enthielt insgesamt 46 Tafeln. In der Einleitung zu den zehn Kapiteln schließt Champollion an den *Lettre à M. Dacier* und die Entzifferung der phonetischen Hieroglyphen in der Schreibung der Eigennamen an. Champollion fährt dann fort, bei der Weiterverfolgung dieser Entdeckung habe er schließlich begriffen, daß die phonetische Schreibweise einen viel größeren Anwendungsbereich habe, als er zunächst hatte vermuten können. Der phonetische Gebrauch von Hieroglyphen sei nicht eine Randerscheinung, sondern die eigentliche, hauptsächliche An-

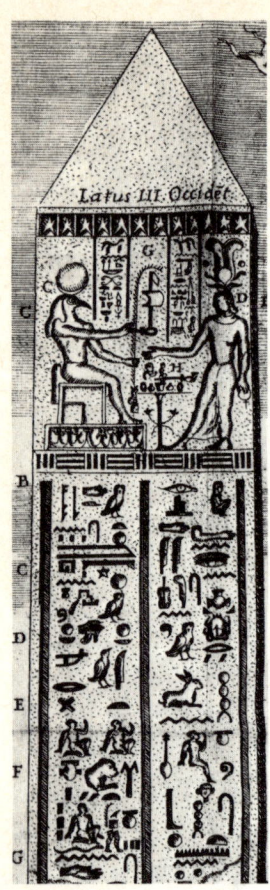

Latus III. Occidet.

37.–38. Römischer Eigen-
name in hieroglyphischer
Schrift

37. Ausschnitt aus Kirchers
Zeichnung des Barberini-
Obelisken.

wendung, gewissermaßen die ›Seele‹ des ganzen Schriftsystems (S. 3).
Diese Entdeckung war sehr viel bedeutender als seine vorhergehenden, und
er hätte sie der Welt wohl gerne in ausführlicher und vollständiger Fassung
präsentiert. Aber er war gezwungen, sie auf verhältnismäßig engem Raum
abzuhandeln. Seine Entzifferung der ptolemäischen Kartuschen, die für die
historische Forschung bereits Folgen gezeitigt hatte (z. B. konnte durch sie
die späte Entstehungszeit des astrologischen Tierkreises von Dendera nachgewiesen werden[44]) hatte ihm Ruhm eingebracht – und einen Rivalen, der
den Ruhm für sich beanspruchte. Dieser Rivale war Dr. Young, und Champollion war gezwungen, öffentlich darauf hinzuweisen, daß sein Alphabet
sich von dem Youngs sowohl in den einzelnen Lautwerten als auch in der
allgemeinen Anwendung erheblich unterschied. Es hatte nicht nur für die
Königskartuschen der griechischen und römischen Zeit Gültigkeit, sondern
auch für diejenigen der Pharaonenzeit und darüber hinaus in den gewöhnlichen Hieroglypheninschriften aller Epochen zur alphabetischen lautlichen
Wiedergabe der ägyptischen Sprache. Also war die Entdeckung der phonetischen Hieroglyphen der »wahre Schlüssel zum ganzen hieroglyphischen
System« (S. 11). All diese Behauptungen leugnete Young.

Der *Précis* beginnt also mit einer polemischen Bemerkung, und obwohl
alles, was Champollion sagte, gemäßigt und gerechtfertigt war, und der Ab-
stand diesen Disput heute überflüssig und trivial erscheinen läßt, muß man
bedauern, daß eines der bedeutendsten und schöpferischsten Werke moderner Gelehrsamkeit mit diesem leichten Mißklang beginnen muß.

Doch lassen wir Dr. Young hinter uns, und wenden wir uns der ein-
drucksvollen Folge von Kapiteln zu, deren jedes jeweils einen neuen Anwendungsbereich für die phonetischen Hieroglyphen behandelt. Champollion führt uns dabei nicht in der Reihenfolge seiner eigenen Entdeckungen,
sondern behandelt das weniger Überraschende vor dem völlig Unerwarteten
und das Jüngere vor dem Älteren.

Zuerst weist er die Anwendung der phonetischen Hieroglyphen bei der
Wiedergabe der Eigennamen griechischer und römischer Privatpersonen
nach. Da diese der ägyptischen Sprache fremd waren, lag es nahe – allein
schon nach der Analogie, die das Chinesische bot –, daß diese phonetisch
geschrieben wurden. Champollion kann diese Erwartung bestätigen. Er beginnt mit der Inschrift auf dem Barberinischen Obelisken, auf dem er im
Lettre à M. Dacier bereits die Namen Hadrians und seiner Gattin Sabina
nachgewiesen hatte. Nun zeigt er (S. 42), daß in der Hauptinschrift des
Obelisken mehrfach ein und dieselbe, aus acht Zeichen bestehende Hiero-
glyphengruppe vorkommt, und daß dieser Gruppe in allen Fällen die ge-
bräuchlichste Namensform des Osiris vorausgeht und ihr stets zwei Zeichen
folgen, die in allen Manuskripten, auf allen Grabstelen, allen Mumienbinden etc. regelmäßig nach dem Namen des Verstorbenen stehen, vor dem
mit derselben Regelmäßigkeit der Name Osiris auftaucht.

Diese acht Zeichen mußten also offenbar einen Namen wiedergeben, und
nach der Anwendung seiner Lautwerte ergab sich die Lesung ANTEIN.S.
Nun hatte Hadrian einen Liebling namens Antinous, der während eines Be-
suchs in Ägypten ertrunken war und dem Hadrian zahlreiche Gedenkmo-

numente errichtet hatte. Es konnte also kein Zweifel bestehen, daß dieser Antinous gemeint und der Obelisk seinem Gedächtnis gewidmet gewesen sein mußte.

Anderen Obelisken der römischen Zeit entnahm Champollion weitere Namen, unter denen die des Lucilius, Sextus und Africanus am sichersten lesbar waren und denen jeweils die Hieroglyphe für ›Mann‹ 🐦 folgte.

Aus diesen Ergebnissen zog Champollion die Schlußfolgerung (S. 48), daß – wenigstens in römischer Zeit – zumindest zwei verschiedene Typen von Zeichen existiert haben mußten, phonetische und ideographische, und diese in derselben Inschrift verwendet werden konnten, ohne daß ein Unterscheidungsmerkmal den jeweiligen Charakter anzeigte, es also keinen besonderen Indikator für den phonetischen Gebrauch eines Zeichens gab.

Hier hält Champollion inne und läßt diese Ergebnisse im Lichte weiterer Fakten an uns vorüberziehen. Diejenigen Hieroglyphen, denen er, wenn sie in Eigennamen auftraten, phonetische Werte zuordnen konnte, waren auch im übrigen Text, wo es sich bestimmt nicht um Eigennamen handelte, am häufigsten vertreten. Sie stellen wenigstens ein Drittel all der Zeichen aus den Inschriften aller Epochen. Sind sie in all diesen Fällen ideographisch, wie immer angenommen wurde, oder könnten sie nicht auch dort phonetisch sein? Das Fehlen jeglichen äußeren Unterscheidungsmerkmals könnte diese Vermutung stützen.

Champollion führt daraufhin vor (S. 50), wie er für sich selbst diese Frage durch ein praktisches Experiment (»une opération toute matérielle«) klärte. Dazu sollte man sich ins Gedächtnis rufen, daß das Alphabet, das Champollion aus den griechischen und römischen Kartuschen entnommen hatte, zahlreiche Homophone enthielt (◿ und ◠ für k; | und — für s; etc.), die alternativ angewandt werden konnten. Champollion beschloß, zwei hieroglyphische Texte, die dasselbe Material enthielten, durchzugehen und alle möglichen Mehrfachschreibweisen zu notieren. Er prüfte auf diese Weise mehrere Texte (daß das Material für solch ein Unternehmen überhaupt zur Verfügung stand, zeigt schon, welch enormer Fortschritt in Entdeckung und Publikation in den vorhergegangenen 20 Jahren gemacht worden war!) und kam, nachdem er die Zeichen herausgezogen hatte, die einander in der Schreibung desselben Wortes ablösen konnten, zu dem Ergebnis, daß er »eine Tabelle erstellt hatte, die eine fast genaue Kopie des phonetischen Alphabets war, das sich aus den griechischen und römischen Eigennamen ergeben hatte« (S. 52).

Ein Beispiel aus der deutschen Sprache mag dem Leser helfen, Champollions Experiment nachzuvollziehen. Sucht man in deutschen Eigennamen nach homophonen Buchstaben, ergibt sich z. B., daß *ph* und *f* (im Namen Joseph/Josef) austauschbar sind; ebenfalls *k* und *c* (Klaus/Claus). Geht man nun mit der gleichen Sorgfalt die gewöhnlichen Wörter der deutschen Sprache durch, trifft man auf die gleichen Buchstabenpaare (Geographie/Geografie; Klub/Club). Daran wird deutlich, daß es keine Rolle spielt, zu welcher Kategorie ein Wort gehört: es sind jeweils dieselben Buchstaben, die den gleichen Laut wiedergeben. Der Vergleich hinkt natürlich und kann auch nur das Prinzip verdeutlichen. Im Ägyptischen sind Homophone of-

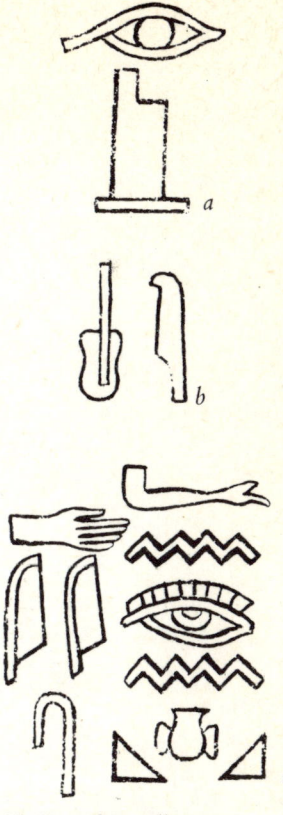

38. Von Champollion isolierte Zeichengruppen.
a) der Name Osiris.
b) ›Verstorben‹.
c) der Name des Toten ANTEIN.S

fenbar wesentlich zahlreicher, und zudem ist durch den Bildcharakter der Zeichen die Feststellung hier auch viel überraschender.

Der einzig mögliche Schluß, wollte man nicht irgendeiner völlig absurden Erklärung den Vorzug geben, war, daß alle in Frage kommenden Hieroglyphen gleichermaßen Lautwert besaßen, ob sie nun in Eigennamen verwandt waren oder in normalen Wörtern. Dann aber mußte die Schrift überhaupt zum allergrößten Teil phonetisch sein. Mehr noch, fährt Champollion fort, sie mußte alphabetisch und nicht silbisch sein, wenn auch am ehesten nach dem System des Hebräischen oder Arabischen, wo die Angabe der Vokale weniger regelmäßig ist als in unserer eigenen Schrift. Denn ein Zeichen kann entweder für einen Konsonant stehen oder für einen Konsonant und nachfolgenden Vokal (z. B. die offene Hand = ›t‹ in ›Traianos‹, ›Tiberius‹, ›auTŏkraTōr‹). Ein Vokalzeichen kann, muß aber nicht angefügt sein (z. B. ›tmitans‹, ›tmtians‹, ›tmitians‹, ›tomtins‹ etc. für ›Domitianos‹). Was die genauen von den Hieroglyphen wiedergegebenen Lautwerte betrifft, glaubte Champollion im hebräischen Alphabet die engste Analogie zu finden und widmete ihrer Untersuchung den Rest des dritten Kapitels.

Nach dieser Diskussion der grundlegenden Prinzipien rollt Champollion an anderen Beispielen die Sache wieder von vorne auf. Im vierten Kapitel behandelt er die phonetischen Hieroglyphen bei der Wiedergabe normaler Wörter und grammatikalischer Formen. Zeichengruppen, die man auf Grabstelen aus ihrem Kontext als Bezeichnungen von Verwandtschaftsgraden, also Sohn, Tochter, Mutter, Vater, Schwester, Bruder hatte identifizieren können und zwei weitere Zeichengruppen, die auf dem Stein von Rosette ›König‹ und ›Ort‹ bezeichnen mußten, konnte Champollion durch – zunächst hypothetische – Anwendung seiner Lautwerte (manchmal unter Zuhilfenahme weiterer vermuteter Homophone) lesen, so daß sich Worte ergaben, die erkennbar mit den entsprechenden koptischen Worten übereinstimmten. Überzeugender noch als diese Worte war ihre Verbindung mit den jeweils passenden koptischen Maskulin-, Feminin- und Pluralartikeln (*p, t, n*), und völlig schlagend das übereinstimmende System von Possessivpronomen (*sein* Vater, *ihr* Vater; *seine* Mutter, *ihre* Mutter) und anderer Pronomina. Die Belege hatte Champollion zunächst den Inschriften auf Grabstelen entnommen, sie wurden aber nicht nur vom Stein von Rosette (»empfing das Reich von *seinem* Vater«), sondern auch von den Obeliskinschriften aufs schönste bestätigt; der Pamphili-Obelisk z. B. trägt die Kartusche Domitians und den Bezug auf »*seinen* Vater Vespasian« und »*seinen* Bruder Titus«.

Wo die Befunde bei gewöhnlichen Wörtern, grammatikalischen Formen, Kontext, Geschichte und einer Bilingue so vollkommen ineinandergreifen und alle in dieselbe Richtung weisen, konnte ein einziges kleines Detail zur Bestätigung nur noch wenig beitragen. Dennoch erklärt Champollion (S. 77), sei einer der Punkte, der am stärksten dazu beitrug, ihn persönlich vom allgemein phonetischen Gebrauch der Hieroglyphen zu überzeugen der gewesen, in dem die Übereinstimmung der hieratischen und der demotischen Form der Hornviper mit dem koptischen Buchstaben *fei* deutlich

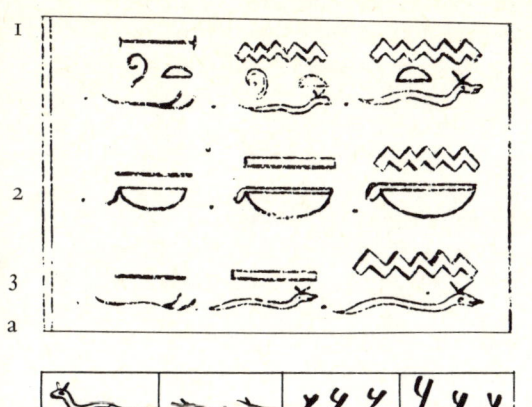

werde und die Tatsache, daß im Hieroglyphischen wie im Koptischen dieser Buchstabe den Laut *f* für das Personalpronomen der dritten Person wiedergebe.

Im fünften Kapitel stellt Champollion die phonetisch geschriebenen Namen der ägyptischen Gottheiten vor. Wie nicht anders zu erwarten, kommen sie auf den Monumenten überaus häufig vor und sind zudem leicht zu erkennen: jedem Namen eines Gottes folgt ein bestimmtes ›Art-Zeichen‹, wie Champollion es nannte, also ein Determinativ. Dadurch konnte er eine vollständige Liste der Götternamen in hieroglyphischer und auch in hieratischer Schreibweise anlegen. Von den griechischen und römischen Schriftstellern sind zahlreiche Götternamen überliefert, daher erlaubte die Liste gleichzeitig eine Überprüfung von Champollions Lesung. Er hatte keinerlei Schwierigkeiten, die Aussprache zahlreicher Namen anzugeben; drei von ihnen sind hier abgebildet. Seine Liste enthielt die Namen Amun, Rê, Ptah, Satis, Anukis, Tefnut, Nut, Osiris, Arouêris, Anubis, Amset, Bes, Apis, Sobek und Apopis. Obwohl die Götternamen phonetisch geschrieben werden konnten, kamen sie auch in ideographischer Schreibweise vor, sei es zum Zwecke der Abkürzung oder im Gegenteil zur ausführlichen Entfaltung ihrer Bedeutung. Dabei konnten die Götter entweder durch eine Zeichnung direkt dargestellt sein, so etwa Amun durch das normale Wortzeichen für ›Gott‹, aber mit Widderkopf, oder Anubis mit dem Kopf eines Schakals, oder sie konnten durch Symbole wiedergegeben werden; dann bezeichneten ein Obelisk Amun, die Sonnenscheibe und die Uräusschlange Rê, ein Nilometer Ptah. Manchmal konnten auch beide Methoden kombiniert werden, wie etwa im zweiten unserer Beispiele der Schreibung für Anubis.

Nachdem wir nun eine Anzahl von Götternamen betrachtet haben, können wir uns den Eigennamen Sterblicher zuwenden, die nämlich weitge-

39. Champollions Entdeckung grammatikalischer Formen in der Hieroglyphenschrift.
a) Hieroglyphengruppen in Gegenüberstellung mit koptischen Demonstrativpronomen: *ntf* oder *ntof* ›er‹ (1), *nak* oder *nek* ›dir‹ (2), *naf* oder *nef* ›ihm‹ (3)
b) Champollions Zeichnung der altägyptischen Formen des koptischen Buchstabens `ϥ` (hieroglyphisch, linear hieroglyphisch, hieratisch, demotisch).
c) Detail aus dem Stein von Rosette. Die Zeichengruppe ～ (hier dunkler markiert), die dreimal vorkommt, erkannte er als Bezeichnung für die dritte Person Plural Futur (Koptisch *sene/sena*).

40. Ägyptische Götternamen in Hieroglyphenschrift nach Champollions Lesung:
a) *amn* – Ammon,
b) *ptḥ* – Ptah,
c) *anp* – Anubis.

41. Ägyptische Eigennamen in Hieroglyphenschrift nach Champollions Lesung:
a) *ptamn* MANN (Wortzeichen) – Petamon,
b) *amns* MANN – Amonse,
c) *amnst* FRAU – Amonset.

hend aus ihnen gebildet sind. Aus den im Griechischen und Koptischen überlieferten Namen – Ammonius, Petosiris etc. – war dieser Brauch bereits bekannt, und die zahlreichen archäologischen Entdeckungen erlaubten eingehenden Vergleich der Namen mit denen aus ägyptischen Gräbern, also auf Grabstelen, Mumienbinden etc. Den hieroglyphisch geschriebenen Namen folgte stets jeweils das Determinativ für ›Mann‹ oder ›Frau‹, so daß damit Fehler in ihrer Identifikation so gut wie ausgeschlossen waren. Wir geben hier drei Beispiele, während Champollion 50 oder 60 abbildet.

Fremdsprachige Namen, normale Wörter, Artikel, Pronomina, grammatikalische Formen, Götternamen, gewöhnliche Eigennamen – für all diese Kategorien waren nachweislich die phonetischen Hieroglyphen angewandt. Aber bisher ließ sich keines der angeführten Beispiele sicher in pharaonische Zeit datieren. Noch war es denkbar, daß der phonetische Gebrauch der Hieroglyphen eine von den Griechen in Ägypten eingeführte Neuerung war.

Um dieser Vermutung den Boden zu entziehen, untersuchte Champollion diejenigen Obelisken und Monumente, die im allgemeinen (u. a. von Zoëga) für so alt gehalten wurden. Sie enthielten dieselben Wörter, dieselben grammatikalischen Formen, dieselben Götternamen wie die Inschriften aus der griechisch-römischen Zeit. Und wenn sie in diesen Fällen phonetisch waren, mußten sie es auch in jenen sein. Bedeutsamer noch ist aber, daß auf den alten Monumenten dieselben Königstitel vorkamen, die man auf den ptolemäischen gefunden hatte.

Wir haben einige Ptolemaios-Kartuschen betrachtet und gesehen, daß sie mehr Zeichen enthalten, als zum Buchstabieren des Namens notwendig ist. Nach Ausweis des griechischen Textes auf dem Stein von Rosette müssen diese Zeichen bedeuten: »unsterblich, geliebt von Ptah«. Mit Hilfe der Lautwerte Champollions ergaben die letzten Zeichen pt.mai. Gibt man dem noch unentzifferten dritten Zeichen den Lautwert ḥ, kann der ganze Begriff durchaus plausibel als das koptische Wort für »von Ptah geliebt« gelesen werden. Bestätigt wird diese Übertragung noch durch die Häufigkeit, mit der in den Königstiteln von Karnak dieselben drei Zeichen nach dem Namen Amun vorkommen. Sie müßten dann »von Amun geliebt« bedeuten. War das ein Königstitel? Es gibt einen Beweis dafür, daß er es tatsächlich war. ὃν Ἄμμων φιλεῖ, ὃν Ἄμμων ἀγαπᾷ (»den Ammon liebt«) sind Beinamen in Hermapions Obelisk-Übersetzung, die bei dem römischen Historiker Ammianus Marcellinus überliefert ist. Dort soll er sich auf den Pharao Ramses beziehen. Trifft das zu, muß der Titel bereits aus sehr früher Zeit stammen.

Champollion gibt noch weitere Parallelen zu den in Hermapions Übersetzung enthaltenen Titeln an (z. B. ms GÖTTER auf dem Flaminischen Obelisk für den Begriff θεογέννητος ›gottgezeugt‹ bei Hermapion) und stellt danach aus den Monumenten eine Sammlung von Titeln zusammen, die zwar sonst nicht bezeugt, aber in derselben Weise gebildet und alle phonetisch geschrieben sind.

Doch noch ist nicht mit absoluter Sicherheit bewiesen, daß die Monumente, denen diese Titel entnommen sind, auch tatsächlich vorgriechisch

a

42. Alabastergefäß mit
zweisprachiger Inschrift.
a) Foto.
b) Champollions Zeichnung
der Inschriften.
c) Champollions Über-
tragung der Hieroglyphen
in koptische Buchstaben.
khschearscha ist der Name
Xerxes; *irina* sollte nach
Champollion ›iranisch‹ bedeuten.

b

c

sind. Dazu müßten erst einige Kartuschen vorgriechischer Pharaonen entziffert sein.

Champollions achtes Kapitel ist diesem Ziel gewidmet, und das erste Be-
weisstück ist der Name Xerxes, der auf der Alabastervase der Sammlung
Caylus sowohl in Keilschrift wie auch in Hieroglyphen eingegraben ist. Er
belegt, daß die phonetische Schreibweise mindestens auf das Jahr 460
v. Chr., also jedenfalls auf eine Zeit vor der griechischen Herrschaft, zu-
rückgeht.

Zwei Basaltsphingen in Paris, die auf einen verhältnismäßig kurzen
Zeitraum im 4. Jahrhundert v. Chr. datiert werden können, als Ägypten
seine Unabhängigkeit von Persien wiedererlangte, tragen die Namen Ne-
pherites und Achôris.

Um seine Ergebnisse zu festigen und sein Vorgehen für den Rest dieses
Kapitels zu rechtfertigen und zu untermauern, mußte Champollion – erneut gegen Young – beweisen, daß jeder König zwei Kartuschen hatte, deren

43. Basaltsphinx des
Achôris, XXIX. Dynastie;
unten: Ausschnitt aus der
Inschrift mit den Kartuschen
des Achôris.

eine seinen Titel, die andere seinen Namen angab; zwischen beiden stand
stets die Formel sche-rê (›Kind der Sonne‹). Der unglückliche Young hatte
gemeint, diese Formel bedeute ›Sohn‹. Träfe das zu, müßte, so Champollions Beweisführung, die zweite Kartusche eines Königs als erste Kartusche
eines anderen wiederauftauchen, denn nach Manethos Königslisten folgte
manchem Pharao sein Sohn auf dem Throne nach. Aber das ist nie der Fall,
im Gegenteil, auch die Kartuschen der römischen Kaiser Tiberius, Gaius,
Nero und Domitian werden von dieser Formel eingeleitet, obwohl keiner
von ihnen einen Sohn hatte. Zudem ergibt die phonetische Übertragung der
ersten Kartusche immer sinnvolle Titel, z. B. *autokrator, amun-mai* etc.

Nachdem er diesen Punkt abgeklärt hat, kann sich Champollion frei der
Deutung der ältesten Monumente widmen; er las die Namen von weiteren
15 Pharaonen, von denen der früheste aus der XVIII. Dynastie stammte.
Das war der Höhepunkt seines Weges, nun konnte es keinen Zweifel mehr
geben, daß die phonetische Anwendung der Hieroglyphen ursprünglich
war. Gleichzeitig aber war diese Entdeckung auf andere Weise nützlich, da
mit Hilfe der zahlreichen identifizierten Kartuschen man nun viele Tempel
und andere Gebäude zum ersten Mal sicher datieren konnte.

Der praktische Teil des *Précis* ist damit abgeschlossen. In seinem über
100 Seiten langen neunten Kapitel führt Champollion die allgemeinen
Schlußfolgerungen über das ägyptische Schriftsystem insgesamt aus. Er
beschreibt die verschiedenen Schrifttypen; er analysiert die Zeichenformen
und die drei verschiedenen Möglichkeiten, in denen sie seiner Meinung
nach ihre Bedeutung tragen konnten (darstellend, symbolisch, phonetisch);
er untersucht die Geschichte ihrer Erforschung; und er gibt eine neue Interpretation der wichtigsten antiken griechischen Berichte zu dem Thema.

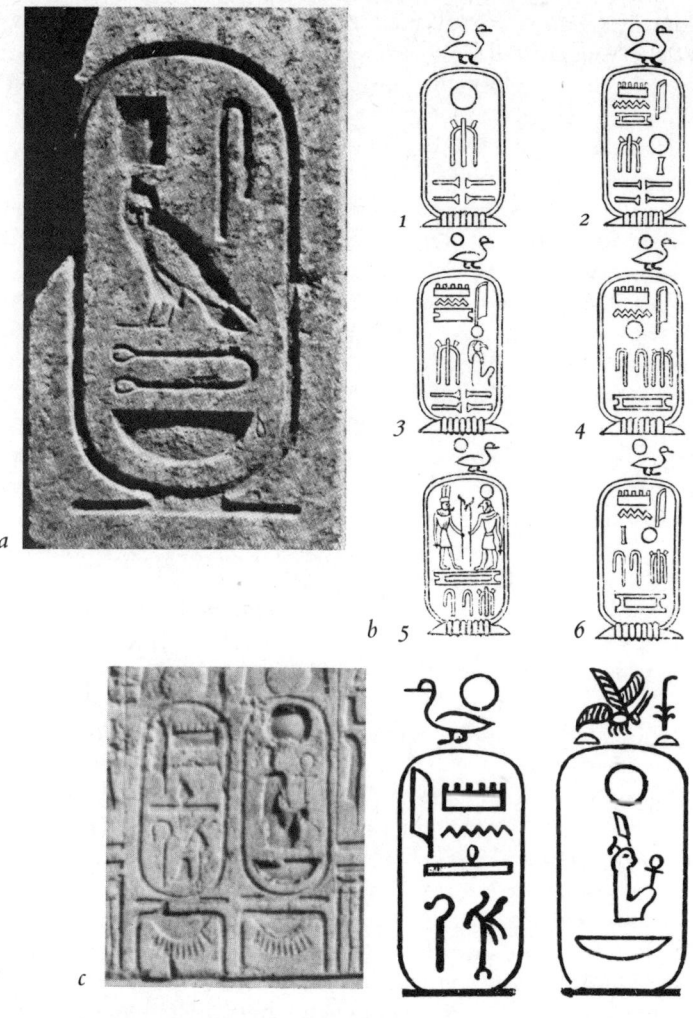

44. Von Champollion ent-
zifferte Namen früh-
ägyptischer Pharaonen.
a) Kartusche auf dem von
Augustus nach Rom auf das
Marsfeld gebrachten Obelisken mit dem Namen
Psammetichos (*psmtk*).
b) Verschiedene Formen der
Kartusche Ramses II. (nach
Zeichnungen Champollions);
nach seiner Lesart lauten
sie:
1. *rmss,*
2. *amnm remss,*
3. *amnm RÊ mss,*
4. *amn rmss m,*
5. AMON RÊ *m mss,*
6. *amn remss m;*
c) Die Kartuschen des sogenannten Memnon-Kolosses
im Foto und nach Cham-
pollions Zeichnungen. Die
Statue war in Wirklichkeit
die des Amenophis III.; nach
Champollions Auflösung
lauten die ersten vier Zeichen der zweiten Kartusche
amnph.

Keineswegs alles, was er in diesem Kapitel sagt, ist vom heutigen Standpunkt aus richtig. So ist z. B. seine Unterscheidung zwischen den durch das
Bild darstellenden und den symbolischen Zeichen nicht sinnvoll; andererseits trägt er dem wirklich bedeutenden Unterschied zwischen Ideogrammen (Wortzeichen), die direkt eine Information geben, und Determinativen
(›Art-Zeichen‹), die eine bereits auf andere Weise gegebene Information
klassifizieren, nicht Rechnung. Die zahlreichen Homophone seines Alphabets versucht er durch das ziemlich fragwürdige Prinzip der Akrophonie zu
erklären (das davon ausgeht, ein Ägypter habe beim Betrachten eines Zeichens stets den gemalten Gegenstand erkannt, seinen Namen und den Anfangsbuchstaben dieses Namens gewußt, so daß das Lesen des Lautes von
ihm weder großes Können noch besonders gutes Gedächtnis erfordert hätten!); Champollion erkennt aber nicht, daß einige Zeichen zwei- oder drei-
konsonantig waren. Unrecht hat er auch in seiner Annahme, Horapollos In-

terpretationen bezögen sich nicht auf die Hieroglyphen, sondern auf allegorische Reliefs. Und die geistreiche Interpretation der berühmten Stelle bei Clemens, die er selbst mit Letronne zusammen herausgebracht hatte, daß nämlich der Begriff πρῶτα στοιχεῖα (›Grundelemente‹) sich auf das Alphabet der phonetischen Hieroglyphen beziehe, ist zumindest umstritten.[45]

Aber dies sind im Vergleich dazu, daß seine Entzifferung insgesamt absolut richtig war, unwichtige Punkte. In einer glänzenden Rezension, die in der Mitte des Jahres 1825 erschien, zollte de Sacy der Entzifferung, die bereits keiner Bestätigung mehr bedurfte, seine volle Anerkennung. Champollion hatte Gelegenheit, nach Italien zu fahren, um in den dortigen ägyptologischen Sammlungen zu arbeiten, und reiste danach nach Ägypten und Nubien. Nach seiner Rückkehr wurde ein Lehrstuhl am Collège de France für ihn geschaffen. Doch wurde er krank, erlitt mehrere Schlaganfälle innerhalb kurzer Zeit, während derer er seinen Pflichten weiter nachkam. Er starb im Alter von 41 Jahren – tragisch, viel zu früh für einen Mann, der der Welt noch so viel zu geben hatte. Vorher hatte er seine ägyptische Grammatik noch vollendet, die sein älterer Bruder Champollion-Figeac, selber Althistoriker und von Anfang an sein ständiger Schirmherr und Förderer, für den Druck fertigmachte.

Aber Erfolg ruft Neid und Eifersucht hervor. Weder die persönliche Karriere Champollions noch die öffentliche Anerkennung seiner Entzifferung verliefen so reibungslos, wie diese kurze Beschreibung vermuten läßt. Die Kritik reichte von der Geistlosigkeit Youngs (»Champollions auf Vermutung beruhendes Koptisch«, »Seine Überstürzung und Vorliebe für Systematik« – Briefe vom 7. Juli und 24. November 1827) über die Gehässigkeit Klaproths (»M. Champollions Unbeständigkeit des Geistes« – *Examen* 44, 53) bis zur Halsstarrigkeit eines Sir George Lewis, der noch 40 Jahre später steif und fest behauptete, daß die ägyptische Sprache mit ihrem Aussterben unwiederbringlich verloren sei und daß jede Entzifferung, die sie wiederentdecken wolle, schon im Prinzip falsch sein müsse. Diese Angriffe weisen im wesentlichen bemerkenswerte Ähnlichkeit mit der Kritik an Entzifferungen jüngeren Datums auf, die wir noch besprechen werden (s. S. 116, 198). Sie lehren uns, daß es sehr wohl Rauch ohne Feuer gibt; denn Champollions Entzifferung hat die Probe von anderthalb Jahrhunderten bestanden, und ihre grundlegende Richtigkeit wurde immer wieder durch neue Beweise bestätigt.

Die Keilschriften | *Teil II*

Die persische Keilschrift | *Kapitel 4*

Your majesty shall shortly have your wish
And ride in triumph through Persepolis

Bald werden Majestät erfüllt sehn Eu'r Begehr
Und im Triumph Persepolis durchreiten

Persepolis

Marlowes Tamburlaine wurde durch diese Worte zum Hochverrat und zur Usurpation der persischen Krone aufgestachelt, so begehrenswert erschien ihm Persepolis. Aber Marlowe konnte weder wissen, wie Persepolis aussah, noch wo es lag. Persepolis, Sitz König Darius des Großen und der nachfolgenden Könige der Achaimenidendynastie, wurde allgemein an der Stelle der modernen Stadt Shiraz[46] lokalisiert, während man die wirklichen Ruinen des Achaimenidenpalastes (unter den Einheimischen als Chehel minar, ›Die vierzig Türme‹ bekannt) für den Hof Jamshids hielt.

Im Jahre 1618 wurde Persepolis erstmalig richtig identifiziert, und zwar durch den spanischen Gesandten in Persien, Garcia Silva Figueroa. Er mochte das Land nicht und war besonders von der Verkommenheit und dem Modernismus seiner Städte abgestoßen, die aus rohen Ziegeln gebaut waren, »einem vergänglichen Material, das nicht Tage überdauern kann, geschweige denn Jahre«. Um so stärker beeindruckten ihn die klaren Linien, die Schönheit und die Beständigkeit der Ruinen von Persepolis. Tausend Worte widmete er allein ihnen in einem an sich sehr knappen Bericht über das Land, den er nach seiner Rückkehr nach Europa veröffentlichte. Er identifizierte die Stadt aufgrund der Beschreibungen, die die antiken Autoren Quintus Curtius, Diodor und Plutarch von ihrer Lage gegeben hatten, wies auf den einzigartigen Wert der Reliefs als Zeugnisse achaimenidischen Lebens und achaimenidischer Kleidung hin und gab die allererste Beschreibung der Keilschrift:

»Es gibt eine bemerkenswerte Inschrift, die in schwarzen Jaspis eingegraben ist. Ihre Schriftzeichen sind noch deutlich und funkelnd [*integrae et venustae*], erstaunlicherweise völlig ohne Beschädigung oder Korrosion, trotz

ihres hohen Alters. Die Buchstaben selbst sind weder Chaldäisch noch Hebräisch, Griechisch, Arabisch oder von irgendeinem Volk, das es heute gibt oder von dessen früherer Existenz man weiß. Sie sind dreieckig, etwa in der Form einer Pyramide oder eines Miniaturobelisken, wie die Marginalie [Randanmerkungen auf der Seite einer Handschrift oder eines Buches] zeigt, und sie sehen alle gleich aus und unterscheiden sich nur in ihrer Lage und Zusammensetzung. Aber die sich ergebenden zusammengesetzten Zeichen sind ausgeprägt und außerordentlich unterschiedlich.«

Für die Abbildung, die diese gute Beschreibung illustrieren sollte, glaubte Figueroas Drucker passend ein gleichseitiges Dreieck oder ein griechisches großes Delta benutzen zu sollen. Und dies war dann für die nächsten dreißig Jahre die einzige publizierte Probe von Keilschrift.

Der Engländer Thomas Herbert, der Ende 1626 zwei Tage in Persepolis verbracht hatte,[47] publizierte das erste Bild der Ruinen, eine phantasievolle Zusammenstellung abgezeichneter Einzelheiten. Herbert und seine Begleiter »bemerkten etwa ein Dutzend Zeilen ungewöhnlicher Zeichen, sauber und klar für das Auge, aber so mysteriös, so seltsam gestaltet, nicht wie Hieroglyphen; nichts anderes wird die Phantasie ersinnen können, was so unglaublich wäre.« Er bemerkt, daß die Zeichen »in solcher Symmetrie und Ordnung« ausgerichtet waren, »daß sie nicht gut barbarisch genannt wer-

45. Persepolis
Der Prozessionsaufgang,
im Hintergrunde der Palast
des Darius.

46. Erste Veröffentlichung
einer Inschrift in Keilschrift;
Pietro della Valle, 1657.

47. Die früheste publizierte
Zeichnung der Ruinen von
Persepolis; Herbert, 1634.

den können« und daß sie unzweifelhaft eine klare Schrift seien, die vielleicht »einen besonderen Gegenstand verbirgt, wenn auch bis auf den heutigen Tag versteckt in den Hüllen mißgünstigen Dunkels«, fügte aber Figueroas Bericht nichts Wesentliches hinzu.

Zwischen den Besuchen Figueroas und Herberts war auch der Italiener Pietro della Valle, den wir schon als Förderer der Erforschung des Koptischen kennenlernten (s. S. 42), in Persepolis gewesen. Auch er besuchte die Ruinenstätte zwei Tage lang, am 13. und 14. Oktober 1621, und schrieb wenige Tage später aus Shiraz einen Brief, in dem er seine Eindrücke weitergab und eine Zeichnung von fünf Schriftzeichen als Muster mitschickte. Der Brief wurde jedoch erst 1657 veröffentlicht. Pietro berichtete, es gebe zwei Typen von Figuren, eine pyramidale und eine winkelförmige (die er für dünner hielt), und die Zeichen unterschieden sich voneinander nur durch Anzahl und Anordnung dieser beiden Grundkomponenten. Er befaßte sich auch mit der Richtung der Schrift. Da die Zeilen alle ganz ausgefüllt seien, ohne daß am Ende Raum freibleibe, könne man die Richtung nicht mit Sicherheit bestimmen, aber die Lage der horizontalen Linien im zweiten und dritten der von ihm kopierten Zeichen und die Lage der schrägen Linie im vierten Zeichen veranlaßten ihn, eher an den Verlauf der Schrift von links nach rechts als umgekehrt zu glauben. Er hatte damit tatsächlich recht. Schließlich warf er die Frage auf, ob die Zeichen Buchstaben oder Wortzeichen seien, also ob die Zeichen phonetischen oder ideographischen Charakter hätten, sah sich aber nicht imstande, diese Frage zu beantworten.

Anders als die ägyptischen Hieroglyphen erweckte die Schrift von Persepolis nur wenig öffentliches Interesse. Die neugegründete Royal Society of London zählte bei der Zusammenstellung einer Liste von Dingen, die wissenschaftlicher Erläuterung bedurften, unter der Überschrift ›Persien‹ zwar verschiedene Desiderate im Bereich der persischen Gelehrsamkeit, des persischen Handels und technologischen Fortschritts auf und gab dem Wunsch nach einer zeichnerischen Kopie der »großartigen Bilder und Reliefs bei Persepolis in Chilmenar« Ausdruck (*Philosophical Transactions* II 1667), S. 420), erwähnte aber die Inschriften mit keinem Wort.

Der Grund dafür mag gewesen sein, daß man daran zweifelte, ob es sich überhaupt um eine richtige Schrift handelte. In einer wesentlich erweiterten Ausgabe seines Buches nahm Herbert 1677 Stellung zu derartigen skeptischen Bemerkungen, wies sie aber mit der Feststellung von sich: »Man kann sich nicht vorstellen, daß [die Zeichen] zum Amüsement oder zur Irreführung der Betrachter angebracht wurden.« Genau das hatte nämlich Thomas Hyde, Regius Professor für Hebräisch und Laudian Professor für Arabisch an der Universität Oxford, behauptet.

Hyde ist ein hervorragendes Beispiel dafür, wie sehr ein Professor, in diesem Fall sogar ein zweifacher, sich irren kann. In seinem 1700 erschienenen Buch über Persien äußert er sich bei den sassanidischen Inschriften verächtlich darüber, daß diese Nebensächlichkeiten erhalten geblieben seien, und es sei zu bedauern, denn man werde in Zukunft vermutlich nur eine Menge Zeit mit ihnen verschwenden. Die auf den Reliefs über den Königsgräbern dargestellte Szene deutete er völlig falsch: er interpretierte die

48. Persepolis. Relief auf einem Königsgrab. Hyde, 1700.

49. Persepolis. Inschrift in Keilschrift. Hyde, 1700.

schwebende Figur als die auf einer Wolke entschwindende Seele des Königs, statt – wie es richtig gewesen wäre – als Ahuramazda, der sich auf Flügeln durch die Luft schwingt. Vollends abwegig aber waren seine Behauptungen über die Keilschrift-Inschriften. Er stellte fest, die Zeichen könnten schon deshalb keine Buchstaben sein, weil sie durch Punkte voneinander getrennt seien (in Wirklichkeit sind die Punkte nicht einmal vorhanden);[48] ganze Wörter, wie etwa im Chinesischen, könnten die Zeichen auch nicht wiedergeben, denn die Perser hätten niemals so geschrieben; und Silbenzeichen kämen auch nicht in Frage, denn persische Wörter und speziell persische Eigennamen seien vielsilbig. Daher könnten diese Zeichen nicht Elemente einer Schrift sein. Die Tatsache aber, daß sich niemals ein Zeichen wiederhole, verrate ihren wahren Zweck: der entwerfende Architekt habe durch Experimentieren herausbekommen wollen, wie viele verschiedene Kombinationen sich aus einem einzigen Element zusammenstellen ließen.[49]

Einen positiven Beitrag jedoch leistete Hyde zur Erforschung der Schrift – er gab ihr ihren modernen Namen; er prägte den Begriff ›Cuneiformes‹ (S. 517, 526; *ductuli pyramidales seu Cuneiformes*), von dem bei uns das Wort ›Keilschrift‹ abgeleitet ist. (Der deutsche Begriff ›Keilschrift‹ wurde nach J. Friedrich, Entzifferung verschollener Schriften und Sprachen, 1966, S. 44 zuerst von E. Kämpfer benutzt. Anm. d. Übers.)

Weitere Abbildungen der Reliefs und der Inschriften von Persepolis veröffentlichten kurz darauf Chardin, ein Franzose, der in London lebte und

50.–52. Persepolis. Relief
auf einem Königsgrab.
Wiedergabe von

50. Chardin, 1711.
51. Kämpfer, 1712.
52. Le Brun, 1718.

53.–55. Persepolis. Inschrift
auf der Rahmung eines
Fensters in der Abschrift
von
53. Chardin, 1711.
54. Kämpfer, 1712.
55. Le Brun, 1718.

a

56. Persepolis. Achaimenidische Reliefkunst.
a) Darstellung im oberen
Teil des Grabes von
Artaxerxes III.,
b) Ahuramazda, vom Osttor
des Palastpropylon.

b

57. Persepolis. Inschrift von
der Fensterrahmung des
Darius-Palastes. Foto; vgl.
die Abschriften Abb. 53–55.

103

a

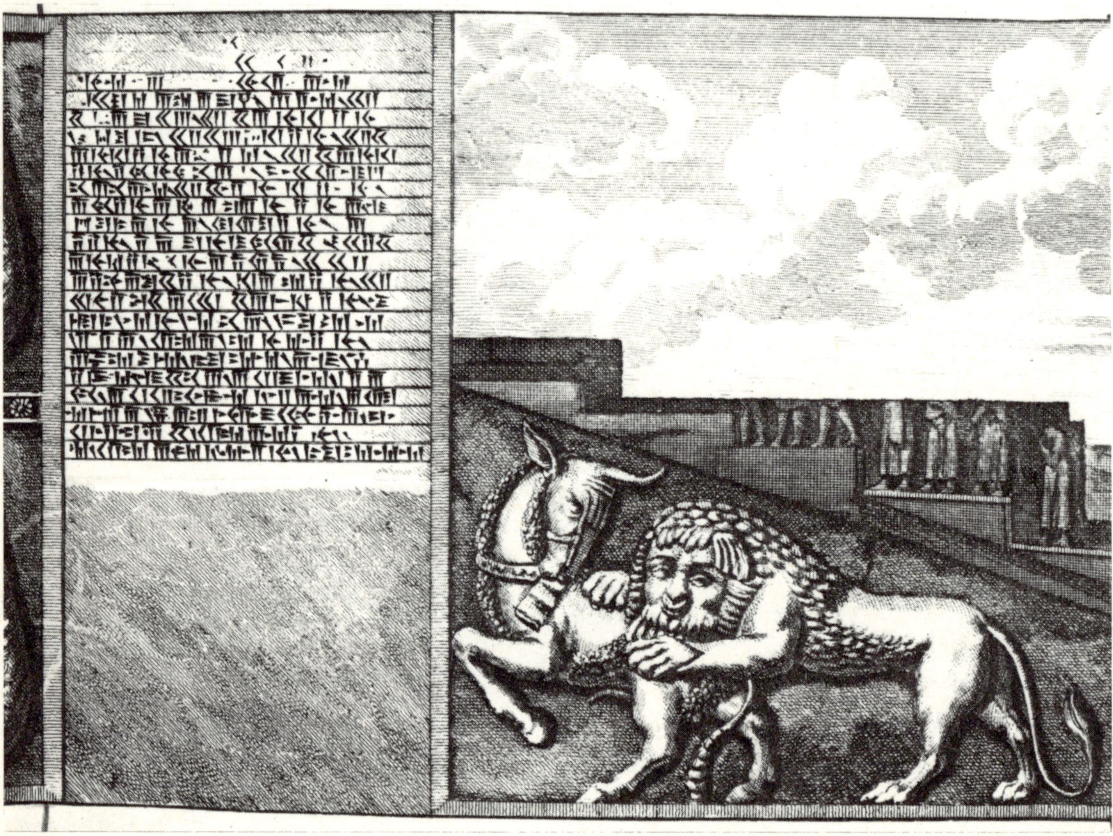

b

58. Persepolis. Wange der
Nordtreppe der *apadana*
zum Darius-Palast mit
Inschrift und Relief.
a) Foto,
b) Zeichnung von Le Brun.

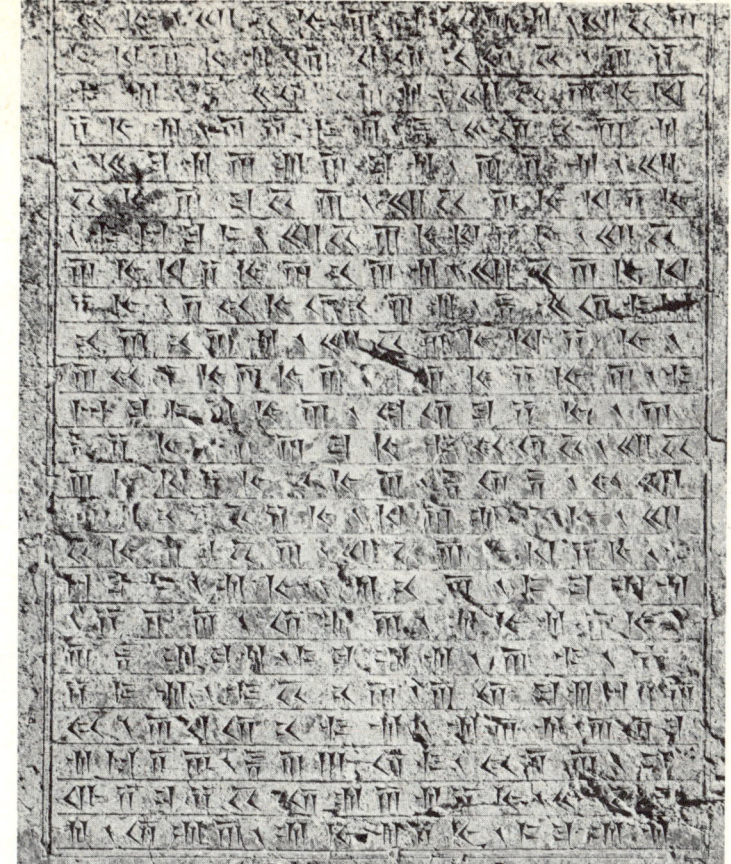

a

59. Persepolis. Die Inschrift
aus Abb. 58
a) Foto,
b) Abschrift Niebuhrs.

b

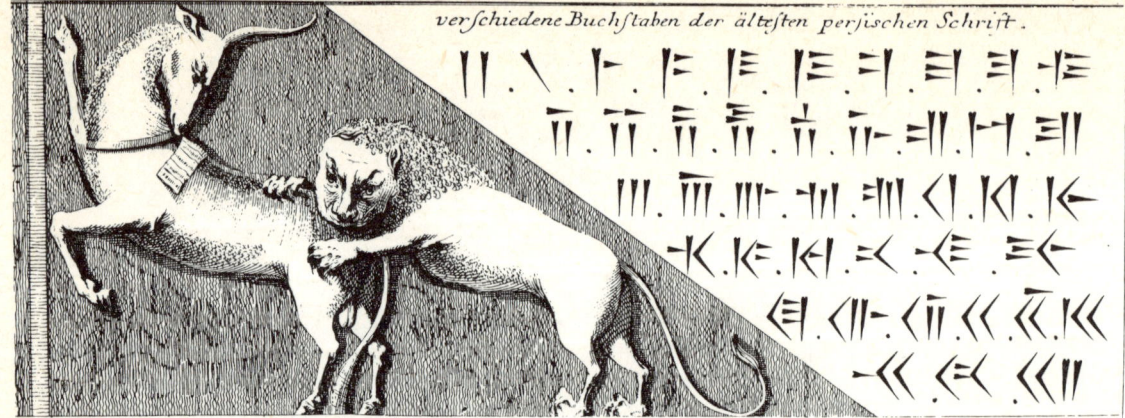

verſchiedene Buchſtaben der älteſten perſiſchen Schrift.

60. Persepolis. Niebuhrs
Aufstellung der persischen
Keilschriftzeichen und
Zeichnung einer
Löwenkampfgruppe.

zweimal Persepolis besucht hatte (1664–70; 1671–77), und Engelbert
Kämpfer, ein Physiker, der ausgedehnte Reisen unternahm und 1686 auch
Persien besuchte. Obwohl Chardin die Zeichnungen nicht selber angefertigt
hatte und Kämpfer von dem für ihn arbeitenden Kupferstecher außerge-
wöhnlich schlecht bedient wurde,[50] waren ihre Illustrationen schon eine
entscheidende Verbesserung allem Vorhergegangenen gegenüber. Beide
trugen außerdem Beobachtungen von einigem Wert bei. Chardin versuchte,
die Anzahl der verschiedenen Zeichen zu zählen, und kam auf insgesamt
über fünfzig. Kämpfer bemerkte, daß einige Zeichen in bestimmten Inschriften einzigartig waren und kam daher als erster auf die Idee, es könne
sich um mehrere verschiedene Schriftsysteme handeln. Was den Charakter
der Schrift betraf, waren sie unterschiedlicher Auffassung. Chardin hielt die
Schrift für alphabetisch, mit der etwas unzureichenden Begründung,
Hieroglyphen brauchten nicht durch Punkte getrennt zu werden. Kämpfer
vermutete – vernünftiger, aber wie sich herausstellte, ebenfalls falsch –, die
Schrift sei wegen ihrer großen Anzahl verschiedener Zeichen sicher ideographisch, wie die chinesische. Beide veröffentlichten recht lange Inschriften, Chardin fast 100, Kämpfer sogar fast 500 Zeichen; sie enthielten genug
Wiederholungen von Zeichen, um Hydes kuriose Hypothese endgültig zu
widerlegen.[51]

Eine wesentlich bedeutendere Publikation sollte bald folgen. Der hollän-
dische Reisende Cornelis de Bruin, besser bekannt unter der französischen
Form seines Namens, Le Brun, war im Sommer 1701 von Holland nach Archangelsk gesegelt und hielt sich während dieser Reise jeweils zwei Jahre
in Rußland, Persien und Ostindien auf, bevor er im Oktober 1708 nach
Hause zurückkehrte. Während seines Aufenthalts in Persien verbrachte er
drei Monate in Persepolis, zeichnete die Ruinen und kopierte die Inschriften. 1714 kam dann sein Buch heraus. Die Beschreibung von Persepolis illustrierte er mit etwa 60 Tafeln (Chardin und Kämpfer hatten je etwa 20 gebracht) und gab Abschriften von fünf Inschriften in einem Gesamtumfang
von etwa 2000 Zeichen. In seinem Text ging Le Brun mit der mangelnden
Akuratesse seiner Vorgänger hart ins Gericht, aber seine eigenen Illustrationen waren keineswegs so genau, daß seine strenge Kritik gerechtfertigt

gewesen wäre (vgl. Abb. 50, 52 und 56a). Zur Erhellung der Schrift leistete er keinen neuen eigenen Beitrag, doch der Umfang der von ihm publizierten Inschriften gestattete erstmalig, sie in ihrem Kontext, mit Kenntnis der Menge und Vielfalt der Zeichen zu untersuchen.

Es dauerte ein halbes Jahrhundert, bis das Werk Le Bruns durch ein besseres abgelöst wurde. Carsten Niebuhr, dem wir schon in den Straßen Kairos beim Abschreiben von Hieroglyphen begegneten, besuchte auch Persepolis. Seine Maßstäbe, was Genauigkeit anging, waren strenger, und die Methode, mit der er an die Inschriften heranging, war wissenschaftlicher. Er machte eine Art einfacher Ausgrabung, das heißt, er räumte die Erde soweit weg, daß er ein unteres Register von Reliefs abzeichnen konnte, die Le Brun entgangen waren. Außerdem aber, und das war noch wesentlich wichtiger, fiel ihm auf, daß viele der Inschriften doppelt vorhanden waren, so daß er also die Lesart der einen an der anderen überprüfen konnte. Ein Vergleich der Abbildungen 57, 58a/b und 60 machen Niebuhrs Überlegenheit ganz deutlich. Auch in seiner theoretischen Behandlung des Charakters der Schrift leistete Niebuhr einige konstruktive Beiträge. Da in den doppelt vorhandenen Inschriften die Zeilenenden nicht immer an gleicher Stelle lagen, konnte er die Schreibrichtung untersuchen und mit aller Sicherheit bestätigen, daß die Schrift stets von links nach rechts verlief. Er trennte auch klar die drei verschiedenen Schrifttypen und versuchte mit gutem Erfolg, die einzelnen Zeichen der einfachsten von ihnen zu isolieren.

1792 akzeptierte de Sacy bestätigend diese Ergebnisse.[52] Diese bildeten 10 Jahre später auch die Grundlage für Grotefends teilweise Entzifferung der Keilschrift. Die Werkzeuge für die Entzifferung aber wurden an anderer Stelle geschmiedet, wie wir im nächsten Abschnitt sehen werden.

61. Carsten Niebuhr, 1733–1815.

Im letzten Abschnitt behandelten wir die Entdeckung der Inschriften von Persepolis und die Geschichte ihrer Erforschung bis zu ihrer erfolgreichen Publikation und Klassifizierung durch Carsten Niebuhr. In diesem Abschnitt müssen wir die palmyrenischen und sassanidischen Inschriften betrachten und den Gang ihrer Entschlüsselung verfolgen. Ihre Entzifferung war für die Bearbeitung der Keilschriften in doppelter Hinsicht bedeutend. Erstens bewiesen diese Beispiele, daß Entzifferungen überhaupt möglich waren, zweitens wurden dabei Methoden und Techniken entwickelt, die später Grotefend anwenden konnte.

Die Stadt Palmyra lag in einer Oase inmitten der syrischen Wüste an der Karawanenstraße, die das Römische Reich mit dem Osten verband, und erfreute sich daher großen Wohlstandes. Doch im dritten Jahrhundert wurde die römische Kolonie Palmyra allzu ehrgeizig und wollte sich unter ihrem Fürsten Odainath, dem Mann der berühmten Zenobia, zum unabhängigen Kaiserreich erklären. Aurelian zerstörte die Stadt schließlich im Jahre 273 nach Chr. Die Ruinen sind gut erhalten, und man hat viele Inschriften in Griechisch und Aramäisch, sowie in beiden Schriften zusammen gefunden. Die aramäische Schrift ist eigentlich dieselbe wie die syrische, die bereits aus christlichen Manuskripten bekannt war, ungewöhnlich und bisher unbekannt aber war ihre palmyrenische Form. Als Kopien der

Palmyrenische Kaufleute und persische Könige

Inschriften im frühen 17. Jahrhundert erstmalig nach Europa gelangten, gaben sie Anlaß zu einigen absurden ›Entzifferungen‹. Samuel Petit zum Beispiel machte – in einem Brief an Peiresc im Jahre 1632 – den aramäischen Teil eines Textes, dessen griechische Entsprechung ihn als simple Dedikationstafel auswies, zu einem *cri de cœur* aus den letzten Tagen der Kaiserin Zenobia.

Im weiteren Verlauf des Jahrhunderts nahm die Zahl der bekannten Palmyra-Inschriften allmählich zu, denn Reisende brachten aus Palmyra weitere Abschriften mit. Aber gewöhnlich waren die nichtgriechischen Teile so schlecht kopiert, daß sie kaum brauchbar waren. Leibniz konnte sie jedoch wenigstens soweit verwerten, daß er den richtigen theoretischen Weg zu ihrer Entzifferung, oder wie er es nannte, Decodierung,[53] weisen konnte. In einem Brief vom Januar 1714 schreibt er:

»In Palmyra und anderswo in Syrien und seinen Nachbarländern gibt es viele antike Doppelinschriften, die zum einen Teil in Griechisch, zum anderen in der Sprache und den Schriftzeichen der einheimischen Bevölkerung geschrieben sind. Diese müssen mit größter Sorgfalt von den Originalsteinen abgeschrieben werden. Dann könnte es möglich werden, das Alphabet zusammenzustellen und vielleicht die Natur der Sprache zu entdecken. Denn wir haben die griechische Fassung, und in ihr kommen Eigennamen vor, deren Aussprache in der Landessprache annähernd dieselbe gewesen sein dürfte wie im Griechischen.«

Ich glaube, das ist der früheste Hinweis auf die Nützlichkeit von Eigennamen bei einer Entzifferung. Die zukünftigen Ereignisse gaben Leibniz recht: bis auf eine haben alle in diesem Buch behandelten Entzifferungen die Lokalisierung und Identifizierung von Eigennamen zum Ausgangspunkt.

Die erste exakte Publikation der Inschriften aus Palmyra (26 griechische, 13 palmyrenische) erstellten Dawkins und Wood nach einer Expedition in den Nahen Osten. Im Text ihres Buches (1753) widmen sie den Inschriften kaum 500 Worte und entschuldigen sich noch, Zeit, Platz und Kosten auf ein Thema zu verwenden, das so wenige interessiere. Ihre bedeutendste Feststellung war, daß zusammen auf einem Stein gefundene Inschriften in Griechisch und Palmyrenisch denselben Inhalt haben müßten. Sie konnten das mit dem Hinweis begründen, dort, wo im griechischen Text Worte wiederholt seien, sei das auch im palmyrenischen der Fall. Die beiden Inschriften, die Dawkins und Wood mit größter Sicherheit als Bilinguen identifizieren konnten, sind nachstehend abgebildet.

Die Entschlüsselung folgte mit außergewöhnlicher Geschwindigkeit. Es gab sogar zwei Entzifferungen, die Swinton in Oxford und der Abbé Barthélemy in Paris unabhängig voneinander ausführten. Barthélemy veröffentlichte seine Entzifferung als erster – er hielt am 12. Februar 1754 einen Vortrag vor der Académie des Inscriptions (Swinton trug seine Entzifferung am 20. Juni desselben Jahres der Royal Society vor) – und so ist Barthélemy es, dem stets mit Recht der Ruhm zuerkannt wird.

XVI

```
CΕΠΤ    ΟΥΟΡѠΔΗΝ
ΤΟΝΚΡΑΤΙCΤΟΝΕΠΙΤΡΟ
ΠΟΝCΕΒΑCΤΟΥΔΟΥΚΗ
ΝΑΡΙΟΝΚΑΙΑΡΓΑΠΕΘΗΝ
ΙΟΥΛΙΟC ΑΥΡΗΛΙΟC
CΕΠΤΙΜΙΟCΙΑΔΗCΙΠ
ΠΙΚΟCCΕΠΤΙΜΙΟΥΑΛΕ
ΞΑΝΔΡΟΥΤΟΥΗΡѠΔΟΥ
ΑΠΟCΤΡΑΤΙѠΝΤΟΝΦΙ
ΛΟΝΚΑΙΠΡΟCΤΑΤΗΝ
ΤΕΙΜΗCΕΝΕΚΕΝΕΤΟΥC
ΗΟΦΜΗΝΕΙΖΑΝΔΙΚѠ
```

XVII

```
CΕΠΤΙΜΙΟΝΟΥΟΡѠΔΗΝ
ΤΟΝΚΡΑΤΙCΤΟΝΕΠΙΤΡΟ
ΠΟΝCΕΒΑCΤΟΥΔΟΥΚΗ
ΝΑΡΙΟΝΚΑΙΑΡΓΑΠΕΘΗΝ
ΙΟΥΛΙΟCΑΥΡΗΛΙΟCCΑΛΜΗC
ΚΑCCΙΑΝΟΥΤΟΥ· · ·ΕΝΑΙΟΥ
ΙΠΠΕΥCΡѠΜΑΙѠΝΤΟΝΦΙΛΟΝ
ΚΑΙΠΡΟCΤΑΤΗΝΕΤΟΥCΧΟΦ
ΜΗΝΕΙΖΑΝΔΙΚѠ
```

VIII 16

IX 17

Nach einem kurzen Bericht über frühere Entzifferungsversuche (die so wenig erfolgreich gewesen waren, daß man es 1706 für sinnvoll gehalten hatte, ein Verbot auszusprechen: die Sache sollte in der Académie nicht mehr behandelt werden, bevor nicht neue Beweise ans Licht gekommen wären) und einigen Vorbemerkungen zur Methode (Ablehnung der Methode, nach gleichaussehenden Alphabeten oder – noch schlechter – nach einzelnen gleichaussehenden Buchstaben in verschiedenen Alphabeten zu suchen; Erklärung des Grundsatzes, daß es auf den inneren Beweis, die innere Folgerichtigkeit ankomme; vorbereitender Hinweis darauf, daß man in einem orientalischen Alphabet, zumindest in seiner monumentalen Form [Druckschrift] damit rechnen kann, daß Vokalzeichen möglicherweise fehlen), begann Barthélemy mit den beiden von Dawkins und Wood ausgewählten Inschriften. Diese bestanden in der Hauptsache aus Eigennamen, und die in ihnen enthaltenen Buchstabenwerte gaben Barthélemy den größten Teil des Alphabets, von dem er aus einem Bericht des Epiphanios, einem Bischof von Salamis auf Zypern im 4. Jahrhundert n. Chr., bereits wußte, daß es wahrscheinlich dem syrischen sehr ähnlich oder sogar mit ihm identisch war (adv. Her. II, II 629). Es war verhältnismäßig leicht, die Buchstaben der beiden Schriften einander gegenüberzustellen, allerdings ging es nicht ganz automatisch, wie man an der Übertragung des beiden Texten gemeinsamen Teils in unsere eigenen Buchstaben sehen kann. Der griechische Text ist dabei in Großbuchstaben, der palmyrenische in Kleinbuchstaben wiedergegeben.

SEPTIMION OYORODEN TON KRATISTON
  sptmiws   wḍwḍ   qdtstws

EPITROPON SEBASTOY DOYKENARION
  'ptdp   dqnd'

KAI ARGAPETEN   IOYLIOS AYRELIOS....
  w   'dgpt'   'qim   iwlis   'wdlis...

63. Das palmyrenische Alphabet mit Aufschlüsselung des Abbé Barthélemy.

א	א	Aleph
ע	ב	Beth
ג	ג	Ghimel
ד ד	ד	Daleth
א ×	ה	He
ן	ו	Vau
ı	ז	Zain
ח	ח	Heth
6	ט	Teth
، ٨	י	Jod
٦ ٦	כ	Caph
ل ل	ל	Lamed
۵	מ	Mem
גגגג ـ	נ	Nun
ʊ	ס	Samech
ע ע	ע	Ain
٤	פ	Pe
ال	צ	Tzade
٦	ק	Koph
٦ ٦	ר	Resch
ﻉ	ש	Sin = Schin
ﻻ	ת	Thau

109

Die Buchstabenwerte der beiden einzigen syrischen Worte in diesem Teil der Inschrift, *vau* ›und‹ und *aqim* ›aufgestellt‹, wurden alle durch ihr Vorkommen in den Eigennamen bestätigt. Die Identität der Formen für *r* und *d* (oben als ḍ wiedergegeben) ist für das Syrische charakteristisch, und daß im Syrischen der Titel *epitropos* aus dem Griechischen zur Wiedergabe des römischen Titels Prokurator entlehnt wurde, wußte man bereits. So konnte es keinen Zweifel daran geben, daß Barthélemys Entzifferung richtig war, und er selbst behauptete auch nicht, daß sie eine besondere Leistung gewesen sei, hatte er doch nur zwei Tage dafür benötigt! Die Inschriften sind natürlich in historischer Hinsicht von Interesse. Die beiden, die wir hier als Beispiele behandelt haben, sind zwar nur Tafeln für Statuen, aber die Namen und Titel vermitteln uns doch schon ein eindrucksvolles Bild dessen, unter welchen unterschiedlichen Einflüssen das Leben in Palmyra stand. Worod ist ein persischer Name, Septimius ein lateinischer, der möglicherweise darauf hindeutet, daß Worods Familie von Septimius Severus das römische Bürgerrecht erhalten hatte. Von seinen drei Titeln ist *epitropos* das griechische Äquivalent für das römische ›Prokurator‹, *ducenarius* das lateinische Wort für jemanden mit einem Einkommen von 200 000 Sesterzen und *argapetes* ein persischer Rang, der etwa soviel wie Kommandant bedeutet. Aus anderen Inschriften wissen wir, daß Worod noch andere Ämter innehatte und außerdem Karawanen organisierte. Meist aber gaben die aramäischen Inschriften keine Informationen, die nicht auch den griechischen Texten zu entnehmen wären. Die Entschlüsselung der palmyrenischen Schrift verlieh unserem bisherigen Bild vom Leben in Palmyra nur größere Farbigkeit.

Die Entzifferung Barthélemys aber war die erste erfolgreiche Entzifferung einer antiken Schrift. Er ließ ihr einige Jahre später ein Werk über das phönizische Alphabet folgen. In unserem Zusammenhang aber ist der wichtigste nächste Schritt die Entzifferung des sassanidischen Persisch durch de Sacy im Jahre 1787.

In der Nähe von Persepolis, in Naqš-i-Rustam, hatte man unter den Achaimenidengräbern Reliefs mit Inschriften in Griechisch und zwei unbekannten Schriften entdeckt. Sie waren seit der Reise von Flower und Chardin bekannt, und Hyde veröffentlichte sie 1700 in seinem Buch. Hyde selbst tat sie natürlich mit großer akademischer Gebärde ab:

»Graffiti Reisender . . . ein Monument schlechten Schreibens und ungeschickter Bildhauerarbeit . . . spät, unbedeutend und kaum der Mühe der Lösung wert.«

Er hielt die unbekannte Schrift, für die es sich sehr wohl lohnte, am ehesten für palmyrenisch oder auch phönizisch. In Wirklichkeit war es aramäisch, und weil aramäisch und phönizisch eng verwandt sind, hatte Hyde mit seiner Vermutung gar nicht so unrecht.

Barthélemy (und vor ihm Lacroze) stimmte mit Hyde in der Beurteilung der Schrift insofern überein, als auch er ihre Verwandtschaft zur palmyrenischen feststellte. Er hielt die Schrift aber nicht für fremdländisch, sondern für einheimisch persisch. Dafür lag auch das glaubwürdige Zeugnis des Epiphanios vor, der kurz vor der Mitteilung, das palmyrenische Alphabet bestehe aus 22 Buchstaben, berichtet hatte, die meisten Perser benutzten außer ihren eigenen persischen Buchstaben *(meta Persika stoicheia)* die syrische Schrift *(Surôi grammati)*, »genau wie bei uns die meisten Völker Griechisch schreiben, obwohl sie fast alle eine eigene einheimische Schrift besitzen.« Aber eine Entzifferung konnte keiner von ihnen ernsthaft in Angriff nehmen, denn es standen keine Kopien der Inschriften zur Verfügung.

Als de Sacy für einen Vortrag vor der Académie 1787 das Problem aufgriff, lagen ihm Abschriften Niebuhrs vor. Der griechische Text der beiden Inschriften warf in den wesentlichen Punkten keine größeren Schwierigkeiten auf, und de Sacy übertrug zunächst diesen ins Französische (S. 62):

»Dies ist die Gestalt des Dieners von Ormuzd, der Gott Ardeschir, König der Könige des Iran, aus dem Geschlecht der Götter, Sohn des Gottes Babec, des Königs.«
    und:
»Dies ist die Gestalt des Dieners von Ormuzd, der Gott Sapor, König der Könige des Iran und Touran, aus dem Geschlecht der Götter; Sohn des Dieners von Ormuzd, des Gottes Ardeschir, König der Könige des Iran, aus dem Geschlecht der Götter; Enkel des Gottes Babec, des Königs.«

Ardeschir war der Gründer der sassanidischen Dynastie im 3. Jahrhundert n. Chr. und nimmt im historischen Bewußtsein Persiens etwa den Platz ein, wie ihn Wilhelm der Eroberer in der englischen Geschichte innehat; wirkliche Geschichte beginnt mit ihm. De Sacy hatte daher keinerlei Schwierigkeiten zu beweisen, daß der griechische Name ›Artaxaros‹ sich auf ihn bezog, und gleichzeitig seinen Vater und seinen Sohn, Papak und Shapur, zu identifizieren.

Dann wandte sich de Sacy der Untersuchung der Titel zu. ›König der Könige‹ (schahinschah) wurde in Persien noch benutzt, und die diplomatische Korrespondenz aus byzantinischer Zeit zeigte, daß dieser Titel schon auf sassanidische Zeit zurückging. Parthische Münzen belegten ihn bereits für die vorhergehende Dynastie der Arsakiden (247 v. Chr. – 227 n. Chr.). ›Gott‹ als Königstitel war für die arsakidischen und sassanidischen Könige durch dieselben Quellen nachgewiesen. Für den Begriff ›aus dem Geschlecht der Götter‹ konnte de Sacy aus einem christlichen Märtyrerleben zitieren; dort antwortet Shapur den Christen: »Wißt ihr nicht, daß ich aus dem Geschlechte der Götter bin?« – Das Wort ›Masdanos‹, das kein genuin griechisches Wort ist, aber im griechischen Text vorkam, erwies sich aus der Parsee-Literatur als Wort persischer Herkunft: ›mazdayasnian‹ bedeutet ›Mazda-verehrend‹; aus der griechischen Geschichtsschreibung war bekannt, daß Ardeschir und die Sassaniden die Lehre Zarathustras, die Verehrung des Gottes Ahuramazda, wiederbelebten.

Der griechische Text lieferte also die Kenntnis des historischen Zusammenhangs; sie stammten aus sassanidischer Zeit. Zumindest eine der unbekannten Schriften mußte also die persische Sprache wiedergeben.

Aber bevor de Sacy sich mit der Frage der Sprache beschäftigte, konzentrierte er sich zunächst auf die Eigennamen, wie es Barthélemy vorgeführt

A. No 3

ΤΟΥ ΟC ΠΟΝΤΟΥ ΤΟ ΜΑC WC N CY ΘΕΟΥ
ΖΑΠ ΒΟΥ ΒΑCΙΛ ΕWC ΒΑCΙ ΛΕW UN
ΚΑΙ ΑΝΑΡΙ ΑC NE NΟΥ CCEW
ΜΑC CN ΟΥ ΘΕΟΥ ΑΡΤΑ ΡΟΥ
ΒΑCΙΛ ΕW Α ΡΙ Α NW ΝΕΚΓ ΕN
ΕΚΓ ΟΝ ΟΥ ΘΕΟΥ ΠΑΠ Α ΚΟΥ ΒΑCΙΛ

A. No 4

Βασιλεως: Βασιλεων: Σαπορου   Θεου   μασδασνє :Το προσωπον Ιουλ

μασδασνου:υιου: Θεων   :εξ γενους   :Αναριαυων: Αριανω η υιου

Εξ γε   :Αριαυου : Βασιλεως: Βασιλεων :Αρταξαρου   :Θεου

Βασιλεως : Παπαχου : Θεου   :εχγονου   : Θεων   : υου

★ Ce mot s'est glissé ici sans doute par erreur,
il interrompt le sens de l'inscription.

64. Die Entzifferung der sassanidischen Schrift durch de Sacy an einer Bilingue aus Naqš-i-Rustam bei Persepolis.
a) Der griechische Text,
b) Der sassanidische Text; Lautwerte (in hebräischen Buchstaben) und inhaltlich entsprechende Passagen des griechischen Textes teilweise zugeordnet.

und Leibniz theoretisch gefordert hatte. Zuerst mußte er die Namen lokalisieren. Die abgebildete Skizze von de Sacy selbst zeigt, wie er die Teile des griechischen Textes dem in der zweiten unbekannten Schrift zuordnete (es ist der heute als parthisch bekannte Text).[54] Bei Ausarbeitung seines Schemas ging der Forscher zunächst von dem wiederholt vorkommenden Wort *masdasnou* aus, und der erste Name, den er in Angriff nahm, war *Papakou*, der in der unentzifferten Schrift recht leicht zu identifizieren war, weil der Buchstabe *p* in ihm zweimal vorkommt – und tatsächlich führte dieser Ansatzpunkt zum ersten Ergebnis: de Sacy hatte nun die Buchstaben *p*, *a* und *k*. Das *a* trat am Anfang der Gruppe für Ardaschir wieder auf, das *p* in der Gruppe für Shapur; *masdasnou*, das Wort war ja bereits als persisch erkannt, ergab das Zeichen für *m*, das dem syrischen Buchstaben *m* sehr ähn-

112

lich sah, und dieses seinerseits führte zur Lokalisierung des Begriffs *malcan malca*, ›König der Könige‹, wobei der ersterkannte Name *Papak* den k-Laut bestätigte, denn er kam dort in derselben Form vor.

Obwohl der Begriff *malcan malca* semitisch ist, konnte de Sacy aus einem von Anquetil Duperron publizierten Text beweisen, daß es im Pahlevi benutzt wurde. Dieses Phänomen betrachtete de Sacy als einfache Entlehnung, in Wirklichkeit aber handelt es sich um einen Fall von Xenographie. Ein Lehnwort wird in Schrift und Aussprache in der fremden Sprache übernommen; beim Xenogramm wird zwar das fremde Wort geschrieben, aber ein Wort der eigenen Sprache dafür gesprochen. Wenn ein Perser *malcan malca* las, sprach er ›šahinša‹.[55]

Denselben Vorgang wiederholte de Sacy dann mit der zweiten, heute als sassanidisch bekannten Schrift, die der ersten sehr ähnlich ist. Wieder identifizierte er die Eigennamen und dann eine Anzahl von Vokabeln, von denen sieben genuin persisch waren und fünf aramäische Xenogramme. Dies war für sich genommen nicht genug, um womöglich ein völlig neues Licht auf die Geschichte Persiens zu werfen, ergab aber immerhin die Datierung und Kenntnis der verwendeten Sprache der Inschriften von Naqš-i-Rustam und reichte aus, die Tatsache zu bestätigen, daß beide Schriften Varianten des Aramäischen waren.

Der Hauptbeitrag in de Sacys Werk über die sassanidischen Inschriften zur Geschichte der Entzifferungen lag weniger in seinen Einzelergebnissen, so richtig und nützlich sie auch waren, sondern vielmehr darin, daß er eine Methode exemplarisch zur Anwendung brachte. Außerdem zeigte er, wie wichtig die Kenntnis historischer Zusammenhänge, königlicher Genealogien und Titel war und wie groß ihr Nutzen bei einer Entzifferung sein konnte. Dieser Anstoß wurde aufgegriffen und sollte auch Grotefend zu seiner Teil-Entzifferung der persischen Keilschriften führen.

c

Die Entzifferung der persischen Keilschrift

Die persische Keilschrift war die erste antike Schrift, die ohne Hilfe einer Bilingue entziffert wurde. Die Lösung wurde nicht auf einmal gefunden, vielmehr verlief die Entschlüsselung in drei Stufen. In der ersten identifizierte Grotefend die Eigennamen und Titel der persischen Könige, die die Inschriften hatten eingravieren lassen; dadurch konnten etwa einem Drittel der Zeichen einigermaßen richtige Lautwerte zugeordnet werden. In der zweiten Stufe fand die schrittweise und zögernde Entzifferung des Übrigen mit Hilfe der neugeborenen Wissenschaft – der Vergleichenden Philologie – statt. Und schließlich, als sich der Bestand bekannter Texte vervielfacht hatte, veröffentlichte Rawlinson die befriedigende Übersetzung des ganzen Corpus. Wir müssen jede der drei Stufen einzeln betrachten.

Georg Friedrich Grotefend war kein Orientalist, sondern Lehrer in Göttingen. Er interessierte sich für die Probleme der Entzifferung und stellte sich selbst die Entschlüsselung der Keilschrift-Inschriften zur Aufgabe. Seine Fortschritte übertrafen bei weitem seine eigenen Erwartungen. Nach wenigen Wochen schon hatte er das Gefühl, zu soliden Ergebnissen gekommen zu sein. Durch Übertreibung ihres Wertes trübte er in späteren Jahren seine Erfolge, seine erste Veröffentlichung aber war von denkbar bescheide-

c) Investitur Ardaširs durch Hormuzd. Ausschnitt aus dem sassanidischen Relief in Naqš-i-Rustam. Die Inschrift befindet sich auf der Schulter des Pferdes.

ner Aufmachung. Er hielt einen Vortrag vor der Göttinger Gelehrten Gesellschaft, der dann in einer anonymen Zusammenfassung in der nächsten Nummer der Zeitschrift der Gesellschaft[56] veröffentlicht wurde, der gleichzeitig einige kritische Anmerkungen beigefügt waren. Grotefend selbst schrieb nichts, bis Heeren ihn aufforderte, die Entzifferung in seinem Buch über antike Volkswirtschaft in einem Anhang zu erläutern.

Grotefend ging von den Vorarbeiten Niebuhrs aus, die ergeben hatten, daß die Keilschriftzeichen wirkliches Schreiben waren und die Schrift in allen Fällen von links nach rechts verlief. Weiter akzeptierte er Niebuhrs Feststellung, daß in den Persepolis-Inschriften drei verschiedene Schrifttypen auftauchten (die Inschrift der Caylus-Vase nahm er noch hinzu) und Niebuhrs Aufstellung der Zeichen der ersten Schrift. Grotefend wandte sich zuerst der Frage zu, ob die Zeichen Buchstaben, Silben oder Wörter wiedergaben. Wortzeichen konnten es kaum sein, dazu war ihre Gesamtzahl zu gering; Silbenzeichen schloß er aus, denn die Zeichengruppen waren so lang, daß die Sprache Wörter mit bis zu zehn Silben besessen haben müßte. Also blieb nur ein Alphabet, indem sich die große Anzahl verschiedener Zeichen dadurch erklären könnte, daß lange und kurze Vokale durch unterschiedliche Zeichen vermerkt wurden.

Für den zu vermutenden Inhalt der Inschriften zog Grotefend die von de Sacy entzifferten sassanidischen Inschriften heran. In Analogie zu ihnen konnte man auch für die kurzen Persepolis-Inschriften vermuten, daß sie hauptsächlich aus Namen und Titeln bestanden, in diesem Fall von den Erbauern von Persepolis, also den Königen der Achaimenidendynastie.[57]

Nach dem Schema der sassanidischen Inschriften und mit der Annahme, daß die häufigste Zeichengruppe das Wort für ›König‹ wiedergeben und dieses in mindestens zwei Flexionsformen vorkommen müsse, stellte Grotefend eine hypothetische Formel für die kürzeren Inschriften auf:

x, großer König, König der Könige, Sohn des y (des Königs), der Achaimenide . . .

Bei Analyse der Inschriften stellte sich heraus, daß der in einer Gruppe der Inschriften als Vater genannte in anderen Inschriften als Sohn eines Mannes bezeichnet wird, der nicht König ist. Daraus folgt, daß wir es mit einer Genealogie dreier Personen zu tun haben – x Sohn von y Sohn von z – und daß y der Gründer der Dynastie sein muß. Nach dem annähernd bekannten Entstehungsdatum des Palastes von Persepolis kamen für die beiden Könige nur zwei Paare von Persönlichkeiten in Frage: Kyros und Kambyses oder Darius und Xerxes. Da unter den Zeichengruppen, die er vorläufig als Königsnamen identifiziert hatte, nicht zwei mit demselben Anfangsbuchstaben begannen, konnte Grotefend die erstgenannten ausschließen. Als einzig mögliche blieb dann folgende, von den griechischen Historikern bekannte Namensabfolge übrig: Xerxes, Sohn des Darius (der die Dynastie gründete), Sohn des Hystaspes (der nicht König war).

Noch aber war die persische Form ihrer Namen unbekannt. Der griechische Geograph Strabo hatte den Namen Darius *Dareiaués* geschrieben, im

Alphabetum Zendicum Persepolitanum

Inscriptio apud Niebuhr Tom II. Pl. XXII.

65. Grotefends Ansatz zur Entzifferung der altpersischen Keilschrift (nach L. Heeren 1815).

Hebräischen lautete er *Darievesh*. Anquetil Duperron, der Übersetzer des Zend-Awesta im 18. Jahrhundert, auf den Grotefend sich in Fragen der persischen Sprache stützte, gab ›Goshtasp‹, ›Kistasp‹ und ›Wistasp‹ als mögliche Aussprache für den Namen Hystaspes, sowie *ksch* als den Laut, den die Griechen *x* übertrugen. Nun begann die Zeichengruppe für den jüngsten der drei Personen mit denselben beiden Zeichen wie das Wort, das nach Grotefend ›König‹ bedeuten mußte. Das paßte sehr gut, denn dieser König mußte Xerxes sein, und als Wort für König hatte Anquetil *khscheio* angegeben.

Bis zu diesem Punkt war Grotefends Argumentation richtig. Die Anwendung der vermuteten Lautwerte bei den Inschriften ergab einigermaßen plausible Formen für die Eigennamen, und einige Werte bestätigten sich durch mehrfaches Vorkommen (so etwa das *r* in Darius und Xerxes). Doch die Kenntnis des Altpersischen, soweit Grotefend sie von Anquetil Duperron übernehmen konnte, reichte unglücklicherweise nicht aus, um ihm eine komplette Entschlüsselung zu erlauben. Seine Übersetzung der Dariusinschrift war nicht gerade ermutigend. Sie lautete:»Darius, der starke König, König der Könige, König der Dahrer [ein ziemlich abgelegener skythischer Stamm], Sohn des Hystaspes (Nachkomme des Herrschers der Welt unter der männlichen Konstellation Môro des Ized.)«

Außerdem war seine Darstellung der Entzifferung unvollständig, denn er gab kein Alphabet und keinerlei Hinweis, ob und wieweit seine Ergebnisse auf andere Inschriften anwendbar waren.

Diese und andere kritische Bemerkungen wurden in dem knappen Bericht im Göttinger Gelehrten Anzeiger gemacht, und Grotefend versuchte in dem Anhang zu Heerens Buch 1805, ihnen zu begegnen. Da er aber mehrmals zwei Lautwerte für ein Zeichen oder zwei Zeichen für denselben Laut annehmen, zudem eine Anzahl von Fehlern in den Kopien von Niebuhr und Le Brun postulieren mußte, um seine Thesen zu untermauern, und da die von ihm als Probe abgebildete Inschrift ihrerseits durch Fehler und Irrtümer entstellt war, hatte diese Veröffentlichung Grotefends eher zur Folge, daß seine Entzifferung in Mißkredit geriet, als daß sie dadurch bestätigt worden wäre.[58]

Im Jahre 1822 unternahm St. Martin den nächsten Versuch, die Schrift zu entschlüsseln. Hincks tat 1847 dieses Unterfangen mit der Bemerkung ab: »Ungefähr zwanzig Jahre nach Grotefend korrigierte M. St. Martin zwei von dessen Lautwerten und versuchte ihm das Verdienst, auch nur irgend etwas entdeckt zu haben, zu entreißen. Außerhalb Frankreichs dürften seine Versuche kaum beachtet werden.«

In Wirklichkeit sieht die Sache noch schlechter aus: die beiden Lautwerte, die St. Martin änderte, kommen im Namen Xerxes auf der Caylus-Vase vor, wo ihm, wie wir gesehen haben, Champollions Hieroglyphen zu Hilfe kamen. Alles übrige stimmt fast genau mit Grotefends Ergebnissen überein, obwohl St. Martin behauptet, unabhängig dahin gelangt und wissenschaftlichere Methoden angewandt zu haben. Da aber Grotefends Entzifferung eben nur teilweise korrekt und seine Interpretationen zum großen Teil falsch war, befand sich St. Martin in der peinlichen Lage eines Schülers, der von seinem Nachbarn eine falsche Lösung abschreibt. Da jedoch Champollion St. Martin zu Rate zog und nie anders als mit Respekt von ihm spricht, zögert man, ihn einen Scharlatan zu nennen.

Bald aber sollte ein neuer Anhaltspunkt zur Verfügung stehen. 1826 erschien ein nicht besonders umfangreicher, aber äußerst wichtiger Zusatz zu Grotefends Alphabet, und zwar von dem dänischen Gelehrten Rasmus Christian Rask, der acht Jahre lang den Osten bereist hatte und nun Professor für Literaturgeschichte in Kopenhagen war. Indem er dem Zeichen ⊢⟋𝖳𝖳𝖳 den Lautwert *m* und dem Zeichen ⊨< den Wert *n* zuschrieb, gelang es Rask, sowohl den dynastischen Titel Achaimenis, den Grotefend anfangs vergeblich gesucht hatte, als auch den Genitiv Plural -*anam* in der Phrase ›König der Könige‹ zu lesen. »Es fiel Rask auf«, um noch einmal Hincks zu zitieren, »daß dies der Endung des Genitiv Plural im Sanskrit entsprach, und er folgerte daraus, daß die Sprache der Inschriften diesem verwandt sein müsse – eine Entdeckung, die als Schlüssel zur Interpretation der Inschriften ebensoviel beitrug wie Grotefends Ergebnisse zu ihrer Lesung.«

Mit Rask haben wir nun die zweite Stufe der Entzifferung der persischen Keilschrift erreicht und müssen ihre Darstellung kurz unterbrechen, um einen Blick auf die Geschichte der persischen Sprache zu werfen. Modernes Persisch ist ein Abkömmling der zur Zeit des Darius gesprochenen Sprache, etwa in derselben Art, wie die modernen romanischen Sprachen vom Lateinischen abstammen. Dazwischen liegen die mittelpersischen Sprachen – arsakidisches Pahlevi oder Parthisch (247 v. Chr. – 227 n. Chr.), Sassanidisch (227–652 n. Chr.) und das sogenannte Buchpahlevi der Zarathustra-Anhänger in Persien und Indien, das aus Übersetzungen von Teilen des Awesta und ihrer Kommentare bekannt ist. Das Awesta selbst ist noch älter und enthält Material, von dem einiges noch auf die Zeit Zarathustras selbst, 7. Jahrhundert v. Chr., zurückgehen dürfte. Seine Sprache (gewöhnlich als Zend bekannt) ist eine Schwestersprache des Altiranischen und wurde vielleicht ursprünglich im Ostiran gesprochen. Die Niederschrift des Awesta, wie wir sie besitzen, ist natürlich wesentlich später.

Zu Anfang des 19. Jahrhunderts waren diese Beziehungen der Sprachen untereinander natürlich noch nicht so klar erkannt, ebensowenig das Verhältnis der iranischen Sprachen insgesamt zu den anderen Sprachgruppen. Darüber gab es allerdings einige Spekulationen. Schon 1598 hatte Lipsius die Ähnlichkeit zwischen Deutsch und Persisch entdeckt; er zählte 36 fast identische Wörter auf, außerdem 16, die im Persischen und Lateinischen übereinstimmten. Er hielt sie jedoch für Lehnwörter und nahm an, daß vielleicht jede Sprache von der anderen etwas übernommen haben könnte, ausgehend von der These, daß alle Sprachen Ergebnis einer Vermischung seien.[59] Diese Auffassung stimmte mit den allgemein vertretenen Theorien über Sprache und Sprachentwicklung im 17. Jahrhundert überein; sie waren ausschließlich wortschatz-orientiert. Besoldus (1632, S. 74) spricht dies deutlich aus:

»Sprachveränderung hat ihren Ursprung im gemeinen Volk, durch ihre Vielzahl wirken sie bestimmend. Zwangsläufig entspringen der wahllosen Mischung verschiedener Völker und verschiedener Sprachen neue Wörter, und – wie Menschen – ersetzen sie, einmal geboren, ihre Vorgänger.«

Diese Theorie schließt aber nicht den Vorgang der Entwicklung aus. Die Wörter, die dem Hebräischen ähnlich waren, stufte Besoldus nicht als Lehnwörter ein; sie sollten in jeder Sprache Rudimente einer ursprünglich allgemeinen, einzigen Sprache sein, die vor dem Turmbau zu Babel gesprochen wurde. Und er war sich auch darüber im klaren, daß die romanischen Sprachen vom Lateinischen abstammen, die griechischen Dialekte von einer gemeinsamen griechischen Stammsprache und so fort. Aber die Beziehungen und Unterschiede der Sprachen untereinander sah man als graduelle Ursache, nicht als eine der Gattung an. Man konnte sie arithmetisch messen anhand der Zahl der gemeinsamen Elemente, nicht aber als Niederschlag einer organischen Veränderung oder eines strukturellen Wandels erklären. Sogar Leibniz dachte ursprünglich in diesen am Wortschatz orientierten Begriffen. Er wußte, daß es Wörter gab, die dem Lateinischen, Deutschen und Keltischen (das Persische einzubeziehen, zögerte er) gemeinsam waren, und im Hinblick auf ihre große Zahl war er sogar geneigt, für diese Sprachen einen gemeinsamen Ursprung anzunehmen (und sogar ein gemeinsames Volk, das diese Sprache gesprochen haben sollte, nämlich die Skythen). Doch er glaubte, daß Wörter und sogar Zahlwörter sehr leicht von einer

Sprache in die andere übernommen worden sein könnten, schreckte er doch vor einer so tiefgreifenden Konsequenz zurück und äußerte diese Vermutung als reine Spekulation.[60]

Der erste, der diese Vermutung als vielleicht beweisbare Hypothese verfocht, war Sir William Jones. Er war von Beruf Jurist und wanderte 1787 nach Bengalen aus, um dort als Richter zu fungieren. Seine Ansichten über eine ursprünglich gemeinsame indoeuropäische (= indogermanische) Sprache entwickelte er in einer Reihe von Vorträgen, die er als Präsident und Gründer der Asiatic Society of Calcutta hielt.

Nach seiner Ankunft in Indien war Jones tief beeindruckt von der »erstaunlichen Ähnlichkeit« zwischen Sanskrit einerseits und Lateinisch und Griechisch andererseits. Die Ähnlichkeit bedurfte der Erklärung; Grundprinzip einer wissenschaftlichen Erklärung ist die Einfachheit der Hypothese. Dazu zitierte Jones Newton: »Nichts müssen wir mehr bewundern als diejenigen Begründungen, die wahr sind und ausreichende Erklärung für natürliche Phänomene« und Linnaeus: »Am Anfang schuf Gott nur ein Paar von jedem Lebewesen, das den Unterschied der Geschlechter besitzt.« Denn in der Natur ist nichts überflüssig und unnütz. Also kann es am Anfang auch nur ein einziges Menschenpaar gegeben haben. Und Jones beweist, daß der Bericht der Genesis rein rechnerisch betrachtet durchaus glaubwürdig ist. Sogar mit einer relativ niedrigen Geburtenrate und mit hoch angesetzter Dezimierungsquote durch Krieg, Hungersnot und Krankheiten seien mehrere tausend Jahre reichlich Zeit für die Menschheit gewesen, auf die heutige Bevölkerungszahl anzuwachsen. Für die Sprachen gelte dasselbe. Wenn sie nicht durch Schrift fixiert würden, wachse ihre Zahl schnell an. Die Sippen von Ham, Sem und Japhet, die nach der Sintflut in verschiedene Richtungen auswanderten und sich im Dialekt nach und nach auseinanderentwickelten, waren schon genug, um diesen Prozeß in Gang zu setzen. Bestätigung dafür sei die Tatsache, daß die Sprachen der Welt in drei Hauptgruppen zu zerfallen scheinen. Zwei von ihnen waren besonders homogen: die von Sem (die wir heute semitisch nennen) und die von Ham ausgehende (mit der Jones die indoeuropäischen Sprachen meinte, nicht die heute als hamitisch bezeichneten), von der Jones annahm, sie sei über Ägypten nach Europa gelangt.[61]

Jones war also der erste, der die Theorie einer indoeuropäischen Gemeinsprache aufstellte, allerdings mit Argumenten, die uns heute aus einer anderen Welt zu kommen scheinen. Bopp und Rask sollten die Theorie später auf eine wesentlich sicherere Basis stellen. Bopp hatte fünf Jahre lang in Paris, auch bei de Sacy, orientalische Sprachen studiert und wurde dann Professor für Sanskrit in Berlin. 1816 veröffentlichte er in Frankfurt/Main eine ausführliche vergleichende Analyse des Sanskrit-Verbsystems mit den Verbsystemen des Griechischen, Lateinischen, Persischen und Deutschen und konnte, über allen Zweifel erhaben, ihren gemeinsamen Ursprung belegen. Zur selben Zeit wies Rask erstmalig das durchgehende System des Lautwandels in den Sprachen dieser Gruppe nach (so z. B. die lautgesetzliche Veränderung von lat. *Pater*, *Piscis* zu dt. Vater, Fisch; *Visch* im Althochdeutschen). In der Folge dieser Entdeckungen, nämlich daß es regelmäßige, vorhersagbare linguistische Phänomene gibt, war das Studium der verschiedenen Sprachen nicht länger ein Hobby für Sammler: eine neue Wissenschaft, die Vergleichende Sprachwissenschaft war geboren.[62]

Daher auch war der brillante Vorschlag von Rask, was die Werte *m* und *n* in der persischen Keilschrift betraf, von herausragender Bedeutung. Damit war bewiesen, daß achaimenidisches Persisch und Sanskrit den Genitiv Plural in gleicher Weise bildeten. Und während man das nach früheren sprachtheoretischen Vorstellungen noch für eine vereinzelte Übernahme hätte halten können, mußte man es unter den neuen Gesichtspunkten viel ernster nehmen. Jede folgende Entzifferung würde nun Ergebnisse liefern müssen, die eine konsequente Verwandtschaft des Persischen mit dem Sanskrit und der Sprache des Awesta belegten.

Die praktischen Auswirkungen dieser neuen Sprachwissenschaft traten in den Methoden und Kriterien zutage, die Christian Lassen, einer der erfolgreichsten Gelehrten, die nun das Problem der Keilschrift aufgriffen, anwandte. Lassen war Professor in Bonn, und sein 1836 erschienenes Buch leitet er mit einer Anerkennung für Grotefends Leistung bei der Wiedererkennung und teilweise richtigen Lesung der Königsnamen und -titel ein. »Ich will sein Fortsetzer«, sagt er, »nicht sein Gegner seyn!« Dennoch, fährt er fort, müßten jedem Kenner des Sanskrit und des Awesta die grammatikalischen Formen und die meisten Wortinterpretationen in Grotefends Übertragung seltsam vorkommen. Mehr noch: die bei der Zuordnung von Lautwerten angewandte Methode sei so wenig exakt gewesen, daß man es dem puren Zufall hätte zuschreiben müssen, wenn die Entzifferung sich als tatsächlich richtig hätte erweisen sollen. Grotefend hätte sich, z. B. als er den ersten Buchstaben des Namens Darius identifizierte, fragen sollen, ob er ein stimmloses *d* oder ein aspiriertes *dh* wiedergebe. Aber er hatte sich mit Fragen dieser Art gar nicht befaßt.

Lassen aber tat es. Den konstruktiven Teil seines Buches beginnt er mit der Lesung des namens Xerxes, wofür die Caylus-Vase (s. Abb. 42) durch die ägyptischen Hieroglyphen eine Möglichkeit der Überprüfung bot. Das erste Zeichen ≪⟨⟩ des Namens, das gleichzeitig das erste Zeichen im Worte für ›König‹ war, mußte ein k-Laut sein. Die Frage war, ob er aspiriert war. Im Awestischen beginnt das Wort für König mit *kh*, im Sanskrit (wo es ›Krieger‹ bedeutet) mit *k*. Für das Persische ergibt sich daraus, daß der Laut aspiriert gewesen sein muß, denn es besitzt zum Awestischen eine engere Verwandtschaft als zum Sanskrit; außerdem kommt dasselbe Zeichen auch an zweiter Stelle im Wort für ›Achaimenide‹ vor, wo es im Griechischen mit dem Buchstaben *chi* übertragen wird. Dieselbe Frage erhebt sich für den zweiten Buchstaben. Ist er ein *s* oder *š* (*sch*)? Der zweite Buchstabe des Sanskritwortes und Champollions Hieroglyphenübertragung sprechen hier eher für *š*, aber der Befund aus dem Awestischen ist nicht eindeutig.

Diese Methode ist unendlich exakter als die von Grotefend angewandte, und Lassen führt sie an allen identifizierten Namen, Wörtern und grammatikalischen Endungen genau durch. Danach konnte er sich der Bearbeitung von Neuland zuwenden. Er setzte die ermittelten Lautwerte in einer von Niebuhr kopierten Inschrift ein; er erkannte mögliche Namen für persische

Provinzen, z. B. *mad, ar.in, .akhtris, cu.d*. Mit der Ergänzung der Lautwerte *m, b* und *gh* für die drei verschiedenen unidentifizierten Zeichen ergaben sich die wahrscheinlichen Wörter für Medien, Armenien, Baktrien
und die Sogdiana. Als weitere Schwierigkeit ergab sich, daß es nun zwei
Zeichen für *m* gab – ⊢𝍑 in *mad* und 𝍌⊨ . Lassen stellte jedoch fest, daß
das Zeichen 𝍌⊨ nur vor ⊤𝍐 vorkam, welches sowohl im Namen Hystaspes wie in anderen Bezeichnungen vorkam und das er dort als *i* hatte
übertragen können. Weitere Untersuchungen sollten ihm zeigen, daß dies
durchaus kein vereinzeltes Phänomen war, sondern daß es noch weitere
Zeichen gab, die nur vor ganz bestimmten Vokalen auftraten. In gewissem
Sinne war die Schrift also nicht alphabetisch, sondern eher eine Silbenschrift.

Die Entdeckung der ›inhärenten Vokale‹ war Lassens Hauptbeitrag zu
der Entzifferung. Zwar hatte er die meisten der 24 Landesnamen auf der Liste richtig identifiziert, irrte sich aber in etwa einem Drittel der Zuschrei-
bungen von Lautwerten, und – um wiederum Hincks zu zitieren – »seine
Übersetzungsversuche waren so schlecht, wie sie bei jemandem, der schon
auf dem richtigen Wege war, nur irgend hätten sein können.«

Lassens Entzifferungsversuch war nicht der einzige. Burnouf hatte zur
selben Zeit einige übereinstimmende Ergebnisse erzielt. Verfeinert und erweitert wurde die Entzifferung dann von Beer (der die bezeichnende Form
des Genitiv Singular -*kya* entdeckte), Jacquet und Lassen selbst, bis nicht
mehr als zwei oder drei Zeichen fehlten (s. Abb. 67). Aber das verfügbare
Material war noch verhältnismäßig dürftig, und die linguistischen Interpretationen hatten durchaus noch keine befriedigende Stufe erreicht.

Die Arbeiten von Major Henry Creswicke Rawlinson, einem Offizier der
britischen Ostindien-Kompanie, sollten in diesem Punkt in jeder Hinsicht
Abhilfe schaffen. In seinem Charakter und seiner Karriere war er ein Muster des spätviktorianischen Männlichkeits-Ideals. Sein Vater war Landjun-
ker und hatte einst das Derby in Epsom gewonnen; sein Sohn wurde der
beste Polospieler Indiens. Er selber gewann auf mehreren Gebieten be-
trächtliches Ansehen, als Athlet, als Soldat, als Gelehrter und als politischer
Diplomat. Er besuchte nie eine Universität, erhielt aber an einem Privatin-
ternat in Ealing Latein- und Griechischunterricht und trat dann als Kadett
in die Ostindien-Kompanie ein. Im Jahre 1827 wurde er im Alter von
17 Jahren in den Osten geschickt, wo er 22 Jahre bleiben sollte. Auf der vier
Monate dauernden Reise war Sir John Malcolm, Gouverneur der Presidency
in Bombay, sein Mitpassagier, und dieser weckte als erster sein Interesse
an Persien.

In den nächsten sechs Jahren führte Rawlinson das sportliche und aben-
teuerliche Leben eines jungen Armeeoffiziers. Dennoch muß er seine Zeit
zumindest teilweise mehr geistigen Zielen gewidmet haben, denn er kam
für kurze Zeit wegen einer Schuld von 20 Pfund, die er bei einem Bücher-
kauf eingegangen war, in Arrest; außerdem legte er mit Erfolg ein Examen
in Persisch ab. 1833 wurde er nach Persien abkommandiert, um bei der Ausbildung der Armee des Schahs zu helfen, aber kurz nach seiner Ankunft kam
ein neuer Schah auf den Thron und ernannte Rawlinson zum Berater des

▷
66. Die große Felsinschrift
von Behistun (Bīsutūn).

120

Gouverneurs von Kurdistan. Während seines Aufenthalts in Persien schrieb er – unter beträchtlicher Gefahr für Leib und Leben – die große Inschrift des Darius auf dem Felsen von Behistun (Bisutun) ab und qualifizierte sich selbst auf praktischem Wege für ihre Entzifferung, indem er einen Provinzaufstand niederschlug, wie es vor ihm Darius getan hatte.

Rawlinson wußte zu der Zeit über den Stand der europäischen Forschung nur, daß Grotefend die Namen der Achaimeniden Hystaspes, Darius und Xerxes entziffert hatte. Dieses Ergebnis konnte er mit Hilfe zweier kurzer Inschriften von Hamadan für sich nachvollziehen, und in den ersten beiden Abschnitten der Behistun-Inschrift konnte er die Namen Arsames, Ariaramnes, Teispes, Achaimenes, den Namen von Persien selbst und einige normale Wörter identifizieren, die wiederum Lautwerte für 18 Schriftzeichen lieferten. Erst jetzt, im Jahre 1837, las er bei einem Besuch in Teheran die Werke von Grotefend und St. Martin. Er glaubte, schon weiter zu sein als sie und sandte einen Entwurf seiner Übersetzung der ersten beiden Abschnitte der Behistun-Inschrift an die Royal Asiatic Society.

1838/39 war er in Bagdad und konnte endlich die kürzlich erschienene Literatur zu diesem Gegenstand lesen. Vorher kannte er das Awestische nur nach Anquetil Duperron, nun lernte er die Arbeit Burnoufs kennen und »fand zum ersten Male die Sprache der Zend kritisch analysiert und ihre orthographische und grammatikalische Struktur klar und wissenschaftlich entwickelt.« Diesen Arbeiten, fügt er hinzu, habe er in hohem Maße seine erfolgreichen Übersetzungen zu verdanken. Burnoufs eigene Entzifferung fand er weniger nützlich – sie enthielt nur ein einziges Zeichen, das Rawlinson nicht schon selbst herausbekommen hatte, dafür aber mehrere falsche Lautwerte. Während Rawlinson noch seine Entzifferung vervollständigte (mit Hilfe von Kopien der Persepolis-Inschriften, die er inzwischen besaß), erhielt er einen Brief von Lassen mit der Zusammenfassung seiner jüngsten Ergebnisse. Er fand, daß sie »in allen wesentlichen Punkten« mit seinen eigenen übereinstimmten, obwohl Lassen eine weitaus geringere Zahl von Inschriften zur Verfügung gehabt hatte. Da Lassen seine Ergebnisse früher publiziert und vielleicht auch früher erreicht hatte, mußte Rawlinson ihm den Sieg zugestehen. Aber selbst wenn das für ihn eine Enttäuschung war, so ließ er es sich wenigstens nicht anmerken. Es gab noch genug zu tun, denn da waren z. B. noch die beiden anderen Typen von Keilschrift. Zunächst jedoch besaß er einen »Anspruch auf Originalität, denn ich war der erste, der der Welt eine wortgetreue und wie ich glaube, grammatikalisch korrekte Übersetzung von über 200 Zeilen Keilschrift präsentierte.«

Diese Übersetzung stand in der ausführlicheren Fassung seiner Entzifferung, die er 1839 an die Royal Asiatic Society sandte. In einer späteren Abhandlung konnte er sie dann noch auf 400 Zeilen erweitern. Aber die Jahre waren eben doch verloren. Rawlinson wurde als Staats-Resident nach Khandar versetzt, wo er neben General Nott der einzige britische Offizier und durch Belagerung den größten Teil der nächsten beiden Jahre von der Außenwelt abgeschnitten war. Bei seiner Rückkehr nach Indien verlor er ein weiteres Jahr, denn die Berichtsbücher waren auf See verlorengegangen, und Rawlinson mußte sie aus dem Gedächtnis rekonstruieren; eine Lei-

Nr.	Zeichen	Grotefend, aus Heeren, 1824
1	𒀹	é und á
2		ô
3		û
4		é
5		kh
6		z
7		û
8		z
9		ô
10		dj ?
11		ng
12		m
13		th ?
14		i
15		m ?
16		n
17		d
18		z
19		b od. p
20		f od. ph
21		v
22		o
23		h
24		k ?
25		tsch
26		
27		
28		h
29		r
30		sch
31		e
32		g
33		s
34		sch
35		gh
36		a
37		h
38	or	
39		
40		

Vergleichende Tafel der verschiedenen Lesungen der persischen Keilschrift

Saint Martin, Klaproth 1832	Burnouf 1836	Lassen 1836	Jacquet und Beer 1837–38	Lassen 1839	Lassen 1844	Rawlinson 1845	Rawlinson 1846	Kent 1950
a	â	â	â	a	â	á od. a (init)	á od. a	a
y	ô	i	î	i	i	i	i	i
ou	u	u	û	u	u	u	u	u
e	k	k		k	k	k	ka/ki	k^a
kh	kh	k'		kh	kh	k'h	kha/khu	x^a
h	q	a		a	q	kh	ku	k^u
?	u	g		g	g	g	ga	g^a
	gh ?	g'		gh	gh	gh	gu	g^u
c	v	î	y (J.) tch	k'	k'	ch	cha/chi	c^a
?	gh ?	g'		dj	g'	j	ji	j^i
?	h ?	ñ	(J.) j (fr.)	j (fr.)	z'	jh	ja	j^a
t	t	t		t	t	t	ta/ti	t^a
?	dh	t		th	d'h	t'h	tu	t^u
h	y	ζ		t'h	θ	th	tha/thi/tha	θ^a
?	l ?	k'		tch	k'h	t' (mit i)	di	d^i
n	th ?	t'		tr or t'	thr	tř	tř	$ç^a$
d	d	d		d	d	d	da	d^a
?	gh	d'		dh	dh	dh	du	d^u
p	p	p		p	p	p	pa/pi/pu	p^a
?	f	f		f	f	f	fa (?)	f^a
r	b	b		b	b	b	ba/bi/bu	b^a
â	m	m		m	m	m	ma	m^a
c	î	'm ?		hm	m	m' (mit i)	mi	m^i
?	gh ?	g' ?		gh ?	x	m' (mit u)	mu	m^u
m	n	n		n	n	n	na/ni	n^a
						n' (mit u)	nu	n^u
						ñ ?	ña (?)	l^a
e	h	h	y	y	j	y	ya/yi/yu	y^a
r	r	r		r	r	r	ra/ri	r^a
ch (fr.)	l	s'	(B.) r or l	sh ?	r	r' (mit u)	ru	r^u
ı	i	w		w	w	w	wa/wu	v^a
v	g	v (init.)		v ?	v	v	wi	v^i
s	ç	ç		ç	ç	s	sa/si/su	s^a
ch (fr.)	ch (fr.)	s'		s	s	sh	sha/shi/shu	$š^a$
e	z	z		z	z	z	za/zu(?)	z^a
ou	a	{a (init.) / ng (med.)}	h	h	h	h	ha/hi/hu	h^a
h				y	rp	q ?	unsicher	—
				ks	dah	dah ?	—	dahyāuš
				bu'mi	bum'i ?		—	būmiš
								Wort-trenner

67. Geschichte und Fortschritt der Entzifferung der altpersischen Keilschrift.[63] Nach Rawlinson (1846) mit Zufügung der jeweils nachfolgenden Vokalwerte. Als modernes Übertragungssystem hat sich das von Kent 1950 durchgesetzt.

68. Henry Creswicke
Rawlinson, 1810–1895.

stung, die ihm offenbar gelang. 1843 lehnte er den höheren Posten eines Residenten in Nepal ab und kehrte statt dessen nach Bagdad als Regierungsberater zurück. In Bagdad konnte er seine Forschungen über die Keilschrift wieder aufnehmen; er arbeitete in einem Sommerhaus am Ende seines Gartens. Wasser floß von einer großen Norie auf das Dach und hielt das Haus kühl, ein Löwe und ein Leopard waren seine Haustiere. 1845 und 1846 sandte er seine Ergebnisse an die Royal Asiatic Society.

Rawlinsons Entzifferung verlief in fast genau denselben Phasen und in fast genau derselben Reihenfolge wie die einiger Forscher in Europa, obwohl er größtenteils unabhängig arbeitete. Von den Eigennamen (zuerst denen der achaimenidischen Könige, dann der persischen Provinzen) wandte er sich den Vokabeln und grammatischen Formen zu, stets im Vergleich mit den ständig anwachsenden Ergebnissen der Vergleichenden Sprachwissenschaft. Schließlich befaßte sich Rawlinson, genau wie Lassen, mit den orthographischen Regeln der Schrift. Er entwickelte Lassens Ansätze weiter und fand ein dreifaches System (1846, S. 175–86); für jeweils den gleichen Konsonantlaut wurden verschiedene Zeichen benutzt, abhängig davon, welcher Vokal folgte; die Differenzierung war für die stimmhaften Konsonanten konsequent, bei den stimmlosen nur teilweise und wurde bei den Aspiratae nicht berücksichtigt; also z. B.

	vor a	vor i	vor u
t (stimmlos)	𒋾	𒋾	𒌅
th (aspiriert)	𒀸	𒀸	𒀸
d (stimmhaft)	𒁕	𒁷	𒁺

Diese Entdeckung, die Hincks in Dublin ebenfalls zur gleichen Zeit völlig unabhängig machte, räumte eine scheinbar fehlende Systematik der Schrift aus dem Wege und erleichterte nebenbei die Übertragung. Denn man konnte z. B. für alle drei Zeichen ›d‹ schreiben, aus der originalen Form des Zeichens aber immer auf den nachfolgenden Vokal schließen.

Dies war eindeutig ein großer Fortschritt, und Rawlinson konnte auch noch zwei neue Zeichen entziffern (die für *tr* und *mn*), die von seinen Konkurrenten nicht verwendet wurden; dennoch lag seine Hauptleistung im Bereich der Interpretation. Niemand vor ihm hatte, wie Hincks sagt, auch nur 20 Zeilen korrekt übersetzt, geschweige denn 400.

Ihre Bedeutung war ungeheuer. Für die Geschichte Persiens gaben sie uns »einige Passagen aus dem Leben des Königs Darius, Sohn des Hystaspes, von ihm selbst erzählt«, nach dem Titel der glänzenden Rezension von Hincks, die ich schon mehrfach zitiert habe. Der Philologie gaben sie die Sprache des achaimenidischen Persien. Doch ihre Bedeutung ging noch weiter, denn die persischen Inschriften wurden fast stets von Übersetzungen in zwei weiteren Keilschriften begleitet, so daß die Entzifferung der persischen Keilschrift der Schlüssel zur ganzen Welt der antiken Keilschriften war.

Andere Keilschriften | *Kapitel 5*

Die Entzifferung der persischen Keilschrift lieferte den Schlüssel zur Welt der Keilschrift. Es sollte sich herausstellen, daß sie so weit und mannigfaltig war wie die Verwendung des griechischen und römischen Alphabets im euorpäischen Bereich. Der Schlüssel aber verschaffte noch nicht den direkten Zugang, denn die persische Keilschrift war eine erfundene, nicht eine natürlich und allmählich entstandene Schrift. Ihre Zeichen unterschieden sich von den Zeichen der gewöhnlichen Keilschrift etwa in der Art, wie sich die geschriebenen Zeichen des Morse-Alphabets von unseren Buchstaben unterscheiden.[64] Daher war eine weitere Entzifferung erforderlich. Glücklicherweise boten die Triskripte von Behistun und Persepolis dafür ausreichend Material, in denen Darius und Xerxes ihre Namen und Leistungen außer in Persisch auch in Elamitisch und Babylonisch hatten aufzeichnen lassen. Elamitisch war die antike Sprache des elamitischen Reiches mit der Hauptstadt Susa, hatte aber – ähnlich wie die baskische im heutigen Europa – keine verwandtschaftliche Beziehung zu den Nachbarsprachen; übrigens auch zu keiner der sonst bekannten Sprachgruppen. Die Schrift, in der sie niedergelegt war, stammte wohl letztlich von der akkadischen Keilschrift ab, hatte aber eine ganz eigentümliche Form. Der babylonische Teil der Inschriften hingegen war in der traditionellen Sprache und der traditionellen Schrift der mesopotamischen Kultur abgefaßt. Äußerlich war sie die komplizierteste der drei Schriften, schon wegen ihres großen Repertoires von zwei- oder dreihundert Zeichen; ihre Entzifferung wurde aber dadurch erleichtert, daß die Sprache der bekannten semitischen Gruppe angehörte und außerdem ständig neue Dokumente in dieser Schrift oder der eng verwandten assyrischen Schrift entdeckt wurden.

Der Stammbaum der Keilschriften zeigt ihre Beziehungen untereinander, so wie man sie heute kennt oder hat erschließen können.[65]

Die Keilschriften wurden zur Wiedergabe von Sprachen aus vier verschiedenen Sprachgruppen benutzt: Elamitisch, Semitisch (Akkadisch, Babylonisch, Assyrisch), Churrisch (die Sprache des urartäischen Reichs beim Van-See, das vom 9. bis 7. Jahrhundert v. Chr. blühte und die neuassyrische Keilschrift benutzte, ist ein entfernter Verwandter des Churrischen)

Die babylonische Silbenschrift und Verwandtes

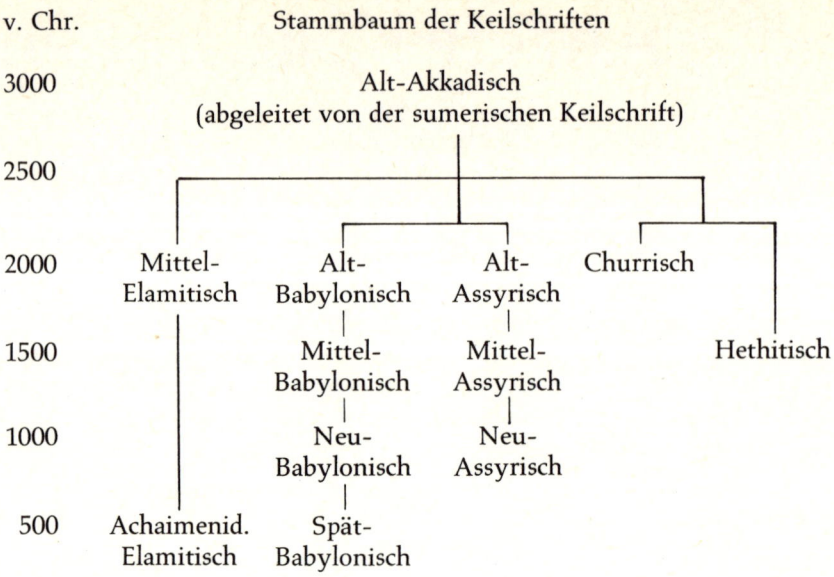

und Hethitisch (eine indoeuropäische Sprache). Die Beziehung der Schriften untereinander ist komplizierter, als der einfache Stammbaum vermuten läßt, denn es gab mannigfache Querverbindungen. Die mittelbabylonische oder akkadische Schrift hatte internationalen Status und die hethitischen und assyrischen Schreiber übernahmen viel von ihr. Auch die Zeit bewirkte Veränderungen. Die Tradition der Schreiberschulen war ungebrochen; dadurch wurden Elemente der Schrift, die im normalen Gebrauch längst nicht mehr vorkamen, u. U. möglicherweise wiederbelebt. Schließlich trat in den späteren Phasen auch Einfluß von außen hinzu. Anfangs wurde die Keilschrift auf Ton geschrieben, und zwar von gelernten Schreibern. Die ursprüngliche Natur der Schrift war silbisch mit einem mehr oder weniger konsequent entwickelten Repertoire von Ideogrammen und Determinativen. In all diesen Punkten unterschied sie sich von dem semitischen Konsonantenalphabet, das kurz nach der Mitte des 2. Jahrtausends v. Chr. schon existierte und vielleicht bereits wesentlich früher entstanden war. Im ersten Jahrtausend verbreitete sich das semitische Alphabet immer weiter, möglicherweise verursachte das die häufigen Fehler in der Schreibung von Vokalen, speziell Endvokalen, im Spätbabylonischen. Denn Schreiber, die mit dem konsonantischen Alphabet vertraut waren, konnten beim Schreiben einer Silbenschrift leicht nachlässig werden: da in dem einen System Vokale insgesamt entbehrlich sind, mag die Versuchung bestanden haben, die notwendige Differenzierung der Vokale auch in dem anderen System unberücksichtigt zu lassen. Zudem ist es denkbar, daß die Sprache des Spätbabylonischen mehr oder weniger eine Gelehrtensprache und nicht mehr in allgemeinem Gebrauch war.

All diese Faktoren im Zusammenspiel mit anderen, etwa der allmählichen Veränderung von Lautwerten in der gesprochenen Sprache, denen sich die Schrift nur in Abständen oder gar nicht anpaßte, machten die spätbabylonische Schrift schwer durchschaubar und kompliziert.

Ähnliche Phänomene gibt es ja auch in unserer eigenen Schrift. Unser Alphabet leitet sich durch das lateinische direkt von einem früh-griechischen ab. Im griechischen Alphabet entsprach mehr oder weniger noch ein Zeichen einem Laut und umgekehrt. Im Laufe von 2500 Jahren verlor sich diese Übereinstimmung. ›V‹ kann im Deutschen entweder wie ›f‹ oder wie ›w‹ klingen, also zwei verschiedene Laute wiedergeben; das gleiche gilt z. B. für ›c‹, das wie ›k‹ oder wie ›z‹ gesprochen werden kann. Zu diesen Polyphonen (Zeichen mit mehreren Lautwerten) treten auch Homophone (gleich ausgesprochene verschiedene Zeichen; sie ergeben sich teilweise schon aus den Polyphonen: *f* und *v* können denselben Laut wiedergeben etc.). So klingen z. B. *ei* und *ai* oder *oi* und *eu* jeweils gleich, oder auch *tz* und *z*. Das griechische Alphabet wurde inzwischen noch durch einige Zeichen erweitert, *G* trat in römischer Zeit hinzu, *J* und *V* im Mittelalter, *W* im Alphabet der nordeuropäischen Sprachen, dazu kommen noch alle Umlaute. Zahlreiche Ideogramme wurden eingeführt, die meisten für den technischen Bereich, einige aber sind ganz allgemein in Gebrauch, so z. B. alle Zahlen, %, =, + etc. Außerdem gibt es einige Xenogramme (das Zeichen ℔ für Pfund entstand aus der Abkürzung *lb* für *libra*, wird aber Pfund gelesen; & gibt das Wort *et* lat. und in noch schwach erkennbarer Form wieder; p^s für span. Pesos wurde zum Zeichen $ für Dollar verschliffen und Dollar gelesen). Einige Schriftzeichen wurden auch aufgegeben, so verschiedene Schreibweisen für den Buchstaben ›s‹ und einige mittelalterliche Ligaturen, d. h. Zusammenziehungen mehrerer Zeichen. Insgesamt aber ist mehr hinzugekommen als verlorengegangen. Die Griechen der klassischen Zeit benutzten etwa 30 verschiedene Zeichen, bei uns stehen mindestens 100 im täglichen Gebrauch, wie man beim Zählen der Tasten einer Schreibmaschine leicht feststellen kann. Jede einzelne Erweiterung des Zeichenrepertoires war für sich genommen begründet und vernünftig: alle zusammen aber müssen den Anschein völliger Irrationalität und Undurchschaubarkeit erwecken.

Nachdem wir uns nun die Grundkenntnisse in der Veränderung von Schriften vergegenwärtigt haben, können wir die zugrunde liegende historische Gesetzmäßigkeit dieser Entwicklungen ergründen. Die meisten Zeichen unserer Schrift stimmen mit denen der anderen westeuropäischen Sprachen eindeutig überein, mehr noch, in den meisten Fällen haben die gleich aussehenden Zeichen auch den gleichen oder einen ähnlichen Lautwert. Streng genommen jedoch werden im Englischen und Deutschen zwei verschiedene Schriften benutzt, doch wäre es allzu pedantisch, wollte man das Wort Entzifferung benutzen, falls man nun gezwungen wäre, die eine dieser Sprachen aus der Literatur zu rekonstruieren. Die Wiederentdeckung des Urartäischen (in neuassyrischer Keilschrift geschrieben), des Churrischen (geschrieben in fast ideogrammfreier, vom Altakkadischen abgeleiteter Keilschrift) und des Hethitischen (in einer vom Churrischen abgeleiteten, jedoch stark vom Akkadischen der Mitte des 2. Jahrtausends beeinflußten Keilschrift geschrieben) kann man folglich auch nicht als echte Entzifferungen bezeichnen, obwohl ihre Entschlüsselung schwierig war und beträchtliche Leistungen erforderte. Sie gehören also nicht zu unserem Thema.

Anders ist es bei der Entschlüsselung des Spätbabylonischen; hier handelte es sich um eine echte Entzifferung, denn bisher unbekannten Schriftzeichen mußten Lautwerte zugeordnet werden. Doch obwohl der Prozeß im einzelnen langwierig war und den Zugang zu den übrigen ungelösten Problemen gewährte, bot er methodisch doch keine allzu großen Schwierigkeiten. Dank der Entzifferung der persischen Keilschrift stand eine umfangreiche Bilingue zur Verfügung, die zahlreiche Eigennamen enthielt.

Diese waren wieder Ausgangspunkt der Entzifferung. Rawlinson, der zwischenzeitlich wieder in England und maßgeblich an der Entzifferung beteiligt war, teilte 1850 in seinem Vortrag vor der Royal Asiatic Society mit, daß er ohne größere Schwierigkeiten 80 Eigennamen habe lokalisieren und identifizieren können. Diese lieferten die Lautwerte für ca. 100 Zeichen. Abweichende Schreibungen dieser Namen ergaben außerdem 50 vermutliche Homophone, so daß insgesamt die Lautwerte von 150 Zeichen bekannt waren. Die meisten waren Silbenzeichen; und zwar von zwei verschiedenen Typen, die Rawlinson Anfangs- und Endsilben nannte. Wir würden heute von offenen und geschlossenen Silben sprechen, je nachdem, ob der Vokal dem Konsonanten folgt *(na)* oder ihm vorausgeht *(an)*. Dieses Doppelsystem verlangt zwangsläufig eine ungleich größere Zahl von Zeichen als ein einfaches mit nur einem Typ von Silben, selbst wenn Homophone nicht auftreten. Außerdem gab es, wie Rawlinson entdeckte, zahlreiche Ideogramme, worin die Schrift der ägyptischen ähnelte; in den persischen Keilschrift-Inschriften hingegen gab es nur zwei oder drei Ideogramme für besonders häufige Wörter und Namen.

Nicht nur Homophone, auch Polyphone kamen vor: Zeichen, die zwei oder mehr ganz verschiedene Laute wiedergeben konnten. Rawlinson mußte bekennen, daß die phonetischen Zeichen insgesamt noch »dem Versuch widerstanden, sie auf eine durchgehende verbindliche Systematik zurückzuführen«. Er behauptete zu diesem Zeitpunkt auch nicht, die Schrift vollkommen entziffert zu haben, sondern nur »das erste Bollwerk in eine bisher uneinnehmbare Position gebracht« zu haben. Er hatte etwa 200 babylonische Wörter identifiziert (»dem Klang nach annähernd, der Bedeutung nach sicher«, urteilte er selbst), von denen viele in genau übereinstimmender oder doch ähnlicher Form in jenen Inschriften wieder vorkamen, die bei den gleichzeitigen Ausgrabungen in Assyrien entdeckt wurden.[66] Diese lieferten dann Material für weitere Untersuchungen, denen als Leitlinien vorsichtige Anwendung der Analogien aus anderen semitischen Sprachen, grammatikalische Hinweise und vor allem gründlicher Vergleich übereinstimmender oder ähnlicher Phrasen zur Erhellung des Kontextes zugrunde lagen. Daraus ergaben sich zusätzlich noch ca. 200 sichere und weitere 100 wahrscheinliche Wörter; da es aber in den bis dahin bekannten babylonischen und assyrischen Inschriften an die 5000 verschiedene Zeichengruppen gab, machten die lesbaren Wörter gerade nur ein Zehntel des Ganzen aus. Immerhin aber hatte man den historischen Kontext einer großen Anzahl von Inschriften bestimmen können.

▷ 69. Tonzylinder mit einer Inschrift des Tiglatpileser I, König von Assyrien.

K.1621.A.

70. Weihinschrift des Puzur-Inšušinak in akkadischer Keilschrift und dem noch unentzifferten Proto-Elamitisch. Susa, um 2200 v. Chr.

Soweit Rawlinsons Bericht über den Stand der Forschungen von 1850. Im Jahr darauf kehrte er nach Bagdad zurück, diesmal, um Ausgrabungen für das British Museum durchzuführen. Dabei fand er unter anderem die Gründungsurkunden Nebukadnezars in Birs-Nimrud. Das dramatischste Ereignis aber fand in Zusammenhang mit den Annalen des assyrischen Königs Tiglatpileser I. statt, die auf dem abgebildeten Tonzylinder niedergeschrieben sind. An ihnen nämlich sollte die Richtigkeit der Entzifferung öffentlich demonstriert werden.

Initiator dieser ›Prüfung‹ war Fox Talbot. Fox Talbot gelangte zwar als Erfinder der Fotografie zu Weltruhm, war aber außerdem Gelehrter; die Entzifferung der Keilschrift hatte ihn dazu bewogen, sich mit Assyrologie zu befassen. Nach Rawlinsons Rückkehr nach England 1855 erhielt er, bevor noch irgendein anderer sich mit ihr befaßt hatte, eine Abschrift des Tatenberichts Tiglatpilesers I. Er übersetzte ihn und sandte ihn in geschlossenem Umschlag zurück, mit dem Vorschlag, es sollten doch andere unabhängig Übersetzungen anfertigen, und ein unparteiisches Komitee sollte die Ergebnisse vergleichen.

Für die Kritiker der Entzifferung war nämlich, wie Fox Talbot in seinem Begleitschreiben darlegte, die Unverbindlichkeit der angenommenen Zeichenwerte einer der Hauptangriffspunkte: »Wenn jedes Keilschriftzeichen eine Silbe wiedergibt, aber nicht immer dieselbe . . ., konnten die Assyrer selbst sie niemals verstanden haben.« Dem entgegnete Talbot, das treffe nicht zu. »Die Erfahrung lehrt, daß die Unsicherheit, die daraus entsteht, nicht so groß ist, wie man sich wohl vorstellt. Viele der Keilschriftgruppen haben nur einen einzigen Lautwert, andere tragen in demselben Wort oder derselben Phrase stets denselben Wert, so daß die verbleibenden Schwierigkeiten und Unsicherheiten der jeweiligen Bedeutung sich durchaus in erträglichen Grenzen halten.«

Talbots Vorschlag, ein öffentliches Experiment zur Prüfung der Entzifferung zu veranstalten, wurde angenommen, und man berief bedeutende Persönlichkeiten in das Komitee, das nicht den Wert der Entzifferung, sondern zunächst nur die Übereinstimmung zwischen den vorgelegten Übersetzungen beurteilen sollte. Dr. Hincks, ein irischer Geistlicher und im Vergleich zu Rawlinson mehr auf Genauigkeit bedachter Gelehrter, sowie Dr. Oppert, ein früherer Schüler Lassens, der nach Frankreich gegangen war, da Juden zu der Zeit in Deutschland keine akademische Laufbahn einschlagen konnten, wurden, ebenso wie auch Rawlinson selbst, aufgefordert, Übersetzungen vorzulegen. Der Vergleich der eingereichten Übersetzungen ergab »eine äußerst bemerkenswerte Übereinstimmung«, wobei das Urteil dahingehend modifiziert wurde, daß die »engste Übereinstimmung zwischen den Fassungen des Colonel Rawlinson und des Dr. Hincks gefunden wurde, die, wie verlautet, sich die längste Zeit und mit der größten Beharrlichkeit diesen Studien gewidmet hatten. Mr. Fox Talbot, der erst später auf den Plan trat, ist weniger genau und sicher, obwohl auch er insgesamt zu überwiegend denselben Ergebnissen kam.« Über Oppert fand das Komitee einige höfliche Phrasen, aber eindeutig war er in ihren Augen nur der abgeschlagene Letzte.

Die vier unabhängigen Übersetzungen und der Bericht über die Arbeit der Kommission wurden 1857 von der Royal Asiatic Society veröffentlicht. Damit war das Tor zum Weg der Keilschrift gewissermaßen offiziell für offen erklärt. Eine Keilschrift aber war noch verblieben, die der Entzifferung harrte; dies war die zweite der Persepolisschriften, heute unter dem Namen bekannt, den Sayce ihr 1874 gab: Elamitisch. Zu jener Zeit nannte man diese Schrift medisch, weil man glaubte, sie gebe die Sprache der Meder wieder. Rawlinson hielt sie für einen tatarischen Dialekt, in dem er, wohl in einer Art Rückgriff auf Jones, die dritte der drei großen Sprachfamilien sah, den Vorfahren des Magyarischen, Finnischen, Türkischen und Mongolischen. In etwas romantischer Weise betrachtete er die drei Verwaltungssprachen des Nahen Ostens zu seiner Zeit – Persisch, Türkisch, Arabisch – als die direkten Abkömmlinge der drei in Monumentalschrift überlieferten Sprachen von Persepolis. Das trifft nicht zu. Die elamitische Sprache hatte jedoch bereits eine lange Geschichte hinter sich. Keilschriften im sog. Mittelelamitischen aus dem 2. Jahrtausend v. Chr. belegen ihre frühe Existenz. Vielleicht aber ist sie noch älter, denn Inschriften aus Susa, die allerdings in einer ganz anderen Schrift geschrieben sind, könnten bereits dieselbe Sprache wiedergegeben haben; sie begleitet manchmal ein in akkadischer Keilschrift geschriebener Text, der vielleicht jeweils denselben Inhalt hat. Diesen Dokumenten aus der Zeit um etwa 2000 v. Chr. gehen noch frühere Zeugnisse einer Vorform derselben Schrift und vielleicht derselben Sprache voraus, nämlich einige hundert Tontafeln, die um etwa 3000 v. Chr., entstanden sind. Diese Schrift nennt man Protoelamitisch; sie ist noch nicht entschlüsselt.[67] Aber auch das achaimenidische Elamitisch entzog sich lange Zeit einer Interpretation, denn die Sprache war eine bisher ganz unbekannte, und trotz der Arbeiten von Rawlinson, Hincks und Oppert und anderen datiert die wirkliche Kenntnis erst seit Weißbach (1890). Die eigentliche Schwierigkeit lag – wie auch beim bis heute nicht bekannten Etruskisch – darin, daß eine unbekannte Sprache wiedergewonnen werden mußte, nicht in der Entzifferung im strengen Sinne, für die ja mit den Inschriften von Persepolis und Behistun ausreichende Triskripte zur Verfügung standen.

Das ugaritische Alphabet

Schließlich bleibt noch das ugaritische Alphabet, die zuletzt entdeckte Form von Keilschrift und die überraschendste seit den ersten Berichten von Figueroa und Pietro della Valle. In dem Stammbaum der Schriften S. 126 kommt die ugaritische nicht vor, denn wie die achaimenidisch-persische Schrift war sie eine künstliche Schöpfung. Die Entdeckung des Ugaritischen ist dem französischen Archäologen Claude Schaeffer zu verdanken. Bei Ausgrabung der phönizischen Stadt Ugarit in der Nähe des modernen Ras Schamra an der Küste Nordsyriens fand Schaeffer in einem Fundzusammenhang des 12. Jahrhunderts v. Chr. Dokumente, von denen ein Teil in Akkadisch, ein anderer in einer bisher unbekannten, anscheinend stark vereinfachten Keilschrift geschrieben war.

In beispielhafter Großzügigkeit überließ Schaeffer die Dokumente seinem Kollegen Charles Virolleaud zur schnellstmöglichen Publikation; noch im selben Jahr erschien dessen erster Aufsatz (*Syria* X 304–310). Mit nur einer Ausnahme waren die Texte in der neuen Schrift auf Tontafeln geschrieben. Wie in den Keilschriften üblich, verlief auch die neue Schrift von links nach rechts, unterschied sich aber durch ein besonders kleines Zeichenrepertoire: statt mehrerer hundert gab es nur 26 oder 27 verschiedene Zeichen; eine solche Schrift konnte kaum eine Silbenschrift sein oder Ideogramme enthalten. Mit fast völliger Sicherheit konnte man davon ausgehen, daß es sich um eine alphabetische Schrift handelte.

Die einzige Inschrift, oder vielmehr der einzige Satz von Inschriften, der nicht auf einer Tontafel geschrieben war, fand sich auf einer Reihe kleiner Bronzeäxte. In ihnen sah Virolleaud einen möglichen Ausgangspunkt für die Entzifferung. Zum Vergleich wies er auf eine phönizische Pfeilspitze aus dem 10. Jahrhundert hin, auf der die Worte ›*hets addo*‹ (›der Pfeil Addos‹)

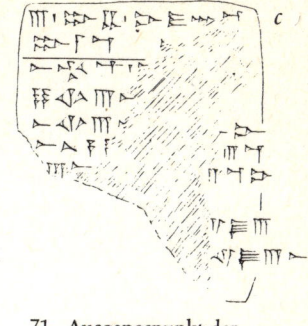

71. Ausgangspunkt der Entzifferung des ugaritischen Alphabets durch Virolleaud.
a) eine der vier Äxte mit einem einzigen Wort,
b) eine Axt, die noch ein weiteres Wort trägt,
c) Tontafel, auf der nach einem einzelnen Buchstaben wiederum dasselbe Wort steht wie auf den Äxten.

den Besitzer angaben. Sollte das auch für die Bronzeäxte zutreffen, mußte das erste Wort ›Axt‹ bedeuten und das zweite, das auf allen vier Äxten vorkam, der Name des Besitzers sein. Daß dieses zweite Wort ein Eigenname sein mußte, bestätigte auch eine der Tontafeln, wo dasselbe Wort als zweites auftrat. Das Wort davor bestand aus nur einem Zeichen und war daher höchstwahrscheinlich eine Präposition. Zeitgleiche, akkadische Briefe auf Tontafeln begannen üblicherweise mit der Präposition *ana* ›an‹, danach stand der Name der angeredeten Person. Vermutlich war also in diesem Falle der Besitzer der Äxte auch der Empfänger des Briefes.

Abgesehen von dem zusätzlichen Hinweis, daß die Worte im allgemeinen sehr kurz waren, meist nur aus drei und selten aus mehr als vier Buchstaben bestanden, und daher kyprisches Griechisch als Sprache wohl auszuschließen sei, schloß Virolleaud mit diesen Ansätzen zu einer Entzifferung seinen ersten Aufsatz ab. Aber er bildete Umzeichnungen der 42 Tontafeln in der alphabetischen Schrift und einige Musterfotos ab. Mit Hilfe des so zur Verfügung stehenden Materials konnte es nicht lange dauern, bis andere damit zu arbeiten begannen. Und in der Tat lagen bald drei Entzifferungen vor. Sie stammten von Virolleaud selbst, dem Semitisten Hans Bauer aus Halle und E. Dhorme von der französischen Schule in Jerusalem.

Beginnen wir mit Virolleauds eigener Entzifferung. Am 3. Oktober 1930 trug er sie vor der Académie des Inscriptions et Belles Lettres vor, jener Körperschaft, der früher Barthélemy und Champollion ihre Entzifferungen vorgelegt hatten, und veröffentlichte sie im folgenden Jahr in der Zeitschrift *Syria*. Virolleaud nahm die Untersuchung an dem Punkt wieder auf, wo er bei seinem ersten Aufsatz aufgehört hatte. In dem ersten Zeichen des Briefes vermutete er ein *l*, den Konsonant der phönizischen und hebräischen

72. Die nächsten Stufen in Virolleauds Entzifferung.
a) *mlk, mlkm* ›König‹, ›Könige‹,
b) *b'l, b'lt; bt* ›Baal‹, ›Baalat‹; ›Haus/Tochter‹,
c) *šlš, šlšm* ›drei‹, ›dreißig‹.

	in den ugaritischen Dokumenten vorkommende Zeichen	zu erwartende Lautwerte unter der Voraussetzung einer Westsemitischen Sprache
Präfixe		' y m n t (vielleicht auch b h w k l)
Suffixe		h k m n t
Selbständige Buchstaben, die einsilbige Wörter ergeben		l m (vielleicht auch b k w)
A Allen drei Klassen gemeinsam	Sehr häufig:	w m
	Weniger häufig:	k
B Nur bei den ersten beiden Klassen	Sehr häufig:	n t
	Weniger häufig:	k

Folglich ergibt sich aus A	= w oder m
	= m oder w
	= n oder t
aus B	= t oder n

Präposition ⟩. Wenn die Sprache Phönizisch war – und Ras Schamra lag schließlich in Phönizien –, dann mußte man nach Zeichengruppen suchen, die möglicherweise die Wörter *mlk* ›König‹ und *B'l* ›Baal‹ wiedergaben und beide dieses *l* an der entsprechenden Stelle enthalten mußten. Virolleaud fand Wörter, die den Erfordernissen entsprachen, mehr noch: zwei von ihnen besaßen erfolgversprechende Beweise zur Identifikation. Neben *mlk*

1. = l (nach Virolleaud, 1929)
2. = b ' l = Baal
3. = bn = ›Sohn‹
   = bt = *bath* (›Tochter‹) oder
   bayt (›Haus‹)
4. = m l k = ›König‹
5. = g r z n = ›Axt‹ von Bauer (4. 6. 1930)
   übernommen und gleichzeitig Schritt Nr. 3 zurückgenommen.
6. konnte nun r b k . n m gelesen werden;
   rb khnm hieße Oberpriester.
   Also stand wahrscheinlich für *h*.

	A	B	C	Übertragung		
1.				g	t	m
2.				ṣ	p	b
3.				l	ḫ	d
4.				z	a	w
5.				ḫ	n	y
6.				s	k	r
7.				u	i	š
8.				ʿ	ǵ	ṯ
9.				ḏ	q	ṭ
10.				š	ẓ	ḥ

75. Schematische Anordnung der Zeichen des ugaritischen Alphabets von Windfuhr (1970).

kam eine weitere Gruppe von Zeichen vor, die nach der Übertragung mit denselben Lautwerten *mlkm* ergab, den korrekten semitischen Plural ›Könige‹. Und das Wort, das er für *B'l* hielt, trat ebenfalls mit noch einem weiteren Buchstaben auf. Daraus ergab sich, las man diesen als *t*, das Femininum Baalat, welches wiederum die Lesung eines zweisilbigen Wortes an anderer Stelle im Text als *bt* ermöglichte, was phönizisch ›Tochter‹ oder ›Haus‹ bedeuten kann. Schließlich fand sich unter den Wörtern mit *l* ein aus drei Buchstaben bestehendes Wort, bei dem *l* in der Mitte stand und der erste und letzte Buchstabe jeweils derselbe war. Dies konnte *šlš* ›drei‹ sein, und wenn das zutraf und der Buchstabe *m* richtig identifiziert war, erhielt ein anderes Wort im Text als *šlšm* ›dreißig‹ Sinn. Das Wort *šlš* ›drei‹ kam am Ende einer Zeile auf einer Tafel vor, die durch 12 waagerechte Linien, auf denen jeweils zwei Wörter standen, eine tabellenartige Aufstellung zu sein schien. Daher waren vielleicht auch die anderen Endwörter Zahlen. Nach Einsetzen der bisher vermutungsweise zugeschriebenen Lautwerte konnte ein *šš* als ›sechs‹ gelesen werden, und es bereitete kaum Schwierigkeiten, weitere Werte einzusetzen und die Wörter *sb'*, *ḥms*, *šmn* für ›sieben‹, ›fünf‹ und ›acht‹ zu erhalten. Dies reichte aus, um Virolleaud zu der Überzeugung gelangen zu lassen, daß er auf dem richtigen Wege war, und weiteres Vorgehen in dieser Methode des *trial-and-error* gab ihm richtige Lautwerte für den größten Teil der Buchstaben.

Im Unterschied zu Virolleauds empirischer Methode stand am Anfang von Hans Bauers Entzifferung (1930) ein genialer abstrakter Gedankenschritt. Bauer ging von der Hypothese aus, daß die Sprache westsemitisch sei (d. h. dem Phönizischen und Hebräischen eng verwandt), was durch die

Lage Ugarits und die Kürze der Wörter, auf die bereits Virolleaud hingewiesen hatte, gerechtfertigt wurde. Er versuchte zunächst, jene Zeichen zu isolieren, die als Präfixe, Suffixe oder Konsonanten einsilbiger Wörter auftraten. Diesen stellte er dann die in einer westsemitischen Sprache zu erwartenden Lautwerte gegenüber. Im Ausschlußverfahren hoffte er dann sichere Werte zu erhalten. Die Abb. 73 zeigt, daß sich dabei zwei Ableitungen ergaben, deren erste richtig war, die zweite aber fatalerweise ganz falsch. Dadurch war Bauer, als er sich der Bearbeitung der Texte zuwandte, in einer schlechteren Lage als Virolleaud es ohne äußere Anhaltspunkte gewesen war. Bauer nahm Virolleauds erste Vermutung, daß nämlich die Präposition am Anfang des Briefes *l* sei, wieder auf und suchte danach ebenfalls das Wort *mlk* ›König‹. Aus seinen Prämissen hatten sich zwei mögliche Zeichen für den Buchstaben *m* ergeben, aber beide trafen nicht zu; daher wählte er ein falsches Wort und gewann aus ihm zwei falsche Lautwerte, was natürlich für seine Entzifferung eine schwere Hypothek war. Mit seiner anderen, zutreffenden Ableitung jedoch suchte und fand er das Wort *bn* ›Sohn‹, und versuchte mit dem Zeichen für *b* das Wort *B'l* zu finden – genau wie Virolleaud – und das Wort *B'lt*, für das seine zweite Ableitung das *t* sicher ergeben hatte. Auf diese Weise versuchte er weitere Wörter zu identifizieren und Buchstabenwerte zu ordnen, aber er legte nur den halben Forschungsweg zurück.

Die dritte der fast gleichzeitigen Entzifferungen legte Édouard Dhorme 1930/31 vor. Er ging von Virolleauds ersten Vorschlägen aus und leistete im wesentlichen dieselbe Arbeit, nur ging er in etwas anderer Reihenfolge vor. Nachdem er eine Vorankündigung von Bauer gelesen hatte, in der dieser das vermeintliche Wort für ›Axt‹ angab, änderte Dhorme seine Beweisführung leicht. Bauers Wort war in Wirklichkeit falsch (er las *grzn* statt *ḥrṣn*), Dhorme aber war im augenblicklichen Stadium nur an den Buchstaben *r* und *n* interessiert. Sie ergaben *rok.nm* als Besitzer der Äxte und *l rbk.nm* als Anrede des Briefs (Bauers Alphabet hatte *l rbwhnk* ergeben). Dhorme erkannte, daß das Wort eher ein Titel als ein Name war; er setzte *h* für den noch fehlenden Laut ein und erhielt die befriedigende und richtige Lesung für ›Oberpriester‹: *rb khnm*. Von hier machte er sich, wie Virolleaud, an die Lesung der Wörter und Zahlwörter und konnte bald ein Alphabet erstellen, in dem die meisten Lautwerte korrekt waren, in einem zweiten Artikel im darauffolgenden Jahr aber noch verbessert wurden.

Zu diesem Zeitpunkt gab es noch einige Zeichen, für die in allen drei Entzifferungsversuchen der Lautwert noch fehlte; fortlaufender Text konnte also noch nicht zuverlässig gelesen werden. Aber der Vergleich der veröffentlichten Resultate und vor allem ständige Vermehrung des Textmaterials aus Schaeffers Grabungen führten bald zur völligen Entzifferung des Ugaritischen.

Das ugaritische Alphabet war von größtem Interesse, nicht nur der Literatur wegen, zu der es Zugang verschaffte, sondern auch und vor allem wegen seiner Eigentümlichkeit als Schriftsystem. Sein Zeichenschatz war eindeutig eine bewußte Schöpfung, die Zeichen waren aus möglichst sparsamen Linienkombinationen zusammengestellt worden. Das lehrt schon ein Blick auf Windfuhrs Anordnung der Zeichen nach ihrer Form. Zudem liegt das alphabetische Prinzip zugrunde, nicht ein silbisches wie bei allen anderen Keilschriften. War das Zufall, das Ergebnis einer unabhängigen Erfindung? Solche Fragen liegen nahe, sind aber normalerweise nicht zu beantworten. In diesem Fall war die Antwort durch einen glücklichen Fund möglich. Im November 1949 entdeckte man in Ugarit eine Schülertafel aus dem 14. Jahrhundert v. Chr., auf der die Zeichen des ugaritischen Alphabets in genau der Reihenfolge unseres eigenen, vom phönizischen abgeleiteten Alphabets geschrieben standen. Das konnte kein Zufall sein und kann nur bedeuten, daß damals das semitische Alphabet schon existierte und in Ugarit bekannt war.[68] Demnach dürfte das ugaritische Alphabet nicht als abstrakte Erfindung aus dem Nichts, sondern vielmehr als praktischer Kompromiß zwischen zwei bereits bestehenden Systemen entstanden sein; es verband das phonetische Prinzip eines Alphabets mit der graphischen Technik der Keilschrift.

Zu fragen bleibt, in welcher Weise die einzelnen Lautwerte den Zeichenformen zugeordnet wurden. Hier sind wir weitgehend auf Vermutungen angewiesen. Zweierlei läßt sich feststellen: die von Windfuhr in Zeile 7 wiedergegebenen Laute u, i und s kommen in normalen phönizischen Alphabet nicht vor; sie stehen in dem Schüler-ABC ganz am Ende und ihre Formen passen auch nicht ohne weiteres in das Drei-Typen-Schema des ugaritischen Zeichenschatzes. Sie müssen also, sowohl nach dem phonetischen als auch nach dem graphischen Gesichtspunkt betrachtet, spätere Zusätze sein. Als zweites zeigt sich, daß zwischen der Form eines Zeichens und seinem Platz im Alphabet bei den anderen 26 Buchstaben keine Beziehung besteht. Vielleicht – das wäre die naheliegende, wenn auch nicht beweisbare Erklärung – hat der Erfinder versucht, die einfachsten Zeichen den häufigsten Lauten zuzuordnen.[69]

Unsere Beschäftigung mit der Keilschrift wollen wir mit der Wiedergabe eines weiteren Schüler-ABCs abschließen, welches später in Ugarit gefunden wurde. Diesmal steht der akkadische Schlüssel daneben. Zu der Zeit, als es gefunden wurde, bedurften weder die Entzifferung des Akkadischen, noch die des Ugaritischen, noch der Nachweis, daß unser Alphabet bereits in der Bronzezeit existierte, einer weiteren Bestätigung. Eigentlich ist das schade, denn nichts hätte überzeugender und menschlicher diese Bestätigung geben können als jenes vergessene Zeugnis einer Schülerübung vor 3500 Jahren.

76. Schülertafel mit dem ugaritischen Alphabet und dem akkadischen Schlüssel daneben; 14. Jahrhundert v. Chr. Zeichnung und Lesung Virolleaud, 1957.

Teil III | Ägäische und anatolische Schriften

Kapitel 6 | Die kyprische Silbenschrift

Die Entdeckung der kyprischen Schrift

Die beiden Hochkulturen im Nahen Osten, gleichzeitig Zentren der Schreibkunst in der Bronzezeit, waren Ägypten und Mesopotamien. Ägypten behielt sein Schreibsystem fast ganz für sich; außer von den Bewohnern von Meroë wurde es nie von einem anderen Volk übernommen; kein anderes Schriftbild wurde nachweislich vom ägyptischen beeinflußt, keines aus ihm entwickelt. Anders ist es dagegen mit der mesopotamischen Keilschrift. Wie wir gesehen haben, wurde sie von Nachbarvölkern in Syrien, Kleinasien und Persien übernommen oder zur Bildung eigener Schriften entlehnt.

Diese beiden großen Schriftsysteme waren jedoch, obwohl die wichtigsten, so doch nicht die einzigen im Nahen Osten. An der Peripherie des Keilschriftgebietes waren auch andere Schriften in Gebrauch (siehe die Karte 206–207). Im Osten gab es das Protoelamitische und die Indus-Tal-Schriften; beide waren bis zur Mitte des 2. Jahrtausend v. Chr. bereits vergessen und sind noch nicht entziffert. Daher brauchen sie in unserem Buch nicht behandelt zu werden. Im Westen gab es die ägäische Schriftfamilie und das hethitisch Hieroglyphische. Die Schriften dieser Gruppe, speziell Kyprisch, hethitisch Hieroglyphisch und mykenisch Linear B, sind Gegenstand dieses und der nächsten beiden Kapitel.

Die kyprische Silbenschrift wurde auf Zypern vom 7. bis 2. Jahrhundert v. Chr. anscheinend mit bewußt konservativer Art zum Schreiben von Münzlegenden und auf Monumenten benutzt. Für Inschriften wurde eine andere, bis jetzt nicht entzifferte Sprache verwendet, das Eteokyprische. Außerdem fanden sich Aufzeichnungen aus der kyprischen Bronzezeit im Kyprisch-Minoischen, welches vielleicht ein Vorläufer des Eteokyprischen ist.

Das hethitisch Hieroglyphische ist überwiegend aus monumentalen Felsinschriften und Siegelritzungen bekannt und fand sich in einem großen Bereich Kleinasiens und Syriens. Seine Datierung erstreckt sich von der Mitte des 2. Jahrtausends bis in das 7. Jahrhundert v. Chr.

Die mykenische Linear B-Schrift wurde fast ausschließlich auf tönernen Geschäftstafeln in den Archiven der Paläste von Knossos, Mykene, Theben,

 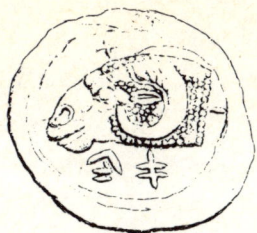  

77. Zwei kyprische Münzen; aus der Publikation des Duc de Luynes, 1852.

Pylos und Khania gefunden. Bei der Zerstörung der Paläste hatte sie das Feuer gehärtet. Die geschätzten Daten der Zerstörungen schwanken zwischen 1375 und 1100 v. Chr. Da die Aufbewahrung der Geschäftsbücher in den Palästen aber sicher dem Leben und der Organisation dieser Paläste dienlich sein sollte und nicht für ihr Ende gedacht war, muß das Schriftsystem bereits früher bestanden haben. Wieviel früher, läßt sich allerdings aus den Grabungsbefunden nicht ablesen.

Als erste dieser drei Schriften sollte das Kyprische als Schriftsystem erkannt und bearbeitet werden. Der Duc de Luynes, ein französischer Mäzen, Sammler und Numismatiker, veröffentlichte 1852 eine Monographie über das Thema. Sie beginnt mit der aufmerksamen Betrachtung zweier bis dahin nicht bestimmter Serien griechischer Münzen, die in den meisten einschlägigen Münzsammlungen vertreten waren. Beide Serien trugen Inschriften in bisher unbekannter Art.[70] Der Duc de Luynes entdeckte, daß es Parallelen auf anderen Münzen gab, von denen man wußte, daß sie auf Zypern oder an der benachbarten türkischen Küste gefunden worden waren, außerdem in zwei oder drei Inschriften, die man bisher für phönizisch gehalten hatte; mit derselben Schrift fand sich auch eine große Bronzetafel beschrieben, die aus der Nähe von Dali, dem antiken Idalion auf Zypern stammte. Der Duc de Luynes hatte die Tafel 1850 über einen Beamten des französischen Konsulats in Beirut erworben. Alle diese Inschriften aus demselben Gebiet belegten die Existenz einer eigenen kyprischen Schrift.

In der Entzifferung dieser Schrift war de Luynes weniger erfolgreich als in ihrer Identifikation. Auf einer Goldmünze des Menelaos, Bruder Ptolemaios' I. und Statthalter von Zypern, der einen großen Teil seiner Amtszeit – von Demetrios Poliorketes belagert – in der Stadt Salamis zugebracht hatte, glaubte de Luynes den Namen dieser Stadt lesen zu können; das Wort – aus fünf Zeichen bestehend – kam auch auf anderen Münzen häufig vor. Er las es wie im Phönizischen *Slams*. Von dieser falschen Annahme ausgehend, identifizierte er dann Zeichen nach der, stets in die Irre führenden, Ähnlichkeit mit den Buchstaben anderer Schriften. Unter den achtzig Buchstaben, die er insgesamt errechnet hatte, unterschied er sieben phönizische, zwölf lykische und siebenundzwanzig ägyptische Zeichen. Großzügig half er sich mit angenommenen Homophonen (36 der 80 Zeichen sollten einen Lautwert jeweils wiederholen) und kam so schließlich zu dem wenig überzeugenden Ergebnis, die Sprache Zyperns sei Ägyptisch.

Diese Schlußfolgerung wurde von anderen abgelehnt. Aber immerhin war die kyprische Schrift jetzt wiederentdeckt, und Zypern rückte in den Mittelpunkt des archäologischen Interesses. Der Comte de Vogué führte

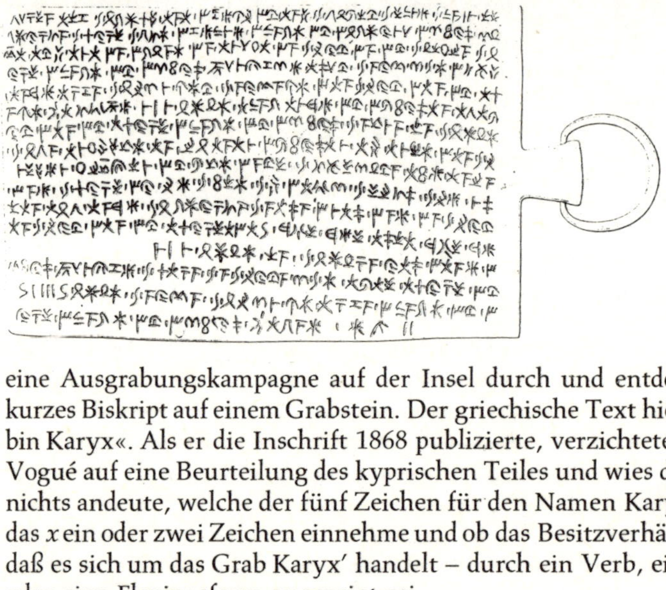

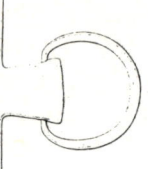

78. Vertrag zwischen dem
Stadtstaat Idalion und einer
Arztfamilie. Bronzetafel,
Anfang 5. Jahrhundert
v. Chr.
a) Foto,
b) Zeichnung des Duc de
Luynes.

eine Ausgrabungskampagne auf der Insel durch und entdeckte 1862 ein
kurzes Biskript auf einem Grabstein. Der griechische Text hieß einfach »Ich
bin Karyx«. Als er die Inschrift 1868 publizierte, verzichtete der Comte de
Vogué auf eine Beurteilung des kyprischen Teiles und wies darauf hin, daß
nichts andeute, welche der fünf Zeichen für den Namen Karyx stünden, ob
das *x* ein oder zwei Zeichen einnehme und ob das Besitzverhältnis – nämlich
daß es sich um das Grab Karyx' handelt – durch ein Verb, eine Präposition
oder eine Flexionsform angezeigt sei.

Im folgenden Jahr (1869) sollte sich allerdings die Aussicht auf eine erfolgreiche Entzifferung wesentlich verbessern, als nämlich Hamilton Lang
in Idalion ein sehr viel umfangreicheres Biskript in Kyprisch und Phönizisch
entdeckte.

Hamilton Lang war britischer Konsul in Larnaka. 1905 veröffentlichte
er einen lebendigen Bericht über seine Entdeckungen auf Zypern. Heute

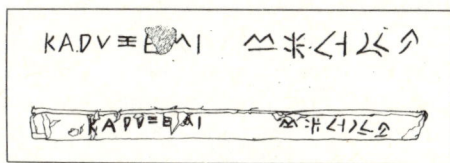

liest dieser sich wie ein Handbuch archäologischer Vergehen, dessen Autor
allerdings keinerlei Schuldgefühl zeigt. Sein Interesse an Altertümern
wurde zuerst dadurch wachgerufen, daß er die Möglichkeit entdeckte, einen
Gewinn von über 1000% bei einer Münztransaktion zu machen. Er zwang
einen Bauern, ihm eine Goldmünze Pythagoras' I. von Salamis für 5 £ zu
verkaufen und verkaufte sie dann selbst für 70 £ an einen Sammler weiter.
Später gelang es ihm, fünf jungen Männern, die einen Schatz von 500 Gold-
stateren gefunden hatten, solche Angst vor der Obrigkeit einzujagen, daß
sie ihm die Münzen für etwas über ein Pfund das Stück überließen. Er ver-
kaufte sie dann fast alle zu ihrem wirklichen Preis an das British Museum.
Von den Münzen wandte er sich zunächst der Landbegehung an den antiken
Stätten zu und ging dann zu illegalen Ausgrabungen mit Arbeitern über,
die auf Provisionsbasis für ihn tätig waren. Für dieses Projekt wählte er ein
Feld bei Dali, wo der Sohn seines Vorarbeiters den oberen Teil einer großen
Statue gefunden hatte und wo tatsächlich ein antiker Tempel gewesen war.
Nachdem etwa 100 Stücke, Grabsteine, Bronzen, Terrakotten, ausgegraben
waren, kam der Tag der Abrechnung und der Neufestsetzung der Bedingungen. Diese Verhandlung wurde durch die Ankunft eines Abgesandten
der türkischen Regierung unterbrochen, der einen Termin für die Heu-
schreckenkontrolle ausmachen sollte. Lang nahm diese günstige Gelegenheit wahr, zu behaupten, die Regierung sei mißtrauisch geworden und wolle
das Grabungsfeld inspizieren. Der einzige Ausweg sei, gab er vor, die Statuen und alles andere so schnell wie möglich in sein abgelegenes Privathaus

nach Larnaka zu bringen. Die verängstigten Arbeiter taten wie ihnen befohlen. Doch dadurch, daß die Statuen nun in Langs Haus waren, hatten die Männer ihre Verhandlungsposition verloren und mußten sich mit Minimalforderungen begnügen.

Im darauffolgenden Jahr (1869) kaufte Lang das Feld, es kostete ihn 30 £! Er beabsichtigte, es bis zu einer Tiefe von 9 Fuß abzutragen, und diesmal zahlte er Stundenlohn. Statuen kamen nicht mehr zum Vorschein, dafür bestand die Ausbeute diesmal in zwei Münzhorten und mehreren Inschriften – phönizischen, griechischen und dem phönizisch-kyprischen Biskript.

Wucher, Schatzsuche und illegale Ausgrabung – nun fügte Lang diesen Vergehen noch Verheimlichung hinzu. Das British Museum hatte ihm geraten, niemanden seine Inschrift kopieren zu lassen. Nachdem ein Gelehrter, der eigens, um die Inschrift zu sehen, aus Konstantinopel angereist war, eine für seine Begriffe zu lange Zeit in der Nähe der Inschrift verbracht hatte, untersagte er dem nächsten Besucher – dem Comte de Vogué – die Betrachtung der Inschrift überhaupt. Statt dessen hatte er einen Abdruck genommen und an das British Museum gesandt, mit dem er Verhandlungen über den Verkauf seiner Sammlung aufgenommen hatte.

Zersplitterung des Fundkomplexes war seine nächste Sünde. Nachdem er an einen durchreisenden österreichischen Admiral eine große Statue verkauft hatte, schmuggelte er sie ihm auch noch an Bord seines Schiffs. Obwohl er nicht wußte, was aus der Statue wurde, verursachte die Tat ihm offenbar keine Gewissensbisse, als er 1905 im Rückblick darüber nachdachte und bemerkte, »das türkische Museum wäre sicher durch die Statue bereichert worden, wenn nicht dieser glückliche Vorfall eingetreten wäre«.

Schließlich noch illegaler Export. Lang legte eine Anzahl kleine und vergleichsweise wertlose Stücke von Statuen am Kai aus, fertig zum Abtransport auf das an der Reede liegende Schiff. Sobald der Versuch gemacht wurde, sie zu verladen, intervenierte der Zollwärter. Langs Vorarbeiter verwickelte ihn in eine längere Debatte. In der Zwischenzeit wurde der Großteil der Sammlung, der in Langs Haus bereits verpackt lag, in Booten versteckt und zum Schiff transportiert. Nachdem das mit Erfolg erledigt war, gab der Vorarbeiter der Unerbittlichkeit des Zöllners nach, und die minderen Statuen und Fragmente wurden mit gespieltem Bedauern zu Langs Haus zurückgebracht. Schließlich kam Lang mit dem British Museum zu einem befriedigenden Abschluß, obwohl der Finanzminister es abgelehnt hatte, den Ankauf besonders zu subventionieren. Und 1905 konnte Lang, nach 30 Jahren, die er mit »nüchterner Beschäftigung in Verwaltung und Finanzen« verbracht hatte, mit Sehnsucht auf jene Zeiten zurückblicken, als er sich den »alten Steinen und Münzen« Zyperns in einem Streben gewidmet hatte, an dem »nichts Selbstsüchtiges war«.

Die Entzifferung

Am 7. November 1871 legte Lang in einem Vortrag vor der neugegründeten Society of Biblical Archaeology in London der Welt seine Inschriften vor. Er wies die Schwächen in der Beweisführung des Duc de Luynes nach und leistete einen bedeutenden positiven Beitrag in dem Beweis, daß nämlich das Wort, welches de Luynes als ›Salamis‹ hatte lesen wollen, eher ›König‹

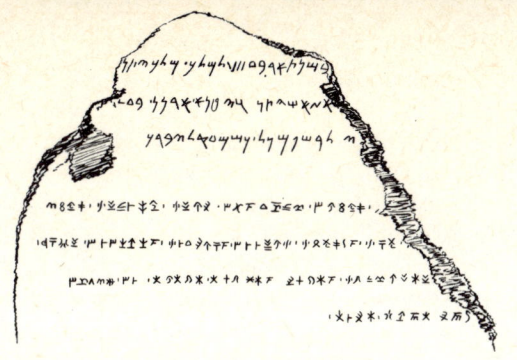

80. Phönizisch-kyprische Bilingue auf einer Statuenbasis aus Idalion; Anfang 4. Jahrhundert v. Chr. Zeichnung von Hamilton Lang, 1872.

bedeuten müsse. Dafür konnte Lang stichhaltige Beweise vorbringen. Erstens fand sich das Wort auf vielen verschiedenen Münzen, die schwerlich alle aus derselben Stadt stammen konnten. Zweitens folgte dem Wort stets eine andere Zeichengruppe, und darum war es vermutlich der Name des jeweiligen Königs. Drittens – und das war sein wichtigstes Argument – war es das einzige Wort, das im kyprischen Text der Idalioninschrift wiederholt war, und *mlk* war das einzige Wort, das im phönizischen Text zweimal vorkam.

Nach Langs Vortrag folgte eine Abhandlung über die Lesung der Inschriften von George Smith, einem Keilschriftexperten am British Museum, der seine Laufbahn dort 11 Jahr vorher als Assistent Rawlinsons begonnen hatte. Smith entdeckte richtige Lautwerte für eine Anzahl von Zeichen (ein oder zwei hatte bereits Lang vermutungsweise zugeschrieben) und gelangte zu einer teilweise richtigen Identifikation der Sprache. Seine Arbeit enthielt aber zuviele Fehler, als daß man ihm das Verdienst der Entzifferung insgesamt zuschreiben könnte, wie dieses manchmal in England geschieht.

Die erste Zeile in Langs Biskript enthielt drei Eigennamen und das Wort *mlk*, ›König‹, zweimal. Zuerst versuchte Smith, diese im kyprischen Text zu lokalisieren. Das erste und letzte Wort waren bis auf ein Zeichen identisch. Smith identifizierte dies als das Wort für ›König‹ und schrieb die Abweichung einer Flexion zu. Die Eigennamen konnte er durch den Vergleich der Wortlängen richtig vermuten.

Als nächster Schritt mußte die Bestimmung der Lautwerte folgen. Der längste Name, Milkyaton, hatte im Phönizischen sechs, im Kyprischen sieben Zeichen, deren letztes jedoch sehr häufig am Ende von Wörtern auftrat, und Smith konnte daher vermuten, daß es sich um eine Deklinationsendung handelte. Den ersten sechs Zeichen gab er daher die Lautwerte der phönizischen Buchstaben *mlkitn*. Dasselbe Zeichen für *l* tauchte in dem Wort wieder auf, in dem er den Ortsnamen Idalion vermutete, wenn auch nicht an der erwarteten Stelle. Da aber der Stamm des Wortes auf der Bronzetafel des Duc de Luynes mehrfach auftrat, konnte er das erste Zeichen als Konjunktion ›und‹ und die letzten beiden als Flexionsendungen eliminieren. Dann blieben drei Zeichen übrig, ein *d*, ein *l* und vermutlich ein Vokal. Im Phönizischen wurde der Name mit vier Buchstaben geschrieben, deren einer der Vokal *yod* war.

Das führte Smith zu der nächsten Folgerung, vielleicht der wichtigsten seines Entzifferungsversuchs. Der Vokallaut *yod* war im Kyprischen nicht durch ein eigenes Zeichen ausgedrückt und mußte daher »durch einen dem vorhergehenden Zeichen innewohnenden Vokal wiedergegeben sein«. »Das bestärkt mich«, schreibt er, »in der Annahme, die ich schon lange hegte, daß nämlich das kyprische Schriftsystem silbisch ist, in dem jeder Konsonant etwa drei Formen hat, wobei sich die Gesamtzahl der Zeichen auf 50 bis 60 beläuft«. Obwohl er sich in einem wesentlichen Punkt irrte – er hätte »fünf Formen« sagen sollen – hatte er im Prinzip recht. Dadurch konnte er auch erklären, warum das Zeichen für *k* in Milkyaton im Ortsnamen Kition nicht auftauchte: die beiden Zeichen mußten verschiedene Vokalwerte in sich tragen. Auch hier hatte Smith im Prinzip recht, im Detail unrecht: er gab ihnen die Lautwerte *ka* und *ki*, richtig wären *ki* und *ke* gewesen.

Jetzt mußte noch das – bereits vermutungsweise von Lang lokalisierte – Wort für ›König‹ gelesen werden. Dies ist der berühmteste Teil in Smiths Entzifferung und der einzige, bei dem sich fast insgesamt richtige Lautwerte ergaben. Lassen wir ihn selber zu Wort kommen:

»Die anderen Worte, mit denen ich mich befassen mußte, waren die beiden Formen des Wortes ›König‹; die erste steht, sowohl nach der Lesung des entsprechenden phönizischen Wortes, als auch nach ihrer Position in der Inschrift, eindeutig im Genitiv. Nun besteht der Unterschied zwischen Nominativ und Genitiv dieses Wortes darin, daß das vorletzte Zeichen geändert ist, wie man am Vergleich der ersten und der letzten Zeichengruppe sieht. Bei Prüfung des jeweiligen Wortes ›König‹ in den Nachbarsprachen und Vergleich ihres Flexionsverhaltens kam ich zu dem Schluß, daß das kyprische Wort für König wie im Griechischen *basileus* und die vorletzten Zeichen in den beiden Formen des Wortes die Vokale *o* und *u* waren.«[71]

Smith fand den Rest der Inschrift, abgesehen nur noch vom Namen Abdimelek, zu zerstört, um weiteren Forschungen nützlich zu sein, und wandte seine Aufmerksamkeit den Münzen zu, bei denen er viele Eigennamen zu finden hoffte. Drei konnte er identifizieren: Euagoras, Euelthon und Stasioikos, die er mehr oder weniger korrekt übertrug. Als er sich die Bronzetafel des Duc de Luynes vornahm, stellte er fest, daß die Anzahl der ihm bisher bekannten Wörter für eine befriedigende Lesung nicht ausreichte. Einige Namen jedoch glaubte er zu erkennen – Formen von Idalion, Pythagoras und Stasiagoras – sowie das phönizische Personalpronomen der 1. Person Singular *anuku*.

Seine Ausbeute zeigt die Liste in Abbildung 81. Sie enthält einiges Richtige, aber doch mehr Falsches. Die richtige Übersetzung des Biskripts lautet:

»Im vierten Jahr der Herrschaft des Milkyaton, König von Kition und Idalion, am letzten Tage des Fünf-Tage-Zeitraums [der Schalttage], hat der Fürst Baalrom, der Sohn des Abdimelek, diese dem Apollon Amyklos aufgestellt, der seine Bitte erhörte; in gutem Glücke.« (Übers. nach J. Friedrich, Entzifferung verschollener Schriften und Sprachen, S. 107)

Die Nominativformen der Namen hätten richtig Euagoras, Philkypros, Stasikypros, Stasioikos, Euelthon und Abdimilkon lauten sollen. Und das unter

1.

למלך · מלכיתן · מלך · כתי · ואדיל

lidAu . itK . klm . ntiklM . klml

Idalium &   Kitium   king   Melekyaton   king of

u-o-it-iK   s-un-at-i-ak-il-iM   s-o-el-is-ab

Kitium   Melekyaton   king of

s-u-el-is-ab   u-o-il-ad-E

king   Idalium &

81. Lesung der kyprischen Schrift nach George Smith, 1871.
a) Passage aus Langs Bilingue (phönizischer Text teilweise ergänzt),
b) Eigennamen,
c) Deklinationsformen des Wortes ›Idalion‹.

2.   E-v-a-go-ra[s], *Evagoras.*

3.   Pi-tu-a-go-ra-u, *Pythagoras.*

4.   Sa-ta-si-a-go-ra-s, *Stasiagoras.*

5.   Sa-ta-si-o-i-ku-u, *Stasioikos.*

6.   E-v-i-l-ta-s, *Evelthon.*

7.   A-pa-ti-mi-li-ku-u, *Abdamelek.*

8.   A-nu-ku-u.

E-da-li-o-u, *Edaliou.*

E-da-li-e-i-s, *Edalieis.*

E-da-li-e-i, *Edaliei.*

Nr. 8 folgende Wort hätte richtig griechisch *anōgon* (befohlen) und nicht phönizisch ›ich‹ lauten müssen. Bei den von Idalion abgeleiteten Formen hat Smith, außer bei der Endung der ersten, häufig recht.

Auch im Hinblick auf die Eigennamen war also die Entzifferung Smith's bestenfalls annähernd richtig. Er konnte keinerlei fortlaufenden Text lesen und behauptete das auch nicht. Er erhob auch nicht den Anspruch, die Sprache identifiziert zu haben, außer daß er Deklinationsformen, die griechischen und lateinischen ähnelten, und ebenso griechische wie auch phönizische Eigennamen hatte nachweisen können. Wie das griechische Wort *basileus* auf eine Affinität zur griechischen Sprache, schien ihm das von ihm vermutete Wort *anuku* auf »ein semitisches Element« in der Sprache hinzuweisen. Dadurch gab er sich als Vertreter einer Sprachphilosophie zu erkennen, die im 17. oder 18. Jahrhundert eher angebracht gewesen wäre. Seine Vorstellung von der Struktur des Silbenrepertoires war auch unvollständig, denn er erkannte insgesamt nur die Wiedergabe von drei statt fünf Vokalen an.

Insgesamt läßt sich der Anteil Smiths an der Entzifferung mit der Rolle Grotefends bei der Entzifferung der Keilschrift vergleichen. Wie Grotefend hatte er für ein knappes Drittel der Schriftzeichen korrekte Lautwerte gefunden; rechnet man noch seine neun annähernd richtig bestimmten Lautwerte hinzu, war sein Beitrag größer. Aber selbstverständlich war Grotefend mit einer wesentlich schwierigeren und größeren Aufgabe konfrontiert gewesen als Smith.

Das macht schon die Schnelligkeit deutlich, mit der die teilweise gelungene Entzifferung nun weiter verfolgt werden konnte. Wir brauchen uns nicht mit einem zwei Monate später erfolgten Versuch von Samuel Birch, ebenfalls vom British Museum, mit Smiths Lautwerten mehr von dem Text zu interpretieren, aufzuhalten. Statt dessen sollten wir uns der Forschung auf dem Kontinent zuwenden. Jene Zeit war das Goldene Zeitalter der deutschen Philologie, und dort sollte die Entzifferung zu vollem Erfolg geführt werden.

Als erster beschäftigte sich der Numismatiker J. Brandis mit dem Thema. Er starb, bevor noch sein Vortrag, den er vor der Preußischen Akademie der Wissenschaften gehalten hatte, im Druck erschien. Seine Ergebnisse stellten eine entscheidende Verbesserung der Arbeiten von Smith und Birch dar, doch blieben sie an der Oberfläche. Zwar konnte Brandis acht neue Lautwerte richtig bestimmen und im zweiten Teil des Textes auf der Bronzetafel des Duc de Luynes einige Vertragsbedingungen teilweise richtig interpretieren, doch insgesamt erfaßte er den Sinn des Vertrages nicht. Brandis hielt ihn für eine Stifterurkunde, in Wirklichkeit aber handelte es sich um eine Abmachung zwischen dem Stadt-Staat Idalion und einer Medizinerfamilie zur Sicherung der medizinischen Versorgung im Kriegsfalle. Außerdem – und das wiegt schwerer als die Fehler in der Deutung des Inhalts – waren wenigstens zwanzig seiner Lautwerte falsch. Er rechnete mit geschlossenen Silben unter den kyprischen Schriftzeichen und brachte damit eine neue, falsche Vorstellung von der Struktur der Schrift auf.

Die eigentliche Entzifferung schließlich war das Werk von Moritz Schmidt, dem Herausgeber des antiken Lexikons des Hesych. Schmidts Buch über die kyprische Schrift ist wenig attraktiv, unübersichtlich im Layout, zudem handgeschrieben. Seine Beweisführung indes ist ein glänzendes Vorbild dafür, wie ein Buch sein sollte: sorgfältig, systematisch, einfallsreich.

Schmidt erläuterte zunächst den Forschungsstand. In der Überzeugung, daß die Sprache griechisch sein mußte, konnte er 28 der bisher vorgeschlagenen Lautwerte ganz oder teilweise akzeptieren, denn sie ergaben überzeugende Formen griechischer Wörter. Dann konzentrierte er sich auf den Namen Milkyaton, von dem Smith ausgegangen war. Das vierte Zeichen des Wortes stand an der Stelle, wo im Phönizischen *yod* auftrat. Er hielt auch dieses Zeichen eher für ein Silbenzeichen als für ein weiteres Zeichen für *i*, wie Smith angenommen hatte (wie sich später herausstellte, war es *ya*). Schmidt prüfte alle Fälle, in denen dieses Zeichen auftrat, und stellte fest, daß es stets einem i-Laut folgte. So war wahrscheinlich die vorhergehende Silbe im Namen Milkyaton nicht *ka*, sondern *ki*. Auf dieses Ergebnis hin prüfte er noch einmal das erste Zeichen von Kition und schloß nach dessen Vorkommen in anderen Wörtern, daß es eher *ke* statt *ki* sein müsse.

Schmidt war bis hierher rein empirisch vorgegangen: er hatte Lautwerte zur Lesung denkbarer griechischer Wörter gesucht, allerdings schon auf systematischem Wege. Nun aber führte er ein theoretisches Element ein. Es lagen ihm Zeichen für *ka, ke, ki, ko* vor, also mußte es noch eines für *ku* geben. Gleiches galt für die Vokalserien: er hatte *ti, ki, mi, li, pi, si*, die Zeichen für *ni* und *ri* mußten also unter den noch nicht identifizierten zu finden sein. Er muß, obwohl er es nicht eigens sagt, eine Silbentabelle vor sich gehabt haben, in der die bekannten Silben eingezeichnet und die Lücken noch auszufüllen waren. Jedes bisher unidentifizierte Zeichen untersuchte er dann in möglichst vielen Wörtern, bevor er die wahrscheinlichste Lösung wählte. Z. B.

> *sa-la-mi-XY-*
> *XY-ko-ta-PQ*
> *XY-ko-to-ro-se*
> *to-XY-to-i e-le-i*

Dem hier durch *XY* angegebenen Zeichen gab er den Wert *ni* (dem Zeichen *PQ* in einem späteren Durchgang *mo*) und erhielt die folgenden durchaus überzeugenden griechischen Namen und Phrasen:

Salamini (ōn)	der Bürger von Salamis (Genitiv Plural)
Nikodāmō	des Nikodamos
Nikodōros	Nikodoros (das zweite, im Original verriebene Zeichen war falsch gelesen. Es hätte ka für ›Nika(n)dros‹ heißen müssen)
ton i(n) toi elei	das (Gebiet) im Tal

Wer Griechisch kann, aber nicht die kyprische Form kennt, wird vielleicht Spaß daran haben, seine Kombinationsgabe mit Schmidts Fähigkeiten zu messen. Dabei ist nur zu bedenken, daß der Dialekt nicht attisch ist und daß der Artikel mit dem Substantiv zusammengeschrieben sein kann. Die übrigen Schreibregeln gehen schon aus dem ersten Beispiel hervor. Also:

> *a-XY-to-li-se*
> *a-to-ro-XY-se*
> *to-se-ka-XY-se*
> *to-ka-XY-ne*
> *ka-XY-i*
> *to-a-XY-lo-ni* (Auflösung in den Anmerkungen).[72]

82. Fortgang der Entzifferung der kyprischen Silbenschrift. (In den Übertragungen von Schmidt, Deecke und Siegismund und Masson bedeuten die Buchstaben *p, k* und *t* nur Labial, Velar und Dental, gleichgültig ob sie nun stimmhaft, stimmlos oder aspiriert sind, also *ka = ka, ga* oder *kha*).

Bis auf ganz wenige konnte Schmidt durch diese systematische Analyse allen Zeichen ihren richtigen Lautwert zuordnen und eine im wesentlichen korrekte und vollständige Übersetzung von Langs Biskript und anderen Texten vorlegen, einschließlich der Bronzetafel des Duc de Luynes, die den längsten bekannten Text in kyprischer Silbenschrift trägt.

Kyprisches Schriftzeichen	GEORGE SMITH 1871	JOHANN BRANDIS 1873	MORIZ SCHMIDT 1874	DEECKE & SIEGISMUND 1875	*Kyprisches Schriftzeichen*	MASSON 1961
(sign)	a	a 'meist am Anfang'	a	a	(sign)	a
(sign)	e (nach Lang)	e	e	e	(sign)	e
(sign)	i	i	i	i	(sign)	i
(sign)	o	o	o	o	(sign)	o
(sign)	u	u	u	u	(sign)	u
(sign)	a	a 'im Wort'	wa (?)	wa	(sign)	wa
(sign)	i	ě	we	we	(sign)	we
(sign)	i	i 'an Wortenden'	Variante von (sign)	yi	(sign)	wi (zuerst Bergk 1876)
(sign)	o	o	wo	wo	(sign)	wo
(sign)	i	i/y	a nach i	ya	(sign)	ya
					(sign)	yo (zuerst Hogarth 1889)
(sign)	ba	ba/pa	pa	pa	(sign)	pa
(sign)		-ek	pe	pc	(sign)	pe
(sign)	pi	pi/phi	pi	pi	(sign)	pi
(sign)	go	go	po	po	(sign)	po
(sign)	o (?)	na	pu (?)	pu	(sign)	pu
(sign)	ka (?)	ka	ka	ka	(sign)	ka
(sign)	ki	ki/khi/gi	ke	ke	(sign)	ke
(sign)	ka	-k	ki	ki	(sign)	ki
(sign)	ku	ko/kho	ko	ko	(sign)	ko
(sign)	a	a 'medial'	ku	ku	(sign)	ku
(sign)	da	ta/da	ta	ta	(sign)	ta
(sign)		de/the/te	te	te	(sign)	te
(sign)	ti	t(i)	ti	ti	(sign)	ti
(sign)	ta	to/do	to	to	(sign)	to
(sign)		an/on, sa(?)	tu (?)	tu	(sign)	tu
(sign)		la	la	la	(sign)	la

Kyprisches Schriftzeichen	GEORGE SMITH 1871	JOHANN BRANDIS 1873	MORIZ SCHMIDT 1874	DEECKE & SIEGISMUND 1875	Kyprisches Schriftzeichen	MASSON 1961
[sign]	le	le	le	le	[sign]	le
[sign]	li	li	li	li	[sign]	li
[sign]	tu	-l	lo	lo	[sign]	lo
[sign]	si (?)	ni/ne	wa (?)	lu	[sign]	lu
[sign]	pa, a (?)	g (i)	ma (?)	ma	[sign]	ma
[sign]		ou (?)	me	me	[sign]	me
[sign]	mi (nach Lang)	mi	mi	mi	[sign]	mi
[sign]			mo	mo	[sign]	mo
[sign]				mu	[sign]	mu
[sign]	pe	pa, po/pho	na	na	[sign]	na
[sign]	u	u 'meist am Schluß'	ne	ne	[sign]	ne
[sign]		ma/mo	ni	ni	[sign]	ni
[sign]	nu	no	no	no	[sign]	no
[sign]		en		ye	[sign]	nu (zuerst Deecke 1881)
[sign]	lu (?)	l (o), -r (?)	ra	ra	[sign]	ra
[sign]	= 8 od. C	= [sign]	re	re	[sign]	re
[sign]	ta (?)	di	ri	ri	[sign]	ri
[sign]		ra/ro, r	ro	ro	[sign]	ro
[sign]		i		ru	[sign]	ru
[sign]	sa	s	sa	sa	[sign]	sa
[sign]	Schluß-s	-s	se	se	[sign]	se
[sign]	si	si	si	si	[sign]	si
[sign]		so, s, os	so	so	[sign]	so
[sign]		en	su	su (nach Schmidt)	[sign]	su
[sign]	?= [sign]	ga	ga	za	[sign]	za?
[sign]		o	o	?	[sign]	zo (zuerst Ahrens 1876)
					[sign]	xa (zuerst Deecke 1881)
[sign]	x	th or s	ss	xe	[sign]	xe

⟨ᛁ⟩ ⟨Cypriot syllabic inscription line⟩

(a) BIRCH: vooddas depatitodou dekadekastes o-apax . . . dagathon danakto

BRANDIS: κατέστασε ὁ ἀβάθ... τὸ ἄγαλμα

SCHMIDT:
Τὸν ἀνδριάνταν τόνδε κατέστασε ὁ Ϝα[?]νας... το[ι] ’Απόλλωνι
DEECKE & το[ι] ’Α-?-κόλωι
SIEGISMUND:
Τὸν ἀ[ν]δριά[ν]ταν τόνδε κατέστασε ὁ Ϝάναξ... τῷ ’Απόλ[λ]ωνι τῷ
’Αμύκλῳ

(b) BIRCH: »Der Herrscher (Baalram) gab ein Bild, das zehnte, dem Fürsten Ekatos.«

BRANDIS: »Der Herr (Baalram) errichtete . . . die Statue . . .«

SCHMIDT: »Fürst (Baalram) errichtete diese Statue dem Apollo . . .«

DEECKE und SIGISMUND: »Fürst (Baalram) errichtete diese Statue dem Apollo Amyklos.«

83. Die Interpretation von Langs Bilingue.
Oben: Passage des kyprischen Textes, der nach Analogie des phönizischen Textes die Statuenweihung enthalten muß.
Unten: Lesung und Übersetzung verschiedener Entzifferer.

Die Entzifferung der kyprischen Schrift war mit Schmidts Arbeit eigentlich abgeschlossen; einige Verbesserungen waren allerdings, das braucht nicht zu verwundern, noch möglich und notwendig. Zwei Straßburger Gelehrte, Deecke und Siegismund, hatten fast gleichzeitig mit Schmidt ähnliche Resultate erzielt und konnten, da Schmidt seine Entzifferung als erster publizierte, seine Ergebnisse mit einarbeiten und zwei oder drei neue Lautwerte richtig bestimmen. Ein anerkannter Fachmann für antike griechische Dialekte, Ahrens, veröffentlichte 1876 eine ausführliche Rezension im *Philologus,* in der er die Ergebnisse von Schmidt und Deecke/Siegismund anerkannte und den Charakter des Inseldialekts definierte. Mit seinem Aufsatz ist die kyprische Schrift aus dem Bereich der Spekulation herausgewachsen und zu gesichertem Wissen geworden.[73]

Doch noch waren nicht alle Probleme gelöst. Die kyprische Silbenschrift war weniger präzise und unmißverständlich als das griechische Alphabet. So beginnt die Bronzetafel von Idalion: »Als die Meder die Stadt Idalion belagerten . . .«; doch überträgt man dieselbe Passage anders in klassisches Griechisch – nach den Regeln der Silbentabelle ebenfalls möglich –, erhält man: »So erlegten die Meder der Stadt Idalion einen Eid auf . . .« Schmidt las nach der ersten, Deecke und Siegismund nach der zweiten Fassung. Kontext und linguistische Wahrscheinlichkeit sprechen in diesem Fall eindeutig zugunsten der ersten Lösung, doch die Entscheidung ist nicht immer so klar zu treffen, und bis zum heutigen Tage sind einige kyprische Inschriften nicht befriedigend übersetzt.

Der Ursprung der kyprischen Schrift war noch ein weiteres Problem. Der Duc de Luynes hatte die Schrift für eine Mischung aus verschiedenen Elementen gehalten (7 phönizische, 12 lykische, 27 ägyptische Zeichen). Hamilton Lang hatte in seinem Vortrag die phönizischen und ägyptischen Beziehungen abgelehnt, glaubte aber durchaus an eine enge Verbindung zum Lykischen, ja nahm sogar an, die Lyker hätten ursprünglich wie die Kyprer geschrieben, bevor sie ihrer Schrift griechische Buchstaben aufzwangen. Die Frage komplizierte sich noch durch die Erkenntnis (1876, Clermont-Ganneau), daß es kyprische Inschriften gab, deren Sprache nicht griechisch war (sog. eteokyprische Inschriften, die bis heute nicht gedeutet sind) und durch die Entdeckung der hethitischen Hieroglyphenschrift, die Sayce und andere für die Vorform der kyprischen Silbenschrift hielten. Dann entdeckte 20 Jahre später Evans die bronzezeitlichen Schriften Kretas und in den dreißiger Jahren unseres Jahrhunderts kamen dann auch die Beweise für eine bronzezeitliche Schrift Zyperns selbst ans Licht – die kyprisch-minoischen Schriftformen.

Die Beziehungen zwischen diesen Schriften untereinander sind noch weitgehend unklar, zumal die Schriften selbst häufig unzureichend belegt sind. Sicher ist nur, daß die kyprische Silbenschrift klassischer Zeit nicht, wie es zunächst schien, ein einzigartiges, unabhängiges Schriftsystem war, sondern im Gegenteil letzter Abkömmling einer weit verzweigten Familie.

Kapitel 7 | Die hethitischen Hieroglyphen

Ihre langwierige Entzifferung

Die Entzifferung der hethitischen Hieroglyphen verlief völlig anders als die der kyprischen Silbenschrift. Diese war auf ein begrenztes Gebiet und einen engen Zeitraum beschränkt, gab den Dialekt einer bekannten Sprache wieder, wurde innerhalb von 20 Jahren entziffert, und jeder Gelehrte hatte auf dem Werk seiner Vorgänger aufbauen können. Ganz anders bei den hethitischen Hieroglyphen. Sie waren in einem riesigen Gebiet Kleinasiens und Syriens verbreitet und wurden über einen Zeitraum von mindestens 800 Jahren benutzt; die Sprache war zum Zeitpunkt der Entdeckung der Schrift noch völlig unbekannt und wurde erst ein halbes Jahrhundert später in Keilschrifttexten zugänglich; die Inschriften kamen langsam, nach und nach bei verschiedenen, oft eher zufälligen Gelegenheiten ans Licht; zahlreiche Gelehrte trugen zur Entzifferung bei, ihre Arbeiten aber hatten den Charakter einzelner Ideen, von einer systematischen gemeinsamen Entdeckung konnte nicht die Rede sein; wie ein Puzzle, das von verschiedenen Seiten angefangen wird, wuchs das Bild langsam zusammen, und kein Augenblick läßt sich festmachen, an dem das Bild zum ersten Mal klar erkennbar gewesen wäre. Und wie zur Bekräftigung des ganz besonderen Charakters der Entdeckung dieser Schrift kam die einzige bedeutende Bilingue nicht etwa am Beginn, sondern am Ende der Entzifferung ans Licht und konnte fast nur noch die bereits erreichten Ergebnisse bestätigen.

Die Bestätigung der Entzifferung der hethitischen Hieroglyphen durch die Karatepe-Bilingue ist gleichsam der Epilog eines Dreiakters. Der erste Akt begann schon 1812, als der Reisende und Gelehrte Jakob Burckhardt nach einem Besuch in der syrischen Stadt Hama (im Altertum Hamath) am Orontes schrieb: »In der Ecke eines Hauses im Basar befindet sich ein Stein mit einer Anzahl kleiner Figuren und Zeichen, die eine Art hieroglyphischer Schrift zu sein scheinen, obwohl sie den Hieroglyphen von Ägypten nicht ähneln.« Diese Bemerkungen schrieb er vor Champollions Entdeckungen nieder, und Burckhardt muß mit hieroglyphisch allgemein piktographisch oder ideographisch gemeint haben (vgl. S. 67 die Begriffsdefinition Zoëgas). Die Erwähnung der Schrift begleitete keine Abbildung, und so erregte sie kaum größeres Interesse.

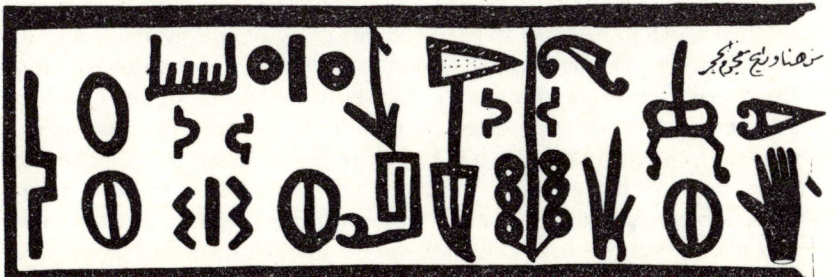

Die erste Abbildung einer hethitischen Hieroglypheninschrift und damit gleichzeitig eine der frühesten archäologischen Fotografien veröffentlichte George Perrot in seinem Bericht über eine Expedition nach Kleinasien, die er 1861 unternommen hatte. Es war eine Felsinschrift in der Nähe von Bogazköy, die aus zehn Zeilen bestand, deren jede ca. 6,50 m lang und fast 20 cm hoch war. Perrot war sicher, daß es sich um eine richtige Schrift handele, die daher auch - theoretisch zumindest – entzifferbar sei.

Zehn Jahre später veröffentlichte der berühmte Arabist und Forscher Richard Burton zusammen mit Tyrwhitt Drake exakte Zeichnungen der Steine von Hamath in dem Buch *Unexplored Syria*, jene Inschriften also, von denen Burckhardt berichtet hatte. Diese Zeichnungen und andere, noch genauere, die von der neugebildeten Palestine Exploration Society in Auftrag gegeben und finanziert wurden, machten die Schrift ernsthaften Studien zugänglich.[74]

84. Das früheste Foto der hethitischen Hieroglypheninschrift auf einer Felswand in der Nähe von Bogazköy. Perrot, 1862.

85. Die Hama-Steine. Kopie einer Inschrift, die in einer Mauer im Basar von Hama verbaut ist. Richard Burton, 1872.

153

Zuerst schien es, als würde sich der Erfolg rasch einstellen. In einem Aufsatz, den er zum Buch von Burton und Drake beisteuerte, wies Hyde Clarke durch »die einfache statistische Methode« nach, daß die Inschriften in einer echten Schrift geschrieben waren und nicht etwa bloße Verzierung darstellten. Unter den etwa 300 Schriftzeichen der Texte gab es nur 59 verschiedene Typen. Das häufigste Zeichen war 27mal benutzt, das nächste 26mal, dann 24, 21, 15, 11, 11, 9mal und so weiter bis zu 17 Zeichen, die nur einmal vorkamen, – dieses Verteilungsschema sei, so Clarke, am ehesten bei einem Alphabet zu erwarten, obwohl er auch einige Interpunktionszeichen und Ideogramme nicht ausschloß. Soweit ich weiß, taucht hier in der Geschichte der unentzifferten Schriften zum ersten Mal ein solches Argument auf, und daher ist es von Interesse, auch wenn seine Anwendung einigermaßen unkonventionell war.[75]

Vier Jahre später befaßte sich A. H. Sayce, ein junger Oxforder Gelehrter, dessen Lebenszeit fast völlig mit der Entzifferung der hethitischen Hieroglyphenschrift ausgefüllt war, mit den Hamath-Inschriften. Er sammelte alle verfügbaren Abschriften und kam zu dem Ergebnis, daß es sich wohl eher um eine Silbenschrift handle, zu der vielleicht ein ideographisches Element trete. Er leitete das aus der Länge der einzelnen Wörter ab, soweit diese beurteilt werden konnte, und aus der Korrespondenz der Zahl der verschiedenen Zeichen (er zählte 56) mit der Zahl der Zeichen in der kürzlich entzifferten kyprischen Silbenschrift.

In demselben Artikel äußerte Sayce die Vermutung, daß die Inschriften der »großen hethitischen Rasse« zuzuschreiben seien. Damit war Sayce auf falschem Wege ans – richtige – Ziel gelangt. Barnett nennt seine Argumentation kurios, seltsam, absurd; sie ist aber weniger absurd als veraltet. Dasselbe Argument hatte schon de Sacy 1816 in seinem Brief an Dr. Young aufgeführt (s. S. 75). Sayce behauptet, daß die Schrift der Hamathsteine hieroglyphisch (= ideographisch) gewesen sein müsse, bevor sie sich zur Silbenschrift entwickelte, und fährt fort: »Es ist kaum anzunehmen, daß ein Volk, das eine flektierende Sprache sprach, ein hieroglyphisches Schreibsystem entwickelt hätte. Wichtigste Voraussetzung eines solchen Systems ist, daß derselbe Klang verschiedene Teile des Sprechens wiedergibt ... außerdem, daß die grammatikalischen Endungen leicht von der Wurzel trennbar sein müssen ... Wie in China, im turanischen Chaldäa (Sayce meint Sumer), Ägypten, Mittelamerika ... Höchstwahrscheinlich sprachen die Leute, die die hamathitische Schrift erfanden, keine semitische oder flektierende Sprache.« Das hethitische Volk, dessen Existenz aus griechischen und biblischen Quellen bekannt war, schien ein geeigneter Anwärter, hier die Lücke zu füllen. Die hethitische Sprache, die sich als indoeuropäisch und flektiert erweisen sollte, war damals noch eine völlig unbekannte Größe.[76]

Weitere Entdeckungen in Kleinasien während der folgenden Jahre, insbesondere in Karkemisch durch George Smith, schienen Sayces These zu stützen, denn sie belegten die Existenz einer einheitlichen Kunst in einem großen Gebiet Anatoliens, wobei die Bildwerke meist von Inschriften in der neuen Hieroglyphenschrift begleitet waren. In einem Vortrag vor der Society for Biblical Archaeology führte Sayce im Juli 1880 aus, was über das

86. Silbernes Knopfsiegel (stark vergrößert) mit Name und Titel des Tarkondemos in Keilschrift und hethitischen Hieroglyphen.

Hethiterreich, über seine Ausdehnung und Geschichte bisher bekannt war; außerdem legte er aus assyrischen und anderen geeigneten Quellen eine Liste von über hundert hethitischen Eigennamen an. Er regte an, die Schrift nicht länger hamathitisch, zu nennen, sondern ihr den Namen hethitische Hieroglyphenschrift zu geben, den sie seither trägt.

Das einzige, was Sayce in seinem Julivortrag zu beklagen hatte, war das Fehlen einer Bilingue, die die Lesung der Schrift ermöglicht hätte. Aber auch dieser Mangel sollte bald behoben sein. Ein geprägtes Silbersiegel in Form und Größe einer halben Orange, das in Smyrna zum Verkauf angeboten und später in einer deutschen numismatischen Zeitschrift publiziert worden war, wurde Sayce bekannt, und er hoffte, daß es sich als der »Rosettastein der hethitischen Entzifferung« erweisen werde. Die Keilschriftlegende entlang des Randes übertrug Sayce *n Tar-rik-tim-me šar mat Er-me-e* und übersetzte: »Tarkondēmos, König des Landes Erme«, wobei Tarkondemos ein aus späteren griechischen Quellen geläufiger kilikischer Name war. Ein kilikischer König Ende des 1. Jahrhunderts v. Chr. hieß so, und ein späterer christlicher Bischof von Kilikien trug denselben Namen. Sayce konnte zeigen, daß der hieroglyphische Teil des Biskripts doppelt, auf jeder Seite der Mittelfigur einmal, geschrieben war; die wahrscheinliche Leserichtung legte er folgendermaßen fest: vom Ziegenkopf nach unten zu den spitz zulaufenden Dreiecken und dann wieder nach oben bis zu den vier vertikalen Strichen mit dem seitlichen Dorn, denn so scheine der Name des Königs aus seinem Mund zu kommen; das einfache und das doppelte Dreieck dürften Ideogramme für König und Land sein; und die vier Linien sollten sowohl angehängt an das zweite Zeichen als auch unabhängig am Schluß *me* bedeuten. Als Lesung des ganzen schlug er *tarku-timme* KÖNIG (vom) LAND *er-me* vor. Aber die Inschrift war zu kurz, um eine überzeugende

Zeichen	vor 1931	Forrer 1931/2	1931	Gelb 1935	1942	vor der Karatepe-Bilinque	Laroche 1960	Zeichen	No.
	aɁ 1917 Cowley / a 1929 Meriggi	a	a				a/e		209
			ā	ā			Unterschied zu 209 unsicher		210
			ʾa				á		19
			e				keine besondere Bedeutung		450
	i 1892 Peiser / i 1893 Halevy / i 1917 Cowley / i 1929 Meriggi	i	wa	i					376
			wã	ĩ			Unterschied zu 376 unsicher		377
			u				u (wa)		105
				he		ha 1934 Meriggi	ha		196
		ha	ha	ha			ha/he		215
	hi 1912 Thompson		hi				hi		413
				hu			hu		307
	ka 1894 Jensen / ka 1903 Sayce / ka 1923 Frank / ka 1929 Meriggi	ka	ka				ka		434
					ke				
					ki		hù (Ɂ)		329
			r.	ri		l. 1933 Meriggi	ki		446
	ku 1912 Thompson	ku	ku				ku		423
				la		la 1932 Bossert	la		175
	li 1912 Thompson	li	li				li		278
				le		là 1937 Meriggi	lá/lu (vielleicht)		445
	ma 1912 Thompson / ma 1923 Frank / mã 1929 Meriggi	ma	ma				ma		110
	me 1880 Sayce und alle danach		mi	mi			mi/ma/m		391
	mu 1917 Cowley	mu		mu			mu		107
	na 1893 Sayce / n 1912 Thompson / n 1929 Meriggi	na		na			na		35
	n 1917 Cowley	n	n	ne		na 1933 Hrozny	ná		214
			ni nu			nu 1934 Meriggi	nà/niɁ		411
							nu		395
			Ɂ	nu	Ɂ		nú		153
	p 1917 Cowley	pi	pa			pa/ba 1932 Bossert	pa		334
		ne	pi			pa 1933 Meriggi	pi		66
					pu 1937		pu		328
		ri	ra				ra/ri/-r		383
		hi	ru			ru 1932 Bossert	ru		412
	'affix' 1876 Sayce / es 1894 Jensen	si				sa 1932 Bossert	sa/s		415
	s 1917 Cowley	si	sa				sá		174
	s 1894 Jensen und alle danach	as		si			sa/s		433
	s 1912 Thompson und alle danach	sa		se		si 1933 Meriggi	sà		104
		sɁ		su			sa₄		402
				si	la 1933 Hrozny	li 1933 Meriggi	sa₅		327
		mi	lu	su 1950	lu 1933 Hrozny	lu 1934 Meriggi	su		370
	t 1917 Cowley			ta			ti/te/taɁ		90
					za		tá		40
							tà		41
			ta	ti			tá		29
		ta	ta		te		ta₄		100
			tu	kiɁ	zi		te/ti		319
			te	keɁ	ze		tĩ		172
	tu tu tu 1903 Sayce / 1912 Thompson / 1929 Meriggi		ti	tu			tu		80/1
					piha 1953	tu 1937 Meriggi	tú		325
	u/w 1920 Cowley	wa	i	wa			wa/wi		439
							wa		165
			w.	wc			wa₄		207
				š	i 1933 Bossert		í		335

Entzifferung zu ermöglichen. Sogar heute noch ist die korrekte Lesung des Siegels umstritten. Die zwei Ideogramme und einen Lautwert *(me)* konnte man ihr vielleicht mit einigem Recht entnehmen, die drei übrigen Zuordnungen Sayces waren jedoch rein spekulativ, so daß ihnen irgendein absoluter Wert nicht zukommen konnte. Das Tarkondemos-Siegel war eben doch kein Stein von Rosette, und diese Erkenntnis markiert gewissermaßen das Ende des ersten Aktes in der Erforschung der hethitischen Hieroglyphenschrift.

87. Ignace J. Gelb, geb. 1907.

Nun begann der zweite Akt, der 50 Jahre dauern sollte. Für ihn bezeichnend ist das stetige Anwachsen des der Forschung zur Verfügung stehenden Materials und die Menge von Gelehrten und Forschern, die – meist unabhängig voneinander arbeitend – zu Interpretationen und Entzifferungen beitrugen. Die Tabelle S. 56 zeigt die richtig oder fast richtig vorgeschlagenen Lautwerte. Wenige waren es in dieser Phase, verglichen mit den vielen falschen Vermutungen. Sayce z. B. veröffentlichte 1903 die Lautwerte für 65 Silbenzeichen: nur ein oder zwei waren richtig. Da war es nicht leicht, das Richtige und das Falsche zu erkennen. Allmählich jedoch kristallisierte sich ein kleiner Kern von Lautwerten heraus, über die sich alle einig waren.

Hauptereignisse in diesem zweiten Akt waren u. a. die Gesamtausgabe der bisher bekannten Inschriften von Messerschmidt (1900–1906; über 40 ansehnliche Texte) und die Entdeckung der Keilschriftarchive der hethitischen Metropole bei den Ausgrabungen von Bogazköy durch Hugo Winckler und Makridi-Bey in den Jahren 1906/7 und 1911/12. Um die 20000 lag die Gesamtzahl der Tafeln und Tafelfragmente. Friedrich Hrozny, Professor für semitische Sprachen an der Universität Wien, bearbeitete sie, als der Ausbruch des ersten Weltkrieges ihn zwang, nach Hause zurückzukehren. Immerhin hatte er genug kopiert, um 1915 die Sprache als Zweig des Indoeuropäischen sicher zu identifizieren, und zwar aufgrund des Wortschatzes (z. B. *wa-a-tar* ›Wasser‹) wie auch der Flexionen (z. B. Präsens ›machen‹ *i-ya-mi, i-ya-si, i-ya-zi, i-ya-u-e-ni, i-ya-et-te-ni, i-ya-an-zi*). Das Lesen der Dokumente, die aus der Zeit zwischen 1450 und 1200 v. Chr. stammten, warf keine ernsthaften Probleme auf, die überwiegende Mehrzahl der Silbenzeichen trugen die zu erwartenden Lautwerte. Auch die hethitische Keilschrift von Bogazköy, obwohl sie von der churrischen, einer fast völlig phonetischen Keilschrift, abgeleitet ist, verwendet zahlreiche Ideogramme und Determinative. Zweifellos waren die Kanzleischreiber mit der zeitgleichen Praxis vertraut. Das förderte natürlich anfangs die Entzifferung sehr.

Nun war also die Sprache des Keilschrift-Hethitischen fast völlig bekannt. Außerdem fanden sich in dem Archivmaterial von Bogazköy Passagen und Zitate in anderen Sprachen, u. a. in einem als Luwisch bekannten Dialekt. Und als ein dem Luwischen sehr ähnlicher Dialekt sollte sich auch die Sprache des Heiroglyphen-Hethitischen erweisen.

Der dritte Akt in der Geschichte der Entzifferung setzte an einem zeitlich genau bestimmbaren Punkt ein: Im September 1931 wurde in Leiden der internationale Linguistik-Kongreß abgehalten. Zwei der Hauptvorschläge befaßten sich – unabhängig voneinander – mit den hethitischen Hierogly-

◁
88. Verlauf der Entzifferung der hethitischen Hieroglyphen.

89. Bilingue am Zugang zur hethitischen Hügelfestung Karatepe.
a) Die Platten mit der phönizischen Inschrift,

b) Detail der hethitischen Hieroglypheninschrift.

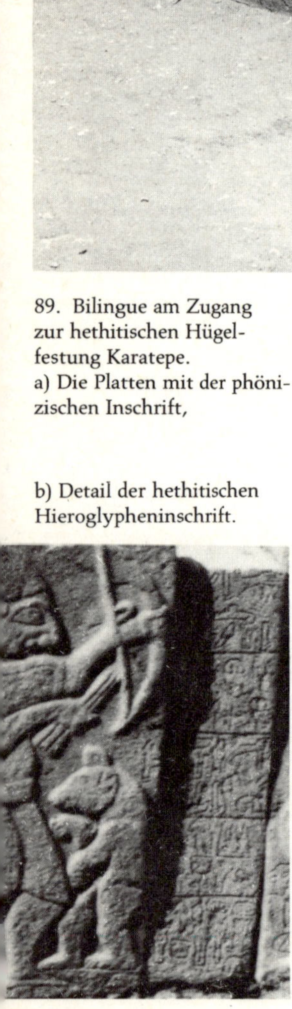

phen. Emil Forrer und Ignace J. Gelb waren die beiden Referenten. Während Forrer sich für die Deutung der Texte interessierte, hatte Gelb sich auf die Struktur der Schrift konzentriert. Trotz dieses Unterschiedes im Ansatz kamen sie zu Ergebnissen, die sich in weiten Teilen deckten (s. die Tabelle S. 156).

Das Maß der Übereinstimmung bei unabhängiger Arbeit war ein ermutigendes Zeichen. Schneller ging nun die Entzifferung voran, aus vielen Richtungen wurden Beiträge geleistet. 1942, mit Gelbs dritter Abhandlung über dieses Thema, war die Entzifferung eigentlich komplett, siebzig Jahre hatte sie seit der Entdeckung der ersten Inschriften erfordert. Das Tempo der Entschlüsselung kann man an einer kleinen Zusammenstellung der richtig zugeordneten Lautwerte ablesen.

	richtig oder fast richtig identifizierte Zeichen
vor 1931	18
Forrer (1931)	13 (aber mit größerer Sicherheit)
Gelb (1931)	19
Gelb (1942)	40 (davon 15 von anderen übernommen)

Die meisten der 15 Lautwerte, die Gelb übernahm, hatte der italienische Gelehrte Meriggi gefunden, der auch 1934 als erster ein Glossar der hethitisch-hieroglyphischen Wörter veröffentlichte. Doch wollte man einem einzigen den Hauptbeitrag an der Entzifferung zuerkennen, müßte es sicher Gelb sein.

Die durch mühevolle und langwierige Kleinarbeit schließlich erreichte Entschlüsselung sollte bald auf einen Schlag bestätigt werden. Im Jahre 1947 wurde die bisher vergeblich ersehnte Bilingue von ausreichender Länge gefunden. H. T. Bossert, damals Direktor der Abteilung für Nahoststudien an der Universität Istanbul, entdeckte sie bei der Ausgrabung einer hethitischen Hügelfestung des 8. Jahrhunderts in Karatepe (Ostkilikien). Die Bilingue ist in hethitischen Hieroglyphen und phönizischer Schrift geschrieben und steht zweimal beiderseits zweier Zugänge zur Zitadelle. Asitiwandas, ein lokaler Fürst, verkündet hier, daß er Gründer der Zitadelle war und seinem Volk Sicherheit, Frieden und Wohlstand verschaffte.

Nachdem wir nun die Entzifferung der hethitischen Hieroglyphen von ihrer Entdeckung bis zur Bestätigung durch die Karatepe-Inschriften betrachtet haben, ist es interessant, die angewandten Techniken näher zu beleuchten. Denn eine unbekannte Sprache, die in einer ebenso unbekannten Schrift geschrieben ist, müßte im Grunde nicht zu entziffern sein, wenn keine Bilingue zur Verfügung stand; aber Schrift und Sprache waren bereits völlig erschlossen, als diese entdeckt wurde. Wie also war dieser Erfolg überhaupt möglich?

Zunächst einmal bestand von Anfang an kein Zweifel daran, daß die hethitischen Hieroglyphen wirklich eine Schrift waren, und auch, daß es sich um eine Silbenschrift mit ideographischer Komponente handelte. Der Fall lag also ganz anders als bei den ägyptischen Hieroglyphen, deren Natur lange unbekannt und umstritten war. Die Entzifferungen der ägyptischen Schrift, der Keilschriften und der kyprischen Silbenschrift hatten natürlich wesentlich dazu beigetragen, daß man die grundlegenden Prinzipien der hethitischen Hieroglyphen so rasch erkannte.

Außerdem gab es das Siegel des Tarkondemos, das diese Schlußfolgerungen bestätigte und nebenbei auch zwei Ideogramme und ein phonetisches Zeichen lieferte.

Weiteres Hilfsmittel waren die Ideogramme, die die Entschlüsselung wesentlich erleichterten. Sie nahmen gewissermaßen den Platz einer Bilingue in anderen Entzifferungen ein. Sayce erkannte schon 1880 das Zeichen ⊕ als Determinativ für ›Gott‹, was ein »sicherer Ausgangspunkt zum Be-

Techniken der Entzifferung

a

b

90. Anfang einer hethitischen Hieroglyphenschrift aus Karkemisch. Die Namen Karkemisch (KAR-ka-mi-sa-i-s(a) STADT ⟦⟧ und Tarhuns (GOTTHEIT STURMGOTT -s ⊕) kommen in beiden abgebildeten Zeilen der Inschrift vor.
a) Foto,
b) Kopie,
Hogarth, 1914.

stimmen von Lautwerten und Bedeutung der hethitischen Hieroglyphen«
war. Seine Überlegung, »daß alle Gottheiten ihre zugehörigen Symbole
tragen und bei jedem außerdem hethitische Schriftzeichen stehen, die dann
ihren Namen wiedergeben dürften«, führte ihn zu weiteren Schlußfolgerungen. »Jede der Zeichengruppen beginnt mit derselben Hieroglyphe, die
also das Determinativ für ›Gottheit‹ sein muß.« Ein Beispiel für die Verwendung dieser Determinative zeigt Abb. 90.[78]

Die Ideogramme für ›König‹ und ›Land‹ ergab das Tarkondemos-Siegel.
Später wurde dann auch das Ideogramm ›Stadt‹, das man zunächst mit dem
Wortzeichen ›König‹[79] verwechselt hatte, richtig identifiziert.

Aus Keilschrifttexten waren bereits eine Anzahl zeitgenössischer hethi-
tischer Namen von Göttern, Königen, Städten und Ländern bekannt. Rein
theoretisch war dadurch die Möglichkeit gegeben, die Namen in der Hieroglyphenschrift, die ja durch die jeweiligen Determinative gekennzeichnet
waren, zu lesen. Die richtige Zuordnung eines Namens an eine bestimmte
Gruppe warf aber noch ungeheure Probleme auf. Bei den Ortsnamen war
die Chance am größten. Denn wenn bei Inschriften aus einem bestimmten
Ort immer ein und derselbe Name auftrat, war es wahrscheinlich derjenige
der betreffenden Stadt. Abb. 90 zeigt einen solchen Fall; diese Gruppe kam
nur in den Inschriften aus Karkemisch vor, die übliche assyrische Form des
Namens Karkameš war bekannt. Six schlug diese Identifikation als erster
vor, Jensen übernahm sie 1894, und sie wurde danach allgemein akzeptiert,
wenn auch die Zuordnung der Lautwerte variierte. Eindeutig war jedenfalls
me/mi für das dritte Zeichen, denn diese Lesung wurde vom Tarkondemos-Siegel bestätigt.

Von zahlreichen weiteren Beispielen sei noch die Lesung des Zeichens 413 als *hi* erwähnt, denn hier unterstützte die Dauerhaftigkeit syri-
scher Ortsnamen die Identifikation. Es war das mittlere Zeichen eines Orts-
namens, den man in einer Inschrift in Andaval in eine Kirchenmauer
verbaut gefunden hatte. In der Nähe liegt der moderne Ort Nakida, dessen
Name in den hethitischen Keilschrift-Inschriften Naḫita lautet.

Diese Art der Zuschreibung ist natürlich höchst unsicher, und so blieben
auch Fehler nicht aus. Cowley, ein besonders sorgfältiger Gelehrter, glaubte
mit gewissem Recht, die Lesung einer Zeichengruppe als *murkaš* müsse
richtig sein, denn sie fand sich nur in der Stadt Marash, deren assyrischer
Name *markašu* war. In Wirklichkeit aber handelte es sich, wie Forrer später
nachweisen konnte, um den Namen eines Königs von Marash, Muwatallis,
der aus assyrischen und hethitischen Aufzeichnungen bekannt war.

Ein weiteres Hilfsmittel war die Positionsanalyse. Aus anderen Silbenschriften, etwa der kyprischen, hatte man die Erfahrung gewonnen, daß
häufig auftretende Zeichen, die überwiegend oder ausschließlich am Wortanfang vorkamen, meist reine Vokale waren. Mit diesem Argument gelang
die Zuordnung von *a* an das Zeichen 209. Da es aber natürlich nicht viele
reine Vokale in einer Silbenschrift gibt, ist diese Art der Beweisführung nur
beschränkt anwendbar. Nützlicher für einen größeren Anwendungsbereich,
aber auch riskanter, ist die Folgerung aus dem Lautaustausch. Wenn ein und
dasselbe Wort verschieden geschrieben werden kann (im Deutschen z. B.

Schenke/Schänke; grafisch/graphisch) tragen die beiden alternativ benutzten Zeichen denselben oder fast denselben Lautwert – vorausgesetzt natürlich, daß es sich wirklich um dasselbe Wort handelt. Wenn nicht, entstehen
verheerende Fehler, die auch aus der Kenntnis des inhaltlichen Zusammenhangs nicht immer zu vermeiden sind. »Die sieben Rinder sind auf der
Wiese« und »die lieben Kinder sind auf der Wiese« sind z. B. beides sinnvolle Sätze, doch kann man aus ihnen beileibe nicht schließen, daß jeweils
s/l und k/r lautgleich seien. Bei der Entzifferung der hethitischen Hieroglyphen wurde das Prinzip des Lautaustauschs mehrmals erfolgreich herangezogen (z. B. für die Zeichen 19, 29, 41, 100, 103, 196, 207) und ein oder
zweimal fälschlich (so bei Gelbs Zuweisung von *u* an das Zeichen 215).[80]

Nach der Wiederentdeckung der hethitischen und der luwischen Sprache
aus den Keilschriftarchiven von Bogazköy konnte man schließlich auch linguistische Belege zur Entzifferung heranziehen. Das enklitische ›und‹
(*-ha*) im Luwischen gab Forrer den Lautwert des Zeichens 215, das nach seinem Vorkommen eine solche Partikel sein mußte. Durch die Verbindung
der ersten Person Singular Imperfekt *-ha* im Luwischen wurde der Lautwert
bestätigt. Die Buchstaben *a* (209) und *i* (376) im häufigen Wortanfang *aia*
erhielten ihre Bestätigung aus dem Luwischen, wo es sich als der Wortstamm von ›machen‹ erwies (s. S. 156).

Die Beispiele, die sich natürlich beliebig vermehren ließen, sollen eine
Vorstellung davon vermitteln, nach welchen Grundsätzen und mit welchen
Hilfsmitteln die Entzifferung vor sich ging. Keiner von ihnen war neu; keines führte zum Durchbruch. Wie wir schon am Anfang bemerkten, gab es
überhaupt keinen fixierbaren Moment des Durchbruchs. Die Entzifferung
der hethitischen Hieroglyphen verlief also wenig dramatisch. Einzigartig
aber war sie dadurch, daß so viele Gelehrte gleichwertige Beiträge leisteten
und eine Vielfalt verschiedener Methoden und Mittel anwandten.

Zum Schluß noch ein Wort über die Schrift selbst. So, wie sie sich uns
in der Überlieferung darstellt, war sie eigentlich kein Schriftsystem im üblichen Sinne. Es gibt zwar einige auf Bleibändern geschriebene Briefe aus einer Spätphase, Hauptzweck scheint aber nicht die Kommunikation gewesen
zu sein, sondern die Aufzeichnung und Zurschaustellung der Leistungen
der Vergangenheit. Siegel und Felsinschriften, diese eigentlich großen Siegel, wie Laroche sie nennt, sind fast die einzigen Medien dieser Monumentalschrift. Ästhetische Erwägungen und das Bestreben, den vorhandenen
Raum so vollständig wie möglich zu füllen, scheinen Wahl und Anordnung
der Zeichen bestimmt zu haben. Sie mögen sogar zur Erfindung neuer Zeichen geführt haben; zumindest der seltsame Gebrauch von Zahlzeichen als
phonetische Werte scheint so entstanden zu sein; z. B. ||||| (luwisch
mauwa-›vier‹) für *m/ma/mi* (außerdem dasselbe Zeichen in einem Och-
senkopf für *mu*), und ┊┊┊ (luwisch *nu-wa-*, ›neun‹) für *nu*. In keinem anderen Schriftsystem kenne ich bisher eine Parallele. In der uns erhaltenen
Form der Schrift kamen beide Zeichen in diesem Gebrauch regelmäßig vor,
aber irgendwann muß das einmal neu eingeführt worden sein. Die Wirkung
dürfte etwa dieselbe gewesen sein, als wenn wir im Deutschen schrieben
»hab 8; 2fel«. (Im Amerikanischen gibt es diese Erscheinung inzwischen

häufiger, z. B. ›4 sale‹ Anm. d. Übers.) Eine solche Schreibweise erschiene uns vielleicht in einer Anzeige angemessen, dürfte aber einem Anwalt oder Buchhalter kaum gefallen; und tatsächlich kann man die hethitisch-hieroglypischen Inschriften als Anzeigetafeln oder ähnliches betrachten. Die Entzifferung wurde durch diesen plakathaften Charakter der Schrift erleichtert, soweit er den Gebrauch von Ideogrammen und Determinativen förderte; wenn er aber zu absonderlichen artistischen Praktiken führte, erschwerte sie die Entzifferung natürlich.

Historisch gesehen haben die Inschriften nicht so einprägsam gewirkt, wie ihre monumentale Ausführung wohl bezwecken sollte. Der griechische Historiker Herodot, der im 5. Jahrhundert v. Chr. über eine hethitische Hieroglypheninschrift im Karabel-Paß berichtete, hielt sie für ägyptisch. Bei Homer, der zu einer Zeit schrieb und sang, als die Schrift vielleicht noch in Gebrauch, sicher aber noch nicht lange ausgestorben war, lesen wir sogar, daß Achill die Felsen mit hethitischen Inschriften in der Nähe von Smyrna als Niobe und ihre Angehörigen, die von Zeus in Stein verwandelt worden seien, bezeichnet. Weder der Dichter selbst, noch einer seiner späteren Kommentatoren, wußte um die Existenz, geschweige denn um die Bedeutung der hethitischen Hieroglyphenschrift.[81]

Evans und die ägäischen Schriften | *Kapitel 8*

Die mykenische Linear B-Schrift, die Gegenstand der dramatischsten Entzifferung seit Champollion werden sollte, wurde, zusammen mit zwei verwandten ägäischen Schriften, von Arthur Evans, dem Ausgräber von Knossos, entdeckt.

Entdeckung und
erste Bearbeitung
kretischer Schriften

Evans (1851–1941) hatte seine Laufbahn als Korrespondent der liberalen Zeitung *Manchester Guardian* in Dubrownik begonnen, zu einer Zeit, als die Balkanstaaten in besonderer Weise Zentren nationaler Befreiungsbewegungen waren. An dem Punkt jedoch, an dem seine Karriere für uns interessant ist, hatte er sich schon längst als Numismatiker und Altertumskenner einen Namen gemacht und war Direktor des Ashmolean Museum in Oxford. Zu Beginn der 90er Jahre des letzten Jahrhunderts begann er, sich mit einigen Siegelsteinen aus dem Besitz des Museums zu beschäftigen, die wegen ungewöhnlicher, eingravierter Zeichen von hieroglyphenähnlichem Aussehen sein Interesse geweckt hatten. Er erwog die Wahrscheinlichkeit eines ägäischen Schriftsystems. Dieser Gedanke beschäftigte ihn schon deshalb, weil ihm der Widerspruch zwischem dem hohen künstlerischen und materiellen Standard der von Schliemann entdeckten Zivilisation und dem Fehlen jeden Beweises für das Bestehen einer Schrift in den ausgegrabenen Stätten unvereinbar erschien.

Überraschend wäre dieser Widerspruch in der Tat, allerdings nicht in dem Sinne, wie Evans ihn auffaßte. Man könnte argumentieren – und hätte diese Überlegung wohl auch bei Evans erwartet –, daß eine gesellschaftliche Organisation, die einen mykenischen Palast erhalten mußte, ohne geschriebene Aufzeichnungen nicht hätte auskommen können, oder auch, daß die Mykener wohl kaum auf eine so nützliche Einrichtung verzichtet haben konnten, wie sie doch in Ägypten, Mesopotamien und Syrien längst in Gebrauch war.

Evans aber argumentiert anders. Er prägt den Begriff ›*Man before Writing*‹, eine Formulierung, in der die Vorstellung steckt, daß die technologische Entwicklung der Menschheit evolutional bestimmt sei, – als gebe es eine bestimmte Stufe, an der normale Gesellschaften eben eine Schrift entwickeln, so wie der Mensch an einer bestimmten Stufe Zähne bekommt.

91. »Wäre es möglich, daß
Meisterwerke wie die Ein-
legearbeit der Dolche aus den
Akropolisgräbern von
Mykene, die Gravuren der
Siegel, die ausdrucksvollen
Reliefs auf den Vaphio-
Bechern Werke des ›Man
before Writing‹ gewesen
sein sollten?« Evans, 1909.

Dieser entwicklungstheoretische Ansatz hat Evans spätere Interpretationen sicher stark beeinflußt, verhinderte aber nicht, daß er objektiv und
energisch zunächst einmal den Tatsachen nachging. In Athen konnte er
1893 eine Anzahl Siegelsteine kaufen, die aus Kreta stammen sollten und
die von derselben Art waren wie jene in Oxford. Im darauffolgenden Jahr
besuchte er die Insel und kaufte dort zahlreiche weitere Steine oder nahm
Abdrücke von ihnen. Die Siegel wurden oft noch benutzt: Frauen trugen
sie als Milchamulette. Bis zum April 1894 war er mit seinen Forschungen
schon so weit, daß er einen Brief mit einem Bericht über seine Entdeckungen
an das *Athenaeum*[82] schreiben konnte, in dem bereits alle wesentlichen
Punkte seines etwas späteren Aufsatzes im *Journal of Hellenic Studies* enthalten waren. In dem Artikel veröffentlichte er 73 Siegel- zusammen mit
einer Anzahl von Töpfer- und Steinmetzzeichen. Das vorgelegte Material
bewies die Existenz einer kretischen bronzezeitlichen Schrift mit ausreichender Sicherheit.

Evans begnügte sich nicht damit, die Stücke nur zu publizieren; er behandelte in dem Aufsatz auch ausführlich die Schrift unter historischen und
entwicklungstheoretischen Gesichtspunkten. Da Evans Auffassungen während der nächsten 50 Jahre mehr Gewicht hatten als die irgendeines anderen
Forschers, sollten wir die Phasen ihrer Entstehung mit besonderer Sorgfalt
durchleuchten.

Der erste Satz seines ersten Artikels ist seltsam. Er macht uns auf die
Tatsache aufmerksam, für die es, wie er auch selber sagt, keine Belege gibt.
»Da sichtbar erhaltene Monumente fehlen, ist die Tatsache allgemein in

Vergessenheit geraten, daß überall dort, wo heute zivilisiertes europäisches
Gebiet ist, einst Bilderschriftsysteme existiert haben müssen, wie sie bei den
primitiven Völkern der Erde heute noch bestehen.« Alles,was an diese ver-
lorenen Schriftsysteme erinnere, sei gelegentlich ein Bildschriftzeichen, das
in Dänemark, Lappland, den Seealpen oder an der dalmatischen Küste auf
einen Fels oder ein Megalithmonument gemalt oder eingeritzt erhalten sei.
Aber »wenn wir die Gegenstände aus Rinde, Haut oder Holz von den frühen
Menschen aus diesem Teil der Welt vor uns hätten, oder wenn wir die Täto-
wierungen auf ihrer Haut sehen könnten, hätten wir eine ganz andere Vorstellung von der Bedeutung, die die Bilderschrift auf europäischem Boden
einst hatte. Daher ist es richtig, wenn Phantasie den Mangel sichtbarer Beweise ausgleicht«, besonders im Falle der »großen Thrako-Phrygischen
Rasse«, die Süd-Ost-Europa bewohnte. »Man kann sich unmöglich vorstellen, daß diese europäische Bevölkerung sogar noch soweit unter der Kultur-
stufe der Indianer gestanden haben sollte, daß sie nicht einmal ausführlichen Gebrauch von Bildzeichen als Gedächtnisstütze und Kommunika-
tionsmittel gemacht hätte.«

Bildzeichen waren also, so Evans, weit verbreitet. Mit ihnen sei aber auch
die Fähigkeit zum eigentlichen Schreiben verbreitet gewesen. In den alten
Hochkulturen Ägypten, Mesopotamien und China sei diese Fertigkeit zuerst gereift. An anderer Stelle schreibt er, »wäre dieselbe Entwicklung vom
einfachen Bildzeichen zu einer hieroglyphischen oder quasi-alphabetischen
Schrift an mehr als einer Stelle Europas vor sich gegangen, wäre sie nicht
durch das Eindringen des vollentwickelten phönizischen Schriftsystems ab-
rupt unterbrochen worden«. In der Tat habe dieser Reifungsprozeß in Anatolien und der Ägäis bereits eingesetzt, wie die hethitische Hieroglyphenschrift und das Kyprische bewiesen. Einige, aber eben nur einige der
kretischen Zeichen, zeigten eine bemerkenswerte Ähnlichkeit mit Zeichen
aus der einen oder der anderen dieser Schriften. Das könne »am besten erklärt werden, indem man annimmt, daß diese Schriftsysteme wahrscheinlich in Grenzgebieten aus noch primitiveren Bildschriftelementen hervor-

92.–95. Die Entwicklung der kretischen Schrift nach Evans, 1894.

92. Piktographisch: Siegel, dessen »Besitzer offenbar Herr über Schaf- und Rinderherden war«. Steatit; aus Praesos.

93. Konventionalisiert piktographisch oder ›hieroglyphisch‹. Karneol; aus Ostkreta.

94. Die schließlich auf ›lineare Symbole‹ reduzierten Zeichen. Blöcke vom damals noch nicht ausgegrabenen Palast von Knossos.

95. Diese drei Entwicklungsstufen auf einem einzigen Stein. Steatit; aus dem Gebiet um Siteia.

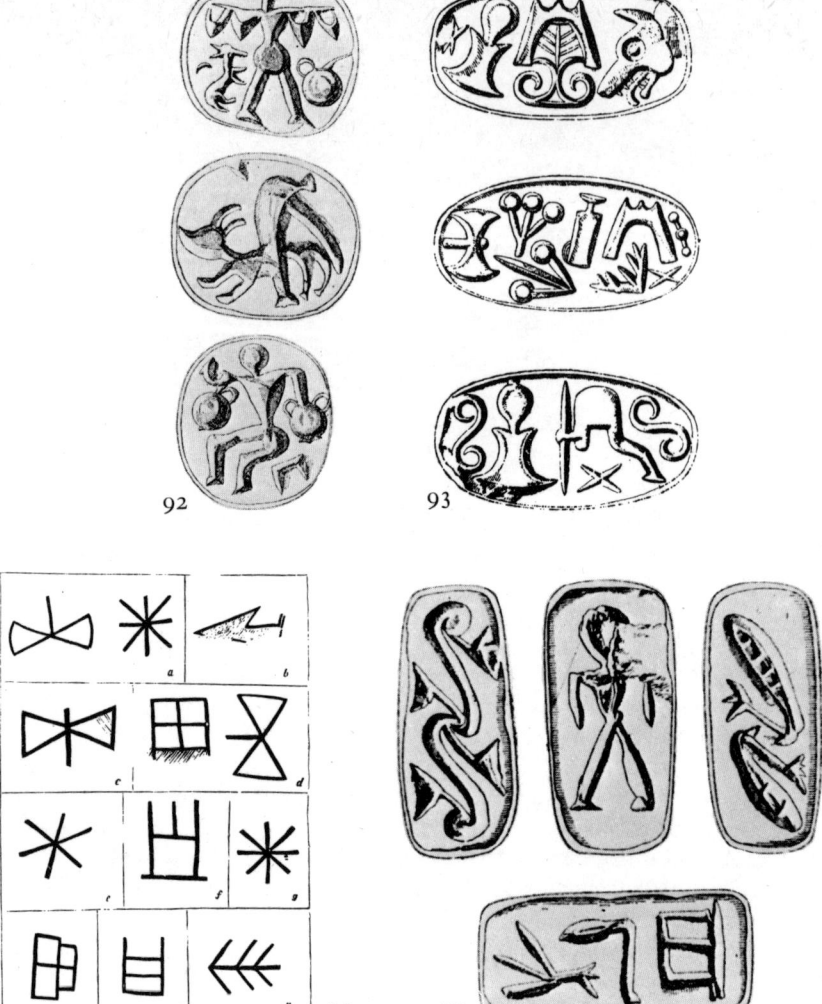

92   93

94   95

gewachsen sind.« Was könne natürlicher sein, als daß gewisse gemeinsame Grundzüge erhalten geblieben seien, als jedes Gebiet seinen Anteil an der ursprünglich gemeinsamen Grundlage der Bildzeichen »unabhängig zu entwickeln begann« in Richtung auf »eine stärker durchgeformte hieroglyphische Schrift?«

Auf diese Weise fügte Evans seine neue kretische Schrift nahtlos in sein Schema von der Entwicklung menschlichen Schreibens überhaupt ein. Aber ein weiteres Element war noch nötig, um das Bild zu vervollständigen. Wenn Schreiben ein evolutionaler Prozeß mit einer immanenten Tendenz vom Bildzeichen zur alphabetischen Schrift war, könnte diese Entwicklung nicht schlagartig aufhören, sondern müßte sich innerhalb der kretischen Schrift selbst fortsetzen. Evans glaubte, den Beweis für dieses fortgesetzte

Wachstum in Händen zu haben. Die Schrift, die er entdeckt hatte, schien in drei Phasen klassifizierbar zu sein. Deren früheste, die reine Bilderschrift (Abb. 92), »zeigt oft die etwas frühere Version derselben Zeichnung, die unter den ›Hieroglyphen‹ der späteren Klasse wieder erscheinen«. Die ›Hieroglyphen‹ (Abb. 93) waren konventionalisierte, meist lineare Zeichen, die dem Repertoire der Bildzeichen entnommen waren; es gab von ihnen insgesamt etwa 82 Stück. Von den ›linearen Schriftzeichen‹ (Abb. 94) gab es 32 in zwölf Inschriften, darunter Siegel, Vasen-Graffiti, Töpfer- und Steinmetzzeichen. Sie waren teilweise mit den Hieroglyphen identisch. Alle drei Klassen von Schriftzeichen konnten auch auf einem einzigen Siegel vertreten sein; als Beispiel siehe Abb. 95, wo die rein dekorativen Zeichen auf Seite a und c die Eigentümlichkeiten der anderen besonders deutlich hervortreten lassen. Das Zeichen auf Seite b, wenn auch fast identisch mit dem Bildzeichen auf Abb. 92, war so schablonenhaft gezeichnet, daß es eine »Hieroglyphe sein sollte«; Seite d enthält drei Zeichen, deren zwei linke rein linear waren, während das rechte sowohl zur hieroglyphischen als auch zur linearen Klasse gerechnet werden konnte.

Nach diesen Klassifikationen ist es klar, wie außerordentlich subjektiv Evans Kriterien zur Einteilung der Phasen war. Die Unterscheidung zwischen einem Piktogramm (Bildzeichen) und einer Hieroglyphe hing davon ab, für wie konventionalisiert er ein Bild hielt; die Unterscheidung zwischen einer Hieroglyphe und einem linearen Zeichen ergab sich daraus, ob er ein Bild in ihm erkennen konnte oder nicht.[83]

Die Subjektivität seiner Kriterien mußte ihn in Schwierigkeiten bringen. Weitere Reisen nach Kreta verschafften ihm mehr Material und die erste Inschrift in jener Schrift, die später als Linear A bezeichnet wurde. Als er diese im Jahre 1897 publizierte (und den Opfertisch mit der Linear A-Inschrift um 2000 v. Chr. und damit viel zu früh datierte), befaßte Evans sich intensiv mit der Frage nach der Unabhängigkeit der kretischen Schrift und mit der Richtung, in der sie sich entwickelt haben mochte. Das Vorhandensein einer prä-dynastischen ägyptischen Schrift gab ihm »einige Gewähr für den Schluß, daß die Proto-Ägypter den ägäischen Völkern in der Entwicklung ihrer Schrift voraus waren«. Die ägäische könnte daher »teilweise abgeleitet« gewesen sein von einer ägyptischen. Evans betrachtete die Zeichen auf dem Opfertisch, als seien sie Dinge in einem Museum und nicht Bestandteile eines zusammenhängenden Systems. Er verglich sie mit seiner ›kretisch linearen‹ oder der Bilderschrift, mit ägyptischen, libyschen, kyprischen, semitischen und sogar mit frühgriechischen Buchstaben. Diesen Weg gab er aber bald auf. »Daß die kretisch linearen Formen gänzlich fremden Ursprungs sind, kann man unmöglich annehmen. Die Einfachheit dieser Zeichen und der frühe Zeitpunkt ihres Aufkommens berechtigen uns trotz aller Analogie dazu, anzunehmen, daß die linearen Schriftzeichen selber nur Rudimente eines primitiven Bilderschrift-Systems sind, in dem verschiedene Objekte durch einfache Linien aufgemalt sind, wie die ersten Zeichnungen eines Kindes auf einer Tafel.«

Diese Beurteilung der primitiven Bilder ist grundsätzlich anders als die, die er in seinem Aufsatz von 1894 vertreten hatte. Er hatte begonnen zu

fühlen, daß »die ägäischen Schriften auf eine sehr frühe Periode zurückgehen müssen und eher von dem einfachen Steinschneidehandwerk abgeleitet
sind, bei dem – wie bei einer Kinderzeichnung – einfache Linien die Objekte
darstellen, als von dem weiter entwickelten Bilderstil. Die konventionalisierte Schrift (die er 1894 hieroglyphisch genannt hatte), die von diesem
entwickelten Bilderstil abgeleitet ist, muß also im großen und ganzen eher
als Parallele zu den linearen Zeichen denn als ihre unmittelbare Quelle betrachtet werden. Auf dieser Basis entschied er nun, daß das Siegel Abb. 95
am Anfang der Entwicklung der konventionalisierten Bilderschrift oder
›hieroglyphischen Klasse‹ stehe und zeige, daß lineare Zeichen schon in dieser frühen Periode aus linearen Zeichnungen entwickelt waren. Überdies
könne die Entwicklung überhaupt umgekehrt verlaufen sein. 1894 hatte
Evans die Entartung eines Auges bis hin zu einem Kreis theoretisch entwik-
kelt; 1897 erwog er den Verlauf in umgekehrter Richtung.

»Eine Massenwiederbelebung des Bilderstiles . . . fand während der mykenischen Periode auf Kreta statt . . . Die linearen Figuren nehmen ein stärker realistisches Aussehen an, um mit einer Zeit schrittzuhalten, in der
Steinschneidekunst und künstlerischer Sinn viel höher entwickelt waren . . . Ein bloßer Kreis vervollständigt sich zum menschlichen Auge . . .
Die Senkrechten und Kreuzlinien, die einen Baum zu bezeichnen scheinen,
erhalten wieder stärker vegetabile Gestalt . . .« Es sollte noch einmal betont
werden, daß Evans zu diesem Zeitpunkt ausschließlich stilistische Belege für
die Datierung seines Materials hatte. Seine Argumentation war daher über
weite Strecken eine reine Ermessensfrage und von keinem äußeren Beweis
gestützt.

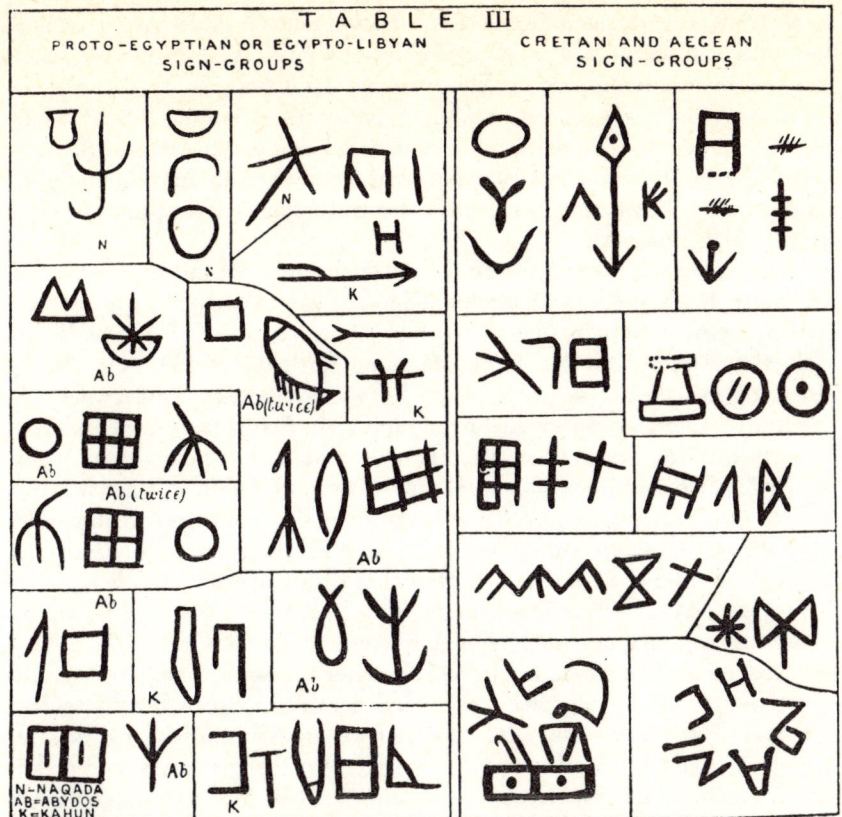

TABLE III

PROTO-EGYPTIAN OR EGYPTO-LIBYAN
SIGN-GROUPS

CRETAN AND AEGEAN
SIGN-GROUPS

97. Tafel mit Vergleich
verschiedener Zeichen.
Evans, 1897.

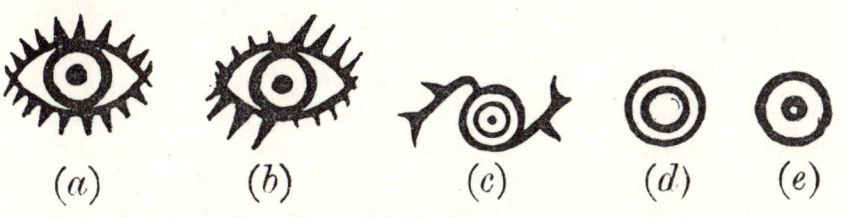

(a)   (b)   (c)   (d)   (e)

98. Entwicklung eines
Schriftzeichens – aber in
welcher Richtung verlief sie?
Nach Evans, 1894.

Evans hätte gerne über Ausgrabungsbefunde zur Klärung verfügt, und schon bald konnte er sich diesen Wunsch erfüllen. Die Lage der Stadt Knossos auf Kreta, in der einst – wie Homer überliefert – König Minos regierte, war längst bekannt. Schliemann hatte die Stadt ausgraben wollen, konnte diesen Plan aber durch seinen plötzlichen Tod nicht mehr realisieren. Evans hatte bei seinem ersten Besuch auf der Insel 1894 bereits seinen Anspruch abgesteckt, indem er ein Viertel des Landes von den moslemischen Besitzern kaufte. Als Kreta nach der Befreiung von türkischer Herrschaft eine unabhängige Republik geworden war, erwarb er das ganze Gebiet. Die Ausgrabung begann mit dem neuen Jahrhundert. Innerhalb einer Woche schon hatte er das erste Fragment einer Inschrifttafel gefunden, und wenige Tage später, am 5. April 1900, »wurde ein ganzer Hort dieser Tondokumente, viele von ihnen unbeschädigt, innerhalb eines Depots aus verkohltem Holz

**Ausgrabung und
Spekulation**

in einem wannenartigen Terrakotta-Behälter, der mit der Mauer abschloß, gefunden«. (Evans 1900, S. 18) Sofort sandte er eine Beschreibung seines Fundes, zusammen mit der Zeichnung einer der Tafeln, an das *Athenaeum* unter dem Titel › *The Palace Archives of Mycenean Cnossus*‹ (Die Palastarchive des mykenischen Knossos). Denn zu der Zeit glaubte er natürlich, einen weiteren mykenischen Palast auszugraben. Daß die kretische eine eigene frühere Kultur war, wurde ihm erst später klar. Für sie prägte er dann den Begriff ›minoisch‹.

Zahlreiche weitere Schrifttafeln, dazu auch ein Depot mit Inschriften der ›hieroglyphischen Klasse‹ konnten in den nächsten Wochen gefunden werden. In seinem Bericht über diese Kampagne im *Annual of the British School at Athens* hielt Evans noch an seiner Ansicht von 1897 fest, daß die ›hieroglyphische Klasse‹ eine spätere Entwicklungsstufe repräsentiere. Er glaubte, das sei auch durch die Stratigraphie, die Schichtung der Funde, bewiesen. Mit den neuen Inschriften konnte er seine Liste der ›hieroglyphischen Zeichen‹ auf über 100 erweitern. Als er die Tafeln mit der linearen Schrift mit den anderen verglich, gelangte er zu der heute noch gültigen Beobachtung: »Obwohl eine kleine Anzahl von Zeichen aus der kretisch-hieroglyphischen Serie mit denen der linearen Klasse übereinstimmen, gibt es insgesamt erstaunlich wenig gemeinsame Elemente, so daß beide Gruppen eindeutig voneinander unabhängige Systeme darstellen.«

Zu der Schrift auf den Tafeln, die er seiner ›linearen‹ Kategorie zurechnete, gelangen ihm einige Beobachtungen, die sich als richtig herausstellten. Unter anderem wies er auf die Links-nach-rechts-Schreibrichtung, das Dezimalsystem der Numerierung, die Existenz von Ideogrammen und metrischen Zeichen, den Worttrenner und die Art und Zahl der Silbenzeichen (ca. 70 in allgemeinem Gebrauch) hin. Evans schwacher Punkt war die Deutung der Zeichenformen. Stets bemüht, ihre entwicklungsgeschichtlichen Ursprünge aufzudecken, sah er in ihnen u. a. »den menschlichen Kopf, den Hals, die Hand, gekreuzte Arme, einen spitz zulaufenden Becher, einen fliegenden Vogel, Drei- oder Vierfach-Gatter, einen Zaun, einen Thron mit hoher Lehne, einen Baum und ein Blatt«. Dies ist eine ausgesprochen gefährliche Argumentation. Man stelle sich nur vor, wie ein Anthropologe der Zukunft diese Methode zur Analyse unserer eigenen Schrift, der Schrift im Zeitalter des Autos, anwenden könnte: die Symbole, so könnte er sie interpretieren, seien vom Rad (O), der Blattfeder (C), dem Schalthebelbild (H), einer üblichen Zylinderanordnung (V) etc. abgeleitet. Diese Identifikationen würden eine die andere um so glaubwürdiger erscheinen lassen, und es wäre nicht leicht, sie als falsch nachzuweisen, wenn man nicht die früheren Buchstabenformen kennen würde. Im Falle der kretischen Schrift aber fehlte – und fehlt bis heute – eben diese Kenntnis.

Doch obwohl Evans die bildhaften Ursprünge einer ganzen Anzahl von Zeichen glaubte entdecken zu können, spürte er doch, daß die Schrift als Ganzes einer fortgeschritteneren Stufe angehöre. »Die Buchstaben tragen freies, aufrechtes ›europäisches‹ Aussehen, im Typ viel weiter entwickelt als die Keilschriftzeichen. Den ägyptischen Hieroglyphen sind sie in der Entwicklung der Form gleichfalls voraus.«[84]

99. Sir Arthur Evans, 1851–1941.

The tablets themselves are oblong slips of hand-moulded clay, flat on the engraved side, with almost adze-like ends, but thickening towards the centre of the back. They vary in length from about two to nearly seven inches, and in breadth from a half to three inches. As in the case of the Chaldæan tablets, lines are ruled at intervals for the convenience of the scribes, and one of the largest examples shows eighteen of these, a certain proportion of them left blank. The most usual type consists of two lines, or even a single line of inscription, written from left to right lengthwise along the tablet, but some of the broader tablets have the lines arranged across their narrower diameter. The subjoined copy reproduces a good specimen of this latter class.

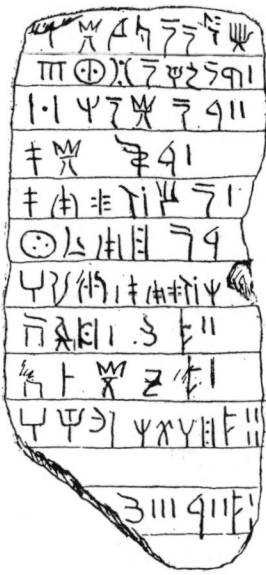

100. Erste Publikation einer Linear-B-Tafel. Aus Evans Bericht in *The Athenaeum*, 18. Mai 1900.

101. »Buchstaben von freiem, aufrechtem europäischen Aussehen« – die erste Fotografie einer Linear B-Tafel, publiziert von Evans 1900.

171

Dem Leser wird aufgefallen sein, daß Evans bis zu diesem Zeitpunkt einfach von der ›linearen Schrift‹ oder der ›fortgeschrittenen linearen Schrift‹ gesprochen hat. Im Jahre 1902 jedoch entdeckte der italienische Archäologe Halbherr in Hagia Triada im Süden der Insel eine große Anzahl ganz anders aussehender Schrifttafeln, und im Jahr darauf fand Evans selbst im ›Tempel-Lager‹ in Knossos Inschriften derselben Art, die nach dem Grabungsbefund früher sein mußten als die bisher gefundenen. Daher teilte Evans sein lineares System nun in zwei Klassen ein: ›A‹ für die Schrift, die man im ›Tempel-Lager‹, auf dem Opfertisch und in Hagia Triada sowie an einigen anderen Stellen der Insel gefunden hatte. ›B‹ für die Schrift der Hauptfunde von Tontafeln aus Knossos. Die beiden Schriften teilten zahlreiche gemeinsame Elemente, die Unterschiede waren zwar gering (z. B. verschiedene Formen sicher desselben Zeichens; einige Zeichen, die nur in jeweils einer der Schriften vorkamen; der alternative Gebrauch von Punkten und Strichen für ›Zehn‹ in Linear A), jedoch regelmäßig und durchgehend. Evans schloß, daß die Linear B-Schrift, obwohl sie in Knossos in einer späteren Schicht nachgewiesen war, »grundsätzlich eher ein paralleles als ein abgeleitetes System . . . von mehr oder weniger demselben Alter« sei, welches in Knossos »aufgrund irgendeiner politischen Umwälzung« in der letzten Palastperiode auf Kosten des anderen Schriftsystems in den Vordergrund getreten sei (1903, S. 53).

In demselben Jahr hatte Evans Anlaß, seine Datierung der ›hieroglyphischen‹ Dokumente aus Knossos neu zu durchdenken und sie schließlich doch einer früheren Phase als die linearen Schriften zuzuweisen (1903, S. 20).

Evans Klassifizierung der von ihm gefundenen Schriften in drei Typengruppen, nämlich ›hieroglyphisch‹ oder ›konventionalisierte Bilderschrift‹, ›lineare Schrift der Klasse A‹ und ›lineare Schrift der Klasse B‹, bestand die Probe der Zeit und hat bis heute Gültigkeit. Das war wirklich eine hervorragende Leistung.

Der Fehler in seiner Beurteilung der Schriften lag, wie ich schon oben ausführte, in dem Wunsch, in der Form jedes einzelnen Zeichens eine Bedeutung zu sehen und ihren Ursprung bis zu einer hypothetischen Bild-Schrift zurückzuverfolgen. Das war für ihn weiterhin so wichtig, daß er die ersten drei Vorlesungen, die er 1903 am Royal Institut vortrug, der Vertiefung dieser Theorien widmete. Die Vorlesungen, die nur in Kurzfassung gedruckt vorliegen, stehen unter den verblüffenden Schlagworten:

Articulate language of relatively late development (Artikulierte Sprache hat sich relativ spät entwickelt)
This fact increases importance of pictorial records in primitive times (Gemalte Aufzeichnungen in primitiven Zeiten gewinnen hierdurch größere Bedeutung)
Man drew before he talked (Der Mensch zeichnete, bevor er sprach)

Diese Ideen sind in einem Aufsatz dargelegt, den Evans für das Buch *Anthropology and the Classics* von R. R. Morett (1908) schrieb. Nach einigen lyrischen Lobpreisungen der edlen Besonderheiten der Menschen der ›proto-europäischen Rasse‹, dem Cro-Magnon-Menschen verwandt, der für die Kunst des Paläolithikums verantwortlich ist, stellt er die Frage, ob diese frühen Menschen überhaupt hätten artikuliert sprechen können oder nur durch die aus der Kunst bekannten Gesten kommuniziert hätten, und antwortet, daß sie eine Sprache wahrscheinlich gar nicht gehabt hätten. In Nordamerika, so zieht er als Beweis heran, existierten mehr als 60 Sprachfamilien, jede mit bis zu 20 verschiedenen Sprachen, dennoch gebe es eine Einheitlichkeit in der Rasse und eine übereinstimmende Gebärdensprache.

»Ist es vorstellbar«, fragt er, »daß die Sprachen der Nachfahren so radikal unterschiedlich hätten sein können, wenn die Vorfahren eine artikulierte Sprache gehabt hätten?« Das Beispiel vom Taubstummen zeige, daß »gesprochenes Wort zum Ausdrücken abstrakter Gedanken« nicht unbedingt notwendig sei, und daher sei es durchaus denkbar, daß der Mensch zeichnete, bevor er sprach.

Evans hatte auch, ungeachtet seiner Umdatierung der ›konventionalisierten Bilderschrift‹ von Knossos, seine Vorstellungen, die er 1897 zur Evolution des Schreibens geäußert hatte, nicht aufgegeben; das wird in dem Aufsatz ganz deutlich. Er betont noch einmal die Möglichkeit ihres Verlaufs in beide Richtungen. Das Bild könne zur linearen Schrift führen (›Degeneration‹, ›Stilisierung‹, ›Ornamentalisierung‹), aber es existiere umgekehrt auch der allgemein bekannte Prozeß der ›Verfeinerung‹, bei dem, ausgehend vom kindlichen ›Griffel-Stil‹, die Linie zum Bild führe. »Kunst beginnt mit Skeletten, und erst allmählich entwickelt sich die Fähigkeit, sie mit Fleisch und Blut zu umkleiden.«

Schließlich bringt er diese beiden einander widersprechenden Thesen durch eine bemerkenswerte Gedankenkonstruktion romantischer Anthropologie miteinander in Einklang, die um so bemerkenswerter ist, als sie sich an dem prosaischen Problem der Entwicklung des Alphabets entzündet.

»Es ist in der Tat seltsam, daß die Menschheit in der frühesten Kindheit ihrer Kunst schon jene elementaren Figuren erfunden haben sollte, die die perfektesten aller alphabetischen Systeme einfach wiederholt haben. Die Elemente einer entwickelten Schrift waren tatsächlich vorhanden, aber die Zeit war noch nicht gekommen, daß ihr wirklicher Wert erkannt werden konnte. Erst nach sehr langer Zeit kam es schließlich dazu, daß die zivilisierte Menschheit nach einem graduellen Verfall und zunehmender Konventionalisierung einer viel ausführlicheren Bilderschrift wieder zu diesen ›ärmlichen Elementen‹ zurückkehrte, und damit war dann die eigentliche Schrift geboren. Aber es ist gut, sich stets daran zu erinnern, daß das frühe Vorhandensein dieser linearen Zeichenfamilie, ihr Überleben und ihre Wiedergeburt überall auf der Welt als einfache Zeichen immer einen formenden Einfluß ausüben konnte. Es mag sehr wohl eine Neigung dieser degenerierten Elemente der Bilder- oder Hieroglyphenschrift bestanden haben, sich mit den alten linearen Standard-Typen zu verbinden.«

Evans letzte Theorien Ich habe ausführlich aus diesen weniger bekannten Passagen von Evans Philosophie über das Schreiben zitiert, und zwar teilweise, weil sie tatsächlich von erheblicher Bedeutung sind, teilweise weil sie einen methodischen Ansatz illustrieren, wie er damals gängig war und auch heute noch lebendig ist, und teilweise auch, weil Evans selbst diese Theorie so ernst nahm. Will man nicht annehmen, seine Untersuchungen seien ein unerheblicher Ausrutscher oder eine Schwäche, muß man davon ausgehen, daß seine mehr praktische und empirische Arbeit davon nicht unberührt blieb. Ich glaube in der Tat, daß seine Theorien ihren Niederschlag in seiner Arbeit fanden und sehe diesen z. B. in Evans Unfähigkeit, die Konsequenz aus seiner eigenen Schlußfolgerung zu ziehen, daß die siebzig häufigsten Zeichen der ›entwickelten linearen Schrift‹ Silbenzeichen waren. Im Jahre 1900 war er zu diesem Schluß gekommen, den er später nie revidiert hat. Aber er konnte sich eben nie von der Vorstellung befreien, der Ursprung der Zeichen im Bild sei von ungeheurer Wichtigkeit. Nach seiner Ansicht stelle das Zeichen, welches Ventris inzwischen als *a* entziffert hatte, eine Doppelaxt dar und trage in allen Inschriften, in denen es auftrete, eine religiöse Nebenbedeutung. In dem Zeichen, das nun als *o* bekannt ist, sah er einen Thron und damit ein Symbol von Herrschaft oder jedenfalls von königlichem Geblüt in den Namen, in denen es als phonetisches Zeichen auftritt.[85] Diese falsche Annahme war für Evans jedenfalls ein Haupthindernis für eine erfolgreiche Entzifferung. Außerdem mag sie auch die Verzögerung der Publikation erklären und sogar entschuldigen. Evans hatte nämlich, obwohl seine wichtigsten und zahlreichsten Entdeckungen von Linear B-Tafeln aus den Jahren 1900 und 1904 stammten, diese immer noch nicht veröffentlicht, als er vierzig Jahre später starb. Er hatte auch keinem anderen die Erlaubnis dazu gegeben. Diese Tatsache wurde allgemein als schwer verzeihliche Besitzgier betrachtet. Teilweise mag das eine Rolle gespielt haben, betrachtet man aber Evans Gesamttheorie, so wird diese Haltung verständlich. Denn diese ging davon aus, daß das Schriftsystem auf den Tontafeln kein isoliertes technisches Problem sei, welches stückweise von irgendwelchen Forschern bewältigt werden könnte, sondern daß es ein untrennbarer Bestandteil der minoischen Kultur und daher nur im Lichte des gesamten archäologischen Befundes verständlich sei.

Wie dem auch sei, Evans hatte jedenfalls geplant, die Dokumente selber unter dem Titel *Scripta Minoa* zu publizieren, deren erster und einziger Band, der noch zu Evans Lebzeiten fertiggestellt werden konnte, 1909 er-

102. *Exportöl* war Evans Vorschlag zur Interpretation dieses Siegels (OLIVEN-ZWEIG und SCHIFF als Ideogramme).

174

schien. Gegenstand war die ›hieroglyphische‹ oder ›konventionalisierte Bilderschrift‹, obwohl Evans durch die kürzliche Entdeckung des Diskos von Phaistos verführt wurde, noch eine lange Abschweifung über dessen ungewöhnliche – und bis heute nicht entzifferte – Schrift anzufügen. *Scripta Minoa I* ist eine bewundernswert vollständige Publikation mit Fotos und Zeichnungen eines jeden Dokuments und einer ausführlichen Behandlung eines jeden der 135 Zeichen in dieser Schrift. Was die allgemeine Theorie angeht, enthielt das Buch nichts Neues, sondern lediglich Neuformulierungen der Gedanken, die Evans früher schon an anderer Stelle vorgebracht hatte.

Danach scheint das Projekt *Scripta Minoa* bei Evans in den Hintergrund getreten zu sein zugunsten des umfassenderen Werkes *Palace of Minos* (Palast des Minos; 4 Bände, 1921–35). Dennoch hörte er nicht auf, sich mit dem Problem der minoischen Schrift zu beschäftigen; besonders im ersten und letzten Band von *Palace of Minos* kommen verschiedene Aspekte dieses Problems zur Sprache.

Der erste Band (1921) enthält einen wichtigen Abschnitt über ›Die Linear A-Schrift und ihren sakralen Gebrauch‹. Evans teilte hier die Beobachtung mit, daß die Linear B-Schrift fast ausschließlich auf Tontafeln nachgewiesen sei; die Linear A-Schrift hingegen war auch auf anderen Objekten verwendet, die überwiegend, wenn nicht alle, religiösen Charakter trugen. Diese Beobachtung hat heute noch Gültigkeit. Weiter wies er auf verschiedene typische Unterschiede zwischen den beiden Schriften selbst hin, so etwa auf

175

die stärkere Neigung von Linear A zu Ligaturen. Er definierte ihr Zahlensystem und faßte die Zeichen in Tabellen zusammen. Aber er machte keinen Versuch, die Struktur der von ihm als phonetisch bezeichneten Zeichengruppen zu analysieren.

Zur ›hieroglyphischen‹ Schrift enthielt der Band – wie er glaubte – nur noch einen Zusatz von besonderer Bedeutung, und der war die Vorführung dessen, daß das ideographische Element der Schrift funktioniert haben könnte. Es gab ein Tonsiegel, vergleichbar einem Stück gebrauchten Siegelwachses der jüngeren Vergangenheit. Auf ihm ist der Abdruck eines Siegelsteines mit eingraviertem Olivenzweig und Schiff zu sehen. Evans interpretierte das als eine Art Etikett mit der Bezeichnung ›Exportöl‹. Das ist natürlich eine recht willkürliche Deutung. Bevor man sie akzeptiert, müßte man sie systematisch an anderen Befunden überprüfen. Man müßte noch andere Siegel nachweisen, die jeweils eine Klasse von Dokumenten etikettieren, und nicht den Namen des Eigentümers tragen; außerdem müßte man ihre kommerzielle Anwendung plausibel erklären können. Evans versuchte nichts dergleichen.

Dennoch konnte Evans im vierten Band des *Palace of Minos* (1935), nun bereits über achtzigjährig, einige vorbereitende Schritte in der Art einer inneren Analyse tun, die sich später durch das Fortführen von Alice Kober und Michael Ventris als fruchtbar erweisen sollte. Die Anregung dazu dürfte von Cowley ausgegangen sein, der in der Zwischenzeit in einer Festschrift zu Evans 75. Geburtstag einige außerordentlich wohldurchdachte Bemerkungen zum Thema Linear B gemacht hatte. Er beobachtete, daß einige Zeichen der späteren, aber wohl mit Sicherheit verwandten kyprischen Silbenschrift mit solchen von Linear B in der Form praktisch identisch waren. Diese Zeichen standen im Kyprischen für *ta, to, lo, pa, u, se*. Nun lag die Hoffnung nahe, daß diese Zeichen in Linear B außer derselben Form auch dieselbe Bedeutung trügen. Die Frage war nur, wie man das nachweisen konnte. Cowley glaubte einen Weg gefunden zu haben. Evans hatte ihm die Kopie einer langen Inschrifttafel überlassen, auf der jeder aufgeführte Posten von einem Determinativ und dem Zeichen ›I‹ gefolgt war; es schien eine Liste von Männernamen zu sein. Wenn nun die jeweils dem Determinativ vorausgehenden Zeichen Silbenzeichen waren und die Sprache flektierend war, was ja bereits allgemein angenommen wurde, dann konnte man folgerichtig annehmen, daß viele der Endsilben in den aufgeführten Namen denselben Vokal teilten. Elf der 64 Namen endeten mit dem Zeichen, das aussah wie das kyprische *lo*, weitere elf mit dem, das dem kyprischen *to* ähnelte (und elf weitere mit dem, das Cowley für das kyprische *po* hielt). Ein bedeutender Teil der Männernamen schien also auf –*o* zu enden. Wenn das zutraf, war die Sprache vielleicht eine flektierende, in der Endungen eine Rolle spielten, und gleichzeitig hatte dann das Zeichenrepertoire genug Ähnlichkeit mit dem kyprischen, so daß nützliche Vergleiche möglich waren. Eine ausgesprochen geniale Argumentation!

In demselben Aufsatz machte Cowley noch einen weiteren Vorschlag. Zwei Zeichengruppen, die in einer Liste von Frauen vorkamen, sollten ›Junge‹ und ›Mädchen‹ bedeuten. Cowley sah zwei Möglichkeiten, wie diese

Zeichen möglicherweise zu lesen waren. Entweder waren sie ideographisch, dann bedeutete das erste Zeichen ›Kind‹ und das zweite jeweils ›männlich‹ oder ›weiblich‹, oder sie waren Silbenzeichen »wie bei κοῦρος und κουρή«(die griechischen Worte für ›Junge‹ und ›Mädchen‹). Cowley bevorzugte die erste Lesart, die zweite aber war es, die durch Ventris' Entzifferung bestätigt werden sollte, wenn auch im Genus genau umgekehrt und mit einigen wichtigen Abweichungen in der Buchstabierung (s. S. 195).

Evans akzeptierte Cowleys Interpretation von ›Junge‹ und ›Mädchen‹, folgte auch seinen Vorschlägen für die Endungen weiblicher und männlicher Personennamen und brachte dazu noch eine Menge Material bei. Er folgerte weiter, daß »eine Untersuchung der Namen, denen jeweils das männliche oder weibliche Determinativ folgt, gezeigt hat, daß es in jedem Fall ein Übergewicht bestimmter Endzeichen gab«. Außerdem wies er auf das häufige alternierende Vorkommen der beiden Zeichen 𐂀 und 𐂁 am Ende sonst identischer Zeichengruppen hin und bemerkte dazu: »Wir haben hier ganz sicher den Beweis für Deklination.« Damit hatte er recht.

Erfreulich ist, daß Evans, der die minoischen Schriften entdeckt und klassifiziert hatte und soviel Zeit seines Lebens und einen großen Teil seines Vermögens in die Untersuchung der minoischen Hinterlassenschaft investiert hatte, schließlich erfolgreich war und jenen Weg wies, der Ventris am Ende zur Entzifferung führen sollte.[86]

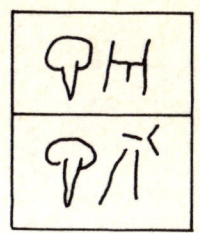

104. Cowleys Entdeckung der Zeichengruppen für ›Junge‹ und ›Mädchen‹ 1927.

105. ›Frauentafel‹. Nach Evans, 1935.

Kapitel 9 Kober, Ventris und Linear B

Alice Kober

Obwohl sie die einzige hier im Buch behandelte Entzifferung ist, die noch nicht völlig gesichert ist, kann die Entschlüsselung der Linear B-Schrift doch zweifellos als die glänzendste gelten, rein als intellektuelles Meisterstück. Um das zu verstehen, werden wir bezüglich der Technik stärker ins Detail gehen müssen, als bei den anderen und werden alles wesentlich ausführlicher besprechen.

Der Ruhm für die Vollendung kommt Michael Ventris zu; den Weg dahin hatte, wie wir schon sahen, Evans gewiesen, unterstützt von Cowley. Doch die ersten und schwierigsten Schritte auf diesem Wege tat die Amerikanerin Alice Kober. Zu vermuten, daß die Schrift auf den Linear B-Tafeln eine flektierende Sprache verbarg, war ein Punkt. Ein anderer, nun sichere Flexionsmuster zu erstellen. Dies tat Alice Kober. Ihre Arbeit über die Schrift schlug sich in einer Reihe sicherer und eindringlicher Aufsätze nieder, die in den Jahren 1943 bis 1950 erschienen.

Beginnen wir mit ihrem 1948 publizierten Aufsatz › *The Minoan Scripts: Facts and Theory*‹, [Die minoischen Schriften: Tatsachen und Theorie], in dem sie zunächst in einer Art Überblick feststellt, was über die verschiedenen ägäischen Schriften bekannt war;[87] dann brachte sie Gründe dafür an, daß Linear B höchstwahrscheinlich eine andere Sprache wiedergebe als Linear A (weil es ein anderes Wort für ›insgesamt‹ hat und eine Anzahl von Flexionsmustern besitzt, die in A fehlen). Sie kam zu dem Schluß, daß die Chance einer Entzifferung bei Linear B größer sei, da man in ihr eben diese Flexionen nachweisen könne, sie umfangreicheres Textmaterial biete und außerdem im Ganzen einheitlicher sei. Nicht etwa, daß die Aussicht besonders ermutigend war! »Man sollte den Tatsachen ins Gesicht sehen. Eine unbekannte Sprache in einer unbekannten Schrift kann nicht entziffert werden, sei es nun mit Bilingue oder ohne. Es ist unsere Aufgabe herauszufinden, welches die Sprache war, oder welches die Lautwerte der Zeichen waren, um so eine der Unbekannten aus dem Wege zu räumen ... Wenn, wie es wahrscheinlich ist, die Sprache von Linear B eine stark flektierende Sprache war, sollte es möglich sein, einige Flexionsschemata herauszufinden. Wenn das geschehen ist, bestehen zwei Möglichkeiten. Entweder erweist a | (a) | (b) | (c)

Case I ... Case II ... Case III ... ?

b Case I Case II Case III

c 1 2 3

106. Beispiele aus den Analysen von Alice Kober, 1946.
a) Zeichengruppen, die dasselbe Wort in verschiedenen Formen wiedergeben könnten;
b) die drei identifizierten Fälle;
c) teilweise erstelltes Flexionsschema für einen zweiten Substantiv-Typ.

sich das Flexionsschema als Hinweis auf die Sprache oder die Sprachgruppe. In dem Fall hätten wir eine mehr oder weniger bekannte Sprache in einer unbekannten Schrift . . . . oder die Flexionsschemata . . . geben Aufschluß über die phonetische Beziehung der Zeichen . . . . In diesem Fall hätten wir eine unbekannte Sprache, geschrieben in einer mehr oder weniger bekannten Schrift.« Theoretisch also bestand Hoffnung. In der Praxis aber waren nur sehr kleine Fortschritte zur Verwirklichung gemacht, die Vorarbeiten waren nicht geleistet. Wie sollte man die Zeichen entziffern, wenn man nicht einmal wußte, wieviele und welche Zeichen in phonetischer Funktion benutzt werden? Diese Kenntnis fehlte ja noch für alle kretischen Schriften.

In einem früheren Artikel von 1945 hatte A. Kober die Schwierigkeiten der Entdeckung von Beugungsschemata in einer Silbenschrift abgeschätzt. »Wenn eine Sprache Flexion besitzt, müssen gewisse Zeichen wieder und wieder in bestimmten Positionen der geschriebenen Wörter auftauchen, als Präfix, Suffixe oder Infixe. Dabei spielt es keine Rolle, wie sehr diese Veränderungen verborgen sein mögen (. . . und in Silbenschriften müssen sie zwangsläufig verborgen sein . . .). Die Tatsache, daß sie regelmäßig auftreten, muß sie entlarven, wenn nur die Menge des einer Analyse zur Verfügung stehenden Materials ausreichend groß und die Analyse intensiv genug ist.« Aber Vorsicht war geboten. Die geschriebenen Worte Baum/Bauen oder heben/leben zum Beispiel könnten, wäre nun Deutsch die unbekannte Sprache, wie Flexionsformen wirken, was aber gar nicht zuträfe. Ähnlichkeit oder Übereinstimmung des Kontextes üben also eine wesentliche Kon-

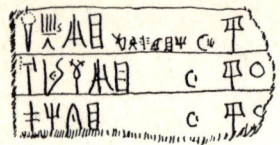

107. Beweis, daß die – ⚹⊟ und – ⋀θ Endungen denselben grammatischen Fall wiedergeben können. Tafel im Metropolitan Museum, New York; Zeichnung Alice Kober, 1946.

trollfunktion aus. Andererseits kann es auch wieder Worte geben, die von ursprünglich demselben Wortstamm flektieren, aber kaum zu erkennen sind, z. B. lat. *fecit* (er machte) und *fecerunt* (sie machten). In einer Silbenschrift mit offenen Silben wie der kyprischen etwa hätten diese beiden Formen nur das erste Zeichen gemeinsam, das Zeichen für *fe*. Das Problem war nun, wie man herausbekommen könnte, daß die beiden Zeichen für *ci* und *ce* denselben Konsonant gemeinsam haben. Dazu brauchte man eine Anzahl von Beispielen, in denen das letzte Zeichen oder die letzte Zeichengruppe (*t* und *runt*) auch in anderen Wörtern abwechseln. Erst dann könnte man sicher sein, daß die Formen *fe-XY-t* und *fe-PQ-runt* zu demselben Wort gehören. Man stelle sich auch zum Beispiel die Schreibweise von lateinisch *avus* (Großvater) und *atavus* (Urahn) vor, wo das *at* eindeutig als Präfix aufzufassen ist. In einer silbschen Schrift würde fälschlich der Eindruck entstehen, ein Infix *ta* unterscheide die beiden Wörter: *a-vus; a-ta-vus*.

Diese Überlegungen scheinen selbstverständlich genug. Aber irgendwie ist es schwierig, sich stets die wahre Beziehung zwischen Sprache und Schrift vor Augen zu halten. Arglose Leute werden auf die Frage, wie im Englischen der normale Plural gebildet wird, meist antworten »durch Zufügen von s«. Beim Überlegen zeigt sich, daß das nicht richtig sein kann. Wenn mit »ein s« der ›geschriebene Buchstabe s‹ gemeint ist, dann ist die Antwort deshalb unzutreffend, weil die Sprache nichts mit den geschriebenen Zeichen zu tun hat, die dazu gebraucht werden mögen, sie aufzuzeichnen. Ist aber gemeint ›der Klang eines s‹ (gespr. es), dann ist das deshalb unzutreffend, weil damit zwar zuweilen Femina gebildet werden (*poet, poetess*), aber keine Plurale. Die richtige Antwort wäre gewesen »durch Zufügen der Laute *ez, z* oder *s*«. Wenn eine solche Unterscheidung schon in der eigenen Sprache und der alphabetischen Schrift Schwierigkeiten verursacht: wieviel mehr dann in einer ungewohnten Silbenschrift! Wir haben Evans schon an einem ähnlichen, gleichermaßen elementaren Punkt verwirrt gesehen (s. S. 174). Alice Kobers deutliche Warnung vor möglichen bevorstehenden Fällen war also alles andere als überflüssig.

Als ein Muster für die Methode A. Kobers ziehen wir am besten ihren folgerichtigsten und bekanntesten Aufsatz aus dem Jahre 1946 heran. Sein Ziel war, Beispieldeklinationen aufzustellen. Die Voraussetzung war, daß die Sprache flektierend war und daher flektierte Musterwörter in irgendeiner Art aufweisen müsse; daß auf Tafeln die Wörter Substantive sein müßten nach dem folgenden Schema

Wort IDEOGRAMM Zahlwort
Wort IDEOGRAMM Zahlwort

und daß innerhalb jeder Liste alle Substantive im selben Fall stehen müßten, obwohl sie zu verschiedenen Deklinationsschemata gehören und daher auch unterschiedliche Formen aufweisen könnten.

A. Kober begann mit Evans Frauentafeln, speziell der hier abgebildeten (Abb. 105). Zwölf Namen endeten mit demselben Zeichen, zwei oder drei von ihnen hatten außerdem das vorletzte Zeichen gemeinsam. In den übrigen damals publizierten Texten (sie beliefen sich auf insgesamt etwa 700 Wörter) gab es acht Worte, die mit denselben beiden Zeichen endeten.

Provisorisch können wir zunächst annehmen, daß das alles Substantive in demselben Fall sind. Wenn sich allerdings diese Zweizeichenendung mit einem anderen Typ einer Endung regelmäßig abwechselt, könnten wir noch einen weiteren Fall haben, was sich auch tatsächlich ergibt, siehe Abb. 106 zweite Kolumne. Auf die Beispiele in der dritten Kolumne kann man sich nicht stützen, da sie vereinzelt stehen und daher ausgeschieden werden müssen. Sieht man nun noch einmal die bekannten Linear B-Worte durch, finden sich weitere sechs, die mit denselben beiden Zeichen enden wie die in Kolumne zwei. Das war daher eine weitere mögliche Fall-Endung. Durch die Kombination beider Listen und ein weiteres Durchgehen der 700 Wörter fand sich noch eine dritte. Für einen vierten Fall versagte dieser Vorgang. Dennoch, drei entdeckt zu haben, war befriedigend genug, und das vor allem deshalb, weil derselbe Vorgang bei einem anderen Satz von Endungen ein vergleichbares Beugungsschema ergab. Vermutlich waren das Substantive derselben Deklination, die nur auf einem anderen Konsonant endeten. Für den zweiten Satz von Worten war der Befund weniger vollständig als für den ersten. Andererseits aber kommen beide Typen jeweils mit der Endung von Fall *1* zusammen auf derselben Liste vor – einem Tafelfragment, das sich jetzt im Metropolitan Museum in New York befindet. Folgerichtig mußten diese im selben Fall stehen, was eine schöne Bestätigung für die Richtigkeit von Alice Kobers Gedankengang bedeutete.

Aber das war noch nicht alles. Es gab noch einen ebenso wichtigen Zusatz. Wenn der Silbenschatz aus offenen Silben in der Art der kyprischen bestand, konnte man etwas über die phonetischen Werte von vier der Zeichen sagen. Zwei von ihnen mußten denselben Konsonant teilen, zwei denselben Vokal, wie die ersten beiden Zeilen in Abb. 108 verdeutlichen. Die übrigen drei Reihen dieser Abbildung waren aus weiteren Flexionsschemata abgeleitet, die A. Kober nach der Publikation ihres Aufsatzes von 1946 entdeckt hatte.

Die Schlußfolgerungen waren vielleicht nicht gerade zahlreich, aber sie entstanden ja auch nur aus einer kleinen Menge an Material. Sie mußten aus den Mustertafeln und den unzusammenhängenden Aufsätzen zusammengesucht werden, die zu verschiedenen Gelegenheiten, hauptsächlich von Evans, veröffentlicht worden waren. Eine Gesamtpublikation irgendeines der ausgegrabenen Tafeldepots gab es nicht. Jede von Alice Kobers Schlußfolgerungen in Abb. 108 wurde später von Ventris' Entzifferung bestätigt, denn die Zeichen mußten *ti/to*, *si/so*, *ni/no*, *mi/mo*, *wi/wo* gelesen werden. Das war an sich schon bemerkenswert genug, noch bemerkenswerter allerdings war die Originalität der Methode. Alice Kober selbst erhob den Anspruch (1945, S. 144), daß ihre Untersuchung fast beispielloser Art sei. Sie hätte das ›fast‹ getrost weglassen können! Alle bis auf eine der bisher betrachteten Entzifferungen begannen mit der Lokalisierung der Eigennamen. Die einzige Ausnahme, die Entschlüsselung des ugaritischen Alphabets, begann mit dem Lokalisieren einer Präposition. Danach gingen alle mit einer versuchsweisen Zuordnung von Lautwerten vor. A. Kobers Methode, erst die Beziehungen zwischen den phonetischen Werten einzelner Zeichen auf abstrakter Ebene festzustellen, war ebenso einzigartig wie fruchtbar.

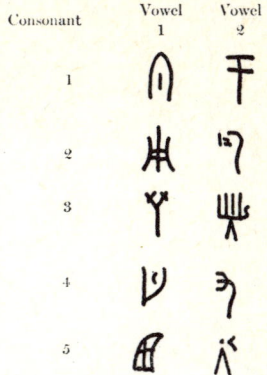

Consonant	Vowel 1	Vowel 2
1		
2		
3		
4		
5		

108. ›Ansätze zu einem versuchsweise aufgestellten phonetischen Schema‹. Nach Kober, 1948.

Michael Ventris   Unter denen, die sich zu der damaligen Zeit mit den ägäischen Schriften beschäftigten, war Michael Ventris fast der einzige, zumindest in Europa, der die volle Tragweite der Koberschen Methode erfaßt hatte. Ventris war von Beruf Architekt, hatte aber bereits als Schüler sein Interesse für die alten Schriften entdeckt, als er 1936 einen Vortrag von Evans hörte, den dieser zum 50jährigen Gründungsfest der *British School at Athens* hielt. Vier Jahre später veröffentlichte Ventris einen Aufsatz im *American Journal of Archaeology*, in dem er die These vertrat, die minoische Sprache könnte der etruskischen verwandt sein. In der Antike hatte man allgemein angenommen, daß die Etrusker aus Lydien nach Italien eingewandert seien. In neuerer Zeit fand man auf der ägäischen Insel Lemnos Inschriften, die anscheinend in einem dem Etruskischen verwandten Dialekt geschrieben sind. Außerdem hat man viele griechische Ortsnamen (z. B. Hymettos, Halikarnassos, Korinthos) und einige griechische Vokabeln (wie *kuparissos* ›Zypresse‹; *terebinthos* ›Terebinthe, Terpentin‹) wegen der ungriechischen Endungen ihrer Stämme für Überreste einer Sprache gehalten, die im ägäischen Raum vor Ankunft der Griechen verbreitet gewesen sein sollte. Der Schluß lag nahe, daß möglicherweise eben diese Sprache auf den bronzezeitlichen Tafeln hätte erhalten sein können. Ventris folgerte, daß sie eventuell mit dem Etruskischen verwandt oder dessen direkter Vorläufer sein könnte.

Nach dem zweiten Weltkrieg, in dem er bei der Royal Air Force diente, und nach Beendigung seiner Ausbildung als Architekt, wandte sich Ventris neuerdings dem Problem der minoischen Schriften zu. Fünfzig Jahre waren seit ihrer Entdeckung vergangen, und er beschloß, eine aktuelle Bestandsaufnahme der bisher geleisteten Arbeit zusammenzustellen. Er sandte einen detaillierten Fragebogen an ein Dutzend Gelehrte dieses Fachgebiets, von denen zehn antworteten. Wo nötig, übersetzte Ventris ihre Antworten ins Englische und sandte die Berichte als eine Art Rundschreiben an sie alle zurück. Allerdings waren die Antworten nicht sehr erhellend gewesen, aber, wie John Chadwick (1958, S. 48) dazu bemerkt, sie »zeigen zumindest, wie wenig Übereinstimmung in den Kernfragen bestand«. Sie zeigen aber auch, wie weit jeder von der Vorstellung entfernt war, die Sprache könne sich möglicherweise als Griechisch herausstellen.

Während der folgenden 18 Monate (Januar 1951 bis Juni 1952) fuhr Ventris fort, ›Work-Notes‹ zu schreiben und sie in demselben Forscherkreis in Umlauf zu bringen, an den er seinen ersten Bericht, der später ›mid-century report‹ genannt wurde, gerichtet hatte. Allmählich wuchs die Gruppe von 12 Forschern auf die dreifache Zahl. In einer Zeit, in der man die betreffenden minoischen Zeichen viel leichter auf Matrize schreiben konnte als man sie im konventionellen Druckverfahren hätte reproduzieren können, war diese Methode der Halb-Publikation von erheblich praktischem Vorteil. Für den Historiker, der auf den Gang der Entzifferung zurückblickt, hat sie außerdem den Vorzug, daß er den ganzen Prozeß vor sich hat, die falschen Ansätze ebenso wie bestätigte Schlüsse. Sie hat allerdings auch einen Nachteil. Da die Work-Notes sich auf fast 200 Seiten beliefen, muß man sorgfältig selektieren, will man sie in einem halben Kapitel zusammenfassen.

Ventris benutzte als wichtigstes Werkzeug den ›grid‹, einen Silbenrost, der zeigt, welche Zeichen denselben Konsonant und welche denselben Vokal teilen. An solch einer Tafel war an sich nichts Neues, denn das Prinzip geht auf das 17. Jahrhunderts zurück (s. S. 46) und spielte bei Schmidts Entzifferung der kyprischen Silbenschrift eine große Rolle (s. S. 147). Die Neuerung lag in Alice Kobers Idee, einen solchen Rost abstrakt zu konstruieren, d. h. ohne festzusetzen, welches der jeweilige Konsonant oder Vokal ist, den eine bestimmte Zeichengruppe gemeint hat. Dieser Idee folgte Ventris und erklärte in seinem Kommentar zum ›experimentellen Rost‹ in seiner ersten Work-Note dessen Zweck in aller Deutlichkeit: »Es wäre gewagt zu vermuten, welches die Konsonanten oder Vokale tatsächlich sind: man kann aber voraussagen, daß es, wenn wenigstens die Hälfte der Zeichen sicher in dem Rost plaziert sind, nur noch etwas linguistischer Initiativzündung bedarf, um die ganze ›Simultan-Gleichung‹ zu lösen.«

109. Michael Ventris, 1922–1956.

Die ›Work-Notes‹ enthalten drei versuchsweise aufgestellte Silbenroste in verschiedenen Stadien der Verbesserung. Die erste Vollpublikation enthält einen vierten, in dem phonetische Werte auf der Grundlage der Hypothese, daß die Sprache Griechisch ist, zugeordnet sind. Ein Blick auf den vierten Rost zeigt schon, daß er sich bedeutend vom letzten in den ›Work-Notes‹ unterscheidet. Wie groß der Unterschied ist, läßt sich messen. Man addiert die für Konsonant- und Vokalwerte richtigen Gleichungen und zieht dann die erste jeder Serie ab, da sie ja keinen Definitionswert besitzt, solange keine bestimmten Lautwerte zugeordnet sind (ohne diese sind sie Gleichungen mit der Aussage $\times = \times$). Mißt man diese Gleichungen nun an den heute anerkannten konkreten Werten, ergibt sich die Anzahl der richtig definierten Gleichungen.

	vorkommende Zeichen	richtige Zuordnungen	richtige Gleichungen	Quote in %
Kober (Abb. 108)	10	20	13	100
Work-Note 1 (Abb. 110)	29	29	15	33
Work-Note 15 (Abb. 112)	51	74	54	67
Work-Note 17 (Abb. 114)	51	80	60	75
Rost 1953 (Abb. 116)	65	123	(105)	(90)
Rost 1970[88]	72	144	(123)	(100)

Dieser Vergleich der Silbenroste wirft eine wichtige Frage auf. In der letzten Fassung des abstrakten Rostes ohne konkrete phonetische Werte waren ein Viertel der Zeichen falsch plaziert. Hätte Ventris den Silbenrost nun als automatischen Lotsen zur Lösung benutzt, hätte der ihn natürlich zu einer zu einem Viertel falschen Lösung führen müssen. Wenn er das ver-

'B' SYLLABARY PHONETIC 'GRID'

Fig. 1
MGFV

1: State as at 28 Jan 51: before publication of Pylos inscriptions.

CONSONANTS	Vowel 1	Vowel 2	Other vowels?	Doubtful
	NIL? (-o?) = typical 'nominative' of nouns which change their last theme syllable in oblique cases	-i? = typical changed last syllable before -ᛉ and -ᛒ.	-a, -e, -u? = changes in last syllable caused by other endings. (5 vowels in all, rather than 4?)	
1 t- ?	⊤ ag	⋀ aj		⊕ ax (Sundwall)
2 r- ??	Ϟ az	⊦ iw	⬈ ah Ⓐ ol	
3 ś- ??	Ψ eg	⊞ aw	⋺ oc ⋀ oj	
4 n- ?? / s- ??	⧨ od	⋔ ok	Ⓨ ꞇ ez	⊤̄ is ⤷ oh
5		Ⓐ ⮂? ak	Ψ ef	
6 l- ?	✝ ac	⫩ ij		
7 ḫ- ??	Ⓠ ix		⋈ if	
8 θ- ??	⋓ en		⋈ id	✕ ex
9 m- ? / k- ?	⊙ ay — if an enclitic "and".			⬠ al
10				ʒ om ☷ av
11				
12				
13				
14				
15				
		⋀ aj ⫩ ij Ⓐ ak ⦚ il ⊞ aw ꭙ og Ψ ej ⤷ oh ⫩ er ⋀ oj ✕ ex ⋔ ok ꭩ ib ⊦ iw	← group of syllables, including those occurring before -ᛒ on 'woman' tablet (Hr 44, PM fig 689), and those characteristic of alternating endings -ᛉ & -ᛒ. About ¾ of these 14 signs very likely include vowel 2.	

184

meiden konnte, wie also erkannte er, welches die richtig und welches die falsch plazierten Zeichen waren, wenn nicht mit derselben Methode der versuchsweisen Zuschreibung phonetischer Werte, mit der auch schon alle früheren Entzifferer operiert hatten? In diesem Fall wäre die Idee eines abstrakten Silbenrostes nicht mehr gewesen als eine Illusion, die dem Lösungsweg nur einen beruhigenden Anstrich von Wissenschaftlichkeit verleiht, und die Lösung selbst wäre eigentlich auf einem ganz anderen Wege erreicht.

Nun, es ist einfach so, daß die Vorhersagen auf dem Silbenrost nach den Anfängen der eigentlichen Entzifferung kaum noch eine Rolle zu spielen hatten. Da wurden sichere phonetische Werte empirisch auf der Basis vermuteter griechischer Wörter und Namen zugeschrieben, und der Rost war nur noch geeignet, sie zu bestätigen. Die eigentliche Frage aber betrifft den Einstieg. Und hier kann man guten Gewissens behaupten, daß der Silbenrost nicht nur wirklich Anteil hatte, sondern sogar unentbehrlich war. Sehen wir uns die Wörter an, die Ventris am Rande seines Arbeitsganges in seiner letzten ›Work-Note 20‹ versuchsweise übersetzte – die Ortsnamen Amnisos, Knossos, Tylissos, und die griechischen Worte für Koriander, Knabe, Mädchen, insgesamt – einschließlich gewisser Beugungen und abgeleiteter Formen – finden wir von den 19 benutzten Zeichen 17 im dritten Rost wieder: bei 13 von ihnen waren die Gleichungen für Konsonant und Vokal richtig aufgestellt, bei dreien der Vokal, bei zweien der Konsonant, nicht eines widerspricht den Vorhersagen des Rostes. Ohne Silbenrost hätte man diese Wörter nicht vermuten können. Bei Virolleauds Entzifferung des ugaritischen Alphabets enthielten seine ersten sieben Wörter nur sechs verschiedene Zeichen, von denen vier sechsmal vorkamen. So ergab sich ein ineinandergreifendes Bild, in dem jede Wiederholung eines Zeichens Bestätigung bot. Von den 19 verschiedenen Zeichen in Ventris' ersten Wörtern kamen zwei jeweils viermal vor und weitere vier zweimal, alle anderen wiederholten sich nicht. Für diese hätte man natürlich keinen Lautwert vermuten können, wenn nicht der Silbenrost für 9 von ihnen Definitionen gegeben hätte.

Um die Entzifferung zu verstehen, müssen wir daher zunächst sehen, wie Ventris seinen Silbenrost konstruierte und welche weiteren Hilfsmittel er heranzog, als nach dem eigentlichen Einstieg in die Zuschreibung der Rost nicht mehr ausreichte.

Der erste Silbenrost muß als Fehlschlag gelten. Zugegeben, das Material war noch unzureichend (die vorläufige Publikation der Pylos-Tafeln stand noch bevor), und er enthielt mehr richtige Gleichungen als A. Kobers Rost. Aber anders als bei dieser waren auch eine Anzahl von Plazierungen dabei, die er aufgrund unzureichender Beweise vorgenommen hatte, welche er später verwarf. Prinzipien seiner Konstruktion waren zum größten Teil solche, mit denen wir schon vertraut sind. Sind zwei längere Zeichengruppen bis auf das letzte oder die letzten Zeichen identisch, handelt es sich mit einiger Sicherheit um Formen desselben Wortes. Wahrscheinlich, wenn auch nicht ganz sicher, beginnt dabei dann die jeweils letzte Silbe mit demselben Konsonanten (z. B. er lebte/ sie lebten, aber dagegen auch haben/hatte). Eines der Muster in dieser Art war das Wortpaar *wa-na-ka-te-ro* und *wa-na-ka-te-ra*, ›königlich‹, das ihm die beiden Zeichen in der letzten Reihe lieferte. Für kurze Worte konnte derselbe Schluß gezogen werden, wenn sie in genau demselben Kontext auftraten. Das zweisilbige Wort für ›Kind‹, dessen Endsilben Ventris in der dritten Reihe aufführt, war dafür ebenso ein Beispiel wie das zweisilbige Wort für ›insgesamt‹, dessen Endzeichen als zweites und drittes in der vierten Reihe stehen. Ventris versuchte auch, in größerem Umfang als A. Kober es seinerzeit getan hatte, Endungen von Fällen zu identifizieren und zu beobachten, welche Zeichen mit besonderer Häufigkeit *vor* bestimmten Zeichen auftraten (s. Abb. 110 unten). Diese Neuerung sollte sich später, wie wir sehen werden, als wertvoll erweisen.

Besonders in der Zuordnung der Vokale lag die Schwäche des ersten Silbenrostes. Das kam zum Teil daher, daß Ventris zögerte, Genusunterschiede einzukalkulieren, da er noch immer glaubte, die Sprache würde sich als Etruskisch entpuppen. In ›Work-Note 11‹ akzeptierte er die Auffassung, daß eine Unterscheidung der Genera existiert habe und sich möglicherweise in den Endvokalen ausdrücke. Diese Prämisse und die Ergebnisse einer intensiveren Analyse der Deklinationen, die er an den veröffentlichten Pylos-Tafeln (s. S. 189) vorgenommen hatte, führten zu einer wesentlich befriedigenderen Abhandlung der Vokal-Kolumnen im zweiten Silbenrost, besonders der zweiten und fünften Kolumne (die später die -o- und die -a-Serie werden sollten). Der zweite Silbenrost war nicht nur in Bezug bezug die Vokale ein voller Erfolg, auch mehrere seiner Konsonantenserien sollten sich später bestätigen.

Der dritte Rost, den Ventris kurz vor der langerwarteten Publikation der Knossostafeln (durch Sir John Myres nach Evans Aufzeichnungen) fertiggestellt hatte, stimmt mit dem zweiten in den Konsonantenserien fast völlig überein. Für die Vokalserien aber enthält er die Konsequenzen aus Ventris' bedeutendster schöpferischer Beobachtungsgabe. Eine der Deklinationen, die er in ›Work-Note 14‹ entwickelt hatte, hatte die Endungen ⊦ , ⌇ und π² (heute *u*, *we* und *wo* übertragen). Nun bemerkte er (›Work-Note 16‹), daß das vorhergehende Zeichen immer eines von zwölf war. Neun von ihnen kamen in seinem zweiten Rost vor und gehörten alle zu verschiedenen Vokalen. Diese Feststellung war nicht einfach gewesen, ihre Interpretation aber war klar: er mußte eine fast komplette Vokalserie entdeckt haben. Sie sollte den Hauptteil der Kolumne drei im dritten Rost bilden, und die Übertragung sollte möglicherweise -*e* sein.

Wir wollen uns nun von den Silbenrosten den anderen Analysen Ventris' zuwenden. Sie können unter drei Oberbegriffen gesehen werden: Grammatik, Kontext und Schreibregeln.

Die Grammatik bereitete Ventris große Mühe. Hätte nur ein Deklinationsschema mit verschiedenen Endungen für jeden Fall und jedes Genus existiert *(domina, dominae; domino, domini)*, die silbische Schreibweise hätte das Sortieren der ganz verschieden aussehenden Zeichen schon genug erschwert. Aber bald schon stand fest, daß es nicht nur verschiedene Deklinationen gab, sondern dieselbe Endung auch verschiedene Fälle und Genera meinen konnte (wie im Lateinischen -*a* z. B. Endung des Nom. Sg. Fem.,

111. Diagramm der erschlossenen Beziehungen von Zeichenwerten untereinander; Vorarbeit zum zweiten Silbenrost.

MICHAEL VENTRIS

112. Der zweite Silbenrost.

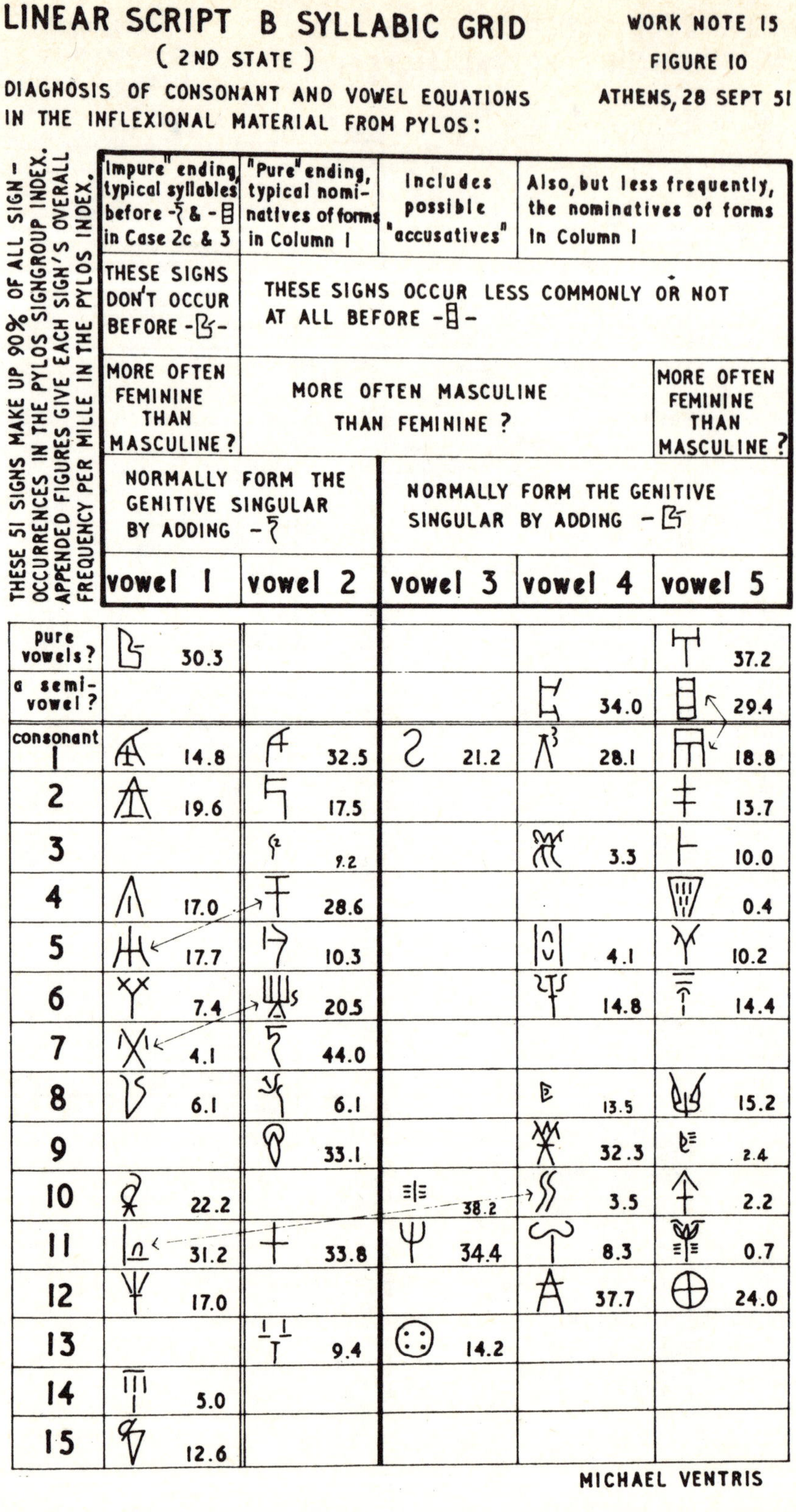

LINEAR SCRIPT B SYLLABIC GRID
(2ND STATE)

WORK NOTE 15

FIGURE 10

DIAGNOSIS OF CONSONANT AND VOWEL EQUATIONS
IN THE INFLEXIONAL MATERIAL FROM PYLOS:

ATHENS, 28 SEPT 51

Left margin (vertical): THESE 51 SIGNS MAKE UP 90% OF ALL SIGN-OCCURRENCES IN THE PYLOS SIGNGROUP INDEX. APPENDED FIGURES GIVE EACH SIGN'S OVERALL FREQUENCY PER MILLE IN THE PYLOS INDEX.

	"Impure" ending, typical syllables before -⟨⟩ & -⟨⟩ in Case 2c & 3	"Pure" ending, typical nominatives of forms in Column 1	Includes possible "accusatives"	Also, but less frequently, the nominatives of forms in Column 1	
	THESE SIGNS DON'T OCCUR BEFORE -⟨⟩-	THESE SIGNS OCCUR LESS COMMONLY OR NOT AT ALL BEFORE -⟨⟩-			
	MORE OFTEN FEMININE THAN MASCULINE?	MORE OFTEN MASCULINE THAN FEMININE?			MORE OFTEN FEMININE THAN MASCULINE?
	NORMALLY FORM THE GENITIVE SINGULAR BY ADDING -⟨⟩	NORMALLY FORM THE GENITIVE SINGULAR BY ADDING -⟨⟩			
	vowel 1	vowel 2	vowel 3	vowel 4	vowel 5
pure vowels?	30.3				37.2
a semi-vowel?				34.0	29.4
consonant 1	14.8	32.5	21.2	28.1	18.8
2	19.6	17.5			13.7
3		9.2		3.3	10.0
4	17.0	28.6			0.4
5	17.7	10.3		4.1	10.2
6	7.4	20.5		14.8	14.4
7	4.1	44.0			
8	6.1	6.1		13.5	15.2
9		33.1		32.3	2.4
10	22.2		38.2	3.5	2.2
11	31.2	33.8	34.4	8.3	0.7
12	17.0			37.7	24.0
13		9.4	14.2		
14	5.0				
15	12.6				

188

MICHAEL VENTRIS

Nom. Neutr. Pl. und sogar des Maskulinum Singular von Eigennamen sein kann (poeta, collega); -i der Gen. Sg. mask. oder Nom. Pl. mask. der einen und Dativ Sg. einer ganz anderen Deklination). Ventris begriff, daß er vor einem ungeheuer komplexen Problem stand. Er brachte es dennoch fertig, die Beugungsschemata für drei verschiedene Deklinationen auszuarbeiten (›Work-Note 14‹ 28. Aug. 1951), indem er von der Annahme ausging, daß gemeinsam aufgelistete Substantive im selben Fall stehen und sich die Tatsache zunutze machte, daß oftmals die Ideogramme das Genus verraten (nachgewiesen von Kober 1949), und die Entdeckung (die auch Bennett und Ktistopoulos machten) einer Präposition, die immer einen bestimmten Fall nach sich zog, auswertete.

I Auf den Pylos-Tafeln gibt es eine einheitlich aussehende Phrase von drei Zeichengruppen, die 44mal in ähnlichem Kontext vorkommt. Dabei ist die letzte Zeichengruppe immer entweder 𐀀 oder 𐀀 ist die mittlere Zeichengruppe immer

entweder	𐀀	}	vor beiden Endworten
oder	𐀀	}	
oder	𐀀	}	nur vor 𐀀
oder	𐀀	}	

ist die erste Zeichengruppe jedesmal anders.

II Die Endungen der vier Wörter der Mittelgruppe entsprechen alle einer ›Genitiv‹-Form. Die Endungen der 44 Worte, die am Anfang stehen, zeigen ein ähnliches Verteilungsschema wie die Endungen der Zeichengruppen auf den Personen-Tafeln von Knossos, nämlich:

vor 𐀀		Endungen auf den Männertafeln von Knossos		vor 𐀀		Endungen auf den Frauentafeln von Knossos	
𐀀	5	+	15	𐀀	10	𐀀	9
𐀀	4	𐀀	12	𐀀	3	𐀀	4
𐀀	4	𐀀	8	𐀀	2	𐀀	2
𐀀	3	𐀀	6	𐀀	2	𐀀	2
𐀀	2	𐀀	6	𐀀	2	𐀀	2
𐀀	1	𐀀	4	𐀀	1	𐀀	2
𐀀	1	𐀀	4	𐀀	1	𐀀	–
𐀀	1/2?	𐀀	3	𐀀	1	𐀀	1
𐀀	1	𐀀	3	𐀀			

III Der Unterschied zwischen 𐀀 und 𐀀 muß daher ein Genus-Unterschied sein. Die Phrase dürfte demnach bedeuten:

$$N, \frac{der}{die} \; x \; \frac{des}{der} \; y$$

Nun, da man im Besitz der publizierten Texte der Pylos-Tafeln war, wurde auch die Analyse des inhaltlichen Zusammenhangs in größerem Umfang möglich. Diese ersten Linear B-Tafeln, die man außerhalb von Knossos fand, wurden 1939 kurz vor Ausbruch des Krieges von dem jüngst verstorbenen amerikanischen Archäologen Carl Blegen ausgegraben. In derselben beispielhaften Großzügigkeit, die Schaeffer in Ugarit gezeigt hatte, überließ Blegen die Publikation anderen. Der Krieg jedoch und seine Nachwirkungen verursachten unvermeidliche Verzögerungen. Außerdem waren Reinigen, Fotografieren, Zusammenfügen zerbrochener Fragmente, Klassifizieren, Abschreiben, Untersuchen mühsame und zeitraubende Arbeitsgänge. Daher konnte Bennett, der die eigentliche Publikation übernommen hatte, erst 1951 eine vorläufige Übertragung herausbringen. Die Gesamtausgabe, einschließlich des später entdeckten Materials, erschien 1955. Auf den Pylos-Tafeln gab es etwa 5000 vollständig erhaltene Zeichengruppen, so daß die Arbeit schon allein des Umfanges wegen ebenso schwierig war wie wegen ihrer Vielschichtigkeit. Sie wurde bewunderungswürdig geleistet. Bennetts Analysen des Inhalts, speziell der Ideogramme, bildeten den solidesten Teil des Fundaments für Ventris' Arbeiten, denn sie ermöglichten die Identifikation der gleichartigen Listen als Grundlage für viele spätere Vermutungen.

Ventris hatte bei seinen Analysen der Zeichengruppen als ein wichtiges, wenn auch kleines Ergebnis, das Zeichen für ›und‹, ein offenbar einsilbiges enklitisches Wort wie das lateinische -que, entdeckt. Allerdings war auch das nicht der Schlüssel zur eigentlichen Entzifferung, denn solche enklitischen Konjunktionen kommen in vielen Sprachen vor. Eine weitere ziemlich komplizierte Einzelanalyse des Kontextes habe ich in abgekürzter Form im Diagramm S. 189 darzulegen versucht. Ich hoffe, daß die drei Stufen der Argumentation auch ohne weiteren Kommentar klar werden. Für das Wort x in der Phrase, die sich am Schluß herauskristallisierte, nahm Ventris versuchsweise eine Bedeutung wie etwa ›Diener‹ an. Und gänzlich hypothetisch schlug er als Lesung do-we-lo vor (denn das kreuzförmige Zeichen heißt in der kyprischen Silbenschrift lo) und hielt das Wort möglicherweise für den Ursprung von griechisch doulos ›Sklave‹ (das hieße das mykenische erschlossene Wort *do-we-lo mit der griechischen Endung -os).

Weshalb kam er in diesem Stadium nicht auf die Idee, das Wort selbst könnte griechisch sein? Das führt uns zum nächsten Problem, dem der Schreibregeln. In der kyprischen Silbenschrift, unter den entzifferten Schriften der Linear B am ähnlichsten, wäre das Wort dowelos do-we-lo-se geschrieben worden. Fast alle maskulinen Nominative hätten auf -se geendet, um die gesprochene Endung -s wiederzugeben. Als ganz sicher in Linear B galt, daß maskuline Nominative zahlreiche verschiedene Endzeichen hatten (s. Abb. 113, zweite Stufe). Und das führte dazu, daß neben der sowieso vorgefaßten historischen Anschauung, Griechisch als Sprache der Tafeln aus den Erwägungen völlig ausgeschaltet wurde. Vorausgesetzt natürlich, daß die mykenischen Schreibregeln dieselben waren wie im Kyprischen.

114. Der dritte Silbenrost, der kurz vor der Veröffentlichung der Knossos-Tafeln entstand.

Man hatte vorher niemals die Möglichkeit in Erwägung gezogen, daß der Endkonsonant, statt mit einem stummen Vokal geschrieben zu werden, einfach völlig fortfallen könnte. Das war ein neuer Gedanke, und vielleicht tatsächlich die einzige umfassendere Neuerung, die Ventris im gesamten Verlauf der Entzifferung zur Theorie beitrug. Wie so oft bei richtigen Ideen, geht sie auf eine unzutreffende Begründung zurück. In ›Work-Note 9‹ (24. Juli 1951) besprach Ventris kurz die Sprache der hethitischen Hieroglyphenschrift und entschied, daß sie für seinen Zweck nicht viel hergebe. Zum einen gebe es keine sichtbare Unterscheidung der Genera in Eigennamen und anderen Wörtern, und er habe nun erkannt, daß es in Linear B sehr wohl eine solche sichtbare Unterscheidung gebe. Zum anderen endeten alle Personennamen im Nominativ und Genitiv auf -s, obwohl, wie er sagt, dieser Einwand entkräftet werden könnte. Mit Hinweis auf einen kürzlich erschienenen Aufsatz des finnischen Philologen Sundwall (1948), der darlegte, daß das Lykisch – das von der Sprache der hethitischen Hieroglyphen abstammt oder zumindest mit ihr verwandt ist – das *s* im Nominativ verloren habe, nahm Ventris an, daß vielleicht eine minoische Schreibregel existiert habe, nach der das *s* im Nominativ nicht, im Genitiv aber geschrieben werde.

Dieser Gedanke traf in zweifacher Hinsicht daneben. Weder war Linear B, wie Ventris es entzifferte, Luwisch, noch wich es von dem Prinzip ab, grammatikalische Formen im Schreiben klarer wiederzugeben, als sie im Sprechen ausgedrückt sind. Dennoch führte der Weg von dieser Idee zum Erfolg.

Zwei oder drei Wochen später stieß Ventris auf einen ernsthaften Grund, die Übertragbarkeit kyprischer Schreibregeln kritisch unter die Lupe zu nehmen. Er hatte eine Klasse von Affixen entdeckt, die den Nominativformen der Wörter zugefügt wurden. Nun erkannte er (›Work-Note 14‹, 28. Aug. 1951) in ihnen eine richtungweisende Bedeutung. Denn nach den Schreibregeln des Kyprischen verursachte ein Affix in den meisten Fällen zwangsläufig eine Änderung in der Schreibweise des Stammes.[89] Die Linear B-Stämme aber waren von dem Affix völlig unberührt. Daraus folgte, daß die kyprischen Schreibregeln für die Linear-B-Schrift nicht anwendbar waren.

Die Lösung

»Sind die Knossos-Tafeln in Griechisch geschrieben?« lautet der Titel der zu Recht berühmten ›Work-Note 20‹, mit der wir uns nun beschäftigen wollen. Sie beginnt und schließt mit der Rechtfertigung für eine so gewagte Spekulation. Daß sie nötig gewesen sein soll, mag einem Laien seltsam erscheinen. Eine Rechtfertigung für die Vermutung, daß Dokumente, die man gerade in jenen Städten Griechenlands fand, die in den altgriechischen Epen beschrieben sind, in der griechischen Sprache verfaßt seien? Seltsam ist das in der Tat. Aber die orthodoxe Lehrmeinung hatte seit langem der Auffassung den Vorzug gegeben, die Griechen seien beim oder nach dem Fall der mykenischen Paläste in die Ägäis eingewandert. Andere Faktoren, die weniger leicht zu erklären sind, kamen vielleicht noch hinzu. Sollten die Tafeln wirklich in einer so bekannten Sprache wie der griechischen geschrieben

115. Ras Šamra-Tafel (RŠ 118 50) mit Aufzählung von neun Städten. Die Einzelposten der Abrechnung stehen im ugaritischen Alphabet, die Summe ist in Akkadisch geschrieben. Zeichnung und Übertragung von Virolleaud, 1940.

Ubr'y .	5
Arny	1
M'r	1
Ś'rt .	2
5 Hlb rpś .	1
Bq't .	1
Śḥq	1
Y'by	1
Mḫr	3
10 naphar ûmê	16

sein, müßten sie doch längst entziffert sein: diese Vorstellung war nur natürlich, wenn auch unlogisch. Und es mag bei Ventris noch eine geheime Furcht hinzugekommen sein, mit jenen früheren laienhaften Entzifferern auf eine Stufe gestellt zu werden, die unsichere Versuche veröffentlicht hatten, aus den minoischen Texten griechische zu machen.

In jedem Fall sah Ventris die Notwendigkeit einer historisch begründeten Rechtfertigung. Er argumentierte durchaus vernünftig, wenn er zu beweisen suchte, daß bei einer Verschiedenartigkeit der Sprachen Linear A und B (wie Kober und Bennett meinten), Linear A dann die vieldiskutierte prä-hellenische Sprache wiedergeben (oder eine von ihnen), und Linear B dann auf dieser Grundlage die Schrift der griechischen Sprache sein könnte. Außerdem war Linear A überall auf Kreta, aber eben nur auf Kreta nachgewiesen; Linear B hingegen wurde auch auf dem griechischen Festland benutzt und trat auf Kreta nur in der Periode Spät-Minoisch II hervor, in der Evans und andere Forscher Festlandseinflüsse aufgedeckt hatten. Im Gebrauch der beiden Systeme gab es also signifikante geographische und historische Unterschiede, wie die Schriften ja auch in ihrer Art unterschiedlich waren.

All dies war natürlich nur Rechtfertigung für eine These, zu der Ventris auf anderem Wege gelangt war. Uns interessiert nun, wie er zu dieser Feststellung kam. Wieder, wie bei allen Entzifferungen bis auf die des Ugaritischen, war das Erkennen von Eigennamen ausschlaggebend. Aber es gab keine Bilingue wie bei Ptolemaios und Kleopatra, keine Königslisten wie für Hystaspes, Darius und Xerxes, keine Determinative führten zu den Ortsnamen wie in der hethitischen Hieroglyphenschrift. Wie also lokalisierte Ventris Eigennamen, zu deren Erkennung er eigentlich keine Chance hätte haben können?

In ›Work-Note 12‹ unter dem Titel ›Funktionsklassifikation von Zeichengruppen aus Pylos‹ hatte Ventris eine Kategorie von Wörtern aufgeführt (die auch auf den Knossos-Tafeln vorkamen), die sowohl in einleitender Position als auch einzeln in den Listen aufgeführt auftraten. Die Wörter dieser Kategorie hatten das meiste Material für A. Kobers drei Fälle geliefert. Es sah nicht so aus, als seien es gewöhnliche Personennamen, und zu jener Zeit dachte Ventris, daß sie »eher die Zugehörigkeit zu einer größeren Gruppe, Abteilung, Sippe oder Gebiet, anzuzeigen« schienen »als ein einzelnes Individuum zu benennen«. (›Work-Note‹ S. 32). Die Frage nach der Bedeutung dieser Wörter behielt er im Auge. Unter den mehr oder weniger zeitgleichen ugaritischen Tafeln gab es eine Listen-Kategorie, die Namen von ›Städten und Körperschaften‹ aufzählte. (Ein Beispiel ist hier abgebildet.) Obwohl es keinen zwingenden Grund für diese Parallele gab, kam Ventris dadurch auf den Gedanken, daß es sich um lokale Ortsnamen handeln könnte, wobei eine der Beugungsformen das ethnische Zeichen war und den ugaritischen Formen auf -*y* entsprach.

Aus klassischen Quellen waren die Namen von Städten in der Nähe von Knossos wohlbekannt. Eine von ihnen, die Hafenstadt Amnisos, begann vielleicht mit einem *a*. Das Zeichen für *a* glaubte er nach dessen Häufigkeit an Wortanfängen zu kennen. Auch das Zeichen für *ni* glaubte er zu haben (s. Abb. 114, 8. Konsonantenserie), wobei er das *n* teilweise von dem kyprischen Zeichen für *na* ableitete, teilweise aus der nun hinfälligen etruskischen Theorie; das *i* hatte sich teils aus dem kyprischen Zeichen für *ti*, teils durch die Häufigkeit der Zeichen der Serie vor 目 ergeben, in welchem Ventris bereits *ja* (d. h. Gleitlaut mit a dahinter) vermutet hatte. Eine der Zeichengruppen wies das geforderte Schema auf *a-..-ni-..*, der Silbenrost erweiterte das sofort auf *a-.i-ni-.o* und machte es verhältnismäßig leicht, das Wort zu *a-mi-ni-so* zu vervollständigen. A. Kober hatte dieses Wort zur Demonstration der Linear B-Deklinationen verwandt (s. Abb. 106a, Kolumne c).

Ein zweites Wort derselben Kategorie konnte nun mit Hilfe des Rosts zu zwei Dritteln gelesen werden: *..-no-so*. Da das Wort zu derselben Kategorie wie *a-mi-ni-so* gehörte und daher nach der Hypothese auch ein Ortsname sein mußte, konnte es leicht *ko-no-so* ›Knossos‹ gelesen werden, wobei das *o* des ersten Zeichens vom Silbenrost bestätigt wurde.

Die nächste Identifikation einer Stadt in ›Work-Note 20‹ war weniger sicher: *..-.i-so. tu-li-so* ergänzt, könnte des Tylissos ergeben. Für das erste, ziemlich seltene Zeichen, gab der Silbenrost keine Hinweise; das *li* aber konnte aus einer anderen Lesung wahrscheinlich gemacht werden. Auf den Tafeln von Knossos und Pylos gab es zwei Worte, die verschieden geschrieben waren, aber dasselbe Ideogramm trugen. Wandte man die bisher versuchsweise identifizierten Lautwerte an, ergab sich *ko-li-ya-.o-no* und *ko-li-..-.a-na*. Im klassischen Griechisch kann das Wort für das Gewürz Koriander (zum Würzen von Brot) *koliandron, koriannon, koriandron, koriamblon* heißen. Wenn dieses das Wort war, das in den zwei verschiedenen Formen vorkam, bestätigte es das *li* von Tylissos und lieferte außerdem die beiden Zeichen *do* und *da*, für die der Rost schon vorhergesagt hatte, daß sie denselben Konsonant teilen.

Da ›Koriander‹ etymologisch nicht im Griechischen verwurzelt ist, gab es immer noch keinen Anhaltspunkt zur Identifikation der Sprache. Wenn aber das Zeichen für *ja* in die fünfte statt in die zweite Reihe des Rostes gehörte, müßte das Zeichen 戸 den Lautwert *yo* haben. Daraus ergäbe sich, mit Hilfe der Kontextanalyse aus ›Work-Note 14‹ eine Klasse von Genitiv-

a / a_2	e	i	o	u
ai				
ja	je		jo	
wa	we	wi	wo	
da	de	di	do	da_2
ka	ke	ki	ko	ku
ma	me	mi	mo	
na	ne	ni	no	nu / nu_2
pa / pa_2?	pe	pi	po	pu
	qe	qi	qo / qo_2?	
ra / ra_2	re	ri	ro / ro_2	ru
sa	se	si	so	
ta / ta_2?	te pte	ti	to	tu
	z?e		z?o / $z?o_2$	

116. Der ›experimentelle Silbenrost‹, den Ventris und Chadwick in ihrem Aufsatz im *Journal of Hellenic Studies* 63, 1953, veröffentlichten.

endungen auf *ajo*. Das klang plausibel, denn die alte Form des Genitivs der zweiten griechischen Deklination, bekannt aus Homer und den arkado-kyprischen Dialekten, lautete *-oio*. Noch eine Schwierigkeit ergab sich: *a-mi-ni-so*, *ko-no-so* und *tu-li-so* konnten nur dann die griechischen Formen für Amnisos, Knossos und Tylissos sein, wenn der letzte Konsonant der Worte ungeschrieben war.

Diese überraschende Forderung hätte Ventris vielleicht dazu gebracht, die Entzifferung an diesem Punkt abzubrechen, wenn er nicht schon auf Ungewöhnliches in den Schreibregeln der Endkonsonanten vorbereitet gewesen wäre. So arbeitete er mit der vorläufigen Hypothese weiter, das Schluß-*s* und vielleicht auch andere Schlußkonsonanten könnten weggelassen sein.

Das war der entscheidende Schritt für eine leichte Beweisführung. Die von Cowley identifizierten Zeichengruppen für ›Junge‹ und ›Mädchen‹ konnten gelesen werden:

ko-wo = *ko(r)wo(s)* ›Junge‹ (homerisches Griechisch κοῦρος)
ko-wa = *ko(r)wa* ›Mädchen‹ (homerisches Griechisch κούρη)

Die in früheren ›Work-Notes‹ identifizierten Deklinationsendungen ergaben sich als *-o*, *-o*, *-o-jo* (*-os*, *-on*, *-oio* der zweiten griechischen Deklination) und *e-u*, *-e-wa*, *-e-wo* (*-eus*, *ewa*, *ewos* bei den griechischen Substantiven vom Typ βασιλεύς), und die beiden Zeichen, die man allgemein als Zeichen für ›insgesamt‹ erkannt hatte, ergaben *to-sa* und *to-so* (*toso(n)* und *tosa*, Neutrum, Singular und Plural für griechisch *tosos* ›soviel‹).

Noch ein weiterer Schritt war erforderlich. Die Schreibweise von *-o* und *-a* mußte auch für die Diphthonge *-oi* und *-ai* stehen, denn Singular und Plural der Wörter für Kind wurden gleichgeschrieben *-kowo(i)* und *kowa(i)* –, und *to-sa* und *to-so* zur Addition auf Listen für Frauen und Männer benutzt – *tosoi* und *tosai* wären die Pluralformen.

195

Ventris hatte nun zugeschriebene Lautwerte für 19 Zeichen, mit denen er drei Ortsnamen und drei Vokabeln lesen konnte (zwei von ihnen sicher griechisch), außerdem hatte er mehrere Schemata von griechischen Deklinationen. Alle Interpretationen stimmten mit den vorher nach Analyse des Kontextes getroffenen Vorhersagen gut überein. Ein Hindernis war nur noch, wie man sich wohl die Schreibregeln vorzustellen hatte. Aber sogar das war weniger schwierig als es erschien – zumindest vom Gesichtspunkt des Schreibers aus. Man kann dafür die einfache Regel formulieren, daß das, was als eine Silbe aufgefaßt wurde, mit einem Zeichen wiedergegeben wurde.

Obwohl diese Anfangsschritte sorgfältiger durchdacht und vorsichtiger geführt waren als bei den meisten anderen Entzifferungen, muß Ventris, als er ›Work-Note 20‹ an seine Kollegen sandte, noch befürchtet haben, die griechischen Formen und Wörter könnten sich als Trugbild erweisen. Doch er arbeitete in der Richtung weiter, und in einem Vortrag im Dritten Programm der BBC Anfang Juni 1952 fühlte er sich sicher genug, um seinen vorläufigen Schluß öffentlich zu verkünden. John Chadwick, damals klassischer Philologe in Oxford, hörte den Rundfunkvortrag und lieh sich von Sir John Myres, der zu dem Kreis derer gehörte, die mit Ventris korrespondierten, eine Kopie der jüngsten Fassung des Silbenrostes aus und begann, dessen Anwendbarkeit für sich zu prüfen. Er überzeugte sich von der grundsätzlichen Richtigkeit und schrieb Ventris, gratulierte ihm und bot ihm seine Hilfe an. Ventris – Architekt und nicht Philologieprofessor – nahm Chadwicks Angebot an. Zusammen bereiteten sie einen ausführlichen Aufsatz ›Beweis für einen griechischen Dialekt in mykenischen Archiven‹ vor, der im November 1952 fertig war und im *Journal of Hellenic Studies* 1953 erschien. Sie legten 65 Zeichendeutungen vor, von denen seither sechs der Lautwerte verbessert und sieben zusätzliche gefunden wurden. Im wesentlichen also war die Entzifferung damals schon abgeschlossen.

Noch während der Aufsatz von Ventris und Chadwick in Druck war, gab es eine dramatische Bestätigung der Entzifferung. Eine gerade ausgegrabene Tafel aus Pylos machte sie möglich. Unter den sofort erkennbaren Worten waren am Anfang der Tafel *ti-ri-po*, *ti-ri-po-de* (griechisch tripous, tripodes, ›Dreifuß‹, ›Dreifüße‹) und an ihrem Ende die Worte für Becher (griech. *depas*) im Singular und Dual, kleiner und größer (griech. *meizon, meion*) und eine Reihe von Wörtern für verschiedene Anzahl von Henkeln oder Griffen. Diese waren besonders überzeugend. Sie bestanden aus gut griechischen Adjektivformen für ›gehenkelt‹ (von *ouas*, ›Ohr‹) und griechischen Präfixen für ›ohne‹, ›drei‹ und ›vier‹ (*a-, tri-, qetr-*). Die Beschreibungen waren zudem von Ideogrammen begleitet, gezeichneten Gefäßen, die immer genau die entsprechende Anzahl von Henkeln aufwiesen. Das Wort für ›vier‹ lieferte noch eine weitere Bestätigung. Sein Anfangszeichen entsprach dem schon vorher identifizierten Zeichen des enklitischen ›und‹ (s. S. 190). Im klassischen Griechisch werden die Worte gewöhnlich ›tettares‹ ›vier‹ und *-te* ›und‹ geschrieben. Aber das verwandte lateinische *quattuor* und *-que*, Sanskrit *catur, ca* und als griechisches Dialektwort *pettares* für ›vier‹ belegen, daß die Worte einst mit einem anderen Anfangslaut begannen, einem

di-pa-e me-zo-e-ti-ri-o-we-e	große Gefäße mit drei Henkeln	2
di-pa me-wi-jo qe-to-ro-we	Gefäß mit vier Henkeln	1
di-pa me-wi-jo ti-ri-jo-we	Gefäß mit drei Henkeln	1
di-pa me-wi-jo a-no-we	Gefäß ohne Henkel	1

117. Bestätigung der Entzifferung von Ventris und Chadwick: die ›Dreifuß-Tafel‹ aus Pylos, Bennetts Zeichnung des Textes und die Umschrift und Übersetzung der letzten Passagen.

sog. Labiovelar, dessen Existenz die Vergleichende Sprachwissenschaft schon lange vor dieser Entzifferung postuliert hatte.

Blegen, der Ausgräber von Pylos, hatte die Bedeutung der Tafel gleich erkannt.[90] Er gestattete Ventris, sie in seinen Vorlesungen zu behandeln, und veröffentlichte sie bevorzugt. Einige Phrasen auf der Tafel bereiten noch Schwierigkeiten, außerdem enthält sie einen offenkundigen Fehler des Schreibers (einen Dual statt eines Singulars), doch ihre positive Beweiskraft für die Richtigkeit der bisherigen Entzifferung war einfach schlagend und überzeugte die Mehrzahl derer, die für eine Beurteilung qualifiziert waren. Aber nicht alle. Einige gibt es noch, die entweder die Entzifferung überhaupt zurückweisen oder sie zumindest für nicht bewiesen halten.

Zur gänzlichen Zurückweisung kann es theoretisch nur drei Gründe geben: die Entzifferung ist willkürlich oder basiert auf falschen Grundlagen oder wird durch eine bessere ersetzt. Es hat keine spätere Entzifferung mehr gegeben, und niemand hat eine der früheren wieder zum Gegenstand einer Untersuchung machen wollen; also entfällt der letzte Grund. Der erste Grund fällt schon wegen der strikten Konsequenz der Argumentation in den ›Work-Notes‹ fort. Bleibt der mittlere, und tatsächlich wird er von einigen vertreten. Ihr Hauptbollwerk: die Ablehnung der silbischen Natur der Schrift; ihre Hauptwaffe: die unbestreitbare Tatsache, daß viele der Zeichen, die in den Zeichengruppen vorkommen und denen Ventris phonetische Werte zugeordnet hat, auch alleinstehend vor Zahlen vorkommen und hier in offensichtlich logographischer Anwendung. Statt die naheliegende Erklärung, diese Zeichen seien in solchen Fällen übliche oder standardisierte Abkürzungen (wie g für Gramm), zu akzeptieren, argumentieren sie genau umgekehrt: die Zeichen müßten nicht nur, wenn sie allein stehen, sondern auch in den Gruppen ideographisch sein. Wie solch ein System nach ihrer Vorstellung funktioniert haben soll, ist schwer nachzuvollziehen: die einzigen Parallelen, auf die sie sich berufen können, sind Linear A, kretische Bilderschrift und das Protoelamitische: alle drei sind nicht nur nicht entziffert, sondern dazu auch schlechter belegt als Linear B. Diese Argumentation schließt also vom schlechter auf das besser Bekannte. Außerdem ergibt sich durch diese Beweisführung das andernfalls gar nicht auftretende Problem, wie, wann und warum die kyprische Schrift ihre Natur gewandelt hat und silbisch wurde. Vor allem leitet sich diese Argumentation von der Theorie des piktographischen Ursprungs der Schrift her, die keineswegs unbedingt zutreffen muß; aber selbst wenn diese Annahme stimmt, ist sie wahrscheinlich für so späte Dokumente, aus der zweiten Hälfte des 2. Jahrtausend v. Chr., irrelevant.[91]

Andererseits haben die, die behaupten, die Entzifferung sei noch unbewiesen, nicht nur triftige Gründe, sondern vielleicht sogar recht. Bisher wurde keine unabhängige Bilingue gefunden. Die Ideogramme und der Kontext für Wörter wie ›Kind‹ oder ›insgesamt‹ liefern uns etwas Vergleichbares, aber eben keine unabhängige Überprüfung. Es ist kaum vorstellbar, daß Ventris die vielen Wörter, die passend die sie begleitenden Ideogramme beschreiben (wie *i-qo*, *o-no*, *po-lo* neben Zeichnungen von Pferdeköpfen – griechisch *hippos* ›Pferd‹, verwandt dem lateinischen *equus* und Sanskrit *asvas*; *onos* ›Esel‹; *polos* ›Fohlen‹ – und außerdem die auf der Dreifußtafel), schon alle einbezogen hatte, als er erstmals phonetische Werte zuschrieb (das hätte ihm zum Macchiavelli der Macchiavellis gemacht). Aber es ist gerade noch denkbar, daß sie ein Trugbild sind, das die nachgiebige Silbenschrift aus dem umfangreichen griechischen Wortschatz hat entstehen lassen können. Zum Beispiel interpretierte Ventris in seinem ›experimentellen Wortschatz‹, den er im Juli 1952 in Umlauf brachte, das Wort, das neben dem Wortzeichen ›Schwerter‹ stand als *sphagnai* (vermutlich mit *sphazo* ›ich schlage‹ in Verbindung zu bringen): heute wird es *phasgama* (ein homerisches Wort für ›Schwerter‹) gelesen. Die Entzifferung *pa-ka-na* erlaubt beide Interpretationen. Diejenigen, die auf ›nicht bewiesen‹ plädieren, behaupten, daß mit solchen Schreibregeln jedes Entzifferungsschema, wie falsch es auch sei, diese Menge von Treffern ergeben könnte. Oder vielleicht sogar noch mehr. Denn in Ventris' Entzifferung bleiben viele Wörter ungedeutet.

Die Wahrscheinlichkeit dieser Argumentation ist schwer abzuschätzen. Bis das möglich wird, oder irgendeine echte äußere Bestätigung auftaucht, sollte man Ventris' Entzifferung vielleicht als Theorie auffassen. Nicht im Sinne einer interessanten, fast zufällig hingeworfenen Vermutung, sondern im Sinne einer korrekt konstruierten Argumentationskette, die nur noch nicht endgültig überprüft werden kann.

Nach dieser Feststellung bleiben noch zwei Punkte, die erwähnt werden müssen. Der erste ist die Unterscheidung zwischen Entzifferung und Interpretation. Obwohl einige Interpretationen, besonders im ersten oder zweiten Jahr der Entzifferung, überenthusiastisch waren und manchmal zum Absurden neigten, und obwohl viele Wörter und Phrasen sich der Interpretation noch entziehen, kann diese Kritik doch der Entzifferung so wenig die Grundlage nehmen, wie Klaproth die Entzifferung Champollions nicht mit der Bemerkung aus den Angeln heben konnte, der *Précis* enthalte ja keine Übersetzung des Steines von Rosette. Zwischen dem mykenischen und dem frühesten alphabetisch geschriebenen Griechisch liegt nicht nur eine Kluft von mehreren hundert Jahren, sondern auch der große Unterschied, der

Verwaltungsberichte von epischer Dichtung trennt. Die Hauptschwierigkeiten im Verständnis liegen also genau da, wo man sie auch erwarten müßte. Der zweite Punkt ist eher äußerlicher Natur. Wenn wir die Frage der inneren Wertigkeit für einen Moment vergessen und Ventris' Forschungen als ein historisches Phänomen betrachten, dann stellen wir fest, daß die Angriffe auf seine Entzifferungen verblüffend denjenigen ähneln, denen im letzten Jahrhundert die Entzifferungen von Champollion und Rawlinson ausgesetzt waren. Ungeachtet der persönlichen Kritiken und ohne ins technische Detail zu gehen, stand oder steht allen drei Entzifferungen die Behauptung entgegen, die Vorschläge ließen zuviel Ungenauigkeiten und Unsicherheiten der Interpretation zu, die Schriften seien keineswegs wirklich phonetisch, sondern eher ideographisch, symbolisch oder in anderer Weise unterschiedlich, jedenfalls nicht unmittelbar verständlich. Dazu kommt noch eine Art todessehnsüchtiger Verleugnung der Möglichkeit, daß der wahre Schlüssel zum Verständnis überhaupt je gefunden werden könnte. Und wir werden auch beobachten können, daß keine Entzifferung, die auf logischer Beweisführung basierte und die unabhängige Billigung angesehener Gelehrter gewann, jemals hätte zurückgenommen werden müssen – und nicht einmal die entschlossensten Gegner von Ventris' Entzifferung können seine Beschreibung des Vorganges der Entschlüsselung ablehnen.

118. Kartuschen mit drei nicht-ägyptischen Ortsnamen vom Totentempel des Amenophis III.; sie lauten vielleicht (von rechts nach links): Knossos, Amnisos, Lyktos. *Unten:* Zeichnung nach Kitchen, 1965.

Obwohl keiner dieser Punkte etwas mit einer Überprüfung der Tatsachen zu tun hat, heißt das noch lange nicht, daß sie nicht wichtig seien. Was der Laie, und das betrifft in diesem Fall die meisten Philologen und Prähistoriker ebenso, wissen muß, ist, ob er die Entzifferung als Arbeitshypothese akzeptieren kann, und diese Erwägung kann er legitimerweise in sein Urteil einbeziehen.

Ich schließe mit einer Darstellung der Schwierigkeit, zu einer Überprüfung zu gelangen. Eine Galerie, die um den Totentempel des Pharao Amenophis III., der ca. 1372 v. Chr. starb, läuft, könnte vordergründig betrachtet möglicherweise die Bestätigung liefern. Lange nach der Entzifferung machte man die Entdeckung, daß auf ihrer Front Ortsnamen verzeichnet sind, von denen man einige glaubwürdig mit solchen der Linear B-Tafeln identifizieren kann, u. a. die Namen Knossos, Amnisos und Lyktos nebeneinander und außerdem der Name Keftiu, den man schon vorher für den ägyptischen Namen Kretas gehalten hatte.[92] Aber der Beweis ist nicht so leicht zu führen. Die ägyptischen Schreibweisen sind nicht schlüssig und stützen einander nicht zwingend. Und es brauchte natürlich ein ägyptischer Schreiber beim Zusammenstellen von ausländischen Ortsnamen, die den Ruhm seines Pharaos verkünden sollten, nicht unbedingt eine geographische Ordnung einzuhalten, selbst wenn er sie kannte, ebensowenig wie ein Auktionator in seinem Verkaufskatalog eine Ordnung nach der Provenienz der Stücke beachten muß. Auch auf der anderen Seite gibt es keinen Beweis. Selbst wenn die Lesung der Namen im Ägyptischen korrekt ist, folgt daraus noch nicht dasselbe für die Namen in Linear B. Die kretischen Ortsnamen sind in klassischen Texten nachgewiesen, und daß sie im 2. Jahrtausend v. Chr. dieselben waren, hätte man auch ohne die Entzifferung postulieren können.

Doch nach all diesem ist kaum zu glauben, daß eine so passende Entdeckung nicht der Entzifferung einen höheren Grad von Wahrscheinlichkeit verleihen sollte, auch wenn ihr genauer Wert nicht abzuschätzen ist. Und es wäre angemessen, wenn eine Inschrift, die man aufgrund der ältesten der drei großen Entzifferungen lesen kann, als erste – wenn auch ein wenig unsicher noch – die Richtigkeit der jüngsten Entzifferung beweisen könnte.

STAMMBAUM DER SCHRIFTEN

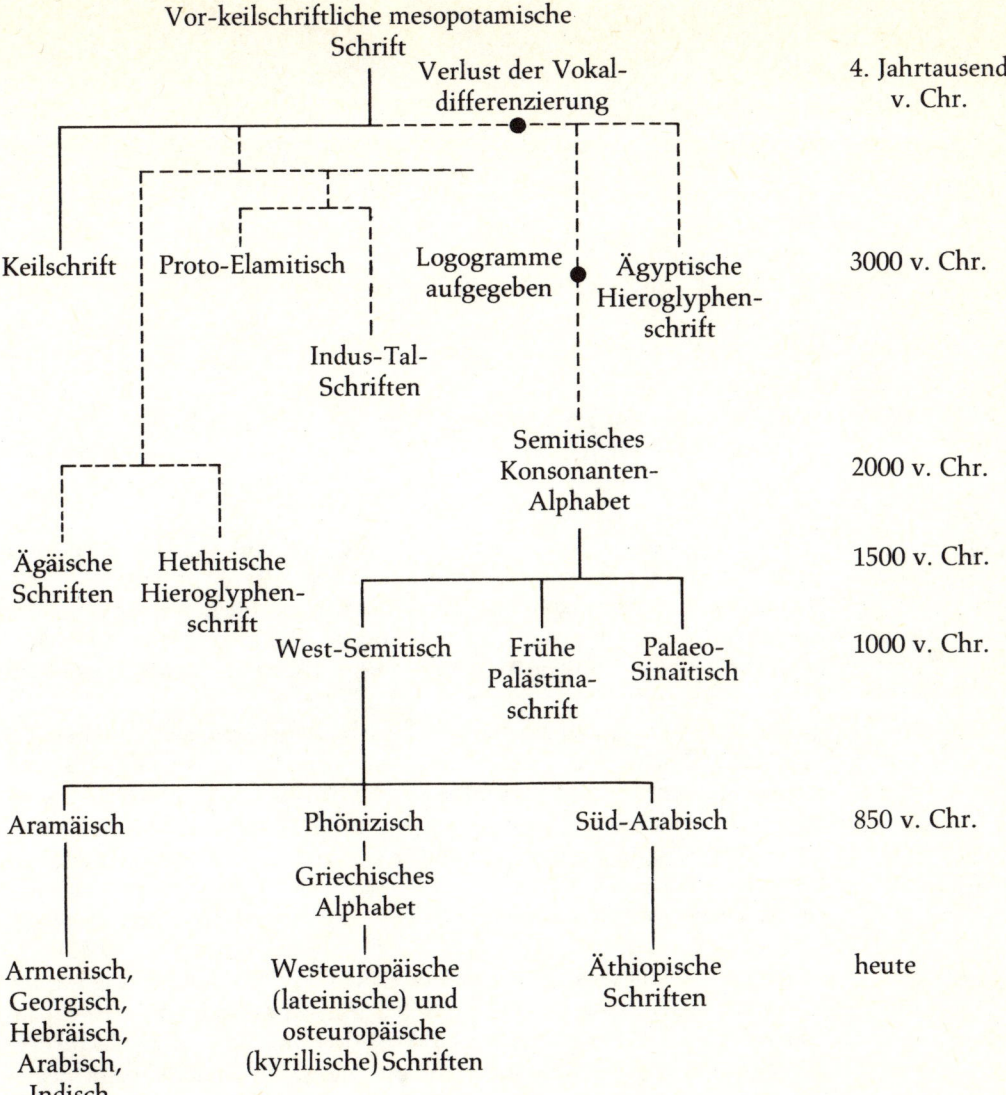

Zusammenfassung

Die Geschichte des Schreibens

Der Leser dieses Buches wird nun eine zusammenfassende Übersicht wünschen, aus der er erfährt, wie die hier besprochenen Schriften untereinander in Beziehung zu setzen sind und in welchem Verhältnis sie zu den Hauptschreibsystemen der modernen Welt stehen.

Eine Vaterschaft nachzuweisen, erfordert absolut sichere Belege. Die Beweislage für die Frühgeschichte des Schreibens ist aber keineswegs vollständig genug. So müssen wir mit Wahrscheinlichkeiten operieren. Auf zweierlei Weise kann man die Entwicklung der Schreibkunst nachzuweisen versuchen, wobei man von einer sog. optimistischen und einer pessimistischen Anschauungsweise ausgehen kann. Erstere rechnet mit der Intelligenz und der Anpassungsfähigkeit der Menschen und hält es daher für möglich, daß Schreibsysteme unabhängig erfunden und bewußt verbessert werden können. Die zweite rechnet mit der Schwerfälligkeit von menschlichen Gesellschaften und ihrer Abneigung gegen Neuerungen in einem feststehenden System, ganz zu schweigen von völligen Neuerfindungen, die bestehende Formen ersetzen sollen; ihr scheint falsches Abschreiben und gelegentliche Improvisation eher für die Mannigfaltigkeit der Schriften verantwortlich zu sein.

Ich neige zu dieser zweiten Meinung, denn sie steht in Einklang mit bekannten Erscheinungen der späteren Zeit. Anders ausgedrückt, sie geht davon aus, daß die uns unbekannten Vorgänge in der Frühgeschichte des Schreibens ähnlich verliefen wie jene uns bekannten in der Geschichte der Schrift. Zum Beispiel sind Kyrillisch und Koptisch, Armenisch und Georgisch und die Missionarsschriften für vorher ungeschriebene Sprachen in Afrika und Amerika stets nahe Kopien der jeweils geläufigsten Schrift der Zeit und des betreffenden Ortes gewesen (Griechisch, Aramäisch, Westeuropäisch), die zwar Zusätze beinhalteten, damit sie den Erfordernissen der jeweiligen Sprache genügten, aber keine grundlegenden Neuerungen waren oder enthielten. Die Sprachen Westeuropas übernahmen die lateinische Schrift, das Lateinische hatte, entweder direkt oder über das Etruskische, eine frühe griechische Schrift übernommen, und das Griechische selbst hatte sich des phönizischen Alphabets bedient – alle jeweils mit leichten Änderungen im Detail, aber ohne beabsichtigte Änderung des Gesamtsystems. Allerdings entstand ein neues System, das Alphabet, aus der Art in der die Griechen die phönizischen Buchstaben *alep*, *he*, *yod*, *ayin* und *waw* zur Wiedergabe der Vokale *a*, *e*, *i*, *o*, *u* verwandten. Aber das dürfte, wie Jeffery (1961, S. 2. 22) nachweist, eher einem Zufall als einem Plan zuzuschreiben sein. Denn diese fünf phönizischen Konsonanten sind genau jene, die einem griechischen Ohr bedeutungslos geklungen hätten, und der Grieche, der diese Zeichen zum ersten Mal für Vokale benutzte, war höchstwahrscheinlich der festen Überzeugung, er benutze sie dem Vorbild getreu.

Daher kann man mit gewisser Berechtigung annehmen, daß es die Folge einer Entlehnung ist, wenn Nachbarschriften nach denselben Grundprinzipien operieren. Offen bleibt aber, ob die Schriften der frühen Bronzezeit dieselben Grundprinzipien teilten. Weil einige von ihnen noch nicht entziffert und andere nur aus einer späteren Periode bekannt sind, können wir das nicht sicher behaupten. Aber da sie alle dasselbe System zum Schreiben von Zahlen haben (und, wo es sich nachweisen läßt, auch zum Schreiben von Brüchen) und wahrscheinlich alle auch einen Schatz phonetisch benutzter Zeichen besitzen (wie ich in *Antiquity*, März 1966 zu zeigen versucht habe), ist die Hypothese von einem gemeinsamen Ursprung durchaus legitim. Die Anhänger der Theorie von der unabhängigen Entwicklung der Schriften mögen beim Stammbaum S. 201 die gestrichelten Linien außer acht lassen. Für sie müßte dann die Geschichte der Schriften im Nahen Osten von sieben statt von einem Punkt ihren Ausgang nehmen.

In jedem Fall aber sollte man, wie es in Kassenprüferberichten heißt, die Genealogie im Zusammenhang mit den folgenden Anmerkungen lesen.

1. Vor-Keilschriftliches mesopotamisches Schreiben scheint, nach Falkenstein (1936), bereits phonetische Zeichen besessen zu haben. Obwohl es nach dem gegenwärtigen Stande der Forschung nicht sicher zu beweisen ist, kann man die Hypothese aufstellen, daß bereits ein regelrechtes Silbensystem bestanden hat, denn die Theorie von einer unabhängigen Entwicklung erfordert gleichermaßen hypothetische Annahmen, und das sogar für jede Schrift extra.

Die chinesische Schrift, die mit der Schang-Dynastie gleichzeitig mit anderen Kultureinflüssen aus dem Nahen Osten aufkommt, könnte ein Vetter dieser Vor-Keilschriften sein; der gemeinsame Vorläufer beider war vielleicht rein logographisch. Aus dieser Wortschrift könnte sich eine Silbenschrift nach jenem Prinzip des Verlustes, das auch für andere Neuerungen der Entwicklung verantwortlich zu machen ist, ergeben haben. Denn wenn die Bedeutung der Worte aus irgendeinem Grunde in Vergessenheit geriet – vielleicht dadurch, daß die Schrift für eine andere Sprache verwendet werden sollte –, bliebe ja nur noch der Lautwert der Zeichen. Aber hier sind wir im Bereich reiner Spekulation.

2. Der Begriff Keilschrift bezeichnet nicht eine einzige Schrift, sondern eine Technik des Schreibens in Ton, die von den Sumerern und Akkadiern um 3000 v. Chr. entwickelt und für die nächsten 2500 Jahre im mesopotami-

schen Kulturkreis und in den mit ihm zusammenhängenden Kulturen Standardmittel des Schreibens wurde (s. Kapitel 5, S. 125).

3. Die ägäischen Schriften schließen die Erste Kretische Palastschrift (das sog. kretisch Piktographische), Linear A, Linear B, Kyprisch-Minoisch und die kyprische Silbenschrift der klassischen Zeit ein. Die Schrift des einzigartigen und noch nicht lesbaren Diskos von Phaistos kann vorläufig als drittes Mitglied der großen Familie betrachtet werden, die die ägäischen Schriften und die hethitischen Hieroglyphen außerdem umfaßt.

4. Die ägyptischen Hieroglyphen waren als Monumentalschrift Ägyptens durch drei Jahrtausende antiker ägyptischer Zivilisation in Gebrauch. Von ihnen wurden die kursiven Schriften, das Hieratische und das Demotische, abgeleitet, wobei aus letzterer wiederum einige Zeichen Eingang in die koptische Schrift des christlichen Ägypten fanden.

Die phonetischen Elementarzeichen der ägyptischen Hieroglyphenschrift sind Konsonantenzeichen und machen insgesamt etwa 24 aus. Daher ist oft vermutet worden, daß aus ihnen durch bewußte Übernahme der Zeichen der Vorläufer der semitischen Schriften geschaffen worden sei. Das ist keineswegs undenkbar, doch bevorzuge ich die in dem Stammbaum skizzierte Alternative.

Im entwickelten phonetischen Zeichenschatz der ägyptischen Schrift gibt es an die achtzig Zwei-Konsonanten-Zeichen und einige dreikonsonantige. Für die Theorie der Monogenese stellen diese eine Erschwernis dar und müssen entweder als Ausweitung im Laufe der Tradition der bereits etablierten ägyptischen Schrift erklärt werden oder als Ableitung von den Silben des Konsonant-Vokal-Konsonant-Typs in der Vor-Keilschrift. Andererseits hat auch die Theorie der Vereinfachung vom Logographischen zum Alphabetischen ihre Schwierigkeiten, denn die einfachen Konsonantenzeichen sind in der frühesten erhaltenen ägyptischen Schrift bereits enthalten.

5. Westsemitisch, Früh-Palästinisch, Paläosinaitisch sind Namen, die man verschiedenen auf der Sinaihalbinsel und an der levantinischen Küste gefundenen Schriften gegeben hat. Sie stammen aus dem 16. bis 8. Jahrhundert v. Chr. Einige von ihnen sind lesbar. Andere kann man nach ihrem kleinen Zeichenschatz, der geographischen Lage der Funde und allgemein ihrer Einfachheit im Aussehen derselben Familie zurechnen. Aber weder ihr genauer Standort innerhalb dieser Familie, noch sogar die genaue Zahl verschiedener Schriften kann bisher definiert werden.

6. Abkömmlinge des Süd-Arabischen sind Thamudisch, Likyanisch und Safaitisch. Bis zum 13. Jahrhundert v. Chr. scheint sich diese Gruppe vom Phönizischen abgespalten zu haben (s. Anm. 91, S. 223)

7. Phönizisch ist Vorläufer des Punischen, Iberischen und Numidischen (von dem das noch benutzte Tamachische abstammt) sowie des Alt-Hebräischen und des noch benutzten Samaritanischen.

8. Aramäisch und die von ihm abgeleiteten Schriften verbreiten sich im 1. Jahrtausend v. Chr. über den größten Teil des Keilschrift-Gebietes und ersetzten schließlich die Keilschrift. Die Schriften der sassanidischen Inschriften, der Inschriften von Palmyra, Petra und anderen Nabatäerstädten, Pahlevi, Sinaitisch und Syrisch gehören ebenso zu dieser Familie, wie die noch lebendigen Abkömmlinge, die in dem Stammbaum aufgeführt sind.

9. Griechisch. Das griechische Alphabet stammt vielleicht von griechischen Kolonisten, die in der Mitte des 8. Jahrhunderts v. Chr. in Nordsyrien lebten (s. Jeffrey 1961, S. 21). Es verbreitete sich rasch über die griechische Welt und erhielt eine Vielfalt lokaler Ausprägungen. Schließlich wurde das Ionische die verbindliche Form, indem es 403 v. Chr. in Athen offiziell übernommen wurde.

Ausgestorbene Abkömmlinge des griechischen Alphabets sind u. a. das Etruskische, die Runenschrift, Gotisch und Koptisch.

Über den Ursprung der Verzeichnung der Vokale, die für die griechische und die von ihr abgeleiteten Schriften charakteristisch ist, siehe die kurzen Bemerkungen am Anfang dieses Kapitels.

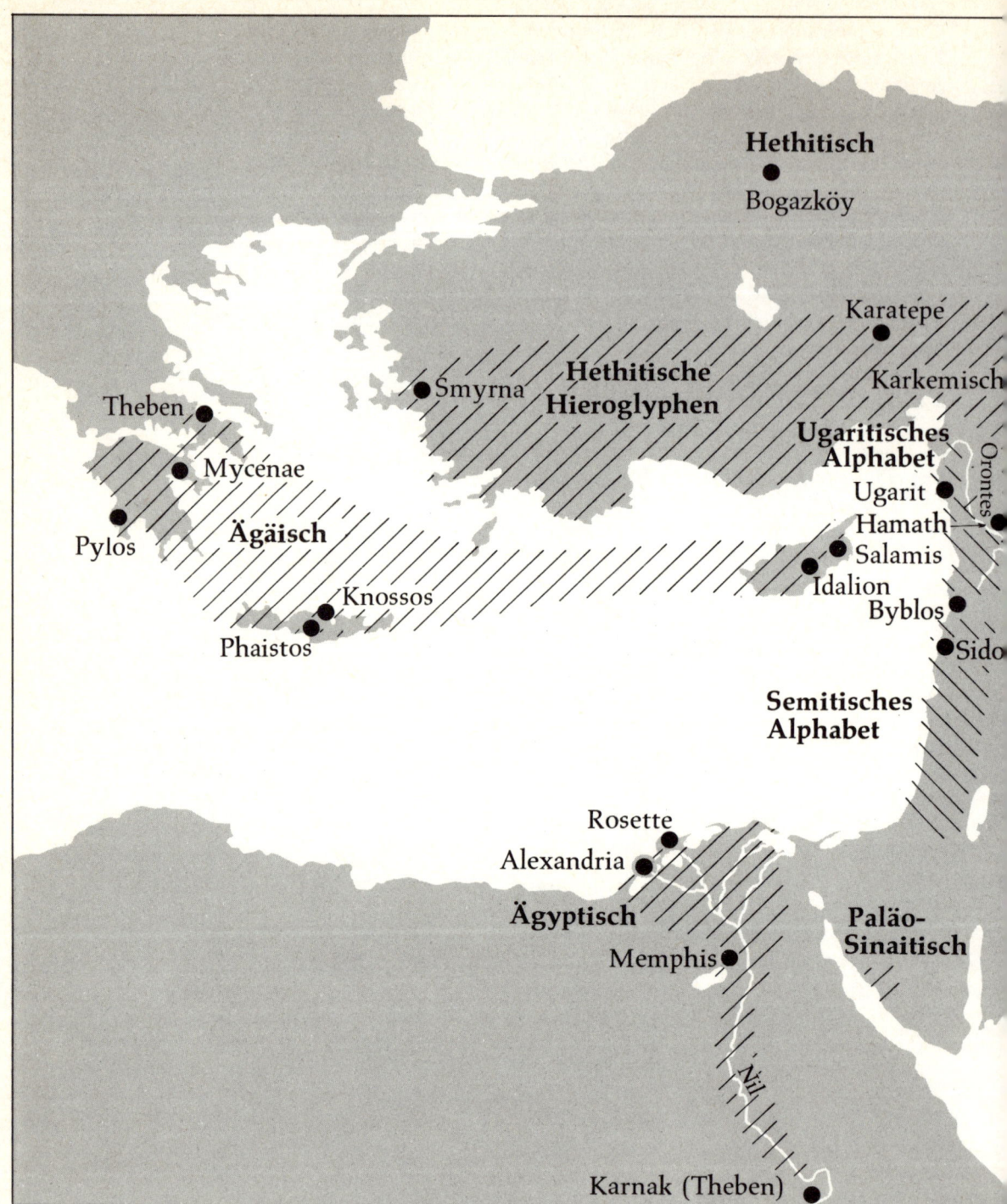

Hethitisch

Bogazköy

Karatepé

Karkemisch

Smyrna

Hethitische
Hieroglyphen

Ugaritisches
Alphabet

Theben

Ugarit

Mycenae

Hamath

Ägäisch

Salamis

Pylos

Idalion

Byblos

Knossos

Sido

Phaistos

Semitisches
Alphabet

Orontes

Rosette

Alexandria

Paläo-
Sinaitisch

Ägyptisch

Memphis

Nil

Karnak (Theben)

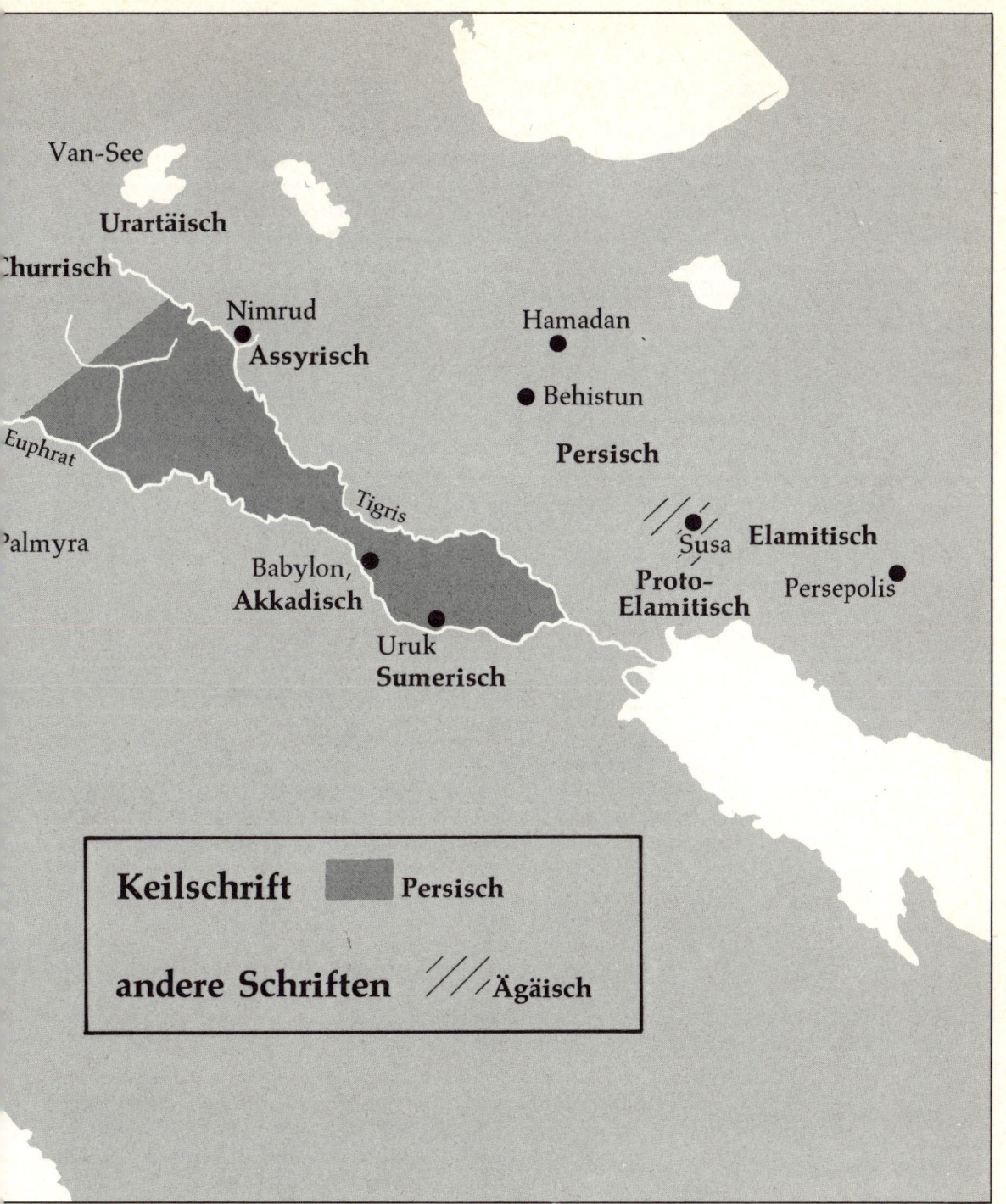

Van-See

Urartäisch

Churrisch

Nimrud
Assyrisch

Hamadan

Behistun

Persisch

Euphrat

Tigris

Palmyra

Susa   **Elamitisch**

Babylon,
Akkadisch

**Proto-
Elamitisch**   Persepolis

Uruk
Sumerisch

Keilschrift		**Persisch**
andere Schriften		**Ägäisch**

Die Schriften des Vorderen Orients.
Die punktierte Zone zeigt das Zentralgebiet der Keilschrift. Unterstrichene Namen weisen auf weitere Keil-
schrift-Arten hin. Schraffierung kennzeichnet das Verbreitungsgebiet anderer Schriften.

Schlußbetrachtungen Am Schluß unserer Betrachtung der Entzifferungen ergibt sich die Frage, ob es ein einziges Schema gibt, auf das diese sich reduzieren lassen. Unter diesem Gesichtspunkt wollen wir sie nun noch einmal ansehen.

Jede Entzifferung ist letztlich eine Art von Einsetz-Rätsel. Sagt man uns, die Worte *xyzq*, *ryx*, *xyxz*, *vszt* seien deutsche Wörter für Haustiere, kommt man durch Ausprobieren bald zur Lösung HUNd, kUH, HUHN, GaNs, wobei die – hier in Versalien angegebenen – ineinandergreifenden Buchstaben ein hohes Maß an Wahrscheinlichkeit garantieren, obwohl nur das erschöpfende Durchsuchen eines Wörterbuchs letzte Klarheit schaffen könnte.

Die Aufgabe wird dadurch erleichtert, weil wir wußten, daß sie lösbar ist, weil das Ziel eingegrenzt (deutsche Worte für Haustiere) war und wir drittens die Regeln (die deutsche Buchstabenschrift kennen). Diese letzte Voraussetzung ist weniger selbstverständlich als sie klingt. Angenommen, die verschlüsselte Schrift hätte, wie z. B. die kyprische Silbenschrift und einige bronzezeitliche Schriften, nicht zwischen stimmhaftem und stimmlosem Knacklaut unterschieden. Dann wäre ein *g* und *k* durch dasselbe Zeichen wiedergegeben. Oder die Schrift wäre eine rein phonetische Schrift gewesen. Dann wäre das *h* nur am Anfang der Worte vorgekommen. In jedem Fall wäre die Lösung schwieriger zu erreichen und als richtig zu bestätigen gewesen. Unter anderem hätten wir nämlich wissen müssen, wie die Worte Huhn und Kuh gesprochen werden.

Genau dasselbe war es bei den hier behandelten historischen Entzifferungen. Die drei vorbereitenden Bedingungen müssen erfüllt sein. Die erste, das Vertrauen in die Lösbarkeit des Problems, ist eher psychologischer Natur, und bei ihr ist daher am schwersten Sicherheit zu gewinnen. Es war wohl eindeutig der Mangel dieser Überzeugung, der dazu geführt hat, daß der hieroglyphische Text des Steines von Rosette in den ersten zehn oder fünfzehn Jahren nach seiner Entdeckung fast völlig vernachlässigt wurde. Hätte sich Hydes Ansicht von der Natur der Keilschrift (s. S. 100) durchgesetzt, hätte wohl kein normaler Mensch darauf Zeit verschwenden wollen. Es war nur der Glaube an die Entzifferbarkeit der Keilschrift, der Niebuhr und Le Brun veranlaßte, soviel Zeit mit dem Kopieren der Inschriften zu verbringen. Es bestand vielleicht Zweifel an der Chance, eine unbekannte Sprache in einer unbekannten Schrift zu lesen, der die Publikation und die Analyse von Linear B so sehr verzögerte.

Zur Erfüllung der zweiten Bedingung, nämlich ein begrenztes Ziel zu schaffen, hatte Leibniz 1714 den effektivsten Weg vorgeschlagen – die Lokalisierung und Identifizierung von Eigennamen (s. S. 108). Bei allen Entzifferungen in diesem Buch, ausgenommen nur die des ugaritischen Alphabets, war das schließlich der Ausgangspunkt. Die Eigennamen selbst waren entweder aus Biskripten bekannt oder durch historische und geographische Informationen, die auf verschiedenen Wegen, meist aus antiken griechischen Autoren gewonnen waren. Die Mittel zum Lokalisieren dieser Namen im unbekannten Text waren unterschiedlich und die Festsetzung selbst von unterschiedlicher Präzision. Wo es ein Biskript gab, war es im allgemeinen möglich festzustellen, »diese Zeichengruppe muß diesen Namen wiedergeben«, wo nicht, konnte man nur sagen, »diese Zeichengruppe muß einen dieser Namen wiedergeben«.

Drittens und endlich war die Entdeckung der Regeln der Schrift notwendig. Die Richtung der Schrift mußte festgelegt werden; die verschiedenen Zeichen mußten getrennt und gezählt werden. Das ist, sogar mit Hilfe guter Abschriften, nicht so einfach, wie es klingt. In unserer eigenen Schrift könnte man z. B. wenn man bemerkt hat, daß R zu P in demselben Verhältnis steht wie Q zu O, E zu F und L zu I, diese als vier Buchstaben mit modifizierendem Querbalken statt als acht verschiedene zählen. Dann müssen die Zeichen ihrer Funktion nach klassifiziert werden. Sie können entweder alle phonetisch sein, oder es sind Ideogramme und Determinative darunter. Die phonetischen Zeichen wiederum können silbisch oder alphabetisch sein. Sind sie alphabetisch, können Vokale darunter sein oder auch nicht. Sind sie silbisch, können die Silben offen sein oder offen und geschlossen oder noch anders. Das heißt, sie können vom Typ Konsonant-Vokal (KV) sein, oder KV und VK, oder diese zusammen mit KVK oder sogar mit KVKV. Schriften, die nur Silben vom Typ VK hätten, scheint es nicht zu geben, obwohl es theoretisch durchaus denkbar ist. Danach muß die Schrift einer Sprache zugeschrieben werden. Die phonetische Wiedergabe der gesprochenen Sprache ist wahrscheinlich stets sowohl weitschweifig als auch unzureichend. (So sind im Deutschen die Buchstaben y und qu überflüssig, weil sie selten vorkommen und außerdem Homophone zur Verfügung stehen. Ein recht häufiger Laut wie *sich* dagegen hat kein eigenes Zeichen) Solche Unregelmäßigkeiten in der Phonetik können dann zu künstlichen Rechtschreiberegeln führen (wie etwa Silbenschriften verschiedene Konventionen schaffen müssen, um Konsonantenhäufungen und konsonantische Endungen wiedergeben zu können). Diese Liste von Schwierigkeiten ist bei weitem nicht erschöpfend, soll aber die Reihe möglicher Probleme andeuten, die bei den Entzifferungen gelöst werden mußten, ohne daß ein Präzedenzfall die Hilfsmittel dazu geliefert hätte.

Wo die Grenzen des Ziels relativ eng und die Natur der Schrift sogleich erkennbar waren, gab es keine Schwierigkeiten. Barthélemy in Paris und Swinton in Oxford entzifferten unabhängig voneinander im Januar 1754 innerhalb weniger Stunden intensiver Arbeit die Palmyraschrift anhand der frisch veröffentlichten Abschriften von Dawkins und Wood. Die Entzifferung der sassanidischen und parthischen Inschriften 1787 verursachte de Sacy keine großen Schwierigkeiten. Im Jahre 1929 wies Virolleaud den Weg zur Entzifferung der ugaritischen Schrift unmittelbar nach ihrer Entdeckung; und obwohl eine Bilingue und bekannte Eigennamen fehlten, führten er und zwei andere unabhängig voneinander die Entzifferung mit bemerkenswerter Geschwindigkeit durch. In diesen Fällen war das Ziel dadurch begrenzt, daß die Sprache der Inschriften bekannt und – in den ersten beiden Fällen – ein Biskript mit Eigennamen vorhanden war. Die alphabetische Natur der Schriften war durch die Zählung der Zeichen in den ersten beiden Fällen klar und im dritten zumindest sehr wahrscheinlich.

Mit derselben Technik, dem Zählen der Zeichen, zeigte sich, daß die kyprische Schrift eine offene Silbenschrift sein mußte. Da dieser Schluß allgemein akzeptiert wurde und in der Tat richtig war, zudem auch eine Biskript mit Eigennamen existierte, die den Zugang zur Schrift erleichterte, ist es eigentlich überraschend, daß die Schrift nicht viel schneller entziffert wurde, als es schließlich der Fall war. Dies ist zweifellos zum großen Teil dem Umstand zuzuschreiben, daß George Smith, der sich als erster an ihr versuchte, kein Griechisch konnte. Immerhin aber erschienen innerhalb von drei Jahren zwei unabhängige, fast völlig korrekte Entzifferungen.

Unter den jüngeren Entzifferungen war die der hethitischen Hieroglyphen die langsamste, und hier ergaben sich Schwierigkeiten nicht aus der Natur der Schrift, denn diese war schon früh als silbisch mit ideographischer Komponente erkannt worden, sondern aus der Begrenzung des Ziels. Bis zum Fund von Karatepe gab es nur eine kurze Bilingue. Die entscheidenden Determinative für ›König‹ und ›Stadt‹ wurden lange verwechselt. Die Sprache war bis zur Entdeckung des Keilschrifthethitischen und -luwischen unbekannt. Danach aber war der Bann gebrochen, und Gelb und Forrer entzifferten die Schrift unabhängig voneinander.

Drei Entzifferungen – die der persischen Keilschrift, des Ägyptischen und von Linear B – werden gewöhnlich als die schwierigsten betrachtet, ihre Lösung verdiene die höchste Bewunderung. In der Substanz aber unterschieden sie sich nicht von den übrigen. Im Falle der persischen Keilschrift konnte Grotefend das Fehlen einer Bilingue durch die Lokalisierung und Identifikation der Namen Hystaspes, Darius und Xerxes und die Annahme, daß sie den Titel ›König der Könige‹ benutzt haben dürften, wettmachen. Sein Entzifferungsversuch führte nur daher nicht zum vollen Erfolg, weil sein Persisch – und eigentlich die persische Philologie seiner Zeit – unzureichend war. Allerdings hatte er auch den Charakter der Schrift nicht recht erkannt, denn er hielt sie nicht für silbisch, sondern für alphabetisch. Den ersten Mangel behoben dann Rask und Burnouf, den zweiten Lassen und Rawlinson. Alles, was dann noch fehlte, war ausreichendes Textmaterial, und das beschaffte Rawlinson sich selbst mit den Abschriften der großen Behistun-Inschrift.

Auch bei Linear B fehlte die Hilfe einer Bilingue. Und da die einzig erhaltenen Dokumente in dieser Schrift Palastinventare sind, war es wenig wahrscheinlich, daß man aus ihnen statt dessen Königsnamen herausziehen könnte, selbst wenn man wüßte, wie die mykenischen Könige hießen. Erfolg hatte Ventris aber mit einer Kategorie von Worten, die Ortsnamen wiedergaben. Aus klassischen Quellen waren verschiedene Ortsnamen im Gebiet um Knossos bekannt. Diese lieferten dann, zusammen mit scharfsinniger Analyse der grammatischen Flexionen und einigen wenigen Vokabeln, deren Bedeutung der Kontext als sicher oder wahrscheinlich ergab, die notwendige Begrenzung des Ziels.

Aus dem Umfang des Repertoires phonetischer Zeichen konnte geschlossen werden, daß es sich um eine Silbenschrift, vielleicht eine offene wie die kyprische, handelte. Dies war in dem Fall ausreichend, wenn die Schreibregeln dieselben wie im Kyprischen waren. Der erste, der diese Annahme umfassend und vernünftigerweise in Frage stellte, war Ventris in seinen ›Work-Notes‹ 6 und 14. Dies war der entscheidende Schritt. Einzigartig aber und die Welt begeisternd an der Entzifferung von Linear B war der abstrakte phonetische Silbenrost, der berühmte ›grid‹, dessen Aufstellung A. Kober initiiert und Ventris bedeutend erweitert hatte. Das Ergebnis war, daß der Einsatz von Silben strenger definiert werden konnte als vorher. Statt »Zeichen x steht für eine Silbe« konnte man nun sagen »Zeichen x steht für eine Silbe, die ein Element mit der Silbe, die durch Zeichen y wiedergegeben ist, teilt«. Auf diese Weise wurden die Regeln der Schrift langsam bekannt.

Schließlich als letztes: Ägyptisch. Warum dauerte die Entzifferung der Hieroglyphen so lange? Mehr als zwanzig Jahre nach der Entdeckung des Steins von Rosette, über dreihundert Jahre nach der Wiederentdeckung der Schrift mußte gewartet werden! Anders betrachtet könnte man jedoch sagen, daß die Entzifferung bemerkenswert schnell vor sich ging. Im Jahr 1811 hatte man zum ersten Mal vermutet, daß die Kartuschen (phonetisch geschriebene) Eigennamen bedeuten. Und obwohl viele Kartuschen bekannt waren, konnte man nur eine einzige einem bestimmten König zuweisen: die des Ptolemaios auf dem Stein von Rosette. Die erste Kartusche, die man danach aufgrund der gemeinsamen Zeichen identifizierte, war die der Kleopatra. Aber obwohl Bankes das bereits erkannt hatte und Young es schon einige Jahre früher erfuhr, erhielt Champollion erst 1822 eine Abschrift, und das war nur neun Monate, bevor er die erste Stufe seiner Entzifferung verkünden konnte. Und der Grund, weshalb es Monate und nicht nur Minuten dauerte, waren in erster Linie die Homophone. Das *t* von Ptolemaios entsprach nicht dem *t* von Kleopatra. Schließlich fand sich die Lösung, aber das war erst durch die Analyse einer größeren Menge von Material möglich gewesen. Champollion hatte das tun können, Young konnte es nicht.

Also gibt es ein Schema, dem alle Entzifferungen unterliegen. Aber es ergibt sich auch noch eine Schlußfolgerung anderer und allgemeinerer Art; sie betrifft die Einführung neuer Ideen. Man betrachte etwa die Entzifferung von Linear B: eine glänzende Leistung des Verstandes, wenn es je eine gegeben hat. Sie wurde durch eine Vielzahl von Ideen ermöglicht. Darunter Leibniz' Theorie von der Nützlichkeit der Eigennamen, das System eines Silbenrostes, das zumindest aus dem 17. Jahrhundert stammt und von Rawlinson, Hincks und Schmidt im 19. Jahrhundert benutzt wurde, und die Entdeckung, daß man durch die Verwendung von Flexionsformen einen abstrakten Silbenrost erstellen konnte (Kober 1945–48). Die einzige vergleichbare Idee dieser Art, die Ventris selbst beitrug, war die Erkenntnis, daß die Schreibregeln von Linear B sich von den kyprischen unterscheiden mußten. Alles andere, so glänzend es auch oft war, bestand in der Anwendung von Ideen, die andere ersonnen hatten.

Wenn uns das seltsam vorkommt, sollten wir uns daran erinnern, daß es schwierig ist, anderen Entzifferungen Ideen von vergleichbarer Bedeutung zuzuschreiben. Gelten lassen könnte man vielleicht Sayces Entdeckung der Determinative in der hethitischen Hieroglyphenschrift und Schmidts Anwendung des Silbenrost-Prinzips zur Identifikation der Lautwerte kyprischer Schriftzeichen; Lassens Entdeckung der ›inhärenten Vokale‹ in der persischen Keilschrift zählt ganz sicher dazu; nicht aber Grotefends Einbeziehung persischer Historie und Königsgenealogien, denn das hatte schon Olaf Tychsen vorgeschlagen, und ebensowenig Champollions Verwendung der Kartuschen, die sich auf de Sacys Vermutung stützte.

Die Schwierigkeit liegt im Gebrauch des Begriffs ›Idee‹. Konstruktive Ideen unterscheiden sich von den Ideen, etwas irgendwo nützlich anzuwenden, in derselben Weise, wie sich tragende Mauern von Trennwänden unterscheiden. Trennwände kann man mehr oder weniger willkürlich errichten oder abbrechen. Eine neue tragende Mauer zu errichten ist etwas ganz anderes und kann nicht als isolierter Akt vorgenommen werden, denn das Niederreißen einer tragenden Wand führt zu Zerstörung, hat man keine Vorkehrungen getroffen, den Druck anderweitig abzufangen.

Darin liegt auch der Urgrund, weshalb die Entzifferung der Hieroglyphen erst so spät richtig in Gang kam. Die theoretische Konstruktion war völlig falsch, und das war schwer umzubauen. Warum das fast unmöglich war, sieht man, wenn man sich in die Lage Barthélemys versetzt. Er hatte 1762 als erster die richtige Vermutung geäußert (wenn auch mit falscher Begründung), Kartuschen könnten die Eigennamen von Königen enthalten. Warum fügte er nicht gleich hinzu »phonetisch geschrieben« oder »vielleicht phonetisch geschrieben«? Die Feststellung »Die Kartuschen buchstabieren die Namen von Königen« wäre nicht so unsinnig gewesen wie »Musik riecht grün« und hätte auch nicht, wie etwa der Satz »Holz ist flüssig«, der sinnlichen Wahrnehmung widersprochen. Warum also konnte er diese Feststellung nicht treffen? Sicherlich nicht, weil sie neu gewesen wäre: das 18. Jahrhundert war schöpferischen Ideen gegenüber nicht feindlich. Aber es besteht ein Unterschied zwischen Originalität und Absurdität, und 1762 eine solche Feststellung zu treffen, wäre die unmotivierte Tat eines Verrückten gewesen. Sie hätte eine Stütze einer voll strukturierten Theorie zerstört, ohne etwas an ihre Stelle zu setzen. Nachlässigkeit war es nicht, die die Ägyptologie so spät erst an den Punkt gelangen ließ, an dem eine Entzifferung möglich war. Mangelnder Intellekt war es auch nicht, denn insgesamt waren es kluge Leute, die sich mit der Sache befaßten. Die Schwierigkeit lag in der notwendigen Änderung einer kohärenten theoretischen Konstruktion.

Man sah die ägyptische Schrift als Mittel der philosophischen oder theologischen Kommunikation an, die durch Symbole ohne Vermittlung von Sprache funktionieren sollte. Dieses Gedankengebäude wurde im griechisch-römischen Altertum erstellt und in der Renaissance neu aufgegriffen und erweitert.

Die Existenz der chinesischen und der mexikanischen Schrift, die Hebräische Renaissance und die Entdeckung kursiver ägyptischer Texte stellten die Einzigartigkeit der Hieroglyphen, den Wert ihrer Weisheitslehre und den Bereich ihrer Anwendung zur Diskussion. Und obwohl jeder dieser Faktoren kleinere Änderungen der ursprünglichen neuplatonischen Theorie erforderte, verursachte keiner von ihnen eine Schwächung des Glaubens in die ideographische Natur der Schrift. Sie verstärkten ihn sogar noch, besonders der letzte Faktor. Denn wenn die kursiven Texte alphabetisch waren, mußten die hieroglyphischen symbolisch sein, warum sonst gäbe es zwei Systeme? Sogar die Vermutung de Sacys von 1811, daß die Zeichen in den Kartuschen phonetisch gelesen werden müßten, unterstützte die ursprüngliche Konstruktion noch. Sein Ziel war, anhand der chinesischen Analogie zu erläutern, wie eine sonst ideographische Schrift Eigennamen schreiben konnte, während sie zu ihrem größten Teil ideographisch blieb. Das führte ziemlich schnell zur Lesung der ›phonetischen Hieroglyphen‹ in den Kartuschen. Die Entdeckung, daß die phonetischen Werte auch außerhalb der Kartuschen Gültigkeit besaßen, hätte sich vielleicht in keinem Fall mehr lange hinauszögern lassen. Man sollte aber doch darauf hinweisen, daß die Theorie über die ägyptische Schrift zu dem Zeitpunkt bereits fragwürdig geworden war, und zwar durch das Leugnen der Unterschiede zwischen kursiver (als phonetisch angenommener) Schrift und den Hieroglyphen (die ideographisch sein sollten), die eine ihrer stärksten Stützen geworden war. Young und Champollion hatten unabhängig voneinander zwischen 1814 und 1821 die fehlende Berechtigung dieser Unterscheidung erkannt. Auch ein positiver Beleg für die umfassendere Anwendung phonetischer Werte kam noch zutage. Chinesisch und Ägyptisch hatte man für parallele Fälle gehalten, und nun hatte Rémusat 1822 darauf hingewiesen, daß Phonetik auch außerhalb des Schreibens von Eigennamen ein ganz wesentlicher Faktor im normalen chinesischen Schreiben war.

Bei den anderen Entzifferungen, die in diesem Buch behandelt sind, abgesehen nur von Linear B, waren die theoretischen Konstruktionen, die bei den ägyptischen Hieroglyphen ein Hemmnis waren, eher eine Hilfe. Die Entzifferung der ägyptischen Hieroglyphen hatte gezeigt, was man im Gebrauch von Ideogrammen und Determinativen erwarten konnte, und bis zu einem gewissen Grade hatte auch die größere Vertrautheit mit den östlichen Schriften der modernen Welt dazu geführt, daß man wußte, mit welchen Praktiken man ungefähr rechnen konnte. War die theoretische Kenntnis der Sprachstruktur vorhanden, so war der Weg von der Entdeckung einer Schrift bis zu ihrer Entzifferung meist kurz und gelang manchmal zwei oder mehr Leuten gleichzeitig.

Zwei weitere Lehren müssen aus dem Vorhergegangenen noch gezogen werden. Die eine bezieht sich auf die Häufigkeit, mit der richtige Ideen sich auf falsche Voraussetzungen stützen; beispielsweise Barthélemys Vermutung, die Kartuschen könnten Eigennamen enthalten (s. S. 61), aber auch de Sacys Annahme, sie seien phonetisch geschrieben (aufgrund der chinesischen Analogie) und Champollions Entdeckung der Determinative (aufgrund der angenommenen philosophischen Natur der Schrift). Hierhin gehören auch Cowleys Identifikation der Linear B-Gruppen für ›Junge‹ und ›Mädchen‹ (die er aufgrund der Ähnlichkeit des Zeichens für -wo mit dem Ideogramm ›Frau‹ vermutet zu haben scheint) und Ventris' Entdeckung der n-Serie, mit der seine Entzifferung begann (sie war zumindest halbwegs auf der Annahme begründet, daß Linear B die etruskische Sprache wiedergebe). Weniger signifikante Fälle derselben Art sind noch Sayces Zuschreibung der Hamathinschriften an die Hethiter (auf der Basis der Voraussetzung einer ›hieroglyphischen Sprache‹) und Virolleauds Identifikation der Präposition l (weil er das folgende Wort für einen Eigennamen hielt). Es wäre nicht recht, diese Phänomene zu unterschlagen, aber man sollte wohl besser nicht daraus schließen, daß Fehler als bestes Saatbeet für die Wahrheit kultiviert werden sollten.

Die letzte Lehre, ist die, daß keine der Entzifferungen die Leistung eines unerklärlichen Genies war, selbst wenn sie noch so schwierig, dramatisch und überzeugend gewesen und sie noch so sehr den Ruhm als Meisterstück der Gelehrsamkeit verdiene. Ob die Ideen, die zu Entzifferungen führten, konstruktiver Art waren und langsam aufkamen, oder zusätzliche Ideen waren und in schneller Folge kamen, sie folgten, wie alles in diesem Buch zeigt, eine auf die andere. Den plötzlichen Blitz, der mit einem Schlag die ganze Landschaft erhellt, hat es nicht gegeben. Es gab Überraschendes, aber nichts Unerklärliches. Und für diejenigen, die eine rationale Welt einer romantischen vorziehen, ist das eine ermutigende Schlußfolgerung.

Anmerkungen

KAPITEL 1 (S. 11–48)

1. Buondelmonte gibt in dem 1422 verfaßten Bericht über seine Reisen auf die griechischen Inseln zwar Lage, Höhe und Sockelinschrift des Obelisken in Konstantinopel an, erwähnt aber seltsamerweise die deutlich eingeritzten Hieroglyphen mit keinem Wort. Er nennt das Monument *agulia* und zeigt keinerlei Kenntnis von dessen ägyptischem Ursprung. S. Anm. 3.

2. Cyriacus beschreibt die Inschrift (ed. Mehus S. 51) als »ein sehr altes Epigramm in phönizischen Schriftzeichen, eine für Menschen unseres Zeitalters unbekannte Sache, vermutlich wegen der langen Zeit, die seither vergangen ist, und wegen der heutigen Ungebräuchlichkeit der größten und ältesten Künste und wegen unserer Unkenntnis über sie.« Es wird allgemein angenommen (z. B. Weiss 155), daß er sich damit auf eine spezielle Hieroglypheninschrift bezieht; und daß Cyriacus Hieroglyphen gesehen hat, ist sicher belegt, darauf beziehen sich Masurpinos Verse an ihn, die in Mehus' Ausgabe abgedruckt sind. Ich weiß weder, warum er sie phönizisch nennt, noch, wie er sie auf der Großen Pyramide gesehen haben will, wie es den Anschein hat.

3. Der präzise Begriff zur Bezeichnung des Obelisken ist an sich wenig wesentlich, aber er ist symptomatisch für den Stand des historischen Bewußtseins. *Obelus* oder *obeliscus* (verschiedene Schreibweisen sind möglich) ist in den *Notitia de regionibus urbis Romae* (einer Beschreibung Roms, die im wesentlichen aus dem 3. Jahrhundert n. Chr. stammt, aber auch spätere Zusätze enthält – siehe Nordhs Ausgabe, Lund 1949) zusammen mit der Erwähnung von ägyptischen Zeichen (*notae Aegyptiacae*) und außerdem in einem karolingischen Itinerar (Ausgabe von Valentini und Zucchetti Codice Topografico della Città di Roma II 163–207) verwendet. Danach scheint der Begriff außer Gebrauch gekommen zu sein. Das einzige mittelalterliche Beispiel, das ich für die Verwendung des Wortes gefunden habe, ist der Begriff *obeliscus Neronis* im *ordo Romanus* der Benediktiner (Valentini und Zucchetti III 212), der vermutlich wörtlich aus einer früheren Fassung übernommen ist.

   Die mittelalterlichen Begriffe sind *aguglia* oder *guglia*, latinisiert als *agulia* oder *Iulia*; – letzteres ist entweder eine phonetische Verballhornung oder stammt aus dem Begriff *columna Iulia* für Cäsars Grabdenkmal. Ich neige zu dieser letzten Deutung, denn nach meiner Ansicht wird *Iulia* nur dann verwendet, wenn speziell der Vatikanische Obelisk gemeint ist. Wahlweise kann das Wort auch *acus*, ›Nadel‹ heißen; statt eines Fachausdruckes kann aber auch *lapis* oder *saxum* wie z. B. Petrarca (*Familiarum rerum* VI 2) benutzt werden.

   Der technische Fachausdruck des klassischen Latein, *obelus* oder *obeliscus*, wurde von Poggio und Biondo um die Mitte des 15. Jahrhunderts wiederbelebt und von späteren Schriftstellern gebraucht, die sich damit als Humanisten zu erkennen gaben und die sich außerdem auch dessen bewußt waren, was Plinius und andere über den ägyptischen Ursprung der Obelisken berichteten.

   Strozzis direkte Quelle für seine Bildunterschriften auf der Karte (Abb. 1b) war vielleicht Tortellius *Commentariorum Grammaticorum de Orthographia dictionum* (Rom 1471), der viele seiner topographischen Informationen von Biondo (s. Weiss S. 71) übernahm. Zum wahrscheinlichen Vorbild der Karten siehe Scaglia (*J. Warb. Inst.* 27, 136–63).

4. Der abgebildete Ausschnitt gibt etwa ein Drittel des Mosaiks wieder. Der Tempel ist durch die beiden Obelisken vor dem Eingang und den heiligen See als ägyptisch gekennzeichnet. Neben den Tieren im abgebildeten Ausschnitt kommen eine Löwin, ein Tiger, Lynx (Luchs), Giraffe, Hirsch und verschiedene unwirkliche oder wenigstens nicht zu benennende Kreaturen vor, wie kepiēn, Sphinx, Eselkentaur, Krokodileopard und *crocottas* (vielleicht eine

Kreuzung zwischen einem Wolf und einem Hund oder einer Hyäne und einer Löwin).

   Gullini (1956) nimmt an, daß das Mosaik zur selben Zeit wie das Gebäude im frühen 1. Jahrhundert v. Chr. entstanden ist. Peters (1963) datiert es aus stilistischen Gründen der Landschaftsdarstellung ein halbes Jahrhundert später.

5. Cicero *de leg.* II 2. Zeugnis für Ciceros Gedicht über den Nil: *Script. Hist. Aug.* 20, 3, 2.

6. Meroë liegt 1500 km südlich von Assuan, in der Nähe der modernen Stadt Khartoum. Es war die südlichste Stadt, von der die Römer Kenntnis hatten. Das Iseum auf dem Marsfeld lag in der Nähe der sog. *ovile* oder *Saepta*, wo in republikanischer Zeit Wahlen stattfanden.

7. Die Dedikationstafel wurde von A. Rowe bei seiner Ausgrabung des Serapeums gefunden. Ihre Übersetzung lautet nach Rowe (1946): Hieroglyphischer Text: »Der König des Südens und des Nordens, Erbe der Geschwistergottheiten, auserwählt von Amun, gewaltig im Leben von Rê, Sohn des Rê, Ptolemaios der unsterbliche, geliebt von Ptah, errichtete diesen Tempel und den heiligen Bezirk des Serapis.« Griechischer Text: »König Ptolemaios, Sohn des Ptolemaios und der Arsinoë, der Geschwistergottheiten, [stiftet] dem Serapis den Tempel und den heiligen Bezirk.«

8. Abb. 3d ist der Publikation des Papyrus von Bauer und Strygowski (1905) entnommen. Die Zerstörung des Serapeums ist von verschiedenen Autoren beschrieben, beachtenswert darunter Rufinus *Hist Eccl.* II 23 ff. und Eunapius *Vit. Soph.* VI, II.

9. Die ausführlichsten Hinweise finden sich immer noch bei Zoëga (1797), der einige Dutzend Stellen aus ca. 25 antiken Autoren zum Nachweis der verschiedenen Verwendungen der Hieroglyphenschrift zitiert (458 f.).

10. Nachweise: Cicero *de nat. deorum* III 56; *Corpus Hermeticum Asclepius* I 8; Lactantius *Div. Inst.* I 6, 2; IV 6, 4.

    Die älteste Quelle für diese Gedanken ist Platons *Timaios*, obwohl Lactantius, da er die Authentizität der hermetischen Traktate akzeptierte (s. *de ira dei* 11), glaubte, daß Platon sich an Hermes Trismegistos anlehne. Ficino, der Exponent des Neuplatonismus in der Renaissance, sagt in der Einleitung zu seiner Ausgabe des Lactantius (1471) dasselbe: »Der Gründer der Theologie soll Mercurius [Hermes] Trismegistos gewesen sein. Die nächste bedeutende Rolle in der antiken Theologie spielte sein Nachfolger Orpheus . . .« Die Überlieferung, fährt Ficino fort, führte dann durch die orphischen Mysterien zu Aglaophemos, Pythagoras, Philolaos und schließlich zu Platon.

    Das Hermes-Trismegistos-Mosaik, zusammen mit Mosaiken der 10 Sybillen (auch nach der Überlieferung des Lactantius, die Ficino tradierte), auf dem Boden der Kathedrale in Siena wurde während der Amtszeit (Ende 1498) von Alberto Aringhieri, eines Ritters des Johanniterordens von Jerusalem und Rhodos, verlegt.

11. *pensiculante* bei Aulus Gellius *noctes Atticae* I, III 12; Hinweis bei Pozzi (1959, S. 87).

12. Poliphilus' Interpretation der ersten drei Hieroglyphen lautet *patientia ornamentum custodia protectio vitae* (»Standhaftigkeit ist Schmuck, Hüter und Schutz des Lebens«), die Pozzi und Ciapponi in ihrer Edition einfach durch die fünf Symbole in der Reihenfolge Stierkopf, Zweige, Hund, Helm, Lampe erklären.

    Poliphilus Übertragung ist ziemlich knapp und ihre Bedeutung für seine Situation keineswegs besonders klar. Es ist verlockend, daran Verbesserungen vorzunehmen. Dies wäre natürlich allein mit der Begründung, daß Poliphilus sich noch am Beginn seiner Reise befindet, noch nicht gerechtfertigt, läßt sich aber dadurch legitimieren, daß Pierius selbst eine reichere Bedeutung für einige Symbole vermutet. Er sagt, daß der Helm, obwohl er Verteidigung bedeutet, auch besagen könne, daß die Quellen des Lebens verborgen sind, denn er sei auch ein Attribut Plutos. Der Hund bedeute Treue, eher als nur Wachsamkeit. Der Ochsenschädel mit Girlande meint ›belohnte Mühe‹. Diese symbolischen Deutungen, zusammen mit der Reihenfolge der Inschrift, lassen mich an eine Interpretation etwa in der Art denken: »Sei getreulich, wachsam und bewahrend, dann wirst du belohnt werden, wenn du durchs Leben gehst.« Dies wäre ein interessanterer Sinn und viel eher der Stelle der Inschrift auf der Brücke angemessen, die Poliphilus, nun der Stadt der Vergangenheit entronnen, in das Land der Natur führt.

Die beiden Zeichen auf der anderen Seite der Brücke bereiten keine Schwierigkeiten. Der Kreis bedeutet ›immer‹. Der Delphin (Schnelligkeit und Lebensbewahrung) und der Anker (Sicherheit) bedeuten zusammen »Eile mit Weile!« Dies wurde von Aldus als Emblem für seinen Druck übernommen – s. Pozzi und Ciapponi 1964, II 62.

13. Gegenstand von Pierius' Buch XXXIII ist das Erarbeiten der symbolischen Bedeutung der menschlichen Sinnesorgane. Es besteht ein unmittelbarer Zusammenhang zu Pindars Aussage (*Nemeische Oden*, VIII 43), daß Freude sich in den Augen zeige; als Form dieser Abhandlung wählt er ein Gespräch zwischen führenden Gelehrten der damaligen Zeit. Diese sind Pierius' Onkel Urbanus (1440–1524), der erste, der eine griechische Grammatik in Latein publizierte und der selbst in Ägypten gereist war; Raynerius, ein venezianischer Senator, Prokurator von San Marco und Mitglied der ›Aldus-Akademie‹; Thomaeus (1465–1531), der aristotelische Philosoph; und Leonicenus (1428–1524), Medizinprofessor in Ferrara. Laut Cosenza (1967) waren unter Thomaeus' Schülern Kopernikus und Latimer, unter Leonicenus' Schülern Latimer, Linacre und Ariost.

Pierius stellt das Gespräch als tatsächliches Ereignis dar und die bedeutenden Teilnehmer der Runde bezeugen, welche Wichtigkeit man zu der Zeit dem Thema Hieroglyphen beimaß.

14. Siehe Jequier (1921 S. 177), Sbordone (1940) über Horapollo I 55. 56 und Pierius XVII.

15. 1582 wurde der Mattheische Obelisk von Kyriacos Matthaeus in seinen Garten auf dem Monte Celio transportiert; 1586 wurde der Vatikanische Obelisk unter Sixtus V. auf den Platz vor Sankt Peter gebracht; 1587 wurden der Esquilinische Obelisk, 1588 der Lateranische, 1589 der Flaminische von Sixtus V. vor S. Maria Maggiore, dem Lateran und der Piazza del Popolo wiedererrichtet, um 1589 wurde der Florentinische Obelisk von Kardinal Medici in seinem Garten auf dem Pincio aufgestellt, bevor er einige Jahre später nach Florenz gebracht wurde.

16. Caussin definiert eine Hieroglyphe als »ein Bild oder eine Figur, willkürlich von Menschen zur Wiedergabe einer bestimmten Bedeutung vereinbart, die von den Philosophen Ägyptens anstelle von Buchstaben benutzt wurde.«

17. Übersetzung von Kirchers Interpretation des Skarabäus, Abb. 18 im Text, s. unten auf dieser Seite.

18. Kirchers ägyptische Interpretationen waren so unwissenschaftlich, daß sie wenig Angriffsfläche für gelehrte Widerlegung boten. Seine Kritiker im 17. Jahrhundert konzentrierten ihre Angriffe auf seine Ableitung des Griechischen vom Koptischen und seine Rekonstruktion und Übersetzung einer angeblich hebräischen Inschrift, gefunden an der Stelle, die er für den Platz des brennenden Dornbuschs hielt, am Berg Horeb; sie lautete nach seiner Ansicht: »Gott wird eine Jungfrau empfangen lassen, und sie wird einen Sohn gebären.« Leser mit Sinn für Polemik werden kräftige Verrisse von Kirchers Methoden und Ergebnissen in diesen beiden Fragen bei Hottinger (1662), Vorwort; Wagenseil (1681) 428–444 und Leutholf (Ludolfus) (1691) 442 f. finden. Nebenbei ignorierte Kircher bei der Erklärung der Tabula Bembina das Buch von Pignorio völlig, obwohl er von dessen Existenz wußte.

19. Im *Phaidros* (229 D) und in *Politeia* (378 D) lehnt Platon die Methode der allegorischen Interpretation ab. Juvenals Hauptangriff auf die ägyptische Religion steht am Anfang seiner 15. Satire. Pignorios Hinweis auf Augustin meint *de numism. dial.* 4.

20. Stillingfleet versucht auch, Manetho mit verschiedenen Argumenten in Mißkredit zu bringen; der aus unserem Gesichtswinkel interessanteste Grund war der, daß seine angebliche Übersetzung von Hieroglyphen ins Griechische eine Unmöglichkeit sei, da hieroglyphische Schriftzeichen ja keine Sprache seien und auch keine Sprache wiedergäben.

21. Vergleiche zwischen mexikanischer Bilderschrift und ägyptischer Hieroglyphenschrift gab es schon früher, etwa bei Mercati (1589, S. 96), obwohl in diesem Falle es die von Diodor angenommene ägyptische Bilderschrift und nicht direkt das Ägyptische ist, welches Mercati für vergleichbar hält.

22. *de aug. scient.* VI, I, publiziert 1623. Viele der Standpunkte, die zu dieser Sache in den nächsten zwei Jahrhunderten eingenommen und akzeptiert wurden (und sogar noch später, vgl. Evans' hier in Kap. 8 behandelte Vorstellungen), sind von Bacon in diesem Kapitel prägnant zusammengefaßt. Es sind diese: die Internationalität von Gesten, speziell bei Handelstransaktionen, und ihr Status als eine Art ›transitorischer Hieroglyphen‹; der Charakter chinesischen Schreibens als Real-Zeichen, unabhängig von sprachlichen Barrieren; der Vorrang der ägyptischen Hieroglyphen als eine Art Vorstufe zu jedem Alphabet, ausgenommen vielleicht nur des he-

17. (Der Leser wird eine Übersetzung von Kirchers Interpretation des Skarabäus haben wollen (Abb. 18). Ich tue mein bestes).

A	B	C
wörtlicher Sinn:	*Teile des Skarabäus:*	*mystischer Sinn:*
durch die Seele des Universums und des Lebens der Welt, der Herrscher der Erde, die Umlaufbahnen der Himmel die Sonne der Mond und die Elemente sind verbunden in Liebe und bewahrt in ihrem Sein.	Geflügelte Kugel und Schlange Hinterteil des Käfers und Dungkugel Schulter des Käfers (?) Kopf des Käfers Kreis auf dem Haar Ornament auf dem Kopfputz Motto (nach Kircher das koptische Wort für ›Liebe‹)	Hemphta, der Überirdische Geist, die archetypische Sonne Osiris die Genien der Himmel Horus Isis die sublunaren Dämonen geschlagen in die mächtige Kette der Liebe sind ergriffen und hingerissen

bräischen; sogar die Unerwünschtheit von Rechtschreibereformen weil sie Etymologien verunklärten und alte Bücher schwer lesbar machten. Über ›Real Characters‹ sagt Bacon: »›Real Characters‹ haben nichts Symbolisches an sich (wie es Gesten und Hieroglyphen haben). Ihre äußere Erscheinung ist so wenig mitteilsam wie die der Buchstaben des Alphabets. Ihre Erfindung ist willkürlich, und ihre Annahme geschieht durch die Anwendung, durch schweigende Übereinstimmung. Natürlich ist eine sehr große Anzahl von Zeichen für solches Schreiben erforderlich: denn es muß soviele Zeichen geben, wie es Stammwörter gibt.«

Aber obwohl Bacon die Erfindung von ›Real Characters‹ unter seinen Desideraten aufführt, ist er nicht allzu optimistisch über ihren möglichen Nutzen, denn Wörter und Buchstaben des Alphabets sind seiner Ansicht nach doch die geeignetsten Mittel zum Schreiben. Ein ›Real Character‹ sei wenig mehr als eine theoretische Alternative, genau wie es theoretisch möglich wäre, Geld aus anderem Material als Gold oder Silber herzustellen.

Dennoch wurde diese theoretische Alternative uneingeschränkt erforscht. David (1965, S. 40) zählt sechs Versuche auf, die in den zehn Jahren vor dem Erscheinen von Wilkins' Buch gemacht wurden, und zwar von Lodowyck (London 1657), Beck (London 1657), Edmundson (London 1658), Dalgarno (London 1661), Becher (Frankfurt 1661) und Kircher (Rom 1661).

KAPITEL 2 (S. 49–63)

23. Nicht-hieroglyphische ägyptische Schrift wurde hier zum ersten Mal entdeckt und als solche erkannt. Mumien hingegen waren schon längst bekannt, hauptsächlich ihrer angeblichen heilenden Kräfte wegen. Mumiensubstanz galt speziell für Knochenbrüche und Quetschungen als heilsam, aber auch für viele andere Krankheiten, und wurde im Mittelalter und auch später noch zu diesem Zwecke in großer Zahl von Ägypten nach Europa exportiert. »Mumien werden zu Handelsgut, Mizraim (= Ägypten) heilt Wunden, und der Pharao wird für Salben verkauft«, wie Sir Thomas Browne (engl. Philosoph und Arzt, 1605–1682) es ausdrückte. Bis ins 18. Jahrhundert wurde dieser Handel betrieben. Fakten und Zahlen bei Dannenfeld (1954) 7–22.

24. Dieser Artikel wurde von einem weiteren (gedruckt in der Ausgabe vom Juli 1704) über den Ursprung von Sprache und Schrift begleitet, in welchem Rigord Hebräisch für jene und Samaritisch (oder Alt-Hebräisch) für diese als Quelle nachzuweisen sucht.

25. Die erste dieser Theorien war schon vorher von Menestrier, einem Jesuiten und Fachmann für Heraldik aus Lyon, zumindest teilweise geäußert worden, und zwar im zweiten von zwei Vorträgen über einen ägyptischen Mumienbehälter, der 1692 in Frankreich öffentlich ausgestellt war. Menestrier steht Kirchers Interpretation argwöhnisch gegenüber, weil sie eine einfache historische Bedeutung für die Inschriften nicht einkalkulierten, wie sie durch griechische und römische Schriftsteller aber verbürgt sind. Mit dem Begriff ›Hieroglyphen‹ bezeichnete Menestrier allerdings nur die großformatigen Figuren und hielt die kleinen, also die wirklichen Hieroglyphen, für Elemente der kursiven oder alphabetischen Schrift. Angesichts dieser Verwechslung glaube ich eigentlich nicht, daß man ihm das Verdienst, als erster ein phonetisches Element in den Hieroglyphen vermutet zu haben, zuschreiben kann, wie es Miss David (S. 50) tut.

26. Da Newton das Zeugnis der Dichter über die göttliche Abstammung ihrer Heroen akzeptierte, dadurch verschiedene Götter auf zwei Generationen vor dem Trojanischen Krieg zeitlich fixieren zu können glaubte und annahm, sie seien eben in Wirklichkeit nur bedeutende Menschen gewesen, die bestimmte Kunstfertigkeiten einführten, konnte er die Erfindung dieser Künste, also z. B. des Ackerbaus, datieren. Das Datum der Argonautenfahrt glaubte er

mit Hilfe der Differenz zwischen der wahren Geschwindigkeit im Vorrücken der Tag- und Nachtgleiche und der vom griechischen Astronomen Hipparch errechneten auf 937 v. Chr. statt auf 1247 v. Chr. festlegen zu können. Da unsere Sternzeichen alle Namen aus der Argonautensage oder aus früheren Sagenkreisen tragen, müsse – das war die Grundlage seiner Argumentation – unsere Sternkarte zur Zeit und speziell zur Verwendung bei der Argonautenfahrt angefertigt worden sein, und zwar vermutlich von Chiron.

27. ›Willkürliche Zeichen‹ bezieht Warburton mit ein, weil nicht alle Schriftzeichen auf den Monumenten figürlich sind und wegen der berühmten Beschreibung ägyptischer Bücher bei Apuleius (Metamorphosen XI 22): »... die in unverständlichen Schriftzeichen geschrieben waren; die einen stellten mit allen möglichen Tiergestalten abgekürzte Formelworte vor, bei anderen war die Lesung durch verschlungene, radförmig verschnörkelte oder rankenartig verschränkte Zeichen gegen neugierige Laien gesichert.« (Übers. E. Brandt).

Daß aber überhaupt Tierfiguren mit erwähnt sind, war für Warburton ein Beweis, daß eine alphabetische Schrift nicht gemeint sein konnte. Andererseits zeigte die Einbeziehung eindeutig willkürlicher Zeichen, daß die Schrift sich bereits in diese Richtung entwickelte. Apuleius mußte daher – so Warburton – eine Art von ›Kurrentschrift‹ meinen, wie sie die großformatigen Bilder auf der Tabula Bembina begleitete. Dies ist natürlich genau die eigentliche Hieroglyphenschrift. Warburton aber glaubte, der Begriff bezeichne in erster Linie die großformatigen Figuren, stufte die kleine Schrift als ›Unterabteilung‹ der Hieroglyphen ein und schlug für sie den Begriff ›hierographisch‹ vor.   [hinzugefügt.

28. Diese Passage wurde in der zweiten Auflage der ›Divine Legation‹

29. Warburton also – genau wie Rigord, den er aber nicht erwähnt – versteht den Begriff διὰ τῶν πρώτων στοιχείων bei Clemens (5, 657 Zitat im Zusammenhang »τὴν Αἰγυπτίων γραμμάτων μέθοδον ... τὴν ἱερογλυφικήν, ἧς ἡ μέν ἐστι διὰ τῶν πρώτων στοιχείων κυριολογική, ἡ δὲ συμβολική ... τῆς συμβολικῆς ἡ μὲν κυριολογεῖται κατὰ μίμησιν, ἡ δ' ὥσπερ τροπικῶς γράφεται.«) als ›alphabetisch‹. Wie nicht anders zu erwarten, ist seine Interpretationen genial und originell (IV, IV 2). Clemens, sagt er, beschreibe drei Arten ägyptischen Schreibens – Briefschrift, Priesterschrift und Hieroglyphenschrift. Die ersten beiden funktionierten »in der einfachen und üblichen Art des Schreibens durch die Grundelemente der Wörter oder Buchstaben eines Alphabets« (d. h. kyriologisch); die dritte Art, welcher Clemens den Namen ›symbolisch‹ gibt, könne einfach gegenständlich darstellend (kyriologisch) oder sinnbildlich oder allegorisch sein. (z. B. Begriff kyriologisch und seine zweifache Verwendung vgl. Anm. 45 und Stemma S. 100 ff). Die Schwierigkeit ergebe sich, so Warburton, das Clemens die beiden Klassen des Hieroglyphischen, die einfach darstellende und die symbolische, nicht getrennt, sondern unter einem Begriff aufgeführt habe. Als Zeuge für dieses Versäumnis des Clemens diente Warburton der Schriftsteller Porphyrios, der in de vita Pythag. XI–XII zwischen ›hieroglyphisch‹, ›direkt durch Wiedergabe, offen mitteilend‹ (κοινολογούμενα κατὰ μίμησιν) und ›symbolisch‹, ›allegorisch, durch Rätsel‹ (ἀλληγορού μενα κατὰ τινας αἰνιγμούς) unterscheidet. Die vermutete zweite Klasse ist jene, die Warburton bisweilen ›hierographisch‹ nennt.

30. Über Warburtons Einfluß auf die Entwicklung der Geistesgeschichte in Frankreich siehe David (1965 S. 100 ff.); zu Auswirkungen seiner Theorien außerhalb Frankreichs Iversen (1961 S. 110).

31. Zoëgas Vokabular für die Begriffe von Evolution und Fortschritt umfaßt folgende Termini: Adverbien: sensim, lente, paullatim, gradatim, unmerklich, langsam, allmählich, schrittweise übergehen, fortschreiten, (sich zu etwas fortentwickeln), heranreifen; Verben: transire, progredi, adolescere; Redewendungen: lento passu et per multos gradus, mit bedächtigem Schritt und über viele (Zwischen)stufen; Vergleiche: quod vero evenire videmus in lin-

guis gentium, ut natae augeantur, atque ubi ad maximam adole-
verint vigorem et elegantiam, luxuriari incipiant, post marcescant,
atque ad aliquam velut infantiam redeant (was wir nun bei den
Sprachen der Völker als Entwicklung sehen, daß sie einmal entstanden, sich ausweiten und, sobald sie zur höchsten Kraft und An-
mut gereift sind, auszuufern beginnen, später verfallen und gleichsam in eine Stufe der Kindheit zurückkehren. [541 – die Stufen der
hieroglyphischen Schrift]) und *plerumque ab exiguis initiis natae,
post sensim adolevere, ac diu singulorum hominum privato com-
modo anservientes, paullatimque ad plures diffusae, denique ne-
mine advertente in publicum usum transiere* . . . (meist in kleine-
ren Anfängen entstanden, reiften sie allmählich heran, und lange
dem privaten Vorteil einzelner Menschen dienend und nach und
nach auf (immer) mehr (Menschen) verteilt, kamen sie schließlich,
wenn niemand dagegen einschritt, in allgemeinen Gebrauch . . .
[550 – die Verbreitung des Alphabets, verglichen mit der Verbreitung der Mehrzahl alter menschlicher Erfindungen]).

32. Zoëgas stärkster Beleg war eine Bemerkung des griechischen Autors Aristides (II 360), der um 180 n. Chr. schrieb, das Ägyptische
sei in griechischen Buchstaben nicht schreibbar *(dysgrammaton)*.
Für das christliche Koptisch traf Zoëgas Datum sogar annähernd zu,
denn hier stammen unsere frühesten Manuskripte aus dem späten
3. Jahrhundert. Möglicherweise ist das christliche Koptisch sogar
eine unabhängige oder teilweise unabhängige Entwicklung und
nicht eine direkte Ableitung aus dem Koptisch der magischen Papyri. Siehe Kahle 244 Nr. 1 und 253.

Kapitel 3 (S. 69–96)

33. So einfallsreich die französische Expedition im Plan gewesen sein
mag und so großartig auch in der Durchführung: stets haftete ihr
doch eine gewisse Possenhaftigkeit an, die sich sogar auf die Publikation, die große *Description de l'Égypte,* auswirkte. Das historische Vorwort, welches der große Fourier nach den strengsten Maß-
stäben des akademischen Französisch tadellos verfaßt hatte, mußte
(in einer gedruckten Ausgabe von drei Exemplaren) Napoleon zur
Billigung vorgelegt werden. Dessen Änderungen betreffen im wesentlichen zweierlei: erstens versucht er die Invasion in Ägypten
(einer türkischen Provinz) als Freundschaftsakt der Türkei gegenüber darzustellen, zweitens streicht er seinen eigenen Anteil heraus. Dafür ein Beispiel: Fourier, der vor der schwierigen und heik-
len Aufgabe stand, etwas Positives über die Ergebnisse der
Expedition nach Kapitulation der gesamten französischen Armee
zu formulieren, hatte geschrieben, die französische Besetzung habe
den Ägyptern die ihnen bisher ungewohnte Erfahrung einer guten
Regierung beschert und der Name Bonaparte regiere noch in ihren
Herzen. Napoleon ergänzte: »der unsterbliche Name Bonaparte«.
In der Ausgabe von 1821, in welcher alle Hinweise auf Napoleon
getilgt waren, lautete die Passage dann: »der Name Frankreichs«.
s. Champollion-Figeac (1844 S. 130).

34. Sacys Chinesisch ist etwas unklar. Mr. Ray Dawson lieferte mir
freundlicherweise folgende Erläuterung: »Das moderne Wort für
Barbier heißt *ti-tou-de, ren* ist ausgefallen. *ti-tou-de-ren* würde
Sacys Schreibung entsprechen, abgesehen davon, daß *ten* statt *tou*
bei ihm ein Fehler zu sein scheint. *ti* = scheren, *tou* = Kopf, *ren*
= Mann, *de* ist eine gebräuchliche Partikel mit entweder possessi-
ver oder determinativer Funktion.

ti-tou-de-ren = scheren-Kopf (es) - Art des- Mann(es) (determinativ)

ti-ren-de-tou = scheren-Mann(es)-des-Kopf (possessiv).

35. Die Theorie, Schrift fixiere eine Sprache ganz unmittelbar, d. h.
also z. B. eine Bilderschrift gebe auch eine ebenso simple, nicht
flektierende Sprache wieder etc., war noch bis ins 19. Jahrhundert
hinein im Schwange, stammt aber bereits zumindest aus der Zeit

Sir William Jones', der sie in seinen Reden als Präsident der Asiatic
Society in Kalkutta ausgiebig anwandte. Mit ihr ließe sich die Viel-
falt der Sprachen in der Welt, die in den wenigen Jahrtausenden seit
Adam entstanden seien, gut erklären, ein Problem, mit welchem
Jones sich intensiv befaßte.

36. »On sait que les Chinois éprouvent cet embarras, et qu'ils sont obli-
gés quelquefois d'employer un certain signe pour avertir que les
charactères qui entrent dans l'expression d'un nom propre, sont ré-
duits à cette seule valeur. Je conjecture que dans l'inscription hiéroglyphique de Rosette, on a employé au même usage le trait qui ent-
oure une série d'hiéroglyphes«, *Magasin Encyclopédique* 1811, IV
184 Nr. 2. Mit einiger Wahrscheinlichkeit wurde diese Betrachtung
de Sacy erst in der zweiten Hälfte des Jahres bekannt, denn andernfalls hätte er sie sicher in seiner Empfehlung von Rémusats Buch
über das *Corps législatif* erwähnt, in der es sein erklärtes Ziel war,
die Nützlichkeit von Studien des Chinesischen hervorzuheben.

Mr. Dawson teilt mir mit, daß im *tsie* das erste Zeichen den An-
fangs-, das zweite den Endlaut angibt (also nicht Vokal und Konsonant, wie von Bayer behauptet) und daß diese Erfindung in Wirklichkeit nur in den Lexika verwendet wird. Bei fremdsprachigen
Wörtern wird sie nicht angewandt. Hier genügt es, Wörter, statt
in ihrer Bedeutung, ihrem Lautwert nach zu benutzen. So wird das
englische Wort ›cocoa‹ (Kakao) durch Verdopplung des Zeichens *ko*
(welches ›kann, mag‹ bedeutet) geschrieben ; und *ko* und *han* in Rémusats Beispiel ist ein Versuch, das ursprünglich zweisilbige mon-
golische Wort *khan* so genau wie möglich wiederzugeben.

37. In der Vorankündigung zu seinem ägyptischen Wörterbuch, von
dem er gerade die Druckfahnen korrigierte, als er starb, bestritt er
jegliche Brauchbarkeit des ›Systems phonetischer Werte‹ von
Champollion, abgesehen nur vom Nutzen dieses Systems als mögliche Gedächtnisstütze.

38. Renoufs strenges, aber gerechtes Urteil lautet: »Champollion
lernte gar nichts von Young, ebensowenig wie irgendein anderer.«
Einen großmütigen Versuch, Youngs Ansprüche in einem günsti-
gen Licht erscheinen zu lassen, machte Henri Sottas in dem Vorwort seiner 100-Jahr-Jubiläumsausgabe des *Lettre à M. Dacier*. Er
schreibt Young einen Anteil von 100 richtigen Hieroglyphengruppen aus jenen 212 zu, deren Bedeutung dieser in seinem Artikel in
der *Encyclopaedia Britannica Supplement* von 1819 zu identifizieren versucht hatte. Aber das ist allzu großzügig. Sottas bezieht über
ein Dutzend Zahlzeichen einzeln gerechnet ein, außerdem einige
ganz eindeutig identifizierbare Bilder und ganze Kartuschen (z. B.
die von Ptolemaios), deren Bedeutung niemand damals anzweifelte.
Das Problem war, wie der Sinn erreicht wurde. Dennoch bleiben
genug von Youngs Vermutungen (z. B. Gott, weiblich, Jahr, Monat, Tag), die zeigen, daß er einige genaue und richtige Vorstellungen von der Sache hatte; diese Menge erkannte Champollion immer an. Aber das war Young nicht genug, er wollte als der Führer
anerkannt werden, der als erster den richtigen Weg wies. Unglücklicherweise leistete er nie den Beweis dafür. Ein gutes Beispiel für
den zufälligen, unsystematischen Charakter seiner Arbeit ist seine
Übertragung des Namens Ptolemaios. Den sieben Hieroglyphen,
aus denen der Name besteht, gab Young die Lautwerte *ole, ma, os,
p, t, i* und »gar nichts«. Von diesen sind einige richtig, einige halb-
richtig, einige falsch. Aber er bietet keine zusammenhängenden
Befunde, keine ineinandergreifende Beweiskette zum Beleg, und
daher kann man keinerlei Vertrauen in seine Ergebnisse setzen.

Sottas unterbreitet einige interessante Argumente, um zu zeigen, daß der Stein von Rosette allein nicht genug war, um eine Entzifferung zu gestatten. Die demotischen Buchstaben für den Namen Ptolemaios seien von den in der Ptolemaios-Kartusche
benutzten Hieroglyphen entweder gar nicht abgeleitet oder zumindest nicht erkennbar abgeleitet (bei der Alexander-Kartusche hingegen, wäre sie auf dem Stein erhalten geblieben, hätte es mehrere
wechselseitig erkennbare Zeichen gegeben). Außerdem gebe es nur

ein Wort in dem ganzen erhaltenen Rest der Inschrift, das zwei Hieroglyphen aus der Ptolemaios-Kartusche enthält: mehr noch, es gebe nur drei Fälle, wo Hieroglyphen aus der Kartusche überhaupt in koptischen Wörtern wieder vorkämen, die ihrerseits aus der griechischen Übersetzung gedeutet werden konnten. Es sei folglich praktisch unmöglich, vermutungsweise zugeschriebene Lautwerte anhand des Rosetta-Steines selbst (als Gegenkontrolle) zu überprüfen, und 1814, dem einzigen Jahr, in dem Young seine ägyptischen Forschungen ernsthaft verfolgte, sei schließlich der Rosetta-Stein mehr oder weniger seine einzige Quelle gewesen. Aber man kann dem nicht ganz zustimmen. Es gab noch eine zweite Möglichkeit durch Bankes Entdeckung der Kartusche Kleopatras auf dem Obelisken von Philae, die Young lange vor Champollion schon bekannt war. Aber er ließ sie sich entgehen. Mehr noch: wie Sottas beweist, waren es nicht nur Champollions Entdeckungen, die Young für sich selbst zu vereinnahmen versuchte. Er behauptete auch, seine Ergebnisse über den demotischen Text des Steines von Rosette unabhängig von Åkerblad erlangt zu haben, und er versuchte sogar geltend zu machen, es sei sein Vorschlag gewesen, der Bankes zur Identifikation der Kleopatra-Kartusche auf dem Philae-Obelisken geführt habe. Åkerblad war, wie wir gesehen haben, kaum besser, denn auch er erhob den Anspruch, unabhängig zu Ergebnissen gekommen zu sein, die identisch waren mit denen, die de Sacy schon vorher veröffentlicht hatte. Im Gegensatz dazu erkannte Champollion immer freimütig den Wert der Arbeit seiner Vorgänger an (z. B. *Lettre* 2, wo er de Sacy, Åkerblad und selbst Young erwähnt).

39. Die Vorstellungen, die Champollion über das Koptische hegte, waren zu seiner Zeit weit verbreitet.

a. *Monosyllabische Natur.* ›Monosyllabische Sprachen‹ bilden in Adelungs Klassifikation (*Mithridates oder allgemeine Sprachkunde* 4 Bde. 1806–1817) eine eigene Gruppe. Unter ihnen sind Tibetanisch, Siamesisch und Chinesisch. Diese hielt er für die eigentlich frühesten Sprachen, die vielleicht direkt von Adam herstammen, der nach Tibet gegangen sein könnte, nachdem er den Garten Eden verlassen hatte. Die Theorie von dem monosyllabischen Charakter der chinesischen Sprache wurde von Rémusat 1813 in einem Aufsatz widerlegt; er dürfte allerdings zu spät erschienen sein, als daß Champollion ihn noch hätte einbeziehen können. Die Interpretation von Einsilbigkeit zum Beweis des hohen Alters einer Sprache wurde von Townsend 1815 scharfsinnig in Frage gestellt, indem er z. B. engl. ›blame‹ von ›blaspheme‹ etc. anführte.

b. *Philosophische Struktur.* Champollions Bemerkungen über das Koptische weisen dieselbe Tendenz auf wie Adelungs über das Englische: »Seine Einfachheit hängt in gewissem Maße von einer philosophischen Exaktheit ab, die systematisch durch die ganze Sprache durchgeführt ist, so daß das Adjektiv, die Partizipien und der Artikel indeklinabel sind, denn sie sind ihrer Natur nach bar von Geschlecht, Fall und Zahl . . .«

c. *Chinesische Analogie.* Vgl. Adelung oben unter a) und de Sacys Sprachtheorie, zusammengefaßt auf S. 66 ff. Mit seiner Ablehnung des Schlusses, daß China eine ägyptische Kolonie war, war Champollion vorsichtiger als sonst jemand. Die These war von de Guignes (*Mem. de l'Acad. des Inscr.* XXIX 1 ff.) vertreten worden, und zumindest, was einen gemeinsamen Ursprung betrifft, von keinem Geringerem als dem Abbé Barthélemy (ebend. XXX) anerkannt worden, und zwar aufgrund des chinesischen Aussehens des Bootes und des Hutes des Fährmannes auf dem Mosaik von Präneste (Abb. 2); sie wurde von Young zumindest halb aufrechterhalten, der in seinem Beitrag zur *Encyclopaedia Britannica Supplement* Berichte zitiert, nach denen die chinesische Physiognomie des 9. Jahrhunderts der der Araber ähnele und erst später durch die Mischung mit den Mongolen sich zum heutigen Typ entwickelt habe.

40. Alle drei unabdingbaren Voraussetzungen wurden zu jener Zeit allgemein akzeptiert; die erste seit de Sacys Vermutung von 1811, die anderen beiden seit Zoëga (464. 435 f.); siehe S. 64 ff.

41. Die Zeichen für *kh* und *sch* finden sich im *Lettre à M. Dacier* nicht. Beide gehören zufällig zu der kleinen Gruppe von Buchstaben, die das Koptische vom Demotischen übernahm. St. Martin zieht in seiner Mitteilung an die *Académie* (gehalten am 20. 12. 1822) die koptischen Buchstabenformen zur Identifikation der Hieroglyphenwerte heran, die ihm wahrscheinlich Champollion geliefert hatte. Champollion selbst zitiert in den *Précis* (179) ›andere Pharaonennamen‹ als Parallelbeleg für *sch* und einen Eigennamen *Petkhen* für *kh*. Wenn er sich zu dieser Zeit dessen bewußt war, bedeutet das, daß er bereits begonnen hatte, sein phonetisches Alphabet in größerem Umfange anzuwenden. Aber da er den Wert aus seiner Tabelle der Entsprechungen zwischen Demotisch-Hieratisch-Hieroglyphisch vermutet haben mag, muß dieser Punkt offen bleiben.

Champollions Lesung der Hieroglyphen außerhalb der Kartusche als ›irina‹ ist falsch. In Wirklichkeit bedeuten sie ›großer König, Großkönig‹. Champollion fand die Bedeutung der letzten beiden Zeichen ›groß‹ richtig heraus (274; *Tabl. gén.* 299. 443 f.), revidierte aber seine frühere Interpretation angesichts dieses Ergebnisses nicht – eine der vergleichsweise seltenen Spuren der Eile, in der er das Buch geschrieben haben muß.

42. Mr. Dawson teilt mir mit, daß etwa neun Zehntel der chinesischen Schriftzeichen von jener von Rémusat beschriebenen bezeichnenden phonetischen Art sind; also nicht gerade nur »gut die Hälfte«. Außerdem sei es weit übertrieben, von »vielen Tausend zusammengesetzter Zeichen« mit symbolischer Bedeutung zu sprechen.

Rémusats Beschreibung des *hing-ching* (heute zu *xing-sheng* romanisiert) lautet folgendermaßen (1822 S. 8): »Die *hing-ching* oder ›Laut wiedergebend‹ genannten Schriftzeichen sind halb begrifflich darstellend, halb silbisch. Der eine Teil, das Bild, setzt fest die allgemeine Bedeutung und fixiert das Genus. Der andere, der aus einer Zusammenstellung von Linien besteht, die ihre begriffliche Bedeutung verloren hat, gibt den Laut an und charakterisiert die Spezies.« Als Beispiele führt er an:

慶 FISCH
里 ORT (lì ausgesprochen) } zusammen 鯉 = lì = ›Karpfen‹

木 BAUM
白 WEISS (pě ausgesprochen) } zusammen 柏 = pě = ›Zypresse‹

43. Jene Zeit pries ›Fakten‹; ›System‹ im Sinne eines theoretischen Lehrgebäudes war verrufen. Zwangsläufig mußte Champollion daher den Anteil ersterer in seinen Entdeckungen betonen (z. B. *Précis* 41) und von Theorien sprechen, als sei ihre Aufstellung eine natürliche Schwäche, gegen die es anzukämpfen gelte (251 f.). Die Aufrichtigkeit, mit der er diese Versuchung eingestand, ebenso wie der Gesamttenor seines Werkes legen die Vermutung nahe, daß seine Bemühungen von dem Bestreben getragen waren, in das Problem als ganzes einen zusammenhängenden logischen Sinn zu bringen, und zwar stets neben der Behandlung der Einzelprobleme, unabhängig von der Wichtigkeit der jeweiligen Einzellösungen.

44. Der Zodiakus von Dendera wurde vom Tempel in Dendera abgelöst, nach Paris gebracht und einem begeisterten Publikum als Monument von ungeheurem Alter und außerordentlicher Bedeutung vorgestellt. In Wirklichkeit handelt es sich um ein wertloses Produkt der Astronomie römischer Zeit, wie durch Champollions Identifikation der Kartuschen auf den Wänden darunter, die Namen und Titel römischer Kaiser enthielten, schließlich erkannt wurde.

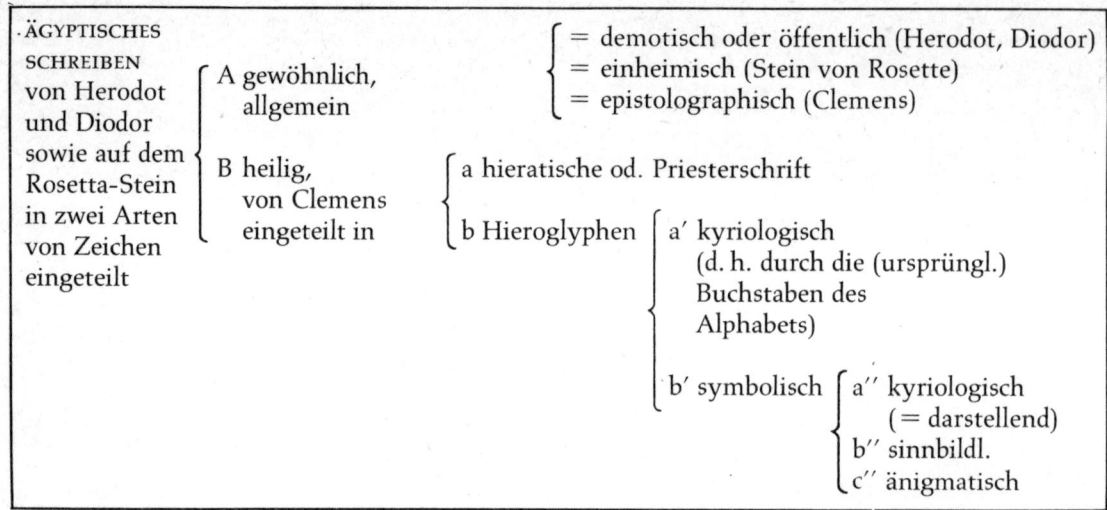

45. Im Text von Champollions *Précis* ist Letronnes Übersetzung der Passage διὰ τῶν πρώτων στοιχείων als: »durch die Buchstaben des Alphabets« angegeben und mit Ausdrücken wie *prima elementa* (Grundelemente) verglichen. Letronne änderte dann seine Ansicht und übersetzte »durch die ursprünglichen Buchstaben des Alphabets« (die zusammengesetzten wie z. B. *x* entgegengesetzt wurden). Diese spätere und weniger einleuchtende Theorie veröffentlichte Champollion in einem Anhang. Aus diesem Anhang stammt das unten abgebildete Stemma, welches Letronnes Analyse der antiken Zeugnisse zu den ägyptischen Schriften insgesamt zusammenfaßt.

Es erhebt sich ein Haupteinwand dagegen, die Passage bei Clemens διὰ τῶν πρώτων στοιχείων als ›alphabetisch‹ zu interpretieren; in diesem Falle nämlich muß man dem Wort ›kyriologisch‹ (einfach, direkt) zwei völlig unterschiedliche Bedeutungen zuschreiben, je nachdem ob es sich auf phonetisches oder ideographisches Schreiben bezieht (s. Anm. 29 im Text des Clemens). Champllion hielt jedoch diese Interpretation für gesichert und bedeutungsvoll genug, um sie schon in den Titel des Buches aufzunehmen, dessen vollständige Fassung lautet: *Précis du système hiéroglyphique des anciens égyptiens, ou Recherches sur les éléments premiers de cette écriture sacrée, sur leurs diverses combinaisons, et sur les rapports de ce système avec les autres méthodes graphiques égyptiennes* (Abriß über das Hieroglyphen-System des alten Ägypten, oder Untersuchungen der Urelemente dieser Heiligen Schrift, ihrer verschiedenen Kombinationen und der Berichte über dieses System mit anderen graphischen, ägyptischen Methoden.)

KAPITEL 4 (S. 97–124)

46. In Ferraris Standardwerk *Epitome Geographica* (1605) ist zum Beispiel Shiraz als der Ort des antiken Persepolis angegeben.

47. Herbert war Teilnehmer einer diplomatischen Gesandtschaft nach Persien, die im März 1626 in einer Flotte von sieben »großen und gutbemannten Schiffen« aufbrach. 1634 wurde ein erster Bericht über die Reise veröffentlicht. Eine etwas erweiterte zweite Ausgabe wurde 1638 mit Beigabe derselben Tafel von Persepolis gedruckt. Die dritte und letzte Ausgabe von 1677 war eigentlich ein ganz neues Buch, weit ausführlicher und neu verfaßt, um den literarischen Stil dem neuen Zeitalter anzupassen. Dieses enthielt eine andere Tafel von Persepolis.

48. Hydes Wiedergabe der Inschrift ist den *Philosophical Transactions* XVII Nr. 201, Juni 1693, der Royal Society entnommen, wo es heißt, sie seien von Samuel Flower, einem englischen Händler in Aleppo und Agenten der Ostindien-Kompanie, gezeichnet. Anscheinend hat Flower sie bei einem Besuch in Persepolis im November 1667 gemacht, den er als Reaktion auf die von der Royal Society publizierten Desiderate unternahm. Kurz darauf starb er jedoch, und die meisten seiner Unterlagen gingen verloren.

49. Leibniz ließ sich von Hydes Ansichten nicht beeinflussen. In einem Brief des Jahres 1707 (VI, I 204) benutzte er das Vorhandensein der Persepolisschrift, die vom Hebräischen so eindeutig unabhängig ist, als Argument gegen die Annahme eines göttlichen Ursprungs des Alphabets.

50. Kämpfer beschwert sich häufig über seinen Kupferstecher *(morosus et infelicis ingenii sculptor)*, insbesondere wegen des Zusammenfassens von Keilschriftzeichen und wegen der daraus resultierenden Schwierigkeit bei der Unterscheidung. Die Stecher waren ein stetes Problem für die Autoren jener Zeit. Hyde verfaßte über den, der für die Tafel mit den sassanidischen Inschriften verantwortlich war, ein hübsches Wortspiel: *qui eas caelaverit Sculptor eadem opera celasse dicatur* (der Bildhauer, der diese [Inschriften] eingemeißelt habe, solle dieselben ›Werke‹ [auch] verhüllt [verborgen] haben [d. h. ihren Sinn verschleiert]).

51. Zu den Urteilen Figueroas ›perspicuae et distinctae‹ = klar und deutlich (auch: verständlich, einsichtig) und Herberts ›simmetry and order‹ trägt auch Chardin das seine bei: er sagt, die Schrift sei »*fort beau, il n'a rien de confus, ni rien de barbare*«. Diese Berichte haben offensichtlich Leibniz beeindruckt, der mehr als einmal auf die ›singularis simplicitas‹ (einzigartige Einfachheit/Klarheit) der Persepolisschrift hinweist.

52. De Sacy zählt mit der ihm eigenen Klarheit die Gründe auf, die die Vermutung stützen, die Inschriften seien in verschiedenen Schriften geschrieben:

1. Jede hat ein eigenes unterscheidbares Gesamtrepertoire von Zeichen.

2. Im Grad der Einfachheit sind sie unterschiedlich.

3. Vertikale und horizontale Linien dominieren in der einen Schrift, schräge in der anderen.

4. Besonders häufige Zeichen der einen Klasse können in der anderen ganz fehlen.

5. In der einen Klasse werden die Senkrechten von Horizontallinien geschnitten, in der anderen nicht. (1793, S. 7 f.).

53. Der Brief Leibniz' ist in den Gesammelten Werken (VI, II 193) und in Chamberlaynes *Oratio Dominica* abgedruckt.

54. Die Sprache der achaimenidischen Inschriften (Altpersisch) und die Sprache des Awesta bilden zusammen das Altiranische. Die Sprache der Arsakiden- und Sassanidenzeit und das sog. Buch-Pahlewi, in dem die traditionellen und religiösen Texte der Zoroasteranhänger Persiens und Indiens geschrieben sind, sind zusammen als Mitteliranisch bekannt. Neuiranisch umschließt die Stufen und Dialekte der Sprache von der Zeit des Nationalpoeten Firdausi (ca. 1000 n. Chr.) bis heute. Siehe Kent (1950).

55. Arsakidisches und sassanidisches Pahlevi wurden mit zahlreichen aramäischen Xenogrammen geschrieben. Diese Praxis ähnelt dem Gebrauch von akkadischen und sumerischen Xenogrammen in der Keilschrift und ist vielleicht auch daher übernommen; Anlaß der Einführung dieses Brauchs könnte gewesen sein, daß unter Darius die persischen Regierungsbeamten, die selber aramäisch sprachen und Iranisch nur als offizielle Schriftsprache verwendeten, dazu übergingen, statt auf Ton auf Pergament zu schreiben.

Die arsakidische und die sassanidische Form des Schriftsystems sind Erfindungen aus der Zeit der jeweiligen Dynastie, sondern Endresultate der zwei unterschiedlichen Hausstile, die sich in den Kanzleien der achaimenidischen Zeit entwickelt hatten, und zwar die eine vorwiegend in Pars, die andere im Norden. Siehe Herzfeld (1924) 72 f.

56. Der Bericht stammte in Wirklichkeit von T. C. Tychsen, einem Göttinger Theologieprofessor, der sich später mit orientalischen Sprachen befaßte. Gesenius und Ewald waren seine Schüler.

57. Obwohl der Beweis, daß die Schrift von links nach rechts verlief, schlüssig war, wurde er nicht immer akzeptiert. Es hat sogar (von Wahl) eine ›Entzifferung‹ gegeben, bei der die Schrift rückwärts gelesen wurde.

Einen eher ernstzunehmenden Versuch der Entzifferung lieferte 1798 O. G. Tychsen, ein Orientalist norwegischer Abstammung, der später Professor in Rostock wurde. Tychsen schloß – eigentlich sehr vernünftig, wenn es sich auch als falsch herausstellte – aus der Tatsache, daß die Schrift von links nach rechts verlief und Worttrenner enthielt, sie müsse später als die griechische Schrift entstanden sein. Er dachte auch, der Palast könne nicht der achaimenidische sein, von dem man wußte, daß er von Alexander niedergebrannt worden war. Daher las er in den Inschriften den Namen Arsakes', des Gründers der arsakidischen oder parthischen Dynastie. Die parthische Macht beruhte auf den Bogenschützen, und das hielt er für den Grund der Erfindung eines aus Pfeilen bestehenden Alphabets! Nach Grotefends Veröffentlichung nahm Tychsen seine vorgeschlagene Lösung zurück.

Bei Einschätzung der Verdienste von Grotefends Entzifferung sollte man ihre Überlegenheit solchen früheren Versuchen gegenüber nicht vergessen, obwohl er F. C. Münter, einem dänischen Gelehrten, wirklich viel verdankte, welcher nämlich im Jahre 1800 die achaimenidische Datierung für Persepolis verteidigte.

58. Im Prinzip war natürlich Grotefends kritisches Vorgehen bei den von Niebuhr und Le Brun vorgelegten Texten völlig gerechtfertigt; und in der Tat konnte er einige ihrer Fehler (*sphalmata*, wie er sie nannte) zutreffend nachweisen.

Fehler in seiner eigenen Tafel (die T. C. Tychsen zeichnete) sind u. a. *forum* und *retis* statt *fortis* und *regis* im Lateinischen und *Daiheausch* für *Darheausch* in der Übertragung.

59. Lipsius' Ansichten sind in seinem Brief an Schott erläutert (Nr. 44 der *centuria tertia ad Belgas*), ausgelöst angeblich durch die ungewöhnliche These von Goropius Becanus, die heilige Sprache der Ägypter sei Holländisch gewesen. Lipsius verkannte nicht die Flexionsähnlichkeiten zwischen Deutsch, Lateinisch und Persisch, maß ihnen aber nicht mehr Gewicht bei als den Übereinstimmungen im Wortschatz.

Salmasius war in seinem 1643 publizierten *de Hellenistica com-*

mentarius, der Entwicklung einer Theorie eines gemeinsamen Ursprungs von Griechisch, Persisch, Deutsch und Slawisch sehr nahe gekommen. Er stellte eine überaus eindrucksvolle Liste übereinstimmender Wörter auf und beobachtete sogar einige konstante Lautveränderungen. Aber er machte für die Ähnlichkeiten schließlich doch verantwortlich, daß die Sprachen in frühen Zeiten enge Nachbarn waren, und nicht, daß sie ursprünglich ein und dieselbe Sprache waren.

60. Leibniz VI, I 121 und 299 ff. Für das, was ich das arithmetische Herangehen an eine Sprache nannte, gibt es ein gutes Beispiel in einem Aufsatz von Thomas Young (*Philosophical Transactions* 1819). Er glaubt, es gebe sechs Worte, die im Baskischen und Koptischen identisch seien, und schließt, für den Fall, daß die Identität tatsächlich bestehe, auf eine Wahrscheinlichkeit von 1 zu 1700, daß »in einer weit zurückliegenden Zeit sich in Spanien eine ägyptische Kolonie etabliert hatte«. Im Lichte unserer eigenen organischen Anschauung von einer Sprache erscheint eine solche Berechnung seltsam, damals aber war sie eine legitime Hypothese.

61. Jones nennt die Hypothese, die alten Ägypter, die Goten, Griechen, Römer, Perser und Inder hätten »ursprünglich dieselbe Sprache gesprochen und sich zur selben Religion bekannt«, »unwiderleglich beweisbar«. Er nahm an, daß diese Sprache von Ägypten aus nach Europa gekommen sei. In seinem Vortrag zum 9. Jahrestag brachte er diese Beweisführung vor.

62. 1814 schloß Rask den Aufsatz ab; er wurde 1818 publiziert und 1822 ins Deutsche übersetzt. Jacob Grimm entwickelte und systematisierte die Gedanken weiter und legte in seiner Deutschen Grammatik (1822) das Gesetz der Lautverschiebung vor. Bopps erste Publikation über das Verbsystem des Sanskrit erschien 1816.

63. Rask (1826), Burnouf und Lassen (1826), Burnouf (1833). Burnouf, selbst Sohn eines Lateinprofessors, wurde 1833 Professor für Sanskrit am Collège de France und in die Akademie auf jenen Platz gewählt, der durch Champollions Tod freigeworden war. Beer publizierte in der *Halleschen Allgemeinen Zeitung* und Jacquet im *Journal Asiatique*.

Kapitel 5 (S. 125–137)

64. Das Prinzip, nach dem der Zeichenschatz der persischen Keilschrift entwickelt wurde, ist von Hallock (1970) in einer geistreichen Abhandlung besprochen. Er nimmt an, daß der Erfinder mit einem Grundtext gearbeitet habe, wobei er die einfacheren Zeichenformen denjenigen Zeichen des Textes brauchte. Da die Zeichen für *ku* (aus zwei Keilen bestehend) und *ru* (aus drei Keilen zusammengesetzt) zu den einfachsten, gleichzeitig aber auch zu den seltensten gehören, schließt Hallock, daß ziemlich am Anfang im Grundtext der Name Kyrus vorgekommen sein muß. Ob die Schrift unter dessen Regierung oder zur Zeit des Darius erfunden wurde, ist noch umstritten; Hallocks Argumentation würde die erste These stützen.

65. Zum Hauptstamm (Akkadisch, Babylonisch, Assyrisch) siehe von Soden und Röllig (1967). Zur Ableitung des Churrischen und Hethitischen von diesem Hauptstamm siehe Speiser (1941) 13 f., sowie Sturtevant und Hahn (1951) 2 f. Zur Ableitung des Elamitischen siehe Reiner (1969) 68–71.

66. Zwar war dies das Zeitalter Layards (brit. Archäologe und Diplomat, 1817–1894) und die aktivste Ära mesopotamischer Ausgrabungen, doch waren Ziegel, Siegel und andere mit Keilschrift beschriebene Objekte schon seit dem 18. Jahrhundert nach Europa gekommen. Eine gute Beschreibung der Auffindung »beschrifteter Ziegel, vielleicht der seltsamsten Gegenstände unter den babylonischen Altertümern« und der Bestürzung, die sie hervorriefen, findet sich bei Rich (1813).

67. Die protoelamitischen Tafeln wurden zuletzt von W. C. Brice behandelt (siehe Bibliographie).

68. Bis 1949 bestand der früheste Nachweis für die Existenz unseres Alphabets in einem Graffito aus Lachis, das die ersten fünf Buchstaben des hebräischen Alphabets wiedergab und aus dem 8. Jahrhundert stammte. Bekannt war auch, daß das griechische Alphabet etwa um diese Zeit adaptiert wurde. Doch wurden verschiedene Argumente, basierend auf südarabischen Buchstabenformen und besonders auf der Beibehaltung des Buchstabennamens ›harm‹, vorgebracht zur Stützung einer Theorie, nach der die Stämme des phönizischen und des südarabisch/äthiopischen Alphabets sich im 14. oder 13. Jahrhundert getrennt hätten. Außerdem wuchs die Anzahl der bekannten protokanaanitischen und protosinaitischen Inschriften aus dem 2. Jahrtausend v. Chr. Die ugaritischen ABC-Tafeln fügen sich also in unser heutiges Bild vom Alter des Alphabets bestens ein. Vor 40 Jahren noch wäre das nicht der Fall gewesen. Vgl. dazu F. M. Cross, W. F. Albright und E. A. Speiser (1951).

69. Windfuhrs eigene Vorstellung vom Verlauf der Ereignisse ist folgendermaßen: 1. Kenntnis des linearen Alphabets in Ugarit 2. Schöpfung des Keilschriftalphabets 3. ebenfalls noch in Ugarit, die Einführung unserer Reihenfolge des Alphabets. Wenn nämlich, so argumentiert er, die ABC-Reihenfolge bereits vorher existiert hätte, hätte die Zuordnung der Zeichenformen an die Lautwerte darauf Rücksicht genommen. Das scheint aber doch im höchsten Grade zweifelhaft. Mit demselben Argument müßte man die Erfindung der Schreibmaschine vor Entwicklung der ABC-Reihenfolge ansetzen, weil die Tastatur die Reihenfolge ›qwertz . . .‹ bringt.

KAPITEL 6 (S. 138–151)

70. Die Legende auf der ersten Münze lautet *e-u-wa te-o-se pa-si* Εὐϝά(ν)θεος βασι[λῆϝος], ›des Königs Euanthes‹; auf der zweiten Münze *e-u-wa-ko-ro pa-si-le-wo-se* Εὐαγόρω βασιλῆϝος, ›des Königs Euagoras‹. Unter dem Ziegenbock auf der Rückseite stehen die ersten beiden Buchstaben des Königsnamens in griechischer Form.

Beide Münzen stammen aus Salamis. Euanthes regierte um 450 v. Chr., Euagoras 411 bis 374 v. Chr. Siehe Masson Nr. 324a. 325b.

71. Smiths Rekonstruktion des Wortes für König beim zweiten Vorkommen im Text ist falsch. Es müßte βασιλεύϝο(ν)τος heißen, Genitiv des Partizip Präsens. Er jedoch setzte einen Nominativ ein, eine richtige Form, die er von anderer Stelle kannte. Soweit es um die Entzifferung des Wortes ging, hat er sich also nicht ernsthaft geirrt.

72. Die Lösungen (in attischem Griechisch): ἡ π(τ)όλις, ἄνθρωπος, τὸς (= ὁ) κῆπος, τὸν κῆπον, κήπω, τῷ Ἀπόλλων.

73. Es benötigte einige Zeit, bis die Erfolge von Schmidt, Deecke und Siegismund nach England durchdrangen. Erst 1876/77, im letzten Jahr seines Lebens, hielt Fox Talbot es für notwendig, einen Vortrag zur Einführung ihrer Werke vor der Society of Biblical Archaeology zu halten.

KAPITEL 7 (S. 152–162)

74. Über die von ihm publizierten Zeichnungen sagte Burton: »Die Phantasie des Kopisten hat wild ins Kraut schießen können.« Obwohl er selber sie korrigierte, war ihm klar, daß bessere Kopien möglich waren, und er wies die Palestine Exploration Society an, sie zu beschaffen; ebenso veranlaßte er, daß die Steine nach Konstantinopel geschafft werden sollten. Dies geschah, zum Ärger und Unwillen der einheimischen Bevölkerung, Ende November 1872.

Außerdem reiste Rev. W. Wright, ein Missionar in Damaskus, mit dem türkischen Gouverneur in Syrien nach Hama, um Gipsabgüsse der Steine zu nehmen. Die Geschichte ist im *Quarterly Statement* der Society von 1873 erzählt.

75. Kürzlich wandte Dr. Mackay von Birkbeck College eine solche Verteilungskurve in verfeinerter Weise an, um die Gesamtzahl von silbischen oder alphabetischen Zeichen einer Schrift zu errechnen, für die es nur unvollständige Befunde gibt. Siehe SMIL (1965).

76. Soweit er in dieser Sache eine positive Vorstellung von einem möglichen Ergebnis hatte, erwartete Sayce, daß sich die Sprache als ein Verwandter des Urartäischen erweisen würde, welches er für einen Vorläufer des modernen Georgisch hielt. Siehe Sayce (1880a).

77. Gelb wollte 1931 die Keilschriftversion *n tar-qu-u-tim-me sar mat ali me-ra* lesen und den Hieroglyphentext *tarku-tu me* KÖNIG LAND *e-me ri*. Zu verschiedenen anderen Möglichkeiten siehe Barnett (1953) 57 f.

78. Von den drei Zeichen des Götternamens in der Unterschrift zu Abb. 90 gibt das erste die Klassifizierung GOTTHEIT an, das zweite die spezifizierte Bedeutung STURMGOTT oder Tarhuns, und das dritte ist ein phonetischer Indikator zur Bestätigung, indem es den letzten Laut des gesprochenen Namens wiedergibt *(s)*. Vollständiger und klarer noch kann der Name geschrieben werden, indem mehr der Endlaut des Namens zusätzlich geschrieben wird, also z. B. GOTTHEIT STURMGOTT *-huns*.

79. Die Verwechslung der beiden Ideogramme für KÖNIG und STADT stammt von Sayce und verursachte große Verwirrung. Jensen z. B. wollte 1894 die Karkemisch-Gruppe in der Bedeutung ›König von Karkemisch‹ verstehen, wie es 1917 noch Cowley tat, wenngleich Sayce 1903 seinen Fehler unter Entschuldigungen revidierte und die Unterscheidung klar herausgestellt hatte. Erst Meriggi (1929) 199 machte der Konfusion endgültig ein Ende.

80. Ich benutze Laroches Zählung für die Zeichen.

81. Homer *Ilias* 24, 602 ff. Herodot *Hist.* II 106 f. Was dies überraschend schnelle Vergessen betrifft, gibt es noch einen Parallelfall. Ktesias, der um das Jahr 400 einige Zeit am persischen Hof lebte und hinterher ein großes Werk über Persien schrieb, wußte nichts von der Bedeutung der Behistun-Inschrift, ja, er wußte nicht einmal, daß sie knapp 100 Jahre vorher von Darius angebracht worden war.

KAPITEL 8 (S. 163–177)

82. Am 25. April 1894 wurde der Brief abgeschickt, am 23. Juni veröffentlicht. Er enthielt die Feststellung, die Schrift sei unabhängig sowohl von den ägyptischen als auch den hethitischen Hieroglyphen; drei Stufen könnten unterschieden werden: Bilderschrift, Hieroglyphenschrift und lineare Schrift, deren letzte »sicher eine Silbenschrift« sei. Zwei dieser Behauptungen hatte Evans noch früher, bereits in einer Vorankündigung am 27. November 1893 vor der Hellenic Society, also bevor er noch auf Kreta gewesen war, aufgestellt, die dritte andeutungsweise einbezogen. (Siehe JHS 14, S.xi und 266).

83. Theoretisch hätte Evans die Unterscheidung zwischen piktographisch (Bilderschrift) und hieroglyphisch vom Wiedervorkommen der Zeichen abhängig machen müssen, denn die Bildzeichen hätten unterschiedlich aussehen müssen, um dem jeweiligen Kontext gerecht zu werden, während die Hieroglyphen niemals ihre Form verändert haben. Praktisch aber war das nicht der Fall. Der Mann in Abb. 94b z. B. ist einmalig, ist aber dennoch als ›Hieroglyphe‹ gerechnet.

Über die Subjektivität von Evans Datierung der frühen Siegel siehe Warren (1970) S. 30.

84. Evans ungewöhnliche Beschreibung des Aussehens der Buchstabenformen als ›europäisch‹ war kein momentanes Versehen: er wiederholte sie neun Jahre später in *Scripta Minoa* I (S. 39). Daß er die Keilschrift primitiver nennt, mag den Leser verwundern, da sie ja im Aussehen viel weniger bildhaft ist als die ägäische Schrift. Nach einer späteren Passage in *Scripta Minoa* I zu urteilen, war die Ursache dafür, daß Evans die Keilschrift für »schwerfällig und dunkel« hielt.

Ich vermute, daß jemand, der heutzutage in der Weise wie seinerzeit Evans über die mykenische Schrift schriebe oder von der großen Thraco-Phrygischen Rasse spräche oder es für unglaublich hielte, daß die Kultur der Indiander in irgendeiner Hinsicht der der europäischen Bronzezeit überlegen sein könnte, als Rassist bezeichnet würde. Daher ist es wichtig, darauf hinzuweisen, daß im späten 19. Jahrhundert das Wort ›Rasse‹ nicht Bilder von politischer Unterdrückung hervorrief. Wäre das der Fall gewesen: Evans wäre wohl der letzte gewesen, es zu benutzen. Das Wort hatte damals einen völlig anderen Klang als heute, nämlich wissenschaftlicher und soziologischer Aktualität, so wie etwa der Begriff ›Klasse‹ in heutiger Zeit.

Disraeli war modern, und nicht reaktionär, wenn er sagte, daß die Rasse alles sei, und Sayce war ein brillanter junger Kleriker, als er vor der Society of Biblical Archaeology im ersten Jahr ihres Bestehens verkündete, daß »die Arier die induktive Wissenschaft gründeten« und »Zivilisation und Kultur auf seiten der Turanier (nämlich der Sumerer) waren«, während uns die Entzifferung der Keilschrift eine bedeutende Tatsache, nämlich den dauerhaften Charakter des Semiten vor Augen führe, »von Natur höchst aufnahmefähig und wohlgeeignet, der zukünftige Händler der Welt zu sein«.

Sayce behielt seine Auffassung von der überragenden Wichtigkeit der Rasse sein ganzes Leben lang bei, und in seinen *Reminiscences* (1923) versuchte er, seinen eigenen Charakter und seine Laufbahn durch seine rassische Veranlagung zu erklären. Evans andererseits, dies ist mein Eindruck, machte in seinen späteren Jahren, als er *The Palace of Minos* schrieb, sehr viel weniger Gebrauch vom Begriff ›Rasse‹.

85. Zur Axt siehe Evans (1935) S. 733; zum Zeichen des Thrones und des Szepters ibid. S. 700.

Letzteres ist ein deutliches Beispiel für die Verwirrung in Evans Vorstellungen. Als Analogien für den ›Einschluß des Herrschaftssymbols in Eigennamen‹ zitiert er Melchizedeck, Vercingetorix, Vladimir und andere. Doch obwohl das Wort, welches königliche Abstammung oder Macht ausdrückt und in diesen Namen tatsächlich vorhanden ist, gehört wenn, sie sie gesprochen werden, sieht man es dem geschriebenen Namen nicht an: unter den hebräischen, romanischen oder slawischen Buchstaben, aus denen sie bestehen, gibt es keine sichtbare Krone und kein Szepter.

Eine ebensolche Fehlerhaftigkeit beinhaltet die Bemerkung, die Evans S. 682 macht. Nachdem er die Anzahl der phonetischen Zeichen in allgemeinem Gebrauch in Linear A und B auf 85 bzw. 62 veranschlagt hat, merkt er an, daß letztere »einen eindeutigen Fortschritt in Richtung auf den alphabetischen Standard von 24 Buchstaben« zeige. Nun mag es zwar legitim sein, ein Alphabet entwickelter zu nennen als eine Silbenschrift, aber es wäre ganz offensichtlich Unsinn, ein kleineres Alphabet von 22 Buchstaben fortgeschrittener zu nennen als ein größeres von 28, und genau darauf läuft Evans Bemerkung über die beiden Silbenschriften hinaus.

Sinnvoll wäre das nur unter der Voraussetzung einer stufenweisen und stetigen Entwicklung, wenn etwa der Übergang von der Silbenschrift zum Alphabet durch Abstoßen jeweils eines Zeichens alle 10 oder 20 Jahre vorstellbar wäre. Wenn Evans etwas Derartiges vermutet hatte, erklärt das auch die Vergleiche, die er zwischen kretischen Zeichen und griechischen und phönizischen Buchstabenformen anstellt.

86. Aber selbstverständlich erwartete Evans keine ›griechische Lösung‹, er hätte sie auch schwerlich begrüßt. Er sah selbst, daß eine Zeichengruppe, die von einem Pferde-Ideogramm begleitet war, nach der Ähnlichkeit mit kyprischen Zeichen *po-lo* lauten könnte, was sehr an das griechische *pôlos* ›Fohlen‹ erinnerte. Aber er ging darüber hinweg, indem er ein zweisilbiges karisches Wort für Pferd, *ala*, vorschlug (1935, S. 799 Nr. 3). Seine Überzeugung, daß

die Sprache nicht Griechisch sein konnte, war sogar doppelt abgesichert. Erstens bestand zu der Zeit allgemein die Auffassung, daß die Griechen erst mit dem Fall der mykenischen Paläste in dies Gebiet kamen. Zweitens hatte seine Theorie des Schreibens Evans zu der Ansicht gebracht, daß Linear B im wesentlichen nur eine reformierte Version von Linear A sei und wahrscheinlich auch dieselbe Sprache wiedergebe, nämlich das Minoische.

KAPITEL 9 (S. 178–201)

87. Zu der Zeit waren die Pylos-Tafeln schon entdeckt, durch den Krieg aber verzögerte sich ihre Publikation. Mit charakteristischer Vorsicht klassifizierte Kober sie als ›Festlandsschrift‹ im Unterschied zu ›Knossos Linear B‹.

88. Für denjenigen, der meine Zahlen überprüfen will, sollte ich wohl besser zu einem häufigen erklären, daß ich beim Festsetzen der Richtigkeit einer Zuordnung jene Vokal- und Konsonantwerte fortgelassen habe, die Ventris zu der Zeit nur vermutungsweise zugeschrieben hat, daß ich aber jeder Serie den Wert gegeben habe, der später der Mehrzahl der Zeichen der entsprechenden Serie zugeordnet wurde; also:

Work-Note 1:   Vokale *o, i, e, a*
              Konsonanten *t, w, w, s, nil, r, k, –, –, y*
Work-Note 15: Vokale *i, o, e, a*
              Konsonanten *nil, –, w, p, d, t, s, n, y, m, k, r, r, nil, q*
Work-Note 17: Vokale *i, o, e, a, –*
              Konsonanten *nil, –, w, p, y, d, t, s, n, m, k, r, r, nil, q*

89. Die Beweisführung ist geistreich und ausführlich. Kurz zusammengefaßt lautet sie: Substantive müssen entweder auf einen Vokal oder auf einen Konsonant enden. Affixe müssen entweder die Form *VK (V)* oder *K* oder *KV* haben. Das ergibt sechs mögliche Kombinationen. Nach kyprischen Schreibregeln wäre die Behandlung jeweils folgendermaßen:

erfundenes Wort wie gesprochen	wie geschrieben ohne Suffix	geschrieben mit angenommenem Suffix		
		-ar	*-r*	*-ra*
kup	*ku-pe*	*ku-PA-re*	*ku-pe-re* oder *ku-PU-re*	*ku-PA-ra* oder *ku-PU-ra*
tesi	*te-si*	*te-si-JA-re*	*te-si-re*	*te-si-ra*

Hieran kann man deutlich ablesen, daß der Gebrauch von Affixen zu einem häufigen Wechsel der Zeichen (in Majuskeln angegeben) führen müßte. Die offensichtliche Tatsache, daß das nicht der Fall ist, erklärt sich nur durch die Annahme, daß in Linear B fast alle Wörter auf einen Vokal enden oder daß ihre Schreibregeln nicht dieselben waren wie in der kyprischen Silbenschrift.

90. Die Dreifußplatte wurde bei der Grabungskampagne 1952 entdeckt und im Winter desselben Jahres gereinigt. Blegen sah sie erstmalig im Frühjahr 1953. Sein Brief vom 16. Mai an Ventris ist bei Chadwick (1958, S. 81. Dt. Ausgabe 1959, S. 99) abgedruckt.

91. Ernst Grumach, einer der Hauptvertreter der Ablehnung der Entzifferung, machte, kurz vor seinem Tode, den Versuch, die Existenz der kyprischen Silbenschrift zu erklären. Ihm zufolge war sie eine künstliche Schöpfung etwa aus der Zeit um 700 v. Chr. Sie sei durch eine nationalistische Wiederbelebung motiviert worden, und man habe Silbenwerte der Art wie diejenigen der hethitischen Hieroglyphen den einheimischen bronzezeitlichen Zeichen zugeordnet, deren Formen sich irgendwie erhalten hatten oder an die man sich erinnerte (Grumach 1970, S. 332f.). Dafür aber gibt es keinerlei Beweis, und für die Wiederbelebung einer außer Ge-

brauch gekommenen Schrift läßt sich, sei es aus der antiken oder der modernen Welt, keine Parallele nennen.

Den Apriorismus hinter seiner Ablehnung kann man dann in einer Bemerkung auf der nächsten Seite desselben Aufsatzes deutlich ausmachen. »Es gibt in Linear B etwa 150 Zeichen, die offensichtlich als ideographische Gegenstands-Zeichen benutzt werden: und es scheint sogar nach dem Übergang von Linear A zu Linear B ein Anwachsen der Anzahl der Zeichen dieser Art gegeben zu haben. Das ist genau das Gegenteil dessen, was man beim Entstehen einer Silbenschrift erwartet, die doch gerade erlaubt, Dinge und Begriffe ohne Hilfe ideographischer Zeichen wiederzugeben, und die daher normalerweise eine Verringerung des ideographischen Elements verursacht oder möglicherweise zu seinem völligen Verschwinden führt.«

Aber warum sollten wir das von einer Silbenschrift erwarten? In einer alphabetischen Schrift geschieht das nicht. Wir benutzen heute einen drei oder viermal so großen Zeichenschatz wie die Griechen der klassischen Zeit, und fast aller Zuwachs fand im ideographischen Element' statt. Es ist leichter zu schreiben £ 5 = $ 9 als »Fünf Pfund sind dasselbe wie neun Dollar«. Die Regel, wenn es eine gibt, ist, daß frisch übernommene Schriften karg sind, nach einer gewissen Zeitspanne ungebrochener Tradition sie aber die Tendenz aufweisen, anzuwachsen. Allgemein gesprochen gilt dies anscheinend für die Keilschrift und die ägyptische Hieroglyphenschrift ebenso wie für unser eigenes Alphabet.

92. Siehe Kitchen in BASOR 181, 23 f. und T. G. H. James in *Minutes of the London Mycenaean Seminar* vom 18. November 1970.

Glossar

AKROPHONIE Wiedergabe eines Lautes durch das Bild eines Gegenstandes, der mit diesem Laut beginnt.

ÄNIGMATISCH rätselhaft, verschlüsselt.

BILINGUE Aufzeichnung desselben Inhalts in zwei verschiedenen Sprachen (möglicherweise auch verschiedenen Schriften).

BISKRIPT Aufzeichnung desselben Inhalts in zwei verschiedenen Schriften derselben Sprache.

BUSTROPHEDON Wechsel zwischen Links- und Rechtsläufigkeit beim Schreiben nach jeder Zeile, ›in der Art des den Acker pflügenden Rindes‹.

DETERMINATIV Ideogramm, das den Oberbegriff eines phonetisch geschriebenen Wortes zu dessen leichterer Bestimmung angibt.

HOMOPHONE Worte oder Wortformen, die gleich gesprochen werden oder lauten, aber verschieden geschrieben werden (Moor – Mohr).

IDEOGRAMM Schriftzeichen, das nicht eine bestimmte Lautung, sondern einen ganzen Begriff abdeckt.

INFIX Wortbildungselement, das in den Wortstamm eingefügt ist.

KYRIOLOGISCH Wiedergabe des wichtigsten, ursprünglichen Teils eines Schriftzeichens anstelle des ganzen.

LOGOGRAMM Schreibung eines ganzen Wortes durch ein oder mehrere Schriftzeichen, die nicht Lautzeichen sind (weder Silben- noch Buchstabenzeichen) vgl. Ideogramm.

MONOSYLLABISCHE SPRACHEN Sprachen, die ausschließlich oder überwiegend aus einsilbigen Worten bestehen, z. B. Chinesisch.

PIKTOGRAMM Gegenständliches Bildsymbol, zur unmittelbaren Darstellung des gemeinten Gegenstandes.

PLEONASMUS meist überflüssige Wiederholung oder Ausschmückung in einer Redewendung.

POLYPHONE Zeichen, die mehrere, verschiedene Lautwerte besitzen.

SYLLABAR Verzeichnis der Schriftzeichen einer Silbenschrift.

TRILINGUE Aufzeichnung desselben Inhalts in drei verschiedenen Sprachen (möglicherweise auch verschiedenen Schriften).

TRISKRIPT Aufzeichnung desselben Inhalts in drei verschiedenen Schriften derselben Sprache.

XENOGRAMM Zeichen, das aus einem fremden Schriftsystem übernommen ist.

Bibliographie

Vorbemerkungen

Diese Anmerkungen sollen dem interessierten Leser als Führer dienen, wenn er die in den einzelnen Kapitel behandelten Dinge weiter-
verfolgen möchte (s. a. Bibliographische Zusätze für die deutsche
Ausgabe S. 226). Die Bücher und Aufsätze werden, wie auch im Text
geschehen, nur mit dem Namen des Autors und dem Jahr benannt;
die ausführlichen bibliographischen Angaben finden sich in der weiter
unten folgenden Bibliographie jeweils unter dem Namen des Autors.

KAPITEL 1

Eine bewundernswert dokumentierte Darstellung der Aktivitäten der
Renaissance-Gelehrten findet sich bei Weiss (1969). Speziell die Wiederentdeckung Ägyptens behandeln zwei Aufsätze von Dannenfeld
(1953, 1954).

Verschiedene Aspekte der griechisch-römischen Einstellung zu
Ägypten sind bei Witt (1971), Griffiths (1970) und in Sbordones ita-
lienischer Ausgabe des Horapollo beleuchtet. Von dem Buch Horapollos gibt es eine französische Übersetzung von Van de Walle und Ver-
gote (1943) und eine englische von Boas (1950). Über die Verehrung
hieroglyphischer Weisheit und die Reaktion darauf siehe Iversen
(1961 und 1968) und David (1965). Janssen (1943) versucht zu sagen,
was über Kirchers ägyptologische Studien an Positivem zu sagen ist.

Die jüngste spezielle Bearbeitung der Hermetischen Schriften
stammt von Festugière. Von Scott (1924) gibt es eine englische Übersetzung (wenn auch mit überflüssiger Umstellung des Textes); er behandelt in seiner Einleitung, ebenso wie Cust (1901), das Fußbodenmosaik in der Kathedrale von Siena.

Es gibt koptische Grammatiken von Steindorff (1951) und Till
(1961) (Saïdischer Dialekt); und von Mallon (1956, Bohairischer Dialekt); ein koptisches Wörterbuch von Crum (1939). Das Leben Pei-
rescs beschreiben Gassendi (1641) und Cahen-Salvador (1951). Den
Beitrag des Koptischen an der Entzifferung der Hieroglyphen disku-
tiert Cramer (1953).

KAPITEL 2

Bei Iversen (1961) und David (1965) findet sich eine Würdigung
Warburtons und seines Einflusses. Eindringlichster Vertreter ist, man
braucht es kaum zu sagen, Warburton selbst.

Zoëgas Bücher, in lateinischer Sprache geschrieben, sind nie übersetzt worden. Es gibt eine Beschreibung seines Lebens von Welcker
(1819; Neudruck 1912/13), und in Dänemark ist sein Andenken noch
sehr lebendig.

KAPITEL 3

Eine ausführliche Behandlung de Sacys Leben und Wirken wäre von
Wert. Aber es gibt keine, obwohl Dehérain (1938) einen Entwurf dazu
liefert. Von Thomas Young gibt es mehrere Biographien, die jüngste
stammt von Wood (1954); seine ägyptischen Forschungen sind
kenntnisreich bei Renouf (1897) und Sottas (1922) beurteilt.

Fouriers Karriere im öffentlichen Leben ist Gegenstand eines Buches von Champollions älterem Bruder (Champollion-Figeac 1844).
Das Standardwerk über Champollion ist das Buch von Hartleben
(1906). Der detaillierteste Bericht über seine Entzifferung findet sich
bei Sottas (1922). Der entschiedenste Verteidiger der Entzifferung war
Sir Peter de la Page Renouf, und die Schläge, die er zu verschiedenen
Gelegenheiten gegen seine Gegner austeilte, finden sich in seinen Gesammelten Werken (1902).

KAPITEL 4

Booth (1902) gibt den ausführlichsten Bericht auf Englisch von der
Entdeckung und den anfänglichen Entzifferungen der Keilschrift. Die
grundlegende Publikation von Persepolis stammt von Schmidt (1953);
eine glänzend illustrierte Einführung in die Geschichte des Achai-
meniden-Reiches gibt Girshman (1964).

Girshman (1962), Frye (1962) und Colledge (1967) behandeln den
allgemeinen historischen Hintergrund der Epoche der palmyrenischen und sassanidischen Inschriften. Driver (1948, 1956) bespricht
die aramäische Schrift. Die englische Standardgrammatik des achaimenidischen Persisch stammt von Kent (1950).

Henry Rawlinsons bemerkenswertes Leben erzählt sein Bruder
George Rawlinson (1898).

KAPITEL 5

Von den zahlreichen Büchern, die zur Information über die historischen Gegebenheiten der Keilschrift-benutzenden Kulturen empfoh-
len werden könnten, dürfte das von Oppenheim (1964) für den Leser
dieses Buches mit Sicherheit von Interesse sein. Die Bedeutung der
ugaritischen Entdeckungen ist in einem allgemeinen Aufsatz von Ullendorff (1964) gut zusammengefaßt. Hinweise auf die stärker spezia-
lisierte moderne Literatur zu dieser und anderen Keilschriften finden
sich in den Anmerkungen und brauchen hier nicht wiederholt zu werden.

KAPITEL 6

Das Buch von Masson (1961) behandelt erschöpfend alle Probleme der
kyprischen Silbenschrift; über die Geschichte und die archäologischen
Befunde der Insel insgesamt kann es kein Buch geben, so mannigfaltig
war ihre Geschichte und so reich sind die Monumente, die von ihrer
Vergangenheit zeugen. Ein jüngerer und gut bebilderter Überblick
findet sich bei Spiteris (1971). Karageorghis (1964) gibt dem interessierten Laien eine Beschreibung eines einzelnen Ortes.

KAPITEL 7

Gurney (1952) gibt den besten und am ehesten verfügbaren Bericht
über die Hethiter auf Englisch, geht aber zur Entzifferung der hethitischen Hieroglyphen nicht ins Detail. Dazu siehe Barnett (1953). Die
jüngsten Arbeiten über die Schrift selbst sind Kannenhuber (1969) auf
Deutsch, Meriggi (1966/67) auf Italienisch und Laroche (1960) auf
Französisch.

KAPITEL 8

Sir Arthur Evans' Werk ist bisher noch nicht zum Gegenstand einer
unvoreingenommenen kritischen Untersuchung gemacht worden. Es
gibt jedoch eine glänzende Lebensbeschreibung, die von seiner Halb-
schwester Joan Evans (1943) stammt.

KAPITEL 9

Die Erforschung der ägäischen Zivilisation ist lebhaft im Gange. Die
großartige Kunst der minoisch-mykenischen Welt und ihre Rolle als
Vorläufer der klassisch griechischen Kultur verleiht ihr eigene Inter-
essantheit: die Entdeckungen neuer Ausgrabungen, der noch anhal-
tende Impuls der Linear B-Entzifferung und die stets vorhandene
Möglichkeit, daß noch etwas für die Entzifferung von Linear A getan
werden kann, fügen die Elemente Neuartigkeit und Hoffnung hinzu.

Daher erscheinen ständig neue Bücher über diesen Gegenstand. Der Leser, der auf dem laufenden bleiben möchte, sollte *Nestor* heranziehen, eine monatlich erscheinende Bibliographie, die E. L. Bennett herausgibt und die University of Wisconsin in Umlauf bringt. Über die Minoer und Mykener allgemein gibt es neuere Bücher: Hood (1967, 1971). Die Früchte der Linear B-Entzifferung sind zusammengestellt von Palmer (1963). Das beste allgemeine Buch über den Verlauf der Entzifferung stammt von Chadwick (1958, die zweite Auflage [1967] mit einem erheblichen Nachtrag, der die Geschichte auf den modernsten Stand bringt.)

Schlußbemerkungen

Die Geschichte des Schreibens war ein bevorzugtes Thema im 18. Jahrhundert, als noch wenig Belege und Material zur Verfügung standen. Dann fiel es in Ungnade; doch in den letzten Jahren, zweifellos durch die Entdeckung angeregt, daß unser Alphabet bereits im 2. Jahrtausend existierte, belebte sich das Interesse wieder – das bezeugen die Werke von Driver (1948), Gelb (1952), Jensen (1958) und Diringer (1962, 1968). Es herrscht jedoch noch Mangel an Belegen für den Stand vieler Schriften im 3. Jahrtausend v. Chr., und beim Lesen von Spekulationen über den Ursprung der Schrift, auch der hier in diesem Kapitel vorgebrachten, sollte man sich diese Unsicherheit stets vor Augen halten.

Bibliographische Zusätze für die deutsche Ausgabe

Für den historischen oder archäologischen Hintergrund: Propyläen Kunstgeschichte und Propyläen Weltgeschichte; allgemein zur Entwicklung und Geschichte der Schriften: J. Friedrich (1966); zur Geschichte der Entzifferungen mit Literatur: ders. (1966); über die Hieroglyphenentzifferung (Kap. 1–3) A. Erman.
Kapitel 1: Zum Corpus Hermeticum: R. Reitzenstein (1904), J. Kroll (1928). Eine deutsche Übersetzung des Textes gibt es nicht. Ebenfalls fehlt eine Übersetzung des Horapollo.
Kapitel 2: Zoëga, F. G. Welcker (1819).
Kapitel 3: F. Hintze (1972).
Kapitel 4: F. Messerschmidt (1910), H. V. Jan, W. Hinz u. a. (1975).
Kapitel 7: J. Friedrich (1939).
Kapitel 9: Deutsche Übersetzung des Buches von Chadwick (1959).
Zusammenfassung: Deutsche Übersetzung des Buches von Gelb (1958), außerdem S. Schott (1950).

Abkürzungen der im Text mehrfach herangezogenen Standardwerke und Periodica

ABSA *Annual of the British School at Athens*. London.
AJA *American Journal of Archaeology*. Princeton.
BASOR *Bulletin of the American Schools for Oriental Research*. Jerusalem und Bagdad.
BRI *Bulletin of the John Rylands Library*. Manchester.
CE *Chronique d'Égypte*. Brüssel.
HO *Handbuch der Orientalistik*. Leiden.
JA *Journal Asiatique*. Paris.
JHS *Journal of Hellenic Studies*. London.
JNES *Journal of Near Eastern Studies*. Chicago.
JRAS *Journal of the Royal Asiatic Society*. London.
PSBA *Proceedings of the Society of Biblical Archaeology*. London.
RHA *Revue Hittite et Asianique*. Paris.
TSBA *Transactions of the Society of Biblical Archaeology*. London.

ACOSTA, J. d'. 1590. *Historia natural y moral de las Indias*. Sevilla.
ADELUNG, J. C. and VATER, J. S. 1806–17. *Mithridates, oder allgemeine Sprachenkunde*. 4 Bde. Berlin.
AGUSTÍN, A. 1587. *Dialogos de medullas, inscriciones, y otros antiquedades*. Tarragona.
AHRENS, H. L. 1876. ›Kypriote Inschriften‹, *Philologus*, 35, 1–102.
ÅKERBLAD, J. D. 1802. *Lettre sur l'inscription égyptienne de Rosette, adressée au Citoyen Silvestre de Sacy*. Paris.
ANQUETIL DUPERRON, A. H. 1771. *Zend-Avesta*. . . . Paris.
BACON, F. 1623. *De Dignitate et Augmentis Scientiarum*. London.
BARNETT, R. D. 1953. ›Karatepe, the key to Hittite Hieroglyphs‹, *Anatolian Studies*, 3.
BARTHELEMY, J. J. 1754. *Reflexions sur l'Alphabet et sur la langue dont on se servoit autrefois à Palmyre*. Paris.
– 1760. *Explication de la Mosaique de Palestrine*. Paris. (s. a. CAYLUS, unten.)
BAUER, A. and STRZYGOWSKI, J. 1905. *Eine Alexandrische Weltchronik*. Wien.
BAUER, H. 1930. *Entzifferung der Keilinschriften von Ras Schamra*. Halle.
BAYER, G. S. 1730. *Museum Sinicum*. Petrograd.
BECANUS, GOROPIUS 1580. *Opera . . . hactenus in lucem non edita, nempe Hermathena, Hieroglyphica, etc.* Antwerpen.
BELON, P. 1553. *Les observations de plusieurs singularités et choses mémorables, trouvées en Grèce, Asie, Indée, Égypte, Arabie, etc.* Paris.
BENNETT, E. L. 1951. *The Pylos Tablets, a preliminary transcription*. Princeton.
BESOLDUS, C. 1632. *De natura populorum . . . et de linguarum ortu atque immutatione*. 2. Aufl. Tübingen.
BIONDO, F. 1446. *Romae Instauratae, lib. iii* (erste gedruckte Ausgabe. Rom, 1470 oder 1471).
BIRCH, S. 1872. ›Cypriote Inscriptions‹, *TSBA*, 2.
BOAS, G. 1950. *The Hieroglyphics of Horapollo*. New York.
BOOTH, A. J. 1902. *The Discovery and Decipherment of the Trilingual Cuneiform Inscriptions*. . . . London.
BOPP, F. 1816. *Über das Conjugationssystem der Sanskritsprache in Vergleichung mit jenem der griechischen, lateinischen, persischen, und germanischen*. Frankfurt.
BOSSERT, H. T. 1932. ›Santas und Kupapa‹, *Mitt. der Altorient. Ges.*, 6, 3, 1–88.
– 1948. ›Karatepe‹, *Oriens*, 1, 2, 147–207.
BRANDIS, J. 1873. ›Versuch zu Entzifferung der Kyprischen Schrift‹, *Monatsbericht Preuss. Akad.* 649–652.
BRICE W. C. 1962. ›The Writing System of the Proto-Elamite account tablets of Susa‹, *BRL*, 45, 15–49.
– 1963. ›A comparison of the account tablets of Susa with those of Hagia Triada‹, *Kadmos*, 2, 27–38.
– 1967. ›The Structure of Linear A . . .‹, Europa (*Fest. für Ernst Grumach*), 32–44.
BROWN, P. 1971. *The world of late antiquity*. London.
BRUIN, C. DE 1714. *Reizen over Moskovie, door Persie, en Indie*. Amsterdam.
BUONDELMONTE 1422. *Liber Insularum Archipelagi* (Hrsg. de Sinner, Leipzig und Berlin, 1824).
BURCKHARDT, J. L. 1822. *Travels in Syria and the Holy Land* (Hrsg. W. M. Leake). London.
BURNOUF, E. 1826. *Essai sur le pali* (zus. m. Lassen). Paris.
– 1833. *Commentaire sur le Yaçna*. Paris.
– 1836. *Mémoire sur deux Inscriptions Cuneiformes trouvés près d'Hamadan*. Paris.
BURTON, R. 1872. *Unexplored Syria* (zus. m. Tyrwhitt Drake). London.
CAHEN-SALVADOR, G. 1951. *Un grand humaniste, Peiresc 1580–1637*. Paris.

CASAUBON, I. 1614. *de rebus sacris et ecclesiasticis exerc. xvi.* . . . London.

CASSON, S. (Hrsg.). 1927. *Essays in Aegean Archaeology.* Oxford.

CAUSSIN, N. 1618. *De symbolica Aegyptiorum sapientia.* Paris.

CAYLUS, Comte de 1752–67. *Recueil d'antiquités égyptiennes, étrusques, grecques, et romaines.* 7 Bde. Paris.

CHADWICK, J. 1953. s. Ventris.

– 1958. *The Decipherment of Linear B* (2. Aufl. 1967). Cambridge. Deutsche Ausgabe 1959. *Die Entzifferung der Mykenischen Schrift.* Göttingen.

CHAMBERLAYNE, J. (Hrsg.) 1715. *Oratio Dominica in diversas omnium fere gentium linguas versa.* Amsterdam.

CHAMPOLLION, J.-F. 1814. *L'Egypte sous les Pharaons.* Paris.

–1822a. ›Lettre . . . relative au Zodiaque de Dendêra‹, *Rev. Enc.* 44 (August).

– 1822b. *Lettre à M. Dacier.* Paris.

– 1824. *Precis du système hiéroglyphique des anciens Égyptiens.* Paris.

– 1836. *Grammaire égyptienne* (Hrsg. J.-J. Champollion-Figeac). Paris. (Für sein Leben s. Hartleben).

CHAMPOLLION-FIGEAC, A. 1887. *Les deux Champollions: Leur vie et leurs oeuvres.* Grenoble.

CHAMPOLLION-FIGEAC, J.-J. 1819. *Annales des Lagides.* Paris.

– 1844. *Fourier et Napoléon: L'Egypte et les cent jours.* Paris.

CHARDIN, J. 1711. *Voyages . . . en Perse.* . . . 3 Bde. Amsterdam.

COLLEDGE, M. A. E. 1967. *The Parthians.* London.

COLONNA, F. 1499. *Hypnerotomachia Poliphili.* Venedig. (Faksimile-Ausgabe mit einem Kommentar von G. Pozzi und L. A. Ciapponi, 1964.)

COSENZA, M. E. 1962–7. *Dictionary of Italian Humanists.* 6 Bde. Boston.

COWLEY, A. E. 1917. ›Notes on Hittite hieroglyphic inscriptions‹, *JRAS.* 561–585.

– 1920. *The Hittites.* London.

– 1927. ›A note on Minoan writing‹, in Casson, 1927, oben.

CRAMER, M. 1955. *Das altägyptische Lebenszeichen im christlichen (koptischen) Ägypten.* Wiesbaden.

CRUM, W. E. 1939. *A Coptic Dictionary.* Oxford.

CULL, R. 1878. Nachruf auf Fox Talbot. *TSBA,* 6.

CUST, R. H. H. 1901. *The Pavement Mosaics of Siena 1369–1562.* London.

CYRIAC D'ANCONA c. 1435. *Kyriaci Anconitani Itinerarium* (Hrsg. Mehuns, Florence 1742).

DANNENFELD, K. H. 1953. ›The Renaissance and preclassical civilisations‹, *J. of Hist. of Ideas,* 435–449.

– 1954. ›Egypt and Egyptian Antiquities in the Renaissance', *Studies in the Renaissance* 6, 7–27.

DAVID, M. V. 1965. *Le débat sur les écritures et l'hiéroglyphe aux xvii et xviie siècles.* Paris.

DAWKINS, J. and Wood, R. 1753. *The ruins of Palmyra.* London.

DEECKE, W. and SIEGISMUND, J. 1875. *Die wichtigsten Kyprischen Inschriften.* Leipzig.

DEHERAIN, H. 1938. *Silvestre de Sacy, les contemporains et ses disciples.* Paris.

DHORME, E. 1930. ›Un nouvel alphabet sémitique‹, *Rev. Biblique,* 39. 571–577.

– 1931. ›Première traduction des Textes phéniciens de Ras Shamra‹, id. 40, 32–56.

DIRINGER, D. 1962. *Writing.* London.

– 1968. *The Alphabet* (3. Aufl.) 2 Bde. London.

DRIVER, G. R. 1948. *Semitic Writing.* London.

– 1956. *Aramaic Documents of the 5th c. B. C.* Oxford.

EKSCHMITT, W., *Die Kontroverse um Linear B.*

EMERY, C. 1948. ›John Wilkins' Universal Language‹, *Isis* 38, 174 ff.

ERMAN, A. *Die Hieroglyphen,* Slg. Göschen 608.

EVANS, A. J. 1894a. Brief von Candia, in *The Athenaeum* vom 23. Juni.

– 1894b. ›Primitive Pictographs and a Prae-Phoenician Script from Crete and the Peloponnese‹, *JHS,* 14, 270–372.

– 1897. ›Further discoveries of Cretan and Aegean script with Libyan and proto-Egyptian comparisons‹, *JHS,* 327–395.

– 1900a. Letter from Knossos, in *The Athenaeum* vom 19. Mai.

– 1900–1903. ›Knossos Excavation Reports‹ in *ABSA,* Bde. 6–9.

– 1903b. *Syllabus of a course of Three Lectures on Pre-Phoenician Writing in Crete and its bearing on the history of the Alphabet.* Royal Institution. London.

– 1908. ›The European Diffusion of Pictography and its bearing on the Origin of Script‹, in Marett, 1908, unten.

– 1909. *Scripta Minoa.* Bd. I. Oxford.

– 1921. *Palace of Minos,* Bd. I. London.

– 1935. *Palace of Minos,* Bd. I. London.

– 1952. *Scripta Minoa,* Bd. II (Hrsg. Myres). Oxford.

EVANS, Joan. 1943. *Time and chance: the story of Arthur Evans and his forebears.* London.

FALKENSTEIN, A. 1936. *Archaische Texte aus Uruk.* Berlin u. Leipzig.

FERRARI, P. A. 1605. *Epitome Geographicum.* Pavia.

FESTUGIERE, A. J. 1945–1954. *Corpus Hermeticum* (mit A. D. Nock), Paris.

– 1950–1954. *La Révélation d'Hermes Trismégiste.* 4 Bde. Paris.

FICINO, M. 1492. *Plotini opera omnia* . . . Florenz.

FIGUEROA, GARCIAE SILVA 1620. *de rebus Persarum epistula.* Antwerpen.

FORRER, E. 1931–1932. *Die hethitische Bilderschrift.* Chicago.

FOURMONT, E. 1737. *Meditationes Sinicae.* Paris.

– 1742. *Linguae Sinarum Mandarinicae, Hieroglyphicae, grammatica duplex.* Paris.

– 1742. *Linguae Sinarum Mandarinicae, Hieroglyphicae, grammatica duplex.* Paris.

FRANK, C. 1923. *Die sogenannten hettitischen Hieroglyphen-Inschriften.* Leipzig.

FRASER, P. M. 1960. ›The Cult of Sarapis in the Hellenistic World‹, *Opusc. Atheniensia* 3, 1–54.

FRIEDRICH, J. 1932. *Kleinasiatische Sprachdenkmäler.* Berlin.

– 1939, »Entzifferungsgeschichte der hethitischen Hieroglyphenschrift (Sonderheft 3 der Zeitschrift ›Die Welt als Geschichte‹, Stuttgart).

– 1954. *Entzifferung verschollener Schriften und Sprachen.* Berlin. 1966 Heidelberg.

– 1966. *Geschichte der Schrift unter besonderer Berücksichtigung ihrer geistigen Entwicklung.* Heidelberg.

– 1969. Articles ›Churritisch‹ (1–30) und ›Urartaisch‹ (31–53), in *HO,* I, ii, 1–2 (ii).

FRUTAZ, A. P. 1962. *Le Piante di Roma* 2 Bde. Rom.

FRYE, R. N. 1962. *The Heritage of Persia.* London.

GASSENDI, P. 1641. . . . *Peireskii vita.* . . . Paris.

GELB, I. J. 1931, 1935, 1942. *Hittite Hieroglyphs* I, II, und III. Chicago. Deutsche Ausgabe 1950. *Von der Keilschrift zum Alphabet.* Stuttgart.

– 1952. *A Study of Writing.* London.

GHIRSHMAN, R. 1962. *Iran: Parthians and Sassanians.* London.

– 1964. *Persia: from the origins to Alexander the Great.* London.

GORDON, C. 1968. *Forgotten Scripts: the story of their decipherment.* London.

GRIFFITHS, J. G. 1970. *Plutarch's De Iside et Osiride.* Univ. of Wales.

GROTEFEND, G. F. 1802. ›Praevia de cuneatis, quas vocant, inscriptionibus Persepolitanis legendis et explicandis relatio‹, *Gött. Gel. Anz.* 3. 1481–1487.

– 1815. s. Heeren, unten.

GRUMACH, E. 1970. ›The Structure of the Minoan Linear Scripts‹, *BRI,* 52, 326–345.

GULLINI, G. 1956. *I Mosaici di Palestrine*, Rom.

GURNEY, O. 1952. *The Hittites*. London.

HALBHERR, F. 1903. ›Resti dell'età micenae scoperti ad Haghia Triada‹, *Mon. Ant.*, 13, 33 ff.

HALEVY, J. 1903. ›Introduction au déchiffrement des inscriptions pseudo-hittites . . .‹, *Rev. Sém.*, 1, 55–62, 126–137.

HALLOCK, R. T. 1970. ›On the Old Perian signs‹, *JNES* 29, 52–55.

HARTLEBEN, H. 1906. *Champollion: sein Leben und sein Werk*. 2 Bde. Berlin.

– 1909. *Lettres et journaux de Champollion le jeune*. 2 Bde. Paris.

HEEREN, A. H. L. 1815. *Ideen über die Politik, den Verkehr, und den Handel der vornehmsten Völker der Alten Welt*. 3. Aufl. Göttingen.

HEKSCHER, W. S. 1947. ›Bernini's Elephant and Obelisk‹, *Art Bull.* 29, 155–182.

HERBERT, T. 1634. *A Discription of the Persian Monarchy and other parts of the greater Asia and Africa*. London. (3. rev. u. erw. Aufl. 1677.)

HERZFELD, E. 1924. *Paikuli*. 2 Bde. Berlin.

HINCKS, E. 1847. ›Some Passages of the Life of King Darius, the son of Hystaspes, by Himself‹. *Dublin Univ. Mag.* Jan. 14–27.

– 1857. s. Tiglath Pileser unten.

HINTZE, F. 1972. *Champollion. Entzifferer der Hieroglyphen*.

HOOD, M. S. F. 1967. *The Home of the Heroes*. London.

– 1971. *The Minoans*. London.

HOTTINGER, J. H. 1662. *Cippi Hebraici*. Heidelberg.

HROZNY, B. 1915. ›Die Lösung des hethitischen Problems‹, *Mitt. der Altorient. Ges.*, 56, Dec., 17–50.

– 1917. *Die Sprache der Hethiter*. Leipzig.

– 1933. *Les Inscriptions hittites hiéroglyphiques*. Prag.

HYDE, T. 1700. *Historia Religionis veterum Persarum. . . .* Oxford.

IVERSEN, E. 1961. *The myth of Egypt and its hieroglyphs in European tradition*. Kopenhagen und London.

– 1968. *Obelisks in Exile: I The Obelisks of Rome*. Kopenhagen und London.

JABLONSKI, P. E. 1750. *Pantheon Aegyptiacum*. Frankfurt.

JAN, H. v., Hinz, W. u. a. 1975. *Grotefendfestschrift*, Hrsg. K. Brethauer, Münden.

JANSSEN, J. 1943. ›Athanase Kircher, Égyptologue‹, *CE* 18, 240 ff.

JEFFERY, L. H. 1961. *The Local Scripts of Archaic Greece*. Oxford.

JENSEN, H. 1958. *Die Schrift in Vergangenheit und Gegenwart*. 2. Aufl. Berlin.

JENSEN, P. 1894. ›. . . der Chatischen oder cilicischen Inschriften‹. *Zeit. d. morg. Ges.*, 48, 235 ff., 429 ff.

JEQUIER, G. 1921. *Les Frises d'objets des sarcophages du Moyen Empire*. Kairo.

JONES, A. H. M. 1971. *The Cities of the Eastern Roman Provinces*. 2. Aufl. Oxford.

KAEMPFER, E. 1712. *Amoenitatum exoticarum politico-physico-medicarum*. Lemgow.

KAHLE, P. E. (jr) 1954. *Bala'izah: Coptic texts from Deir el-Bala'izah in Upper Egypt*. London.

KAMMENHUBER, A. 1969. ›Hetitisch, Palaisch, Luwisch, und Hieroglyphenluwisch‹, *HO*, I, ii, 1–2 (ii), 119–357.

KARAGEORGHIS, V. 1969. *Salamis in Cyprus: Homeric, Hellenistic, Roman*. London. Deutsche Ausgabe 1970. »*Salamis. Die zyprische Metropole des Altertums*«. Berg. Gladbach.

KENT, R. 1950. *Old Persian*. New Haven.

KIRCHER, A. 1636. *Prodromus Coptus sive Aegyptiacus*. Rom.

– 1643. *Lingua Aegyptiaca restituta*. Rom.

– 1650. *Obeliscus Pamphilius*. Rom.

– 1652–4. *Oedipus Aegyptiacus*. Rom.

– 1663. *Polygraphia nova et universalis*. Rom.

– 1666. *Obelisci Aegyptiaci nuper inter Isaei Romani rudera effossi interpretatio hieroglyphica*. Rom.

– 1667. *China monumentis . . . illustrata*. Rom.

KITCHEN, K. A. 1965. ›Theban topographical lists old and new‹, *Orientalia* 34, 1 ff.

– 1966. ›Aegean place-names in a list of Amenophis III‹, *BASOR*, 181, 23 ff.

KLAPROTH, J. 1832. *Examen critique des travaux de feu M. Champollion sur les Hiéroglyphes*. Paris.

KOBER, A. E. 1945. ›Evidence of inflection in the »chariot« tablets from Knossos‹, *AJA*, 49, 64–75.

– 1946. ›Inflection in Linear Class B: I. Declension‹, *AJA*, 50, 268–276.

– 1948. ›The Minoan Scripts: fact and theory‹, *AJA*, 52, 82–103.

– 1949. ›»Total« in Minoan Linear Class B‹, *Archiv Orientalni*, 17, 286–298.

KROLL, J. 1928. *Die Lehren des Hermes Trismegistos*. Münster.

LACROZE, M. V. 1715. ›de variis linguis‹, in Chamberlayne 1715.

– 1775. *Lexicon Aegyptiaco-Latinum*. Oxford.

LANG, R. H. 1871. ›On the Discovery of some Cypriote Inscriptions‹, *TSBA*, I, 123–128.

– 1905. ›Reminiscences‹, *Blackwoods Magazine* (Mai 1905), 622–639. [Louvain.

LANTSCHOOT, A. VAN 1948. *Un précurseur d'Athanase Kircher*.

LAROCHE, E. 1960. *Les Hiéroglyphes hittites: I L'écriture*. Paris.

– 1971. ›Liste des documents hiéroglyphiques‹, *RHA*, 27, 110–113.

LASSEN, C. 1826. s. Burnouf, oben.

– 1836. *Die Altpersischen Keil-Inschriften von Persepolis. Entzifferung des Alphabets und Erklärung des Inhalts*. Bonn.

LEIBNIZ, G. W. VON 1768. *Opera omnia* (Hrsg. Dutens). Genf.

LEVITA, E. 1525. *Grammatica Hebraea Eliae Levitae Germani per S. Munsterum versa*. Basel.

LEWIS, G. C. 1862. *An Historical Survey of the Astronomy of the Ancients*. London.

LIPSIUS, I. 1602. *Epistolarum selectarum centuria tertia ad Belgas*. Antwerpen.

LUDOLFUS, I. 1691. *ad suam historiam Aethiopicam commentarius*. Frankfurt.

LUYNES, H. DE. 1852. *Numismatique et Inscriptions cypriotes*. Paris.

MACKAY, A. 1964. *On the Type-Found of the Phaistod Disc*. London.

MALLON, A. 1956. *Grammaire Copte*. 4. Aufl. Beirut. [Paris.

MALPEINES, L. DE 1744. *Essai sur les hiéroglyphes des Egyptiens*.

MARETT, R. R. 1908. *Anthropology and the Classics*. Oxford.

MASSON, O. 1961. *Les inscriptions chypriotes syllabiques*. Paris.

MENESTRIER, C. F. 1692. *Lettre . . . à l'occasion d'une Momie apportée d'Egypte. . . .* Paris.

MERCATI, M. 1589. *Degli obelisci di Roma*. Rom.

MERIGGI, P. 1929. ›Die hethitische Hieroglyphenschrift‹, *Zeit. f. Ass.*, 29, 165–212.

– 1933. ›Zur Lesung der H. H.‹, *Or. Lit. Zeit.*, 36, 73–84.

– 1934. *Die längsten Bauinschriften. . . .* Leipzig.

– 1937. ›Listes des hiéroglyphes hittites‹, *RHA*, 27 und 29, 69–114, 157–200.

– 1966–1967. *Manuale di Eteo Geroglyphico*. 2 Bde. Rom.

MESSERSCHMIDT, L. 1900–1906. *Corpus Inscriptionum Hettiticarum*. Berlin.

– 1910. *Die Entzifferung der Keilschrift*. Leipzig.

MONTFAUCON, B. 1719–1724. *L'Antiquité Expliquée*. 5 Bde. + Erg. Bd. Paris.

MORPURGO, A. 1963. *Mycenaeae Graecitatis Lexicon*. Rom.

MUNSTER, S. 1525. s. Levita, oben.

NEWTON, SIR ISAAC 1728. *The Chronology of the Ancient Kingdoms amended*. London.

NIEBUHR, C. 1774. *Reisebeschreibung nach Arabien und andern umliegenden Ländern*. Kopenhagen.

NORDH, A. (Hrsg.) 1949. *Libellus de regionibus urbis Romae*. Lund.

OPPENHEIM, A. L. 1964. *Ancient Mesopotamia: portrait of a dead civilization*. Chicago.

Palmer, L. R. 1963. *The Interpretation of Mycernaean Greek Text.* Oxford.

Peiser, F. E. 1892. *Die Hettitischen Inschriften.* Berlin.

Perrot, G. 1862. *Exploration archéologique de la Galatie et de la Bithynie.* Paris.

Peters, W. J. T. 1963. *Landscape in Romano-Campanian Mural Painting.* Assen.

Pierius Valerianus, J. 1556. *Hieroglyphica.* Basel.

Pignorio, L. 1605. *Vetuitisumae tabulare aenaea Sacris Aegyptiorum Simulachris coelatae accurata Explicatio.* Venedig.

Poggio Bracciolini 1431–1448. *Historiae de varietate fortunae* (Hrsg. Georgius, Paris 1723).

Pope, M. W. M. 1964. *Aegean Writing and Linear A.* Lund.

– 1965. ›The origin of Near Eastern writing‹, *Antiquity*, 40, 17–23.

Pozzi, G. 1959 und Ciapponi, L. A. 1964. s. Colonna, oben.

Propylaeen Kunstgeschichte, 1967, Bd. 1, 1975, Bd. 15, Berlin.

Quatremère, É. 1808. *Recherches . . . sur la langue et la littérature de l'Égypte.* Paris.

– 1811. *Mémoires géographiques et historiques sur l'Égypte.* Paris.

Rask, R. C. 1818. *Undersögelse om des gamle Nordiske eller Islandske Sprogs Oprindelse.* Kopenhagen. (Deutsche Übers. unter d. Titel. *Über die trakische Sprachklasse* in Vater, 1822).

– 1826. *Über das Alter . . . der Zend-Sprache. . . .* Berlin.

Rawlinson, G. 1898. *A Memoir of Major-General Sir Henry Creswicke Rawlinson.* London.

Rawlinson, H. C. 1846. *The Persian cuneiform inscription at Behistum decyphered and translated . . .* (= *JRAS*, 10). London.

– 1850. *A Commentary on the Cuneiform Inscriptions of Babylonia and Assyria.* London.

– 1857. s. Tiglath Pileser unten.

Reiner, E. 1969. ›The Elamite Language‹, *HO*, I, ii, 1–2, (ii), 54–118.

Reitzenstein, R. 1904. *Poimandres.* Leipzig.

Remusat, J. P. A. 1811. *Essai sur la Langue et la Littérature chinoises.* Paris.

– 1813. ›Utrum Lingua Sinica sit vere monosyllabica?‹, *Fundgraben des Orients* 3, 279–288.

– 1822. *Élémens de la grammaire chinoise.* Paris.

Renouf, P. le P. 1897. ›Young and Champollion‹, *PSBA* 19, 188–209.

– 1902–1907. *Collected Works.* Paris.

Rich, J. C. 1813. ›Memoir on the ruins and antiquities of Babylon‹, *Fundgraben des Orients*, 3, 129–162, 197–200.

Rigord, J. P. 1704a. ›Sur une Ceinture de Toile trouvée en Égypte autour d'une Mumie‹, *Mém. de Trévoux art.* 89.

– 1704b. ›De l'origine des langues et de l'écriture‹, *Mem. de Trévoux art.* 104.

Ripa, C. 1593. *Iconologia.* Rom.

Rollig, W. 1967. s. W. von Söden, unten.

Rowe, A. 1946. ›Discovery of the Famous Temple and Enclosure of Serapis at Alexandria‹, *Suppl. aux Ann. du Service des Ant. de l'Égypte, Cahier 2.*

Sacy, A. I. Silvestre de. 1787. ›Sur les Inscriptions de Nakshi Roustam‹ (printed in Sacy 1792).

– 1792. *Mémoires sur diverses antiquités de la Perse.* Paris.

– 1800. ›Lettre à M. Millin tor les inscriptions des monúmens Persépolitains‹, *Magasin Encyclopédique* an. 8, V. 438 ff.

– 1802. *Lettre au Citoyen Chaptal . . . au sujet de l'inscription Égyptienne du monument trouvé à Rosette.* Paris.

– 1808. Bespr. v. Quatremère. 1808 in *Mag. Enc.* 1808, iv, 241–282.

– 1811a. Empfehlung von Remusats *Essai* für das Corps Législatif und abgedruckt in *Discours sur divers sujets*, Paris. 1823.

– 1811b. Bespr. v. Quatremère 1811 in *Mag. Enc.* 1811, iv. 177 ff.

– 1825. Bespr. v. Champollion's *Lettre à M. Dacier, Précis*, und von Young's *Account*, in *Bull. Univ. des Sciences et de l'Industrie*, Abschn. 7.

Salmasius, C. 1656. *Epistularum lib. primus* (Hrsg. Clement).

Sayce, A. H. 1872. ›The origin of Semitic Civilisation‹, *TSBA*, 1, 294–309.

– 1874. ›The Languages of the Cuneiform Inscriptions of Elam and Media‹, *TSBA*, 3, 465–485.

– 1876. ›The Hamathite Inscriptions‹, *TSBA*, 5, 22–32.

– 1880a. ›The monuments of the Hittites‹, *TSBA*, 7, 248–293.

– 1880b. ›The Bilingual Hittite and Cuneiform Inscription of Tarkondimos‹, *TSBA*, 7, 294–308.

– 1903. ›The Decipherment of the Hittite inscriptions‹, *PSBA*, 25, 141 ff.; 347 ff.

– 1923. *Reminiscences.* London.

Sbordone, F. 1940. *Hori Apollinis Hieroglyphica: saggio introduttivo, edizione critica del testo, e commento.* Neapel.

Scamuzzi, E. 1939–1947. *La ›Mensa Isiaca‹ del Regio Museo di Antichita di Torino*, Rom.

Schmidt, E. F. 1953. *Persepolis.* Chicago.

Schmidt, M. 1874. *Die Inschrift von Idalion und das Kyprische Syllabar.* Jena.

Schott, S. 1950. *Hieroglyphen. Untersuchungen zum Ursprung der Schrift.*

Scott, W. 1924–36. *Hermetica.* 3 Bde. Oxford.

Sebeok, T. A. 1966. *Portraits of Linguists.* Bloomington.

Siegismund, J. 1875. s. Deecke, oben.

Smith, G. 1871. ›On the Reading of the Cypriote Inscriptions‹, *TSBA*, 1, 129–144.

Söden, W. von. 1967. *Das Akkadische Syllabar* (m. W. Rollig), 2. Aufl. Rom.

Sottas, H. 1922. Centenary edition of Champollion's *Lettre à M. Dacier.* Paris.

Speiser, E. A. 1941. *Introduction to Hurrian.* New Haven.

– 1951. ›A Note on Alphabetic Origins‹, *BASOR*, 121, 17–21.

Spiteris, T. 1970. *The Art of Cyprus.* Amsterdam und London.

Steindorff, G. 1896–1901. *Grabfunde des Mittleren Reichs.* 2 Bde.

– 1951. *Lehrbuch der Koptischen Grammatik.* Chicago. [Berlin

Stillingfleete, E. 1662. *Origines Sacrae, or a Rational Account of the Grounds of Christian Faith. . . .* London.

Strzygowski, J. 1905. s. Bauer, A., oben.

Sturtevant, E. H. und Hahn, E. A. *A Comparative Grammar of the Hittite Language* (rev. Ausg.). New Haven.

Sundwall, J. 1948. ›An attempt at assigning phonetic values to certain signs of Minoan Linear Class B‹, *AJA*, 52, 311–320.

Swinton, J. 1754. ›Letters to the Royal Society on the Palmyra Alphabet‹, *Phil. Trans* 48, 690 ff.

Talbot, H. F. 1857. s. Tiglath Pileser, unten.

– 1876. ›On the Cypriote Inscriptions‹, *TSBA*, 5, 447 ff.

Thompson, R. C. 1912. ›A new decipherment of the Hittite Hieroglyphs‹, *Archeologia*, 64, 1–144.

Tiglath Pileser 1857. *Inscription of Tiglath Pileser I King of Assyria BC 1150 as translated by Sir Henry Rawlinson, Fox Talbot Esq., Dr. Hincks, und Dr. Oppert.* London.

Till, W. C. 1961. *Koptische Grammatik.* 2. Aufl. Leipzig.

Tortellius, J. 1471. *de Orthographia.* Rom.

Townsend, J. 1815. *Character of Moses.* Bath.

Trigault, N. 1615. *de Christiana expeditione apud Sinas suscepta a Societate Jesu.* Augsburg.

Tychsen, O. G. 1798. *de cuneatis inscriptionibus Persepolitanis lucubratio.* Rostock.

Ullendorff, E. 1964. ›Ugaritic Studies within their Semitic and Eastern Mediterranean Setting‹, *BRL*, 46, 236–249.

Valentini, R. and Zucchetti, G. 1940–1953. *Codice topographici della città di Roma.* 4 Bde. Rom.

Valle, P. della 1650. *Viaggi di Pietro della Valle . . . La Persia, Parte Secunda.* Rom.

Valperga de Caluso. 1783. *Didymi Taurinensis Litteraturae Copticae Rudimentum.* Parma.

Van de Walle, B. 1943. ›Traduction des Hiéroglyphes d'Horapollon‹, *CE* 35, 39–89, 199–239.

Vansleb, J. M. 1677. *Nouvelle relation d'un voyage fait en Égypte.* Paris.

Vater, J. S. (Hrsg.) 1822. *Vergleichstafeln der Europäischen Stamm-Sprachen und Süd-West Asiatischer.* Halle.

Ventris, M. G. F. 1940. ›Introducing the Minoan Language‹, *AJA*, 44, 494–520.

Ventris, M. G. F. und Chadwick, J. 1953. ›Evidence for Greek dialect in the Mycenaean archives‹, JHS, 73, 84–103.

Virolleaud, C. 1929. ›Les inscriptions cunéiformes de Ras Shamra‹, *Syria*, 10, 304–310.

– 1931. ›Le déchiffrement des tablettes alphabétiques de Ras Shamra‹, *Syria*, 12, 15–23.

–1940. ›Les villes et les corporations du royaume d'Ugarit‹, *Syria*, 21, 123–151.

– 1957. Textes en cunéiformes alphabétiques . . . = Bd. 2 v. Le Palais Royal d'Ugarit, Hrsg. C. F. A. Schaeffer. Paris.

Vogue, M. de 1868. ›Inscriptions cypriotes inédites‹, *JA* (6th series), 11, 491–502.

Wagenseil, J. C. 1681. *Tela ignea Satanae.* Altdorf.

Warburton, W. 1738–1744. *The Divine Legation of Moses demonstrated on the principles of a Religious Deist, from the Omission of the Doctrine of a Future State of Reward and Punishment in the Jewish Dispensation* (Bd. IV über Ägypten erschien 1740: z. franz. Übers. s. Malpeines, 1744, oben).

Warren, P. 1970. ›The primary dating evidence for early Minoan seals‹, *Kadmos*, 9, 29–37.

Weiss, R. 1969. *The renaissance discovery of classical antiquity.* Oxford.

Weissbach, F. H. 1890. *Die Achämeniden-Inschriften Zweiter Art.* Leipzig.

Welcker, F. G. 1819. *Zoëgas Leben.* Stuttgart und Tübingen, Neudruck Halle 1912/13.

Wilkins, D. 1715. Contributions to Chamberlayne's *Oratio Dominica.*

– 1716. *Novum Testamentum Aegyptiacum.* Oxford.

Wilkins, J. 1668. *An Essay towards a Real Character and a Philosophical Language.* London.

Windfuhr, G. L. 1970. ›The Cuneiform Signs of Ugarit‹, *JNES*, 29, 48–51.

Witt, R. E. 1971. *Isis in the Graeco-Roman World.* London.

Wood, A. 1954. *Thomas Young: natural philosopher 1773–1829.* Cambridge.

Wood, R. 1753. s. Dawkins, oben.

Young, T. 1823. *An account of some recent discoveries in hieroglyphical literature, and Egyptian antiquities, including the author's original alphabet as extended by M. Champollion.* London.

– 1855. *Miscellaneous works of the late Thomas Young M.D., F.R.S.,* 3 Bde. London.

Zoëga, G. 1787. *Nummi Aegyptiaci.* Rom.

– 1797. *De origine et usu obeliscorum.* Rom.

– 1810. *Catalogus codicum Copt. mss. qui in museo Borgiano adservantur.* Rom.

Zucchetti, G. 1940–1953, s. Valentini, oben.

Bildnachweis

Register

A

Abdimelek 144
Abdimilkon 144
Abela, Leonard 42
Abraham 33, 59
Académie des Inscriptions et Belles Lettres 70, 81, 85, 108, 111, 133
Achaimenes 121
Achaimenidendynastie 97, 114
Achaimenidengräber 110
Achill 162
Achoris 93
Acosta, J. d' 44, 75
Adam und die Ursprünge der Schrift 33, 58
Adel 62
Adelung, J. C. 219
Aesop 27
Ägäis 165, 192
Aglaophemos 215
Ägypten 11–14, 16–20, 25 ff., 33, 41, 49, 52 f., 55, 60 ff., 64 ff., 68 f., 78 f., 96, 118, 138, 154, 163, 165, 204, 216, 218
Ägyptologie 64, 212
Ahrens, H. L. 150
Ahuramazda 101
Akerblad, Johann David 73, 77, 82 f., 219
Akkadier 203
Albright, W. F. 222
Aldus-Akademie 216
Alexander der Große 14, 50, 52, 73, 82 ff., 218
Alexander VII. 34
Alexandria 16, 18, 70
Alphabet 19, 47, 58, 65, 68, 73, 87 ff., 108, 127, 154, 173, 203, 223, 225
–, phönizisches 110, 212
–, semitisches 137
–, ugaritisches 137, 181, 185, 208
Altes Testament 59
Altphilologie 7
Amenophis III. 95, 199 f.
Ammianus Marcellinus 12, 21 ff.
Amnisos 185, 194 f., 199 f.
Amset 91
Amun 91, 215
Amyklos 144
Anatolien 154, 165
Andaval 160
Andros 11
Anthrovologie 173
Antonius 84, 88 f.
Anubis 52, 91
Anukis 91

Apis 91
Apopis 91
Apuleius 16, 22, 26
Araber 14, 62, 219
Archangelsk 106
Archäologen 69
Archäologie 7
Architekten 69, 101
Architektur 17, 62
Ardaschir 111 f.
Argonautenfahrt 217
Ariaramnes 122
Aringhieri, Alberto 215
Ariost 216
Aristoteles 28
Arithmetik 33
Armenien 120
Arouêris 91
Arsames 121
Arsinoë 73, 215
Artaxaros 111
Artaxerxes III. 103
Asclepius 26
Ashmolean Bibliothek 8
Ashmolean Museum 163
Asitiwandes 159
Assuan 215
Assyrer 131
Assyrien 128
Assyrologie 130
Astrologie 18
Astronomie 40
Atheismus 39
Athen 164, 205
Äthioper 19
Augen 18, 56
Augustin 38
Augustus 11, 84, 95
Aurelian 107
Autos 10
Awesta 117, 119, 221

B

Babel 117
Babrius 27
Bacon, Francis 44, 60, 216 f.
Bagdad 121, 124, 130
Baktrien 120
Balkanstaaten 163
Bankes, William 82, 211, 219
Barbaren 41
Barnett, R. D. 154, 222
Barthélemy, Abbé J. J. 50 f., 57, 61, 73, 76, 108 ff., 133, 209, 212 f., 219
Bauer, Hans 133, 135 f., 215
Bayer, G. S. 75

234